100 HIGHLIGHTS
SKANDINAVIEN

ALLE ZIELE, DIE SIE GESEHEN HABEN SOLLTEN

100 HIGHLIGHTS SKANDINAVIEN

Petra Woebke (Bilder)
Thomas Krämer (Hg.)
Carsten Dohme
Hans Günther Meurer
Hans-Joachim Spitzenberger

BRUCKMANN

Inhaltsverzeichnis

Skandinavische Traumblicke: bunte Holzhäuser an allen Wassern, Bootstouren in Finnland, spektakuläre Tierwelt im hohen Norden, Hurtigruten in Norwegen und Mitternachtssonne im Juli.

Fluss beim See Langvatnet

Schweden – Land der abertausend Schären

Inhaltsverzeichnis

Skandinavische Impressionen: Wikinger-Schmuck am Bootshaus, Blumen im Haar zum Mittsommerfest, ein Leuchtturm auf wilden Klippen am Meer, lauschiger Hauseingang in Südschweden und hübsche Papageitaucher an der Küste.

Im Jotunheimen Nationalpark

Finnland – Land der 100 000 Seen

Dänemark – Land der zwei Meere

0
100 km
N
Nordkapp 38
Magerøya
Mehamn
Berlevåg
Havøysund
Laksfjorden
Kjøllefjord
Tanafjorden
Båtsfjord
Hammerfest 37
Porsangen
Varangerhalvøya
Sørøya
35
Tanabru
Vadsø
Olderfjord
36
Finnmark
Varangerfjorden
Kirkenes 11
Lopphavet
Øksfjord
Lakselv
88
Teno
39
Alta
Skjervøy
Karigasniemi
Murmansk
Storslett
Kaamanen
34
Tromsø
Inari
Inarijärvi
Nordkjosbotn
Senja 33
Kilpisjärvi
Ivalo
RUSSLAND
Andenes
Andøya
Finnsnes
Europäisches
Nordishavet
Vesterålen 32
Sortland
Harstad
Tankavaara
Stokmarknes
Ofotfjord
77
Pallas-Yllästrunturi
27
Riksgränsen
Iešjávri
Hinnøya
31
Trollfjord
Narvik
89
Langøya
Borg
87
Nordmeer
Svolvaer
28
Tysfjord
Lappland
Kandalaksha
Lofoten 29
30
Nysfjord
Kebnekaise 2104
76
Kiruna
Kolari
Sodankylä
Sørvågen
75
Vestfjorden
Akkajaure
Kemijärvi
Torneälv
Bodø
74
Sarek Nationalpark
73
Fauske
70
Jokkmokk
Rovaniemi
Kuusamo
Ornes
Saltfjellet
Hurtigruten-Linie
26
Svartisen-Gletscher
Mo i Rana
Tornio-Haparanda
72
Tore
Silberweg 69
Nesna
Arjeplog
67
Uddjaure
Sandnessjøen
68
Luleå
Arvidsjaur
Piteå
OULU
Järmes
Røssvatnet
Brønnøysund
Bottenviken
Torghatten
Storuman
Oulujärvi
SCHWEDEN
Kajaani
Nurmes
Rørvik
Lycksele
Koli Nationalpark
Grong
Frohavet
NORWEGEN
Iisalmi
85
25
Vega
Steinkjer
UMEÅ
Stadhavet
Trondheimfjord 24
Kuopio
Vaasa/Vasa
83
Kristiansund
Trondheim
Östersund
Seinäjoki
FINNLAND
Norrland 71
Støren
Storsjön
66
Höga Kusten
Finnische Westküste 86
Molde
Jyväskylä
Juva
Ålesund 19
Funäsdalen
Runde 20
Geirangerfjord
Åndalsnes
Oppdal
Roros
Femundsmarka-Nationalpark
Sundsvall
Seenland
Mikkeli
Vestkapp
21
Hjerkinn
23
Femund
65
Jämtland-Härjedalen
82
Päijänne
Saimaa
Geiranger
TAMPERE
84
Jostedal-Nationalpark
Dombås
22
Rondane- und Dovrefjell-Sundalsfjella-Nationalpark
Bottnischer Meerbusen
Galdhøpiggen & Glittertind
13
Otta
Pori
Lappeenranta
Florø
18
12
Jotunheimen-Nationalpark
61
Lahti
Söderhamn
14
16
Laerdal
Lillehammer
Dalarna
64
Fagernes
17
Stabkirche Borgund
Mora
Siljan
15
Flåmsbahn
Hamar
63
62
78
Voss
HELSINKI/HELSINGFORS
Åland
81
Falun
10
BERGEN
Turku/Åbo
80
11
79
Finnische Südküste
Kinsarvik
Hardangervidda
Hønefoss
60
9
Hardangerfjord
Odda
UPPSALA
Tallinn
6
1
Drammen
OSLO
VÄSTERÅS
Heddal
57
58
Schärengarten
Itämeri
Kongsberg
Schloss Gripsholm
59
4
Notodden
STOCKHOLM
ESTLAND
Lysefjord
ÖREBRO
8
Telemarkkanal 5
Skien
Hiiumaa
Telemark
55
Porsgrunn
Södermanland
Trosa
7
Stavanger
Kragerø
49
56
Stendörren
Risør
48
Vänern
NORRKÖPING
Skagerrak
50
Götakanal
Liivi laht
Egersund
47
49
Saaremaa
LINKÖPING
Flekkefjord
2
Grimstad
Vättern
54
Lindesnes
Mandal
Kristiansand
Östergötland
Kap Lindesnes 3
53
Gotland
LETTLAND

Drammen
Arvika
Filipstad
Ramnäs
VÄSTERÅS
Sigtuna
Notodden
Kviteseid
Gvarv
Hvittingfoss
Mysen
Töcksfors
Kil
Gapern
Storfors
Lindesberg
Hallstahammar
Enköping
Mälaren
Horten
Moss
Ørje
Värmeln
Karlskoga
Arboga
Birka
Valle
Ulefoss
Skien
Tønsberg
Årjäng
Grums
Karlstad
Kristine-
hamn
Eskilstuna
Gripsholm
Mariefred
Oslofjorden
Sarpsborg
Halden
Nysäter
ÖREBRO
Hjälmaren
Södertälje
Sandefjord
Stora
Le
Säffle
Skagern
Äsköping
Tveitsund
Stenby
Åmål
Vänern
Katrineholm
Bygland
Strömstad
112,01
Sjötorp
Hjortkvarn
Bettna
Trosa
Bäckefors
Unden
Askersund
Nyköping
Evje
Tvedestrand
Tanum
Mellerud
Mariestad
Göta kanal
Forsvik
NORRKÖPING
Oxelösund
Arendal
Munkedal
Lidköping
Viken
Motala
Roxen
Grimstad
Smögen
Vänersborg
Skara
Karlsborg
Boren
Berg
Göta Kanal
Söderköping
Uddevalla
Vadstena
LINKÖPING
Lagnö
Fiskebäckssil
Trollhättan
Horn-
borgasjö
Hjo
Mjölby
Väggö
Skagerrak
Orust
Falköping
Ödeshög
Yxingen
Valdemarsvik
Gryt
Marstrand
Vårgårda
Gränna
Sommen
Tjörn
Tranås
Kisa
Kungälv
SCHWEDEN
Mullsjö
Gamleby
Skagen
GÖTEBORG
BORÅS
JÖNKÖPING
Västervik
G.-Mölndal
Taberg
343
Vimmerby
Hirtshals
Hjørring
Kungsbacka
Eksjö
Mariannelund
Bernsteinküste
Frederikshavn
Tranemo
Vaggeryd
Vetlanda
Jammerbucht
Løkken
Sävsjö
Målilla
Byxelkrok
Brønderslev
Sæby
Kinna
Emån
Oskarshamn
Atlantikwall
Hanstholm
Læsø
Gislaved
Böda
Tofta
Ätran
Lammhult
Åseda
Thisted
AALBORG
Varberg
Värnamo
Ullared
Nibe
Südwest-
küste
Hyltebruk
Helgasjön
Ålem
Nykøbing
Mors
Kattegat
Falkenberg
Alvesta
Växjö
Borgholm
Hadsund
Bolmen
Ljungby
Kosta
Nybro
Anholt
Nissan
Åfors
Öland
Skive
Halmstad
Vrå
Kalmar
Struer
Viborg
Laholmsbukten
Möckeln
Åsnen
Emmaboda
Holstebro
Randers
Tra ryd
Almhult
Tingsryd
Kalmar-
sund
Jütland
Grenå
Markaryd
Bergkvara
Søndervig
Herning
Rønde
Kullen
Lagan
Osby
Olofström
Silkeborg
Ängelholm
Grönhögen
Ringkøbing
147
Himmel-
bjerget
ÅRHUS
Elbetoft
Örkelljunga
Ronneby
Ivösjön
Karlskrona
Samsø Belt
Havnebyen
Helsingør
HELSINGBORG
Hässleholm
Karlsham
Skanderborg
Sölvesborg
Samsø
Kristianstad
Brande
Horsens
Ven
Isefjord
Øresund
Hörby
Grindsted
Juelsminde
KØBENHAVN
Lund
Hanöbukten
OSTSEE
Vejle
Fredericia
Kalundborg
Holbæk
Schonen
Kivik
Esbjerg
Roskilde
MALMÖ
DÄNEMARK
Amager
Simrishamn
Fanø
Vejen
Kolding
ODENSE
Køge Bugt
Dänische
Nordsee-
inseln
Ringsted
Ystad
Ribe
Fyn
Køge
Trelleborg
Rømø
Haderslev
Nyborg
Næstved
Bornholm
Fåborg
Sjælland
Sylt
Åbenrå
Als
Svendborg
0
30 km
N
Tønder
Fynshav
Borre
Wyk
Sønderborg
Tårs
Møn
Flensburg
Ærø
Langeland
Nykøbing F.
Rødbyhavn
Falster
Lolland
Schleswig
Kieler
Bucht
Hidden-
see
Rügen
Husum
Eckernförde
Gedser
Puttgarden
Sassnitz
St. Peter-
Ording
Rensburg
KIEL
Fehmarn
Darß
Zingst
Bergen
Heide
DEUTSCHLAND
Mecklenburger
Bucht
Warne-
münde
Stralsund
Neumünster
Rostock
Greifswald
Cuxhaven
Poel
Wismar
Lübeck
Elbe
Anklam
Bremer-
haven
Stade
HAMBURG
Schwerin
Neubrandenburg
Lincolnsee
K. Morris Jesup
Peary - Land
Nordost-
rundingen
Spitzbergen
Nordaustlandet
Spitsbergen
Grönland
Edgeøy
Baffin-
Bai
Shannon
Barents-
see
Jan Mayen
(Norw.)
K. Brewster
Vesterålen
Nordkap
ISLAND
Färoer-In.
(Dän.)
Labrador-
see
Nunap Isua
(K. Farvel)
ATLANTISCHER
OZEAN
GROSS-
BRITANNIEN
IRLAND
Nord-
see
DÄNEMARK
FINNLAND

Typischer Küstenort in Norwegen mit bunten Bootshäusern und schlichter weißer Kirche (oben). Sommerfeld bei Smedby auf der schwedischen Insel Öland (rechte Seite oben). Ein neugieriges Rentier in der Hardangervidda (rechte Seite unten).

Vielfalt des Nordens

Karge Hochebenen und grüne Wälder, sonnige Küsten und windumtoste Grate, rot-weiß gestrichene Holzhäuser und moderne Architektur. Dazu lange Sommertage an einem See und Nächte, in denen das Nordlicht auf meterhohen Schnee fällt. Und ausgelassenes Feiern an Mittsommer und beschauliche Winterabende am Kamin. Skandinavien ist eine äußerst vielfältige Region, die mit Worten kaum zu fassen ist.

Etwas mehr als 2000 Kilometer Luftlinie sind es zwischen der norwegischen Eismeerküste und dem deutsch-dänischen Grenzübergang bei Tønder. 1400 Kilometer liegen zwischen der norwegischen Fjordküste im Westen und den Wäldern und Seen von Karelien im Osten Finnlands. Nimmt man dann noch das 2600 Kilometer lange und 1200 Kilometer breite Grönland mit dazu, dann verändern sich die Dimensionen noch weiter. Die mit einer Teilautonomie ausgestattete größte Insel der Welt steckt nicht nur das »Mutterland« Dänemark locker in die Westentasche, sondern lässt auch das restliche Skandinavien vor dem Auge des Kartenbetrachters schrumpfen. Dass das von gerade einmal 50 000 Menschen besiedelte Grönland in den Fokus der Klimatologen gerückt ist, liegt an dem gewaltigen Eispanzer, der jegliche Vorstellungskraft sprengt und den Forschern zufolge für das Schicksal der Menschen in den kommenden Jahrzehnten eine große Rolle spielen wird. Denn falls das Eis durch die Erderwärmung abschmilzt, wird der Meeresspiegel steigen.

Doch was bedeuten schon Zahlen! Versteckt sich doch dahinter eine Fülle an Landschaften und Kulturen, die den großen Reiz Skandinaviens ausmacht. Da gibt es die einsame, karge

Schon fast kitschig wirkt der Sonnenuntergang im südschwedischen Küstenort Melbystrand, und doch ist er ganz real (oben). In der Eiszeit wurden die Fjälle, die norwegischen Gebirgszüge, geformt (rechte Seite oben). Dramatische Wetterumschwünge sind typisch für die Lofoten (rechte Seite unten).

Eismeerküste von Nordnorwegen und die schroffen Gipfel der Lofoten ebenso wie die grandiosen Fjorde im Westen des Landes, die in eine liebliche Küstenlandschaft ganz im Süden übergehen. Da faszinieren Gebirge wie der Jotunheimen mit der höchsten Erhebung Skandinaviens, aber auch der Jostedalsbreen mit seinen langen Gletscherzungen. Nicht zu vergessen die sanften Kuppen von Schwedisch-Lappland, die kahlen *Tunturis* (Tundra) in Finnisch-Lappland sowie die Wälder und Seen in Mittelschweden und großen Teilen Finnlands, wo man an einem Sommerabend am Steg vor dem Ferienhaus auch als Tourist zur Ruhe kommt. Dazu kommen Småland in Südschweden mit seinen typischen rot-weißen Häuschen und letztlich die südschwedische Provinz Schonen und Dänemark, die mit fruchtbaren Feldern, langen Stränden und pittoresken Dörfern ihren Platz auf der Landkarte haben. Und dann sind da noch so exotische Landstriche wie Grönland und Spitzbergen, die sich wie ein Vorposten der Menschheit weit in Richtung Nordpol schieben und durch ihre von Gletschern und Felsen geprägte kontrastreiche Landschaft beeindrucken.

Verschiedene Kulturen und ausgeprägte Jahreszeiten

Ebenso vielfältig wie die Landschaften sind die Menschen, denen man auf einer Reise zu den Highlights Skandinaviens begegnet. Den Inuit in Grönland, die seit Jahrhunderten den unwirtlichen Lebensbedingungen nahe dem ewigen Eis trotzen, das durch den Klimawandel gar nicht mehr so ewig wirkt und die nordischen Jäger vor Probleme stellt. Den Samen, den Ureinwohnern der Region nördlich des Polarkreises, die früher mit ihren Rentieren durch die Wälder und über die Gebirge zogen und heute nicht zuletzt dank solch vergleichsweise banaler Dinge wie einem Motorschlitten sesshaft geworden sind, aber immer noch stolz ihre eigene Kultur pflegen. Und das nach schwierigen Jahren sogar wieder verstärkt! Den Menschen im Osten Finnlands, die sich ihren orthodoxen Glauben und die russischen Traditionen bewahrt haben. Und dann sind da auch noch die ganz »normalen« Dänen, Norweger,

Schweden und Finnen, die sich auf den ersten Blick sehr ähnlich sind und doch – bei näherem Hinsehen – erhebliche Unterschiede in der Lebensart und Kultur zeigen. Ganz zu schweigen von der Mentalität, die zwischen einem Hang zum Kuriosen – Finnland – , dem prinzipiellen Willen nach Gleichheit der Menschen – Schweden – und einer gewissen Gelassenheit schwankt, wie sie die Norweger zeigen.
Dazu kommen die unterschiedlichen Jahreszeiten, die die Landschaften und die Bewohner verändern. Zum Sommerauftakt an Mittsommer blüht nach einem langen Winter nicht nur die Natur auf, sondern auch die Menschen sprühen vor Lebensfreude. Nichts kann dies mehr versinnbildlichen als der Tanz um die mit Zweigen und Blumen geschmückte Mittsommerstange irgendwo in Schweden. Die Tage sind nun lang, es wird kaum oder gar nicht mehr dunkel; nördlich des Polarkreises tippt die Sonne sogar nur noch auf dem Horizont auf und steigt gleich wieder: Das Licht verzaubert nun die Landschaft. Es folgt der kurze Herbst im Norden, an dem sich die Natur fast über Nacht in einen Farbrausch stürzt und die Blätter so bunt werden, als hätte sie jemand in einen Malkasten getaucht. Umgekehrt wird es im Winter je nach geografischer Lage nur noch wenige Stunden oder sogar gar nicht mehr hell. Nun ist die Zeit, in der die Menschen Lichter in die Fenster stellen, in der das Weiß des Schnees sowie die dunklen Töne von Bäumen und Felsen kontrastreich das Landschaftsbild bestimmen und das fantastische Nordlicht Glanzpunkte setzt. Ganz besonders beliebt ist die Zeit des »Frühlingswinters« im Norden, wenn noch Schnee die Landschaft bedeckt, man aber im T-Shirt in die viele Stunden scheinende Sonne hinausgehen kann. Ein gleitender Übergang in den Sommer!

Romantische Paddeltour durch die Schären an der schwedischen Westküste (unten). Die Norweger sind stolz auf ihre Geschichte und ihre Traditionen. Dazu gehört auch das Tragen von Trachten zu besonderen Festtagen (rechte Seite).

NALE SCENE
DEN NATIONALE S
Dyvel

Sommeridylle: Lindholmen auf der Schäreninsel Tjärnö an der Westküste Schwedens (oben). Norwegen ist das Land der Wasserfälle (rechte Seite).

Mehr als nur Mücken

Alle diese Beispiele machen deutlich, dass es »das« Skandinavien gar nicht gibt. Denn was hat ein Rapsfeld in Dänemark oder im südschwedischen Skåne mit dem kargen Fjell in der Finnmark zu tun? Was ein vom Eis tief in den harten Fels gegrabener norwegischer Fjord mit einer Sanddüne an der finnischen Westküste? Oder eine Wanderung über einen Gletscher am Polarkreis mit dem Badespaß an einem lauschigen See in Schweden? Eigentlich nichts – außer der gemeinsamen Zugehörigkeit zu dem, was unter Skandinavien zusammengefasst wird.

Zur vielfältigen Landschaft kommt eine umtriebige Kulturszene dazu. Es sei an Alvar Aalto erinnert, jenen Finnen, der mit seinen Entwürfen stilbildend für modernes Design war und ist. An Schriftsteller wie den Schweden August Strindberg, an Maler Edvard Munch oder Komponisten wie Edvard Grieg, beide aus Norwegen. Und natürlich darf man Astrid Lindgren nicht vergesssen, die mit ihren Büchern über Pippi Langstrumpf so revolutionär war, dass kein etablierter Verlag die Geschichten drucken wollte. Aber auch die Gegenwart zeigt, welche Beiträge die Skandinavier zur Kultur liefern. Die schwedische Popgruppe ABBA muss man in diesem Zusammenhang erwähnen, aber auch Jazzmusiker wie Jan Garbarek oder Nils Landgren. Und die Krimis erst, mit denen Autoren aus dem Norden schlaflose Nächte bereiten. Henning Mankell zum Beispiel oder der viel zu früh verstobene Stieg Larsson. Der Norden lebt – und stirbt in spannenden Büchern.

Es ist nicht leicht, diese Vielfalt zwischen zwei Buchdeckel zu pressen, gar 100 Highlights auszuwählen. Trotzdem soll mit dieser Auswahl versucht werden, die ganze Bandbreite dieser faszinierenden Region abzudecken. Und natürlich steckt dahinter auch die Hoffnung, Lust zu machen auf eine Reise in den Norden, wo es beileibe nicht immer regnet und man nicht ständig von Mücken gepiesackt wird, wo es nicht nur einsam ist, sondern man in den weltoffenen und umtriebigen Metropolen eine rege Kneipen- und Kunstszene antrifft. Aber um all dies zu erfahren, sollte man sich einfach einmal in den Norden aufmachen. Es lohnt sich!

Norwegen
Land der tiefen Fjorde

Charmante junge Norwegerin (oben). Im Fjordland hat fast jeder Küstenbewohner sein eigenes Boot – und das Haus einen Eingang am Wasser (unten). Die eisbedeckten Gipfel des Jostedalsbreen-Nationalparks spiegeln sich im See Oldevatnet (links).

Das Rathaus, ein Wahrzeichen Oslos (oben). Vigeland, einer der berühmtesten Söhne der Stadt, errichtete zwischen 1924 und 1943 einen wundervollen Skulpturenpark. Die Rechte an seinem Lebenswerk hatte er bereits lange vor seinem Tod 1943 an den Magistrat verkauft – dafür kam die Stadt für sein Schaffen und Leben auf (rechte Seite).

Stadt mit vielen Namen und Gesichtern – Oslo

Von der »Ebene der Götter« zur »Tigerstaden« Oslo

»Ebene der Götter« bedeutet der Name Oslo ursprünglich. Doch das ist nur einer der Namen, den die Stadt in ihrer tausendjährigen Geschichte getragen hat: Oslo, Christiania, Kristiania und heute wieder Oslo. 1870 kam ein weiterer Name dazu: Tigerstaden. Der norwegische Dichter und Literaturnobelpreisträger Bjørnstjerne Bjørnson (1832–1910) besingt Oslo in seinem Gedicht »Sidste Sang« als unbarmherzige und gefährliche Tigerstadt, inzwischen nennen die Einheimischen ihre Stadt liebevoll »Tigerstaden«.

Oslo verdankt seine inzwischen tausendjährige Existenz einerseits der geschützten Lage am Nordende des 100 Kilometer langen Oslofjordes, andererseits den guten Landverbindungen in den Osten Norwegens. Der Sage nach wurde die Stadt im Jahr 1048 von König Harald III. gegründet. Allerdings hat es dort auch vorher schon eine Siedlung und eine Kirche gegeben. Daher feierte man 1950 das 900-jährige Bestehen der Stadt. In den Jahren danach durchgeführte archäologische Untersuchungen brachten christliche Gräber zutage, die auf das Jahr 1000 datiert wurden. Es musste also schon früher eine Siedlung gegeben haben. So wurde die Geschichte Oslos den Befunden angepasst und im Jahr 2000 das 1000-jährige Bestehen der Stadt begangen.

Von Oslo zu Oslo

In diesen tausend Jahren hat sich einiges ereignet. Bereits 1299 hatte Oslo eine so hohe wirtschaftliche und politische Bedeutung, dass König Håkon V. (1270–1319) mitsamt seinem gesamten Hofstaat von Bergen nach Oslo umsiedelte und die Stadt zu Norwegens Hauptstadt machte. Zu dieser Zeit hatte Oslo etwa 3000 Einwohner. Um standesgemäß und vor allem sicher zu wohnen, ließ Håkon V. die Festung Akershus bauen, die mit etlichen Um- und Erweiterungsbauten bis heute erhalten ist. Heute ist in der Festung Akershus unter anderem das Widerstandsmuseum untergebracht, das an die norwegische Auflehnung gegen die deutsche Besetzung des Landes im Zweiten Weltkrieg erinnert.

Akers Brygge: Die Flanier- und Shoppingmeile Oslos gegenüber der Festung Akershus (rechte Seite und unten) entstand auf einem ehemaligen Werftgelände. Hier trifft sich alles, was Rang und Namen hat oder auch nur dazugehören möchte. Vom schwimmenden Café über Gourmet-Tempel bis zur exklusiven Bar ist alles vorhanden, was eine Weltstadt zu bieten hat.

Oslo wurde in den folgenden Jahrhunderten mehrfach geplündert und niedergebrannt, ist aber immer wieder am selben Ort errichtet worden. Bis zum Jahr 1624. Nachdem die typischen norwegischen Holzhäuser wieder einmal Feuer gefangen hatten und die Stadt weitgehend zerstört wurde, ließ König Christian IV. (1577–1648) die Stadt näher an die Festung Akershus legen. Sie erhielt nun den Namen Christiania, den sie bis 1877 behalten sollte. Die wieder aufgebaute Stadt wurde nach dem Idealbild der Renaissance mit rechteckigen Quartieren und breiten Straßen errichtet und erhielt eine Festungsanlage mit Bastionen. Der Stadtteil zwischen Schloss Akershus, dem Dom, der Øvre Vollgate und der Skippergate heißt Kvadraturen und entspricht immer noch dem damals angelegten Straßennetz. Hier sind viele Gebäude aus dem 17. Jahrhundert gut erhalten, denn um die Entstehung und Ausbreitung von Bränden zu verhindern, wurden die Häuser von nun an aus Steinen gebaut. Das alte, abgebrannte Oslo, das sich nun außerhalb der Stadtmauern befand, sollte nicht wiederbesiedelt werden, aber diejenigen, die sich das teure Leben in der neuen Stadt nicht leisten konnten, widersetzten sich dem Verbot des Königs und bauten das »Gamle Oslo« wieder auf.

Nach den Napoleonischen Kriegen musste Dänemark, das bis dahin in Personalunion mit Norwegen verbunden war, Norwegen an Schweden abtreten. Unter dem schwedischen König Oscar II. (1829–1907) wurde die Schreibweise Christiania 1877 offiziell in Kristiania geändert. Erst 20 Jahre nach der Unabhängigkeit Norwegens von Schweden erhielt die Stadt 1925 ihren Namen Oslo zurück.

Weltstadt mit Tradition

Heute ist Oslo eine Metropole mit fast 700000 Einwohnern und erstreckt sich über eine Fläche von mehr als 450 Quadratkilometern. Längst sind nicht mehr nur die Ufer des Fjordes besiedelt. Über 40 Inseln gehören zur Stadt, und »Gamle Oslo«, das 1624 abgebrannte Alt-Oslo, liegt wieder im Zentrum der Stadt. Überhaupt begegnet man der Geschichte auf Schritt und Tritt. Das beginnt schon mit dem Stadtwappen, das den heiligen Hallvard, den Schutzpatron Oslos zeigt. Es weist auf eine Begebenheit hin, die sich vor 900 Jahren ereignet haben soll. Der Sage zufolge wollte Hallvard im Jahr 1043 in einem Boot über den Drammensfjord rudern, als eine Frau ihn bat, sie mitzunehmen. Sie sei unschuldig des Diebstahls bezichtigt und nun vor drei Männern auf der Flucht. Hallvard glaubte ihr. Als die Verfolger das Boot erreichten, weigerte er sich, die Frau auszuliefern. Daraufhin töteten sie ihn mit einem Pfeilschuss in den Hals. Danach erschlugen sie die Frau und versenkten Hallvard mit einem an den Hals gebundenen Mühlstein im Fjord. Nach kurzer Zeit geschah jedoch ein Wunder: Hallvard trieb mit dem Stein wieder an die Wasseroberfläche, was zu seiner Heiligsprechung führte.

Traditionell ist auch die Staatsform Norwegens, die Monarchie, auch wenn die gegen-

wärtige Dynastie noch relativ jung ist. Ausdruck dieses Traditionsbewusstseins ist der 1848 fertiggestellte Königspalast, der in Teilen der Öffentlichkeit zugänglich ist. Inbegriff neuen Selbstbewusstseins nach der Unabhängigkeit von Schweden ist das doppeltürmige rote Rathaus der Stadt. Es hat lange gedauert, bis es errichtet war. Erst der achte Entwurf der Architekten Arnstein Arneberg und Magnus Poulsson von 1930 wurde für gut genug befunden. Der Grundstein wurde im Herbst 1931 gelegt, die endgültige Fertigstellung des Gebäudes verzögerte sich jedoch durch den Zweiten Weltkrieg, sodass die Einweihung erst 1950 stattfand. In der Festhalle wird jedes Jahr am 10. Dezember, dem Todestag Alfred Nobels, der Friedensnobelpreis verliehen.

Kulturangebote im Weltformat

Kaum eine Stadt verfügt über so viele Museen, Galerien, Theater und Konzertsäle wie Oslo. Vom Museum für Kulturgeschichte über das Naturhistorische Museum, die Nationalgalerie und das Edvard-Munch-Museum bis hin zum Vigeland-Skulpturenpark sind alle musealen und künstlerischen Fachbereiche vertreten. Die Halbinsel Bygdøy beherbergt allein sechs Museen, die sich vor allem mit der Schifffahrt – von den Wikingern bis Thor Heyerdahl – beschäftigen. Davon soll aber an anderer Stelle die Rede sein.

Der Kulturkalender liest sich wie das »Who's who« der norwegischen und internationalen Künstlerelite. Das Norwegian Wood Rock Festival hat in Oslo ebenso seinen Platz wie das Ultima-Festival für zeitgenössische Musik oder das Oslo-Weltmusik-Festival. Speziell für Kinder findet alljährlich das Kinder-Kultur-Festival statt.

Sport im Land der Erfinder des Skilaufs

Auch der Sport hat seine Traditionen. Nur wenige Kilometer vom Zentrum Oslos entfernt befindet sich mit dem Holmenkollen das Mekka des Skisports. Hier steht die älteste Skisprungschanze der Welt. Jedes Jahr werden hier das Holmenkollen-Ski-Festival und der Ski-Welt-Cup veranstaltet. Abfahrtsläufer und Skiwanderer kommen ebenfalls auf ihre Kosten. In jedem Winter werden mehr als 2600 Kilometer Langlaufloipen gespurt, allein im Tryg-van-Winter-Park sind es 14 Loipen, und mit sechs Skiliften kann man sich zu den Abfahrtspisten bringen lassen. Aber auch im Sommer gibt es ein großes Sportangebot. Aus der Fülle der Veranstaltungen soll hier nur der Norwegen-Cup, das weltgrößte Fußballturnier für Kinder, erwähnt werden.

OSLO FÜR GOURMETS

Zwei Restaurants in Oslo können sich prestigeträchtiger Michelin-Sterne rühmen. Zur Auswahl stehen die Restaurants »Statholdergaarden« und »Feinschmecker« mit je einem Stern. Im Gourmetrestaurant Statholdergaarden bietet der Bocuse d'Or Gewinner Bent Stiansen Speisen der Spitzenklasse an. Auch das Ambiente ist außergewöhnlich: Die Einrichtung des Statholdergaarden ist im Stil des 17. Jh. gehalten. Hier ein besonderer Tipp: das Restaurant Eik im Hotel Savoy. Die norwegischen Köche haben Weltklasse. Der Gast hat die Wahl zwischen traditioneller Hausmannskost, ausgezeichneten Fisch-, Elch- und Rentiergerichten oder interessanten Kreationen aus allen Teilen der Welt.

WEITERE INFORMATIONEN

Stadtholdergaarden: Gourmet-Restaurant mit einem Michelin-Stern. Mo–Sa 18–23.30 Uhr, Rådhusgata 11, N-0151 Oslo, Tel. 22 41 88 00, post@statholder gaarden.no, www.statholdergaarden.no

Restaurant Eik im Hotel Savoy: Di–Sa 18–23 Uhr, Universitetsgata 11, N–0164 Oslo, Internet: www.restauranteik.no

An Verdens Ende - am Ende der Welt – im Oslofjord hat das Meer die Felsen glatt und rund geschliffen (oben). Die weiß gestrichenen Holzhäuser von Tvedestrand – rechts ist das schmalste Haus Norwegens zu sehen – erinnern an sonnigen Süden (rechte Seite unten). Auf der Leuchtturminsel Lyngør in der Kommune Tvedestrand kann man sogar Urlaub machen (rechte Seite oben).

2 Sonne satt – vom Oslofjord nach Kristiansand

An der Norwegischen Riviera

Das Klima in Norwegen ist besser als sein Ruf. Das spürt man nirgendwo mehr als an der sonnenverwöhnten Skagerrakküste. Die aus dem Atlantik und der Nordsee kommenden, mit Feuchtigkeit beladenen Wolken regnen sich schon vorher an der Westküste ab. Hier an der Südostküste laden kleine, verträumte Ferienorte mit wunderbaren Sandstränden und vorgelagerten Schären sonnenhungrige Besucher zum Verweilen ein.

Wer einen Badeurlaub an der »Norwegischen Riviera« plant, sollte sich für die wunderschönen Strände zwischen Arendal und Grimstad entscheiden. In den malerischen Dörfern Grefstadvika, Storesand und Hasseltangen findet man die schönsten, von Wäldern, Feldern oder Felsen eingefassten Sandstrände.
Aber auch wer nicht nur Sonne, Strand und Nichtstun genießen möchte, kommt in dieser Region auf seine Kosten. An der lang gestreckten Schärenküste werden Boots- und Angeltouren zu den vielen kleineren und größeren Felseninseln angeboten. Man sagt, dass der Schärengarten vor Tvedestrand der schönste in Norwegen sei. Wer ihn besucht, sollte nicht versäumen, einen Spaziergang durch das kleine Dorf Lyngør zu machen, das 1991 als »Europas bestbewahrtes Dorf« ausgezeichnet wurde. Es liegt, völlig autofrei, auf vier kleinen Inseln und ist nicht nur mit dem eigenen, sondern auch mit dem Taxiboot zu erreichen.

Städte wie an einer Perlenschnur

Die wichtigsten Orte der Region heißen Risør, Tvedestrand, Arendal, Grimstad, Lillesand und Kristiansand. Jede für sich hat etwas Besonderes aufzubieten. Das malerische Risør, wo die Häuser vorwiegend weiß gestrichen sind, ist bekannt für die im Barockstil erbaute Heilig-Geist-Kirche aus dem Jahr 1647. Bei einem Stadtbrand im Jahr 1861 soll die Kirche nur deshalb nicht den Flammen zum Opfer gefallen sein, weil die Frauen einen Ring um das Gebäude bildeten und eimerweise Wasser auf das herannahende Feuer schütteten.

Ganze 2000 Einwohner zählt das malerisch an der Mündung des Oksenfjords auf mehreren Hügeln gelegene Städtchen Tvedestrand. So klein der Ort ist, bietet er doch viel, von Bootstouren über Wandern und Angeln bis zum Sonnenbaden und Schwimmen.

»Venedig des Nordens« wurde der kleine Ort Arendal wegen seiner vielen Brücken, Kanäle und auf Pfosten im Wasser gegründeten Holzhäuser genannt, bis 1863 ein verheerendes Feuer einen großen Teil der Stadt vernichtete. Nach dem Brand wurden die Kanäle zugeschüttet. Das einzige Haus, das von den Flammen verschont blieb, ist das vierstöckige Palais Kalleviggård, das ursprünglich einem Kaufmann gehörte, aber bereits seit 1844 als Rathaus der Stadt dient.

Grimstad ist die Stadt in Norwegen mit den meisten Sonnenstunden im Jahr. Trotzdem hat sich Henrik Ibsen hier nicht wohlgefühlt, als er sechzehnjährig eine Lehre in der Reimannschen Apotheke antrat, die heute noch existiert. Obwohl Ibsen nur wenige Jahre hier verbracht hat, hat ihm die Stadt ein eigenes, sehenswertes Museum gewidmet. Drei weitere Museen sind der Schifffahrt, der Stadtgeschichte und dem Gartenbau gewidmet. Eine Fülle von Ausstellungen, Konzerten und Veranstaltungen wird zudem in Grimstad durchgeführt. Im Frühsommer trifft man während des Grimstad Kurzfilmfestivals Filmenthusiasten aus dem In- und Ausland. Das Agdertheater Fjæreheia ist ein Freilichttheater mit ganz besonderem Flair in einem ausgedienten Granitsteinbruch. Seit 1993 wird hier gespielt. Selbstverständlich gehören auch die Dramen von Ibsen zum Repertoire.

Seine Blütezeit erlebte Lillesand im 18. und 19. Jahrhundert durch die Segelschifffahrt. Es gab zahlreiche Werften, und viele Reeder ließen sich in der kleinen Stadt nieder. Aus dieser Zeit stammen auch die gut erhaltenen Holzhäuser, die die Stadt bis heute prägen. Lillesand war auch die Heimat des Bauernführers Kristian Lofthus, eines norwegischen »Robin Hood«, der im 18. Jahrhundert eine Revolte entfachte und dafür lebenslänglich ins Gefängnis kam. Ein Gedenkstein erinnert an ihn.

Kristiansand ist die Hauptstadt des Sørlandet und mit 82 000 Einwohnern die fünftgrößte Stadt Norwegens. Sie wurde 1641 durch den dänischen König Christian IV. gegründet, um hier ein neues Handelszentrum für die Region zu schaffen. Obwohl auch Kristiansand nicht von verheerenden Feuern verschont geblieben ist, wurde die Stadt immer wieder in einem streng quadratischen, aus dem Mittelalter überlieferten Grundriss aufgebaut, wenn auch in dem zu der jeweiligen Zeit typischen Baustil.

ZWISCHEN OSLOFJORD UND KRISTIANSAND

Am Meer muss es Fisch sein … und der Besucher von Arendal hat hier die Qual der Wahl, denn es gibt vor allem im Altstadtviertel Tyholmen ein ganze Reihe sehr guter Fischrestaurants. Zu empfehlen ist das Restaurant 1711 in der Nefre Tyholmsvei. Es heißt, dass es von allen guten Restaurants der Stadt das beste sei. Hier bekommen Sie alles, was das Fischliebhaberherz begehrt! Eine besondere Delikatesse ist die norwegische Garnele, »Reke« genannt. Dazu trinkt man/frau das in Arendal gebraute »Arendalspils«. Während der vielen Sonnentage im Sommer kann man seine Mahlzeit auch draußen auf der Terrasse einnehmen und gleichzeitig dem regen Treiben im Hafen Pollen zuschauen. Aber das »1711«, wie es auch kurz genannt wird, ist schon lange kein Geheimtipp mehr. Vorherige Anmeldung ist zu empfehlen.

WEITERE INFORMATIONEN

Restaurant 1711: Nefre Tyholmsvei 9a, N-4836 Arendal, Tel. +47/37 00 17 11, Öffnungszeiten: Mo–Sa 18–22.30 Uhr

Die Felsen Lindesnes sind nur spärlich bewachsen. Zu rau sind hier die Winde. Erst in einiger Entfernung vom Meer wachsen in geschützten Buchten Gräser und Blumen.

3 Kap Lindesnes 57° 58' 53" Nord

Das Leuchtfeuer im Süden

Angefangen hat die Geschichte des Leuchtfeuers am Kap Lindesnes mit einem einfachen Feuerkorb, der an einem erhöhten Punkt auf dem Felsen aufgestellt wurde. Das Feuerholz dazu musste der Feuerwächter von weit herholen, denn die Halbinsel Lindesnes ist ein völlig kahler Felsen. Nicht von ungefähr war aber dieses Leuchtfeuer das erste, das in Norwegen eingerichtet wurde. Zu viele Schiffe und kleinere Boote waren bei den häufigen Stürmen in der rauen See am Kap verloren gegangen.

Wer auf dem Nordsjøvegen unterwegs ist, kommt an einem Abstecher zum Kap Lindesnes, dem südlichsten Punkt Norwegens, nicht vorbei. Einige Kilometer südlich der E 39 am Ende der kleinen Halbinsel gelegen, ist der Leuchtturm aus dem Jahr 1655 nicht nur das südlichste, sondern auch das älteste Leuchtfeuer Norwegens. Heute steht auf den fast völlig vegetationslosen Felsen des Kap Lindesnes mit weitem Blick auf die aus der Nordsee anrollenden Wellen nicht mehr das Original, sondern ein Neubau aus dem Jahr 1915. Unter dem Leuchtturm befindet sich in einer Felsenhalle das nationale Leuchtfeuermuseum. Es bietet mit verschiedenen Ausstellungen und Filmen eine umfassende Darstellung zur Entwicklung und Geschichte nicht nur des Lindenes Fyr. Kenner bevorzugen das Frühjahr und den Herbst mit spektakulär anrollenden Wellen, stürmischen Winden und Salzgischt in der Luft um ausgedehnte Spaziergänge auf den Wanderwegen in der Nähe des Leuchtturmes zu unternehmen. Aber nicht nur Felsen prägen das Bild des Südkaps, in geschützten Buchten tun sich wunderschöne Sandstrände auf, die südlichsten Sandstrände des Landes. Sie laden zum Verweilen, aber auch zum Baden ein, wenngleich man sich immer vor Augen halten muss, dass sich Kap Lindesnes etwa auf der Höhe des nördlichsten Punktes in Schottland befindet, was den Norwegern jedoch allenfalls ein Schulterzucken entlockt. Das Nordkap ist immerhin noch 1719 Kilometer vom Südkap entfernt.

Als das Kraftwerk Vemork 1911 in Betrieb genommen wurde, war es das größte der Welt. Heute beherbergt das Gebäude ein Industriemuseum. Der Strom wird jetzt in unterirdischen Anlagen erzeugt.

4 Industrie trifft Natur – Rjukan-Notodden

Vom Salpeterrausch zum Weltkulturerbe

Sechs Jahre hat das Anerkennungsverfahren gedauert, seit 2015 ist es amtlich: Die Gemeinden Rjukan und Notodden sind von der UNESCO in die Liste der schützenswerten Weltkulturstätten aufgenommen worden. In der Begründung heißt es sinngemäß: Das Weltkulturerbe Rjukan-Notodden ist ein außergewöhnliches Beispiel für die gelungene Einbindung industrieller Anlagen in die umgebende Natur.

Das technologische Ensemble Rjukan-Notodden mit seinen Staudämmen, Kraftwerken, Fabriken, Eisenbahnlinien und den beiden Städten in einer Landschaft, die die Nutzung der Wasserkraft zur Energieerzeugung erst möglich macht, ist ein außergewöhnliches Beispiel der Industrieentwicklung des frühen 20. Jahrhunderts.
Bereits im 19. Jahrhundert wurden entlang des Flusses Tinnelva mit Wasserkraft betriebene Sägewerke errichtet. 1905 begann die industrielle Nutzung der Wasserkraft mit der Errichtung einer Fabrik zur Produktion von künstlichem Salpeter und Düngemitteln. Auch die energieintensive Eisenindustrie siedelte sich in der Folgezeit an. Ein dem Goldrausch in Alaska vergleichbarer Zustrom von Menschen setzte ein. Heute ist der Salpeterboom Geschichte, lediglich wenige chemische Betriebe haben überlebt. Eine der Haupteinnahmequellen ist der Tourismus. Wintersport am Berg Gaustatoppen, die malerischen Wasserfälle der Region und nicht zuletzt die zu Museen und Galerien umfunktionierten Industrieanlagen sind heute die Hauptattraktionen. Neu hinzugekommen sind im Jahr 2013 drei auf dem Berg oberhalb von Rjukan errichtete Sonnenspiegel, die während des Winters den Ort mit Sonnenlicht erhellen. Nicht zu vergessen eines der wichtigsten Musikfestivals Norwegens – das Nottoden Blues Festival –, das alljährlich im August mit der weltweiten Crème de la Crème des Blues in Notodden veranstaltet wird.

WEITERE INFORMATIONEN
www.visittelemark.com/rjukan
www.visittelemark.com/notodden

5 Charmante Küste, vielseitiges Binnenland – die Telemark

Norwegen en miniature

Die Fylke Telemark bietet auf 15 296 Quadratkilometern einen fast vollständigen Querschnitt durch alle Landschaften Norwegens. Von der Skagerrakküste, auch norwegische Riviera genannt, reicht sie nach Norden bis zur Hardangervidda, der größten Hochebene Europas und dem höchsten Berg Südnorwegens, dem 1883 Meter hohen Gaustatoppen. Dazwischen nehmen Flüsse und Seen fast zehn Prozent der Fläche ein.

Grenland, West-Telemark, Midt-Telemark, und Ost-Telemark heißen die einzelnen Regionen der Fylke Telemark. Grenland ist der südlichste Bezirk der Telemark und grenzt im Süden an das Meer. Sein Abschnitt der Skagerrakküste zwischen Langesund im Osten und Levang im Westen ist zwar nur etwas mehr als 40 Kilometer Luftlinie lang, aber neben Langesund liegen dort noch Brevik und Kragerø. Langesund ist ein beliebter Ferienort, gehört das Städtchen doch zu den Orten mit den meisten Sonnentagen in Norwegen. Das nutzt die Freiluftkonzertgemeinde der Region an jedem Sommerwochenende für Konzerte mit namhaften Künstlern aus aller Welt. Bob Dylan, Elton John und Little Richard gaben sich im Wrightegaarden bereits die Ehre. Brevik war bis weit ins 20. Jahrhundert ein wichtiger Umschlagplatz für Holz und ist eine der am besten erhaltenen Städte aus der Zeit der großen Windjammer. Kragerø besticht durch seinen schönen Marktplatz mit bunten Holzhäusern aus dem 19. Jahrhundert. Ein prominenter Einwohner von Kragerø war der berühmte Maler Edvard Munch, der hier von 1909 bis zu seinem Tod gelebt hat.
Ist der unmittelbare Küstenbereich voll quirligen Lebens, herrscht wenige Kilometer tiefer im Landesinnern die Ruhe des ländlichen Raums mit beschaulichen kleinen Dörfern, aus-

Eine besondere Attraktion im Bergland der Telemark sind die Gletschertöpfe im Naturreservat Jettegrytene bei Haugsjásund. Sie sind in der letzten Eiszeit entstanden und bilden mehrere kleine Seen und Wasserfälle (unten und rechte Seite oben). Auch Freizeitkapitäne können die reizvolle Fahrt auf dem Telemarkkanal genießen (rechte Seite unten).

gedehnten Wäldern und Wasser in allen Spielarten: Bäche und Flüsse, Seen und Wasserfälle – alles erschlossen durch ein dichtes Netz von Wanderwegen. Die Städte Bø, Nome, Sauherad, Rauland oder Rjukan sind bevorzugte Ausgangspunkte für Wanderungen, die bis auf die Hardangervidda führen können. Auch Radwanderer finden in der Telemark attraktive Strecken, die keine oder nur wenige Steigungen aufweisen, was für ein gebirgiges Land wie Norwegen selten ist. Der Nationale Radweg Nr. 1 führt an der Küste entlang, der Nationale Radweg Nr. 2 folgt dem Telemarkkanal von Ulefoss bis Dalen. 40 Jahre hat der Bau des Kanals in Anspruch genommen, 1892 wurde der Kanal in erster Linie für die Flößerei, in zweiter Linie für den Personen- und Frachtverkehr freigegeben. Inzwischen haben sich die Verhältnisse umgekehrt. Historische Schiffe transportieren heute Touristen durch die Schleusen, deren Tore immer noch von Hand betätigt werden.

Feiern mit allen Sinnen

Die Stadt Sauherad liegt im Zentrum des größten Apfelanbaugebietes Norwegens in Midt-Telemark. 350 000 Apfelbäume sind im Mai ein Fest fürs Auge und im Herbst eines für den Magen. Jedes Jahr wird hier das »Norsk Eplefest«, das norwegische Apfelfest, mit viel Cider gefeiert. Zu empfehlen ist auch ein Besuch des »Apfeldorfes« Gvarv. Jedes Jahr im August wird dort das Kartfestival veranstaltet, eine bunte Mischung aus Musik, Literatur und Theater. Prominentester Künstler bisher war Bob Geldof.

In Vest-Telemark empfiehlt sich neben vielen anderen Sehenswürdigkeiten der Besuch des Vest-Telemark-Museums mit der Stabkirche Eidsborg. Sie ist mit 82 Sitzplätzen eine der kleinsten Stabkirchen Norwegens. Urkundlich erwähnt wurde sie erstmals 1354, vermutlich ist sie aber etwa 100 Jahre älter. Aus dem Mittelalter sind das große Kreuz und zwei bemalte Wandfelder erhalten.

Der Norden bietet mit dem Hardangervidda-Nationalpark Natur pur. 15 000 Rentiere, die größte wild lebende Population Norwegens, leben heute noch auf der Hardangervidda, gemeinsam mit weiteren 23 Säugetierarten, darunter Luchs, Polarfuchs, Vielfraß, Schneehase und Berglemming. Wandern, Angeln, Skifahren, Vogelbeobachtung, alles das bietet die Hardangervidda. Ein 1200 Kilometer langes Netz von Wanderwegen, die häufig uralten Handelswegen folgen, durchzieht die Hochebene.

NOSTALGIE AUF DAMPFSCHIFFEN

Eine Schifffahrt auf dem Telemarkkanal versetzt Sie zurück in die Zeit des ausgehenden 19. Jahrhunderts. Von Skien nach Dalen führt die Reise mit liebevoll restaurierten Dampfschiffen. Das Flaggschiff ist die »DS Victoria«, die 1882 gebaute »Königin des Kanals«. Von 1907 stammt die »DS Henrik Ibsen«, die zunächst auf schwedischen Binnengewässern fuhr. Die Dritte im Bunde der Oldtimer ist die »DS Skarsfos«, die 1909 vom Stapel lief, während die 1951 gebaute »DS Telemarken« der »Neubau« unter den Kanalschiffen ist. Welches Schiff auch gewählt wird, eine Fahrt auf dem 105 Kilometer langen Kanal durch Weiden und Kiefernwälder, vorbei an malerischen Bauerndörfern und kleinen Städten bleibt ein unvergessliches Erlebnis. Nach der Passage von neun Schleusen mit insgesamt 18 Schleusenkammern sind außerdem 72 Höhenmeter überwunden.

WEITERE INFORMATIONEN

www.visittelemark.com
www.visitgrenland.no
www.visitdalen.no
www.midt-telemark.com
www.visitrjukan.com
Vest-Telemarkmuseum Eidsborg:
www.vest-telemark.museum.no
Apfelstadt Gvarv: www.fruktbygda.no

Bis weit in den Juni hinein halten sich einzelne Schneefelder auf der Hardangervidda (oben). Erst dann werden die Findlinge sichtbar, die von den Gletschern der Eiszeit hier zurückgelassen wurden (rechte Seite oben). Dann ist die Landschaft von kahlen Felsen, niedrigen Büschen und einzelnen Birken geprägt (rechte Seite unten).

6 Die Hochebene im Herzen Norwegens – Hardangervidda

Ein Paradies für Rentiere

15 000 Rentiere, die größte wild lebende Population Norwegens, leben heute noch auf der Hardangervidda, gemeinsam mit weiteren 23 Säugetierarten, darunter Luchs, Polarfuchs, Vielfraß, Schneehase und Berglemming. Sie alle finden hier ideale Lebensbedingungen vor. Kein Wunder also, dass die Hochebene bereits vor etwa 8000 Jahren von nomadisierenden Jägern besiedelt war, die den Rentierherden nach dem Ende der Eiszeit auf die Hochebene folgten.

Mehr als 9000 Quadratkilometer umfasst die Hardangervidda, die damit die größte Hochebene Europas ist. Das Bundesland Saarland würde dreieinhalbmal dort hineinpassen. Während sich im Saarland aber mehr als eine Million Menschen drängeln, ist diese Region fast menschenleer. Eine einzigartige Landschaft, offen, wild und weitgehend naturbelassen, mehr als 1000 Meter über dem Meer gelegen. Unzählige Bäche und Flüsse durchziehen das Land. Sie sind ausgesprochen fischreich, genauso wie die vielen Seen, Weiher und Tümpel, die in die Tundralandschaft eingebettet sind. Die Hardangervidda hat eine 550 Millionen Jahre alte Geschichte. Sie beginnt in der Zeit, als die Kontinentalplatte, auf der sich das heutige Norwegen befindet, noch südlich des Äquators lag und die Hochfläche Teil des Meeresbodens war. Im Laufe der Jahrmillionen verschoben sich die Platten, und die Hardangervidda wurde über den Meeresspiegel angehoben. Das heutige Bild der Landschaft ist das Ergebnis der »Arbeit« von Gletschern, die das Gebiet während der letzten Eiszeit regelrecht abschliffen. Nur einige sanft ansteigende Gipfel konnten der Kraft der fließenden Eismassen widerstehen. Der Sandfløggi ist mit 1719 Metern die höchste Erhebung. Schroffere Abschnitte gibt es nur im höheren westlichen Teil der Hardangervidda,

dort, wo die Ebene zum Sørfjord und zum Eidfjord hin abfällt. Nur wenige Siedlungen und Straßen unterbrechen das Bild. Die Norweger sind sich der Schönheit und Einmaligkeit dieser Landschaft wohl bewusst und haben 1981 mehr als ein Drittel der Hardangervidda als Nationalpark ausgewiesen.
Der Hardanger-Nationalpark ist mit seinen 3422 Quadratkilometern der größte Nationalpark Norwegens.

Arktis in Europa

So warm und sonnig der Sommer auf der Hardangervidda auch sein kann, der Winter stellt Pflanzen und Tiere dieser Region auf eine harte Probe. Arktische Kälte sorgt dafür, dass hier nur vergleichsweise wenige Arten überleben können. Dazu zählen die Rentiere. Sie haben sich im Laufe der Evolution an das Leben in Schnee und Eis angepasst. Mit ihren breiten Hufen sinken sie auch im weichen und tiefen Schnee kaum ein, und durch die scharfen Kanten der Hufe sind sie in der Lage, selbst verharschten Schnee aufzukratzen, um an die Gräser, Kräuter und vor allem Flechten zu gelangen, von denen sie leben. Selbst niedrigste Vegetation können sie abweiden, allerdings um den Preis, dass sich die Zähne vorzeitig abnutzen, weil mit den Pflanzen auch Sand und kleine Steine aufgenommen werden. Kaum ein Rentier stirbt daher an Altersschwäche. Es verhungert oder wird das Opfer von Räubern wie Luchs und Vielfraß, die sofort zur Stelle sind, wenn ein Tier krank oder schwach wird. Der Vielfraß hat seinen Namen nicht etwa deshalb, weil er viel frisst, die deutsche Bezeichnung leitet sich vielmehr vom norwegischen Wort Fjellfross ab: Fjell für Hochland und Fross für Katze, also Hochlandkatze. Allerdings ist der Vielfraß keine Katze, sondern zählt zu den Mardern. Für die hier an ihrer südlichen Verbreitungsgrenze lebenden Polarfüchse sind Rentiere in der Regel als Beute zu groß. Sie ernähren sich hauptsächlich von Berglemmingen, den am besten an das arktische Klima angepassten Nagetieren. Die Berglemminge halten keinen Winterschlaf, sondern bauen ein Tunnelsystem unter dem Schnee, um an ihre Nahrung zu kommen. Die Schneeschicht bildet einen idealen Schutz gegen Kälte und Wind, sie bewahrt die Tiere aber nicht davor, von Polarfüchsen und Schnee-Eulen aufgespürt zu werden, denn beide haben so feine Ohren, dass sie die Nager unter der Schneedecke laufen hören. Die hohen Verluste durch ihre Feinde machen die Berglemminge jedoch durch ihre Vermehrungsrate mehr als wett. In Jahren mit günstigem Nahrungsangebot vermehren sie sich so stark, dass sie nicht einmal durch ihre Fressfeinde »in Schach gehalten« werden können. Dann brechen riesige Mengen von ihnen auf, um neue Lebensräume zu erobern, die meisten von ihnen kommen jedoch auf diesen Wanderungen um.

Beobachtung von Doppelschnepfe und Co.

Anders als die Berglemminge ziehen die meisten der in der Hardangervidda lebenden Vögel im Winter in den Süden. Es sind nicht sehr viele Arten, die man hier während der Brutzeit oder auf dem Zug von und nach Norden antrifft, aber die »Birder«, wie die enthusiastischen Vogelbeobachter auch genannt werden, kommen hier auf ihre Kosten. Deren Beobach-

Bunte Krustenflechten überziehen die Felsen und sorgen für Farbtupfer in der Landschaft (unten), wenn der Winter die Hardangervidda aus seinem eisigen Griff entlässt (rechte Seite oben).

tungslisten lesen sich wie das »Who's who« der Vogelprominenz, vom Rotsternigen Blaukehlchen über die Falkenraubmöwe bis zum Merlin, dem Falken und zur Schellente, die in Baumhöhlen brütet. Schnee-Eule, Doppelschnepfe, Schneehuhn und Odinshühnchen sind weitere Prominente. Die beste Zeit für Vogelbeobachtungen ist von Mitte Juni bis Mitte Juli. Dann sind bereits die in der Hardangervidda brütenden Vögel angekommen, und gleichzeitig rasten noch viele Durchzügler hier, die noch weiter in den Norden wollen.

Moltebeeren – ein süßes Geheimnis

Auch die Botaniker sind hier in ihrem Element. Nirgendwo sonst in Kontinentaleuropa finden sie so viele arktische Pflanzen wie hier. Insgesamt wurden in der Hardangervidda rund 450 verschiedene Pflanzenarten registriert, darunter auch solche, die ansonsten nur sehr viel weiter nördlich auf der Bäreninsel, auf Spitzbergen oder in Nordsibirien verbreitet sind. Während der niederschlagsreichere westliche Teil der Hardangervidda noch eine vergleichsweise üppige Vegetation aus Gräsern, Kräutern und kleinen Zwerggehölzen aufweist, ist der östliche und nördliche Teil schon fast als arktische Tundra zu bezeichnen. Berühmt sind alle Bereiche wegen des Vorkommens der Moltebeere, die fast in Gold aufgewogen wird. Jeder Norweger, der weiß, wo Moltebeeren wachsen, behält dieses Wissen für sich. Zur Reifezeit Ende Juli geht er schon im Morgengrauen los, um die Früchte zu sammeln. Man kann Moltebeeren roh essen oder zu Marmelade und Gelee verarbeiten. Sie sind reich an Vitaminen und Spurenelementen und wurden von Seeleuten aufgrund ihres hohen Gehaltes an Vitamin C als wirksames Mittel gegen Skorbut angesehen. Es kommt hinzu, dass sie wegen der in ihnen enthaltenen Benzoesäure gut lagerfähig sind, also auch lange Seereisen überdauern können, ohne zu verderben.

Eine Landschaft für Naturbegeisterte

Wandern, Angeln, Skifahren, Vogelbeobachtung, alles das bietet die Hardangervidda. Ein 1200 Kilometer langes Netz von Wanderwegen durchzieht die Hochebene, das vom DNT (Den Norske Turistforening) betreut wird. Die Wanderwege folgen häufig uralten Handelswegen, die schon seit Jahrhunderten genutzt wurden. Bereits 1879 wurde die erste Wanderhütte errichtet, heute sind es fast 40. Die meisten dieser zum Teil bewirtschafteten Hütten befinden sich im Nationalpark. Sie bieten alles, was der Wanderer braucht: Bett, Waschgelegenheit und Verpflegung.

»BEGREIFBARE« NATUR IM HARDANGERVIDDA NATURSENTER

In Eidfjord, am Fuße des Wasserfalles von Vøringsfossen, findet man das Naturschutzzentrum Hardangervidda. In dem auch architektonisch außergewöhnlichen Gebäude erhält der Besucher einen umfassenden Einblick in die Geologie, Biologie und Kultur der Hardangervidda. Verstaubte Museumsatmosphäre gibt es hier nicht. Im wahrsten Sinne des Wortes »begreifbare« Natur wird hier geboten, unterstützt durch technisch und didaktisch auf höchstem Niveau stehende Multimedia-Angebote. Auch für das leibliche Wohl wird gut gesorgt. Im Restaurant des Naturschutzzentrums werden typisch norwegische Gerichte angeboten, deren Zutaten soweit möglich aus der Region stammen. Das Restaurant hat sich auch einen Namen als Treffpunkt für die ortsansässigen Bewohner gemacht.

WEITERE INFORMATIONEN

Hardangerviddahallen: N–5784 Øvre Eidfjord, Tel. +47/53 67 40 00,
E-Mail: post@hardangervidda.org,
Internet: www.hardangervidda.org

7 Boomtown und Europäische Kulturhauptstadt – Stavanger

Von Sardinenbüchsen zum schwarzen Gold

Stavanger, Norwegens Ölhauptstadt, hat ihre Wurzeln in der Wikingerzeit, woran das Denkmal »Schwerter im Berg« am Hafrsfjord in der Møllebukta erinnert. Die Geschichte berichtet, dass hier König Harald Hårfagre im Jahr 872 das Königreich einte. Das Stadtrecht datiert aus dem Jahr 1125, als der Dom fertiggestellt wurde. Aber schon vor 10 000 Jahren folgten steinzeitliche Fischer und Jäger dem zurückweichenden Eisschild, der Norwegen bis dahin bedeckt hatte, und lagerten an den Stränden, hinter denen heute Stavanger liegt.

Alt und neu, verträumt und mondän gibt sich Stavanger. Auf der einen Seite der alte Hafen mit Fischerbooten und Yachten (rechte Seite oben), auf der anderen Seite das futuristische Ölmuseum (unten). Nostalgisch geht es dagegen im Ölsardinen-Museum zu (rechte Seite unten).

Die Stadt hat eine wechselvolle Geschichte hinter sich. Als 1120 mit dem Bau des Domes begonnen wurde, war Stavanger nicht mehr als eine Ansammlung kleiner Hütten am Ende der Bucht Vågen. Trotzdem wurde die Stadt zum Bischofssitz erhoben, weil sie die einzige nennenswerte Ansiedlung an der Südwestküste war. Stavanger wuchs sehr langsam. Am Beginn des 19. Jahrhunderts hatte es gerade einmal 2000 Einwohner und war nichtsdestoweniger die bedeutendste Stadt der Region. Über Jahrhunderte lebten die Bewohner von Fischfang und Handel. Berühmt wurde Stavanger durch die Konservenindustrie, die am Anfang des 20. Jahrhunderts ihre Blütezeit hatte. Zu der Zeit gab es mehr als 50 Konservenfabriken, die ihre Produkte in alle Welt exportierten. Großen Anteil am Bekanntheitsgrad der Konserven hatten die bunten, künstlerisch gestalteten Aufkleber auf den Dosen, die »Iddis«. Gelegentlich bezeichnen sich die Einwohner Stavangers selbst so. Im Jahr 2000 schloss die letzte Konservenfabrik. Eine von ihnen wurde jedoch als Hermetikmuseet, als Konservenmuseum, hergerichtet, in dem für die Besucher während der Saison vom 15. Juni bis

15. August jeweils dienstags und donnerstags Sardinen geräuchert werden.

Die neuen Wikinger

Tausend Jahre, nachdem die Wikinger mit ihren Drachenbooten Amerika entdeckt hatten, gab es im 19. und beginnenden 20. Jahrhundert einen weiteren Exodus aus Norwegen.
Die Motive waren ähnlich: Armut und die Chancenlosigkeit, aus dieser Armut auszubrechen. Stavanger wurde zum Auswanderungshafen, von dem aus Tausende in die Neue Welt aufbrachen. Heute gibt es außerhalb Norwegens mehr norwegisch-stämmige Menschen als norwegische Staatsbürger. »Det norske Utvandrersenteret«, das Auswanderer-Dokumentationszentrum, hat diese Phase der norwegischen Geschichte akribisch aufgearbeitet, und fast täglich kommen Besucher auf der Suche nach ihren norwegischen Wurzeln dorthin.

Öl – Chance zum Neuanfang

Nach dem Niedergang der Konservenindustrie, die immerhin jahrzehntelang die größte der Welt war, hatte Stavanger Glück im Unglück. Das Meer, das die Stadt seit ihren Anfängen ernährt hatte, erwies sich erneut als wirtschaftliche Grundlage. Diesmal mit den reichen Öl- und Gasvorkommen, die nur etwa 300 Kilometer von Stavanger entfernt entdeckt wurden. Seit den 60er-Jahren des 20. Jahrhunderts sorgten sie für den neuerlichen wirtschaftlichen Aufschwung. Nicht nur Statoil, das größte norwegische Ölunternehmen, sondern auch viele internationale Firmen haben ihren Sitz in der Stadt. Die Bedeutung des Öls nicht nur für Stavanger, sondern für ganz Norwegen, wurde folgerichtig mit der Einrichtung des Norsk Oljemuseum, des Ölmuseums, dokumentiert.

Kommerz und Kultur …

… müssen sich nicht ausschließen. Stavanger bietet eine Fülle kultureller Veranstaltungen, die weit über Norwegens Grenzen hinaus bekannt sind. Zwei Beispiele stehen für das breite Angebot: Jedes Jahr im Mai findet das Mai Jazz-Festival statt, eine große internationale Veranstaltung für Jazzmusik, außerdem Anfang August das Internationale Kammermusik-Festival. Stavanger wurde nicht zuletzt deshalb für das Jahr 2008 gemeinsam mit Liverpool zur Europäischen Kulturhauptstadt berufen. Dazu tragen auch die liebevoll restaurierte Altstadt »Gamle Stavanger« bei mit ihren 173 erhaltenen kleinen Holzhäusern, welche die kopfsteingepflasterten Gassen säumen, sowie die Domkirche, der zweitgrößte romanische Kirchenbau in Norwegen nach dem Dom von Trondheim.
Dass auch die Frühgeschichte der Stadt nicht vergessen wurde, belegt der Wiederaufbau des »Jernaldergarden«, einer eisenzeitlichen Hofanlage aus der Zeit zwischen 550 bis 350 vor Christus.

NORSK OLJEMUSEUM

Im Norsk Oljemuseum, dem Norwegischen Ölmuseum, erfahren Sie, wie das heute geförderte Öl sowie Gas vor Millionen von Jahren entstanden sind und wie beides heute vor der norwegischen Küste gefördert wird. Sie erhalten Einblicke in die Technologie, die Dimensionen, die harte Arbeit. Sie können eine virtuelle Reise auf der Nordsee machen und bekommen einen Eindruck vom Leben auf einer Ölbohrinsel. Für Kinder gibt es eine eigene Bohrinsel, Småtroll, die immer auf der Suche nach neuer Mannschaft ist. Im kleinen Museumsladen werden Souvenirs verkauft. Im Museumscafé und Restaurant Bølgen og Moi können Sie sich von den Strapazen der Öl- und Gasförderung erholen.

WEITERE INFORMATIONEN

Norsk Oljemuseum: Kjeringholmen, N–4001 Stavanger, Tel. +47/51 93 93 00, Internet: www.norskolje.museum.no, Öffnungszeiten: Mo–Sa 10–16, So 10–18 Uhr

Aus der Not eine Tugend hat der Landwirt gemacht, der seinen Hof hoch oben auf den Felsen des Lysefjordes hat. Er lässt seine Ziegen am schmalen Ufer des Fjordes weiden (rechte Seite oben). Als Attraktion für die Touristen werden sie dort von den Kapitänen der Ausflugsboote gefüttert, bevor wieder steile Felsen und Wasserfälle die Aufmerksamkeit auf sich ziehen (oben und rechte Seite unten).

8 Heller Granit und dunkles Wasser – der Lysefjord

Von der Macht des Eises und des Wassers

Der Lysefjord ist einer der spektakulärsten Fjorde Norwegens. Bis zu 1000 Meter ragen die von den eiszeitlichen Gletschern glatt geschliffenen und polierten Granitwände beidseits des Fjords steil in die Höhe. Nur an wenigen Stellen war am Fuße der Felsen genügend Platz für eine bescheidene Landwirtschaft. Heute sind viele dieser Anwesen verlassen, weil sich die Landwirtschaft dort nicht mehr lohnt.

Mit 40 Kilometern Länge bleibt der Lysefjord weit hinter dem 204 Kilometer langen Sognefjord oder dem immerhin auch noch 179 Kilometer langen Hardangerfjord zurück, doch tut das seiner Faszination keinen Abbruch. Lysefjord bedeutet so viel wie heller Fjord, ein Name, der auf die hellgrauen Granitfelsen Bezug nimmt, die ihm sein charakteristisches Gepräge geben. Den Kontrast dazu bietet das dunkle, bis zu 500 Meter tiefe Wasser des Fjordes.

4444 Stufen oder 27 Haarnadelkurven

Mit dem Schiff, dem Auto oder auch zu Fuß erschließt sich der Fjord dem Besucher. Von Stavanger führt eine Fährverbindung zunächst in den Høgsfjord nach Südosten und dann bei Oanes nach Nordosten in den Lysefjord. Hier kann der erste Stopp eingelegt werden, um im Lysefjordsenter einen Einblick in die Geologie und Geschichte der Region zu erhalten. Weiter geht es bis zur kleinen Ortschaft Fløri. Hier wurde erstmals von 1917 bis 1921 mit enormem technischem Aufwand ein Wasserkraftwerk in den Fels gebaut. Es wurde 1999 durch einen Neubau ersetzt, der auch besichtigt werden kann. Hier haben sportliche Naturen die Möglichkeit, die Klippen zu Fuß zu erklimmen. 4444 Stufen führen von der Wasserlinie bis zum Klippenrand, von wo sich ein großartiger Blick über den Fjord bietet. Bei Kjerag, etwa fünf Kilometer vor dem Ende des Fjordes, errei-

chen die nahezu senkrecht abfallenden Steilwände an der Südseite eine Höhe von 1084 Metern. Am Ende des Fjordes angekommen, findet man die kleine Ortschaft Lysebotn, die im Wesentlichen aus Ferienhäusern und einem Campingplatz besteht. Das ist jedoch nicht das Besondere an diesem Ort, sondern die von dort in 27 Haarnadelkurven fast 900 Höhenmeter überwindende, in das obere Sirdal führende Straße. Sie folgt dem legendären Skinnvegen, dem Fellweg, einem der ältesten Handelswege Norwegens. Auf ihm brachten Jäger die Felle der von ihnen im Hochland erlegten Tiere an die Küste.

Klettern, nicht predigen

Eine von jährlich fast 100000 Menschen besuchte Attraktion im Lysefjord ist der Prekestolen, der Predigtstuhl. 604 Meter über dem Fjord hat man von der nur etwa 25 Meter langen und genauso breiten Felsplattform einen weiten Blick bis nach Stavanger, die umliegenden Gebirge und den Lysefjord. Allerdings sollte man schwindelfrei sein, denn die Felswand stürzt senkrecht in die Tiefe, und die Plattform ist nicht einmal durch einen symbolischen Zaun gesichert. Kletterer haben die Steilwand für sich entdeckt und versuchen den kürzesten Weg hinauf zu finden. Aber auch schon der reguläre Weg dorthin ist im wahrsten Sinne des Wortes mit Steinen gepflastert. Die Wanderung von Botne, einem kleinen Ort am Fuße des Prekestolen, führt zunächst über einen steilen Weg entlang eines Höhenrückens, dann durch sumpfigen Wald zur Urskarshöhe auf 408 Metern und weiter über ein Geröllfeld zum Neverdalsskaret-Pass und zur Plattform des Predigtstuhls. Der Blick entschädigt für alle Mühen. Schon auf dem Weg nach oben beobachtet man mit etwas Glück Schneehühner, Seeadler oder sogar einen Elch. Wer weder klettern noch laufen will, kann den Aufstieg auch auf dem Rücken eines Pferdes erleben, das man bereits in Stavanger buchen kann.

Der Prekestolen entstand am Ende der letzten Eiszeit und ist das Ergebnis der Arbeit von Eis und Wasser. Vor etwa 10000 Jahren, als die Gletscher, die den gesamten Fjord ausgefüllt hatten, langsam zu schmelzen begannen, drang Schmelzwasser in Klüfte und Spalten der Felsen, gefror wieder und dehnte sich dabei aus. Dieser Vorgang wiederholte sich viele Male, bis große Blöcke regelrecht abgesprengt worden waren, ein Prozess, der auch heute noch nicht abgeschlossen ist. Allerdings besteht keine Gefahr, dass der Prekestolen zusammenbricht.

LEBEN VOR 3000 JAHREN

Am Eingang des Lysefjordes liegt der kleine Ort Forsand, der nicht nur als Fährort in den Lysefjord interessant ist. Hier wurden Siedlungsreste von Menschen gefunden, die in der Zeit zwischen 1500 v. Chr. bis 600 n. Chr. in der Siedlung Landa gelebt haben. Seit 1995 werden die Gebäude Stück für Stück rekonstruiert und als »Freilichtmuseum zum Anfassen« eingerichtet, darunter die Gildehalle und die Schmiede. Nirgendwo sonst in Norwegen ist die Geschichte von der Bronzezeit bis zum Beginn des Mittelalters so umfassend dokumentiert. Die Besucher können an Führungen durch das Dorf teilnehmen oder die Siedlung auf eigene Faust erkunden. Vorträge und Ausstellungen zu Sonderthemen runden das Angebot ab.

WEITERE INFORMATIONEN

Lysefjordsenteret AS, N-4110 Forsand:
Tel.: +47/51 70 31 23,
Fax: +47/51 70 37 50,
E-Mail: info@lysefjordsenteret.no,
Internet: www.lysefjordsenteret.no

9 Landschaft der Gegensätze – der Hardangerfjord

Natur und Kultur am »König der Fjorde«

Mit einer Länge von 179 Kilometern ist der Hardangerfjord der zweitlängste Fjord Norwegens. Das macht aber seinen Reiz nicht aus. Es ist die vielfältige Landschaft mit Wasserfällen, Gletschern, Wiesen, Weiden und Obstgärten, die ihn weit über Norwegen hinaus bekannt gemacht hat. Nicht umsonst wird er der König der Fjorde genannt. Edvard Grieg verbrachte hier viele Sommer und ließ sich inspirieren.

Der Hardangerfjord öffnet sich südlich von Bergen und führt in nordöstlicher Richtung tief in das gebirgige Herz Norwegens hinein, bis er bei Eidfjord, am Ende des gleichnamigen Nebenfjords, direkt an das Hochplateau der Hardangervidda heranreicht. Mehrere andere Nebenarme zweigen vom Hardangerfjord ab, der längste davon ist mit 50 Kilometern Länge der Sørfjord.

Wie ein Keil schiebt sich die Folgefonn-Halbinsel von Süden zwischen den Hardangerfjord und den Sørfjord. Auf ihr befindet sich der drittgrößte Gletscher Norwegens, der Folgefonna. Sein höchster Punkt liegt bei 1662 Metern, das Ende der Gletscherzunge reicht bis 400 Meter herunter. Der Gletscher und weite Teile der Umgebung wurden 2005 zum Nationalpark erklärt.

Von Eis und Wasser geformt

Seine heutige Form verdankt der Hardangerfjord den Kräften des Eises und des Wassers. Als vor etwa 10000 Jahren, am Ende der Eiszeit, das große Tauen begann, hatte das Eis bereits tiefe Täler ausgehobelt, deren tiefer gelegenen Bereiche nun vom Schmelzwasser geflutet wurden. Unter dem Eis stieg der Wasserspiegel in diesen Tälern immer weiter an, bis sich die Wassermassen schließlich einen Abfluss suchten. Sie durchbrachen die durch die Gletscher aufgeschobenen Moränenwälle, rissen das über ihnen liegende Eis mit sich und fanden ihren Weg in den Atlantik.

Der tiefste Punkt des Hardangerfjordes liegt daher nicht im Bereich seiner Mündung, sondern mitten im Fjord bei dem Ort Norheimsund.

Während auf Gebirgszügen bis in die Sommermonate hinein Schnee und Eis vorherrschen (rechte Seite oben), empfängt den Besucher im Sørfjord, einem Nebenarm des Hardangerfjord, eine liebliche Landschaft mit grünen Berghängen, kristallklarem Wasser und blühenden Apfelbäumen (rechte Seite unten). Abendstimmung am Hardangerfjord vor Herand (unten).

Wasserfälle mit Abschaltautomatik

Heute macht man sich die Kraft des Elements zunutze. Das von der Hardangervidda in den Fjord abfließende Wasser wird zur Stromerzeugung verwendet. Der Bau des ersten Elektrizitätswerks wurde 1918 vollendet; es bildete die Grundlage für die Industrialisierung der Region um Odda und war bis 1989 in Betrieb. Zwischenzeitlich sind nahezu alle Wasserfälle »gebändigt«. Der Ringedalsvatn, ein riesiger Stausee nahe Tyssedal, ließ die Wasserfälle Tyssestrengene und Ringedalsfossen, die noch im 19. Jahrhundert mit 160 Metern bzw. 300 Metern Fallhöhe eine weithin bekannte Attraktion waren, versiegen. Andere Wasserfälle sind zum Glück erhalten geblieben. Darunter der Vøringfossen, der zu den meistbesuchten Sehenswürdigkeiten Norwegens zählt. Zwar wird auch die Kraft seines Wassers inzwischen durch den Sysendamm zur Stromerzeugung gebraucht, während der Touristensaison vom 1. Juni bis zum 15. September stürzen jedoch immer noch mindestens 12 Kubikmeter Wasser pro Sekunde den Berg hinab. Schon von unten bietet der Wasserfall einen grandiosen Anblick. Wer ihn auch noch von oben betrachten möchte, kann 1500 Stufen auf dem alten, früher von Packpferden genutzten Pfad nach oben auf das Mabøfjell hinaufsteigen. Die Mühe lohnt sich, denn man wird durch einen grandiosen Ausblick belohnt.

Im Utne Hotel scheint die Zeit stehen geblieben zu sein. Das behutsam restaurierte, inzwischen auch denkmalgeschützte Gebäude hat den Charme des 18. und 19. Jahrhunderts über die Zeiten erhalten. Überall wird deutlich, mit wie viel Liebe das kulturelle Erbe gepflegt wird (unten und rechte Seite oben).

Blüten und Eis

Wie auch in anderen Bereichen Norwegens begann die Besiedlung der eisfreien Täler recht schnell. Zunächst erschienen die eiszeitlichen Jäger und Sammler. Später wurden die fruchtbaren Böden landwirtschaftlich genutzt, und auch heute noch spielt die Landwirtschaft eine große Rolle. Die geschützte Lage innerhalb der Täler macht sogar Obstbau möglich, sodass der Hardangerfjord auch als Obstgarten Norwegens gilt. In jedem Frühjahr pilgern Tausende Norweger und ausländische Gäste zur Obstblüte. Allein in der Gemeinde Ullensvang, nördlich von Odda an der Ostseite des Sørfjords gelegen, blühen 500000 Obstbäume, vorwiegend Apfel- und Kirschbäume. Der Folgefonn-Gletscher bildet dabei eine gewaltige Kulisse für die im Mai und Juni blühenden Obstbäume. Die Bäume sehen nicht nur schön aus, auch ihr Obst schmeckt sehr gut. Zur Reifezeit wird es von den Bauern an der Straße verkauft. Ein eigenes Zentrum für Obstbauforschung sorgt dafür, dass die Qualität des Obstes stimmt und Besucher informiert werden.

Hier muss es Fisch sein

Wer sich nicht nur von Obst ernähren will, kommt am Fisch aus dem Hardangerfjord nicht vorbei. Der Fjord gehört zu den vier größten Fischzuchtregionen der Welt. 40000 Tonnen Lachse und Regenbogenforellen werden hier jedes Jahr in Fischfarmen »produziert« und kommen frisch auf den Tisch der vielen kleinen Restaurants und Hotels. Wer sich sein Essen durch Arbeit verdienen will, kann auch selbst auf Angeltour gehen, denn nicht nur die Zuchtfische fühlen sich im Hardangerfjord wohl. Lachs, Aal, Butt, Dorsch und ein halbes Dutzend anderer Fischarten hat man mit ein wenig Glück am Haken. Sie alle lassen sich zu schmackhaften Gerichten verarbeiten.

Auf den Spuren von Thomas Cook

Auch wenn viele kleine Orte beiderseits des Hardangerfjordes und seiner Nebenfjorde wie Perlen auf einer Kette aneinandergereiht sind, ist die Region bis heute nur halb so dicht besiedelt wie der Landesdurchschnitt. Neben der Landwirtschaft spielt der Tourismus eine große Rolle. Hier liegt die Wiege des norwegischen Fremdenverkehrs, denn bereits 1875 veranstaltete Thomas Cook wöchentliche Seefahrten von London zum Hardangerfjord.

Diese Tradition hat in den letzten drei Jahrzehnten eine Renaissance erlebt. Vorsichtig wird die Infrastruktur für den Tourismus entwickelt. Im Vordergrund steht dabei das Naturerleben. Boots- und Angeltouren, Wandern – der Fjord bietet für jeden etwas.

Für Wintersportler wurde auf dem Folgefonn-Gletscher ein Sommerski-Zentrum mit Norwegens längstem Gletscherskilift eingerichtet.

Wer sich für die Geschichte der Region interessiert, dem sei der Besuch des Hardanger Folkemuseum in Utne angeraten. Hier entstand ein Dorf, wie es bis zur Mitte des 19. Jahrhunderts typisch war.

Eine vermutlich aus dem 13. Jahrhundert stammende Rarität ist die Årstove, ein Blockhaus mit offener Feuerstelle. Ebenfalls in Utne steht das Utne Hotel, das bereits 1722 als Gasthof eingerichtet und 1849 zu einem Hotel erweitert wurde. 250 Jahre befand es sich im Familienbesitz, bevor das inzwischen unter Denkmalschutz stehende Gebäude von einer Stiftung übernommen wurde.

Tradition, Musik und Tanz

Tradition wird groß geschrieben im Hardangerfjord. Berühmt sind die Trachten, die an Festtagen und bei Hochzeiten getragen werden. Die Blusen und Schürzen der Frauen sind mit der Hardangerstickerei verziert, einer Durchbruchstickerei, die ihren Ursprung in Persien hat und im 14. Jahrhundert über Italien auch nach Norwegen kam. Jede Familie hat im Laufe der Zeit ihre eigenen geometrischen Muster geschaffen, außerdem wird hier nur Weiß auf Weiß gestickt. An Festtagen und bei Hochzeiten zeigen die Norweger, dass sie feiern können. Zu den Klängen der Hardangerfiedel wird gesungen, getanzt und natürlich getrunken. Die Hardangerfiedel, in Norwegen »Hardingfele« genannt, ist das traditionelle Musikinstrument für die Volksmusik der Region. Der Komponist Geirr Tveitt hat aber auch zwei klassische Konzerte dafür komponiert. Selbst im Jazz spielt die Hardangerfiedel inzwischen mit. Ihren eigentümlichen Klang hat sie u.a. durch zusätzliche Resonanzsaiten.

SPEISEN WIE DIE NORWEGER

Nach den Wanderungen, Angeltouren oder Abfahrten vom Folgefonna soll auch der Magen zu seinem Recht kommen. Am Hardangerfjord gibt es viele Restaurants und Gaststätten, die meist nur während der Saison geöffnet sind. Eines davon ist die Hardangerviddahallen in Øvre Eidfjord. Hier gibt es Deftiges aus der Region, angefangen von Lachs über Forelle bis zu Rentierbraten und Lamm, alles traditionell zubereitet und außerordentlich schmackhaft. Zugeständnisse an den Zeitgeist gibt es nur insofern, dass auch vegetarische Gerichte auf der Karte stehen. Kinder bekommen etwas kleinere Portionen.

WEITERE INFORMATIONEN

Hardangerviddahallen Restaurant og Kafé: N–5784 Øvre Eidfjord, Tel. +47/53 67 40 10, E-Mail: post@hardangervidda.org, Internet: www.hardangervidda.org, Öffnungszeiten: 01.05.–14.06. und 21.08.–30.10. tgl.10–18 Uhr, 15.06.–20.08. tgl. 09-19 Uhr; Winter: Gruppen nach Voranmeldung

Die Hansehäuser (oben) sind aus Stein gemauert, während die Häuser von »Tyske Bryggen« (rechte Seite) nach jeder Brandkatastrophe nach den alten Plänen wieder detailgetreu aus Holz errichtet wurden.

10 Tor zu den Fjorden Norwegens – Bergen

Alte Stadt mit jungem Gesicht

»Bergen ist die Stadt mit den Füßen im Meer, mit dem Kopf nahe dem Himmel und mit dem Herz auf dem rechten Fleck.« So charakterisieren die Einwohner ihre Stadt liebevoll. Und das ist durchaus zutreffend, denn sie liegt unmittelbar an einem Naturhafen am Ende des Puddefjorden, eingerahmt von ihren sieben, bis zu 670 Meter hohen Bergen. Tradition und Moderne, gemütliches Kleinstadtleben und betriebsame Geschäftigkeit sind eine gelungene Symbiose eingegangen und geben der Stadt ein einzigartiges Flair.

Den Titel als größte Stadt Norwegens hat Bergen 1880 an Oslo abgeben müssen, aber bis zu dieser Zeit war sie die wichtigste Hafenstadt des Landes mit einer langen Tradition. Bereits um 1070 hatte König Olav Kyrre an der Stelle der heutigen Stadt einen Ort namens »Björgwin« gegründet, was so viel wie Bergwiese bedeutet. Schon unmittelbar danach war sie ein wichtiger Handelshafen. Ihre Bedeutung stieg 1360 noch einmal, als ein Handelskontor der Hanse, der »Tyske Bryggen«, also der Deutsche Anleger, gegründet wurde. Die Stadt entwickelte sich durch den Import von Getreide und den Export von Fisch zum wichtigsten Handelszentrum Skandinaviens. Da Kontore keine selbstständigen Mitglieder der Hanse sein konnten, wurde die Niederlassung der Hansestadt Lübeck untergeordnet. Das zunächst aus 20 nebeneinanderliegenden Gebäuden bestehende Hansekontor wurde schnell zu einem kompletten Wohn- und Handelsviertel. Zur Blütezeit der Hanse machten die deutschen Kaufleute und Handwerker ein Viertel der Stadtbevölkerung Bergens aus. Noch heute ist der nur noch Bryggen genannte Stadtteil eine der Hauptattraktionen Bergens, wenngleich es sich nicht mehr um die alten Gebäude, sondern Rekonstruktionen handelt, da die Stadt mehrfach von verheerenden Feuersbrünsten heimgesucht wurde. Die Flammen fanden durch die typisch norwegische Holzbauweise der Häuser immer reichlich Nahrung, aber die Hafenzeile wurde

SILD - FISK
ALFRED SKULSTAD
SCHJØTT

immer wieder nach den alten Plänen aufgebaut, sodass sie sich heute noch so darstellt, wie im 14. Jahrhundert. Von der UNESCO wurde Bryggen deswegen im Jahr 1979 zum Weltkulturerbe ernannt. Alle anderen Gebäude im Stadtgebiet mussten nach dem letzten großen Brand im Jahr 1916 aufgrund einer Feuerschutzverordnung aus Stein errichtet werden.

Geschichte und Geschichten

Während Bryggen immer noch ein lebendiger, intensiv genutzter Stadtteil ist, kann in Gamle Bergen, dem nördlich vom Zentrum gelegenen Alt-Bergen, das Leben betrachtet werden, wie es vor rund 100 Jahren war. Hier stehen Holzhäuser nicht nur aus der Stadt selbst, sondern aus der gesamten Region um Bergen, die abgetragen und hier Stück für Stück wieder aufgebaut wurden. Die Zeit scheint stehen geblieben zu sein. Das Leben der reichen Kaufleute ist ebenso nachzuempfinden wie das des armen Dienstmädchens, des Bäckers, des alternden Beamten und nicht zuletzt des Zahnreißers und seiner Patienten. Tausende von Gegenständen aus dieser Zeit erzählen, wie die Menschen zu Hause, bei der Arbeit und bei Festlichkeiten gelebt haben.

Heute ist Bergen mit rund 261 000 Einwohnern die zweitgrößte Stadt in Norwegen. Traditionell wird auch heute noch Fischfang betrieben, daneben spielt auch die Aquakultur von Lachsen eine große Rolle. Berühmt ist der Fischmarkt Torgen, nur einen Steinwurf von Bryggen entfernt. Außer am Wochenende ist er täglich geöffnet. Hier findet man alles, was die Nordsee an Meerestieren zu bieten hat, angefangen beim Kabeljau über Plattfische, Seeteufel und Lachse bis hin zu Garnelen, Hummern und neuerdings Königskrabben, die sich vom Weißen Meer, wo sie ausgesetzt wurden, auf den langen Weg entlang der norwegischen Küste nach Süden gemacht haben. Obst- und Gemüsestände ergänzen das Angebot, und wer Hunger hat, findet an kleinen Imbissbuden ein großes Angebot. Vom Fischmarkt ist es nicht weit zur Talstation der Fløyen-Bahn, einer Standseilbahn, die auf einer 850 Meter langen Strecke auf den 339 Meter hohen Berg Fløyen, einen der sieben Berge der Stadt, führt. Von dort hat man einen wunderbaren Blick auf die Stadt und den Hafen.

Sehenswerte sakrale Bauten in Bergen sind die Marienkirche und die Fantoft-Stabkirche. Die Marienkirche ist eine romanische Basilika, die um 1130 nach dem Vorbild des Speyrer Doms aus Naturstein erbaut wurde. Sie soll das älteste noch erhaltene Gebäude der Stadt sein, Archäologen gehen jedoch davon aus, dass eine kleine Kapelle in der Innenstadt von Bergen um einige Jahre älter ist. Die Marienkirche liegt im nordöstlichen Teil von Bryggen. Sie wurde als Hauptkirche des Kontors von 1408 bis 1766 ausschließlich von den dort ansässigen Hansekaufleuten genutzt. Äußerlich schmucklos, zeigt sie im Innern ein vergoldetes

Keine Fassade ist wie die andere, ob im Hanseviertel, in »Tyske Bryggen« oder bei den Speicherhäusern am Prefaboden (rechte Seite oben). Vielfalt ist in der Architektur ebenso die Maxime wie auf dem Fischmarkt, wo die ganze Palette der Meeresfrüchte angeboten wird (unten).

Triptychon und eine geschnitzte barocke Kanzel. Die Fantoft-Stabkirche wurde vermutlich im 13. Jahrhundert in Fortun, einem kleinen Dorf an einem Seitenarm des nördlich von Bergen gelegenen Sognefjords erbaut und 1883 an ihren jetzigen Platz am Südrand von Bergen versetzt. Im Jahr 1992 brannte die Kirche durch Brandstiftung vollständig nieder, wurde aber originalgetreu nach alten Plänen und Fotografien wieder aufgebaut.

Kultur als Verpflichtung

Das kulturelle Angebot der Stadt ist enorm vielfältig. Nicht umsonst wurde Bergen im Jahr 2000 von der UNESCO zur Europäischen Kulturhauptstadt ernannt. Eine Vielzahl von Museen, darunter das Fischereimuseum, das Bryggens Museum, das Hanseatisk Museum, das Historisk Museum und verschiedene Kunstsammlungen mit Bildern von Munch, Picasso, Klee, Kandinsky und anderen Meistern bieten interessante Einblicke in die Geschichte, Kultur und das künstlerische Engagement Bergens. Für Naturliebhaber sind der Botanische Garten der Universität und das »Aqvariet«, das größte Aquarium in Nordeuropa, ein Muss. Auch die Musikfreunde kommen auf ihre Kosten. Das älteste Symphonieorchester der Welt ist in Bergen beheimatet, und das alljährlich im Mai/Juni stattfindende Internationale Bergen-Festival ist eine bekannte Größe im internationalen Musikbetrieb. Musik hat Tradition in Bergen, denn der berühmteste Sohn der Stadt, Edvard Grieg, hat hier seine Spuren hinterlassen. Troldhaugen, das Zuhause des Komponisten, ist nicht nur Museum, sondern auch Spielstätte für Musiker aus aller Welt. Es liegt etwa acht Kilometer südlich von Bergen auf dem Troldhaugen. Das Theater »Den nationale Scene« gehört zu den führenden Häusern.

Die Stadt des flüssigen Sonnenscheins

Alle reden vom Wetter, auch die Bewohner Bergens. Mit durchschnittlich fast 2300 Millimeter Niederschlag an bis zu 225 Regentagen hält Bergen den einsamen Rekord in ganz Europa. Jeder Besucher ist daher gut beraten, regenfeste Kleidung mitzuführen. Dabei sind die Temperaturen aufgrund des warmen Golfstroms, der an der norwegischen Küste nach Norden führt, sehr moderat. Die Jahresmitteltemperatur beträgt etwa 7,7 Grad Celsius. Der Juli ist der wärmste Monat mit Temperaturen zwischen 12 und 19 Grad Celsius und immerhin durchschnittlich 5,8 Sonnenstunden pro Tag. Die niedrigsten Temperaturen werden im Februar gemessen, wenn das Thermometer zwischen –0,9 und +3,3 Grad Celsius pendelt.

VIELE WEGE FÜHREN NACH BERGEN

Am schnellsten geht es mit dem Flugzeug. Aus nahezu allen europäischen Metropolen gibt es Direktflüge. Der Flug zum Flughafen Bergen-Flesland führt über die atemberaubende Gebirgslandschaft Norwegens. Autofahrer gelangen von Oslo über die Reichsstraße 13 (E 16) nach 496 Kilometern nach Bergen. Eisenbahnfans können die gleiche Strecke auch mit der legendären Bergenbahn zurücklegen. Die 470 Kilometer lange Route passiert die größte Hochebene Europas, die Hardangervidda. Der höchste Punkt der Strecke liegt bei 1237 Metern. 182 Tunnel mit einer Gesamtlänge von 73 Kilometern werden dabei durchfahren, der längste misst 10,3 Kilometer. Außerdem werden etwa 300 Brücken überquert. Außerdem legen jedes Jahr über 200 Kreuzfahrtschiffe in Bergen an, darunter die Schiffe der Hurtigruten.

WEITERE INFORMATIONEN

Bergen Tourist Information: Tel. +47/ 55 55 20 00, E-Mail: info@visitbergen.com, Internet: www.visitbergen.com

11 Mit dem Postschiff auf der Reichsstraße Nummer 1

Im Liniendienst von Bergen nach Kirkenes

Norwegen ist ein Land, das vor allem im Winter zu Lande auch heute noch nur unter Schwierigkeiten bereist werden kann. Daher war es nahe liegend, den eisfreien Seeweg entlang der Küste zu nutzen. Seit 1893 gibt es den täglichen Liniendienst der Hurtigruten zwischen Bergen und Kirkenes. Ihr ist es zu verdanken, dass der Norden des Landes mit Post und Waren versorgt wird und Produkte von dort in den Süden gelangen. »Riksvei Nr. 1« wird die Hurtigrutenlinie deshalb von den Norwegern liebevoll genannt.

Über 83000 Kilometer lang ist die Küstenlinie Norwegens, wenn man die Fjorde und Inseln mit einrechnet. Kein Wunder, dass die Norweger traditionell ein Seefahrervolk sind. Der Warenverkehr insbesondere zu und von den abgelegeneren Orten im Norden des Landes erfolgte fast immer auf dem Seeweg. Routen durch das gebirgige Binnenland gab es nur wenige.

Ruderbootstafette in den hohen Norden

Bereits im 17. Jahrhundert wurde daher ein regelmäßiger Postdienst von Trondheim nach Vardøhus, hoch im Norden der Finnmark, eingerichtet. Amtlich bestellte Fischer bekamen den Auftrag, zweimal im Jahr diese Strecke zu befahren. Zu Beginn des 19. Jahrhunderts wurde dieser Dienst ausgeweitet. Nicht mehr zweimal pro Jahr, sondern alle drei Wochen trat die Post ihren Weg an. Drei Boote mit jeweils acht Ruderern waren wie Stafettenläufer auf den drei Reiseabschnitten von Trondheim nach Bodø, von Bodø nach Tromsø und schließlich von Tromsø bis nach Alta unterwegs. Dieser Dienst ermöglichte jedoch keineswegs eine regelmäßige Versorgung. Mit

Die Schiffe der Hurtigruten – wie die »MS Nordlys« (unten) oder die »MS Nordnorge« (rechte Seite unten) – ähneln schwimmenden Hotels: mit Restaurants, Lobby und Suiten – hier im Hafen von Honningsvag auf Mageroya/Nordkap.

dem Aufkommen der Dampfschiffe wurden die Touren von diesen übernommen, aber auch die Dampfschiffe fuhren nur bei Tag, und der ist vor allem in den Wintermonaten kurz. Jenseits des Polarkreises herrscht zeitweise sogar die Polarnacht.

Richard With – Pionier der Nord-Süd-Verbindung

Seit 1875 gab es Bestrebungen, den Post- und Frachtverkehr noch weiter zu intensivieren und staatlich zu fördern. Im Jahr 1890 wurde ein Konzept für den ganzjährigen Betrieb einer Schifffahrtslinie entlang der norwegischen Küste erarbeitet, allerdings war das Problem der Navigation bei Dunkelheit noch nicht gelöst. Es gab eine öffentliche Ausschreibung für den Liniendienst, an den die Bedingung geknüpft war, ganzjährig und in kürzester Zeit die Strecke zu überwinden. Das war die Stunde von Richard With. Der erfahrene Kapitän war darüber hinaus ein geschäftstüchtiger Kaufmann. Er hatte über viele Jahre gemeinsam mit dem Lotsen Andreas Holte alle Seewege entlang der Küste befahren und darüber so detaillierte Aufzeichnungen gemacht, dass er auch bei Dunkelheit seinen Weg fand. Damit war die Bedingung erfüllt, die an die Vergabe der staatlichen Subventionen geknüpft war.

Aus den Postschiffen sind komfortable Kreuzfahrtschiffe geworden, deren Offiziere standesgemäße Uniformen tragen (unten). Die »MS Richard With« – hier auf dem Weg nach Ålesund – wurde nach dem Gründer der Hurtigruten benannt (rechte Seite oben).

Die Geburt der Hurtigruten

Am 2. Juli 1893 verließ die »D/S Vesterålen« als erstes Schiff der von Richard With gegründeten Vesterålens Dampsskipsselskap Trondheim in Richtung Hammerfest auf der Hurtigrutenlinie. Kapitän war, wie sollte es anders sein, Richard With. Er benötigte für die Strecke 67 Stunden. Bereits im folgenden Jahr schlossen sich zwei weitere Reedereien den Hurtigruten an. Es wurden nun zweimal pro Woche die Strecken Trondheim – Hammerfest, Bergen – Hammerfest und Hammerfest – Vadsø bedient. Letztere verlängerte man 1908 bis Kirkenes, das bis heute aufgrund eines Staatsvertrages aus dem Jahr 1911 der Endpunkt der Hurtigrutenlinie ist. Die drei Linien wurden 1936 zu einer durchgehenden Verbindung zusammengeführt. 14 Schiffe von sechs verschiedenen Reedereien gewährleisteten von nun an die tägliche Verbindung von Süden nach Norden und zurück. Damit änderte sich das Leben in den abgelegenen Ortschaften des Nordens nachhaltig. Die Hurtigruten wurden zum nationalen Symbol der Verbundenheit der einzelnen Landesteile Norwegens.

Die wechselvolle Geschichte der Hurtigruten

Innerhalb weniger Jahre hatten sich die Hurtigruten zu einem festen Bestandteil des norwegischen Verkehrsnetzes entwickelt und waren aus dem normalen Leben nicht mehr wegzudenken. Allerdings ist die Zeit nicht spurlos an ihnen vo-

rübergegangen. Insbesondere der Zweite Weltkrieg nahm nachhaltigen Einfluss auf die Hurtigruten. Viele Schiffe wurden von den deutschen Besatzern beschlagnahmt und für militärische Zwecke genutzt, standen also nicht mehr zur Verfügung. Um den Liniendienst wenigstens in Teilen aufrechtzuerhalten, wurden sogar Fischkutter eingesetzt. Am Ende des Krieges waren nur noch drei von ehemals 14 Schiffen fahrtüchtig. Erst 1950 konnte der tägliche Liniendienst wieder aufgenommen werden, nachdem ein staatlich gefördertes Schiffsneubauprogramm gestartet worden war. Bis 1956 waren zehn neue, speziell für diesen Zweck konzipierte Schiffe in Dienst gestellt worden, welche die alten Schiffe ersetzten. In den 1980er-Jahren ging die nächste, mittlere Generation der Hurtigruten-Schiffe auf die Reise. Bereits kurze Zeit später wurde die neue Generation aufgelegt.

Eine neue Herausforderung

Diese Schiffe sind wie moderne Kreuzfahrtschiffe ausgestattet, und das nicht ohne Grund. Jahrzehntelang stellten die Hurtigruten die einzige Versorgungsmöglichkeit für viele Ortschaften dar und wurden demzufolge stark subventioniert. Mit der Zunahme des Flugverkehrs und dem Ausbau des Schienen- und Straßennetzes verloren sie aber rapide an Bedeutung. Lediglich im Winter konnten sie ihre Stellung behaupten, denn vereiste Start- und Landebahnen, verschneite Straßen und unpassierbare Schienenstrecken können Schiffe nicht schrecken. In der Konsequenz führte das dazu, dass seit dem Jahr 2001 nur noch der Winterfahrplan subventioniert wird. Um trotz dieser Entwicklung keine roten Zahlen zu schreiben, waren die Verantwortlichen gezwungen, neue Konzepte für ihre Schiffe zu entwerfen. Zwar ist auch heute noch der Post- und Frachtverkehr ein wichtiger Bestandteil des Hurtigrutenkonzepts, doch der Tourismus bestimmt in zunehmendem Maße das Geschäft.

Im Sommer fahren die Schiffe neben den klassischen Strecken auch in den Geiranger- und den Trollfjord. Auch die Liegezeiten in den Häfen orientieren sich nicht mehr nur ausschließlich an den für die Fracht notwendigen Be- und Entladezeiten, sondern vor allem an den Wünschen der mitreisenden Touristen, für die spezielle Ausflüge zu Sehenswürdigkeiten rund um die Häfen angeboten werden. Inzwischen werden mit den Schiffen »Nordkapp« und »Fram« sogar Expeditionskreuzfahrtschiffe eingesetzt. Sie sind auch außerhalb norwegischer Gewässer, zum Beispiel in Grönland, in den chilenischen Fjorden und bis in die Antarktis hinein unterwegs.

AUF DEN SPUREN DER HURTIGRUTEN

Wenn die Frage gestellt wird, welcher Streckenabschnitt der Hurtigrutenlinie der schönste ist, muss die Antwort lauten: »Jeder!« Man muss die ganze Strecke fahren, und zwar in beiden Richtungen, denn die Häfen, die auf der Tour nach Norden nachts angelaufen werden, sind auf der Südtour auf dem Tagesprogramm. Das 1993 zum 100-jährigen Bestehen der Hurtigruten im ehemaligen Verwaltungsgebäude der Vesterålens Dampskibsselskab eingerichtete Hurtigrutenmuseum in Stokmarknes kann daher nur auf der Rücktour besichtigt werden. Ankunftszeit dort ist 14.45 Uhr. 1999 ist es um einen Neubau erweitert worden. Prunkstück der Ausstellung ist das Museumsschiff »MS Finnmarken«, das bis 1993 auf Tour war.

WEITERE INFORMATIONEN

Hurtigrutemuseet:
N–8450 Stokmarknes, Markedsgt. 1,
Tel. +47/76 11 81 90,
E-Mail: post@hurtigrutemuseet.no,
Internet: www.hurtigrutemuseet.no

Glasklare Seen, Gletscher, schroffe, schneebedeckte Bergspitzen und gewaltige Wasserfälle bietet die Fahrt auf der Sognefjell-Hochstraße, hier Richtung Lom–Turtagro – durch den Nationalpark Jotunheimen (oben und rechte Seite oben und unten.

12 Im Heim der Riesen – der Jotunheimen-Nationalpark

Zwischen Rentieren, Luchsen und Alpenschneehühnern

Jotunheimen mit seinen schroffen Bergen, Gletschern, Seen und Flüssen ist eine großartige Landschaft mit einer außerordentlichen Tier- und Pflanzenwelt. Sie inspirierte Komponisten und Dichter zu ihren Werken und brachte sogar kühle Wissenschaftler ins Schwärmen.

Auf einmal stand ich am Abgrund und sah hinunter zum Gjendesee. Tief unten streckte er sein blankes, grünblaues Smaragdband weit durch den Grund der Kluft, zwischen den mächtigen Schneebergen, die in wilder Folge auf ihn zustürzen. Der Mjølkedalstind und all die anderen scharfen weißen Zacken, die im Westen gegen das Abendrot aufragen. Es ist, als ob ganz Jotunheimen plötzlich lebendig wird, seine mächtigen Pforten für die Seele öffnet und sie in ihren Bann zieht. Unwillkürlich blieb ich stehen; es war, als ob ich der Gletscherwelt zurufen müsste: Auf Wiedersehen!«

So beschrieb Fridtjof Nansen seinen ersten Besuch des Jotunheimen, des höchsten Teiles der Skanden. Seine Begeisterung ist leicht nachzuvollziehen. Nach der nordischen Sage ist Jotunheimen auch die Heimat der Jøten, der Trolle, die ihnen von Odin und seinen Brüdern während der Schöpfung zugewiesen wurde. Nansen war aber keineswegs der Einzige, der von Jotunheimen überwältigt war. Edvard Grieg ließ sich von den alten Liedern der Bäuerin Kaja Gjendine Slålien, die am Gjendesee gelebt hat, inspirieren und verarbeitete sie in seinen Musikstücken. Der Dichter Aasmundson Olavson Vinje war es, der 1862 zum ersten Mal den Namen Jotunheimen statt Jotunfjelldene benutzte, wie das Gebiet früher genannt worden war. Er hat bei seinen Wanderungen durch Jotunheimen Gedichte geschrieben, die heute zu den Klassikern der norwegischen Lyrik zählen.

Das Gebirge im Herzen Norwegens

Das gesamte Jotunheimen-Massiv erstreckt sich über eine Fläche von etwa 3500 Quadratkilometern. Das Herzstück bildet der 1980 eingerichtete Jotunheimen-Nationalpark, der mit 1140 Quadratkilometern nahezu ein Drittel des ganzen Gebietes umfasst. Weitere 300 Quadratkilometer im Utladalen wurden als Landschaftsschutzgebiet ausgewiesen. Mit dem Galdhøppigen und dem Glittertind (s. Highlight 20) liegen nicht nur die beiden höchsten Berge Skandinaviens im Nationalpark, über 250 weitere Gipfel sind höher als 1900 Meter, 20 davon erreichen sogar mehr als 2300 Meter Höhe. Auch einige der schönsten Seen Norwegens befinden sich im Nationalpark, darunter der von Nansen so bewunderte Gjendesee, der im Spätsommer durch Gletschersedimente türkisgrün gefärbt ist. Der Bessvatn liegt gleich daneben und bietet mit seinem tiefblauen Wasser einen wunderschönen Kontrast dazu.

Dichtere Waldbestände mit Birkenwald gibt es in Jotunheimen nur um den Gjendesee und im Utladalen, wo sich auch einige Kiefern hingewagt haben. Der größte Teil des Parkes liegt oberhalb der Baumgrenze, die hier bei 1200 Metern zu finden ist. Nur noch Moorbirken und einzelne Nadelbäume können unter diesen extremen Bedingungen überleben, noch höher hinauf schaffen sie es nicht. Gelegentlich mischen sich unter die Bäume noch größere Stauden wie der Nördliche Eisenhut oder die Echte Goldrute. Ein schmaler Gürtel aus kriechenden Zwergweiden und Zwergbirken folgt auf diese letzte Bastion des Waldes. Sie sind, gemeinsam mit kleinen Wacholderbüschen und Heidelbeeren, die letzten Gehölze, die hier noch zu finden sind. Noch weiter oberhalb beginnt die Bergtundra, der Lebensraum für eine Vielzahl bunt blühender Kräuter und Blumen. Im Sommer überziehen farbige Teppiche von Frühlingsküchenschelle, Dickblatt-Steinbrech, Stengellosem Leimkraut oder Purpur-Enzian das Fjell. Noch höher hinauf gehen Alpen-Azalee, Silberwurz und Zwittrige Krähenbeere, auch Fjell-Krähenbeere genannt, die nur im Hochgebirge vorkommt. Den Höhenrekord hält der Gletscher-Hahnenfuß, der fast bis zum Gipfel des Glittertind hinaufklettert. In abflusslosen Senken sind im Laufe der Jahrtausende Moore entstanden, hier wachsen neben den charakteristischen Torfmoosen Lappland-Läusekraut und Moltebeere.

Der Prestesteinsvatnet (rechte Seite oben) ist nur einer der unzähligen Seen, an denen die Sognefjell-Hochstraße vorbeiführt. Polarfüchse (unten) fühlen sich in der Tundra Jotunheimens auch im Winter bei klirrender Kälte und Schnee wohl. Sie leben vorwiegend von Lemmingen, im Herbst teilen sie mit den Menschen die Vorliebe für Moltebeeren.

Im Reich des Steinadlers

So karg die Lebensbedingungen in Jotunheimen auch sind, eine ganze Reihe von Tieren findet hier doch ihr Auskommen. Rentiere sind die charakteristischen Fjellbewohner, und einige wild lebende Herden streifen auch jetzt noch durch den westlichen Teil des Nationalparks, allerdings sind sie durch domestizierte Artgenossen aus dem größten Teil Jotunheimens verdrängt worden. Auch die Jagd hat in der Vergangenheit ihren Tribut gefordert. Die anderen großen Pflanzenfresser Rothirsch und Elch findet man heute nur noch im Utladalen. Mit den wilden Rentieren ist auch der Braunbär verschwunden, der hier seinen angestammten Lebensraum hatte. Mit etwas Glück bekommt man jedoch heute noch Luchse, Vielfraße und Schneehasen zu Gesicht. Gele-

gentlich kann man sogar einen Polarfuchs beobachten, der einem Alpenschneehuhn nachstellt, das noch relativ häufig zu finden ist. Aber nicht nur am Boden gibt es etwas zu sehen. Selten sieht man kreisende Steinadler. Sie sind die Könige des Fjells. Ihre kleineren Verwandten sind die Raufußbussarde, die man wesentlich häufiger antrifft. Goldregen- und Mornellregenpfeifer hört man eher, als man sie sieht. Schneeammern dagegen begegnet man in den höheren Lagen fast auf Schritt und Tritt. Die Männchen mit ihrem auffälligen schwarzweißen Gefieder sind während der Brutzeit weder zu übersehen noch zu überhören.

Auf den Spuren der Jäger und Händler

Jäger und Fischer sind schon vor mehr als 5000 Jahren in Jotunheimen zu Hause gewesen. Am Gjendesee und am Russvatnet gibt es Siedlungsrelikte, die 3000 Jahre vor der Zeitenwende entstanden sind. Reste von Fallgruben sind Zeugnisse der frühen Rentierjagd, die die wichtigste Nahrungsgrundlage für die Menschen war. Durch Jotunheimen führte auch ein Handelsweg, die Sognefjell-Straße. Darauf wurden von der Küste Salz und Fisch, insbesondere Hering, nach Ostnorwegen befördert, und von dort kamen Leder, Butter, Teer und Eisen zurück. Die Lasten trugen Menschen und Saumpferde. Die ersten Touristen kamen im 19. Jahrhundert hierher. Heute ist die Straße gut ausgebaut und führt als Sognefjell-Hochstraße durch die fantastische Landschaft. 1886 wurde der DNT (Den Norske Turistforening) gegründet, der überall im Lande, auch in Jotunheimen, Wanderwege und Übernachtungshütten einrichtete. Doch erst seit 1980 ist Jotunheimen ein Nationalpark.

Zu den höchsten Wasserfällen Norwegens

Zwar kein Geheimtipp mehr, doch wegen des immer noch mehr als zweistündigen Anmarsches vom Massentourismus bisher verschont, liegt der Vettisfossen im Utladalen. Er ist mit einer Fallhöhe von 275 Metern der höchste Wasserfall Norwegens und wurde bereits 1924 unter Schutz gestellt, um ihm das Schicksal der Regulierung zu ersparen. Neben dem Vettisfossen gibt es zwei weitere große, den Hjelledalsfossen und den Avdalsfossen sowie eine Unzahl kleinerer Wasserfälle im Utladalen. Auch heute noch ist das Tal kaum erschlossen und in seiner Ursprünglichkeit erhalten. Ein Besuch des Vettisfossen ist unbedingt zu empfehlen. Die leichte Wanderung führt sechs bis sieben Kilometer zunächst auf einer Schotterstraße, später auf einem Pfad von Hjelle über Vetti hinauf.

ÜBERNACHTUNG AUF FAST 1000 METERN

Wer Norwegen kennenlernen will, kommt an den Wanderhütten des DNT nicht vorbei. In Jotunheimen bietet sich dafür die Gjendebu Turisthytte an. Sie wurde bereits 1871 eingerichtet und ist damit die älteste Hütte Norwegens. Die Wirtsleute sorgen von Ende Juni bis Mitte September für das leibliche Wohl der Gäste. Auch über Ostern ist das Haupthaus mit seinen 134 Betten geöffnet. Außerhalb der Saison kommt man mit dem Standardschlüssel des DNT in den Selbstbewirtschaftungsteil der Hütte. Erreicht wird die Hütte über die E 16 und R 51 bis Gjendesheim und von dort mit dem Boot über den Gjendesee nach Gjendebu.

WEITERE INFORMATIONEN

Gjendebu Turisthytte: N–2868 Lom, Tel. +47/47 61 15 33, Tel. privat (außerhalb der Öffnungszeiten): +47/61 21 13 37, www.gjendebu.com

Den Norske Turistforening: N–0181 Oslo, Youngstorget 1, Tel. +47/40 00–18 68, E-Mail: info@turistforeningen.no, Internet: www.turistforeningen.no/deutsch

Eine schmale Straße windet sich hinauf zur Juvashütte, dem Ausgangspunkt für die Wanderung zum Galdhøpiggen (rechte Seite oben). Unterwegs passiert sie einen kleinen See mit schilfbewachsenen Ufern. Im weichen Licht der Abendsonne spiegeln sich Galdhopingen und Glittertind im Wasser des Sees (unten). Das aus Felsbrocken errichtete Eingangstor zum Nationalpark Jotunheimen (rechte Seite unten).

13 Zeugen der Erdgeschichte – Galdhøpiggen und Glittertind

Auf dem Dach Skandinaviens

Zwei Berge machen sich gegenseitig den Rang streitig, die höchsten Erhebungen Norwegens zu sein. Jahrzehntelang hatte der Glittertind mit 2452 Metern Felshöhe und einem zusätzlichen Eisschild von fast 30 Metern Mächtigkeit die Nase vorn, bis ihn das »global warming« traf. Seit 1931, als er noch mit 2481 Metern vermessen wurde, sind 17 Meter Eis abgeschmolzen, sodass der eisfreie Galdhøpiggen mit seinen »echten« 2469 Metern ihn nun um fünf Meter überragt.

Dem Bergwanderer, der den Galdhøpiggen erklimmt, wird dieser Unterschied nicht auffallen. Er hat von dort einen weiten Blick auf das Dach Skandinaviens mit den Gipfeln des Jotunheimen-Massivs, wie dieser Teil des ganz Skandinavien durchziehenden Gebirges genannt wird. Er sollte sich aber dessen bewusst sein, dass er sich hier auf uraltem Gestein befindet, dessen Entstehung weit in die Erdgeschichte zurückreicht.

Begonnen hat alles mit einem gewaltigen Zusammenprall. In der Zeit vor etwa 420 bis 380 Millionen Jahren, vom Untersilur bis Oberdevon, kollidierten hier drei Kontinentalplatten miteinander: die Laurasische Platte, die im Wesentlichen das heutige Nordamerika und Grönland umfasste, die Baltische Platte, die dem heutigen Baltikum und Skandinavien entspricht, sowie die kleine, nach der Halbinsel Avalon in Neufundland benannte Avalonische Platte, die heute noch in Teilen Südwestenglands, der Iberischen Halbinsel und in Neufundland nachweisbar ist. Bei dem Zusammenprall wurde ein gigantisches Gebirge aufgeschoben, die Kaledoniden. Als sich im Zeitalter des Jura die Kontinentalplatten wieder voneinander trennten und der Nordatlantik entstand, wurde das Gebirge regelrecht ausei-

nandergerissen. Die Reste finden sich über weite Teile der Nordhalbkugel verteilt. Man sieht sie heute nicht nur in Skandinavien, sondern auch auf Spitzbergen, an der Ostküste Grönlands, in England, Schottland, Irland sowie Nordwestfrankreich, und sie setzen sich an der Ostküste Nordamerikas in den Appalachen und in Neufundland fort. Der Name Kaledoniden leitet sich übrigens aus dem lateinischen Wort Caledonia für Nordschottland ab, wo ebenfalls Reste des Gebirges zu finden sind.

So hoch, wie ein Jet fliegt

Über die tatsächliche Höhe dieses Gebirgszuges können nur Vermutungen angestellt werden, sicher ist jedoch, dass er alle heutigen Gebirge im wahrsten Sinne des Wortes in den Schatten stellte. Mindestens 10 000 Meter hoch war das Gebirge, das dann aber im Verlauf vieler Millionen Jahre durch die Erosion fast völlig abgetragen wurde. Durch die Eiszeiten erhielt es nur den »letzten Schliff«. Die letzte Eiszeit endete vor etwa 10 000 Jahren. Das Eis reduzierte weniger die Höhe der Berge, sondern sorgte vielmehr für die Profilierung ihrer Umrisse.

Der skandinavische Teil dieses gewaltigen Gebirgszuges, der auch Skanden genannt wird und dem Skandinavien seinen Namen verdankt, hat heute noch eine Länge von etwa 1700 Kilometern und durchzieht die skandinavische Halbinsel von der norwegischen Skagerrakküste im Süden bis zum Nordkap. Die größte Breite beträgt 320 Kilometer. Neben Norwegen haben auch Schweden und Finnland einen Anteil an den Skanden. Überall sorgen sie für Superlative. Im norwegischen Teilgebirge Jotunheimen erreichen sie mit dem Galdhøpiggen den höchsten Punkt nicht nur Norwegens, sondern ganz Nordeuropas. Der ebenfalls zu den Skanden zählende Kebnekaise ist mit 2111 Meter der höchste Berg Schwedens und der Haltinturi mit 1324 Metern der höchste Berg Finnlands.

Nach Osten hin fällt das Gebirge in Stufen ab und hat hier mehr Mittelgebirgscharakter. Nach Westen jedoch ist es steil und von tiefen, durch die Eiszeit geformten Fjorden durchzogen. Teile der Skanden sind heute noch, oder besser gesagt, wieder von Plateaugletschern bedeckt, deren Ausläufer wie beim Engenbreen bis fast an das Meer heranreichen. Die größten sind der Jostedalsbreen, der mit circa 486 Quadratkilometern der größte Gletscher Kontinentaleuropas ist, gefolgt vom Svartisengletscher mit 370 Quadratkilometern und dem Folgefonngletscher, der immerhin noch 214 Quadratkilometer groß ist.

Eines ist an diesen Gletschern bemerkenswert: Sie sind keine Relikte der Eiszeiten, sondern entstanden erst vor ungefähr 2000 Jahren als Folge von Klimaveränderungen.

AUF DEM DACH SKANDINAVIENS

Eine Bergtour der besonderen Art ist die Besteigung des Galdhøpiggen, der mit immerhin 2469 Metern der höchste Berg Norwegens ist. Von seinem Gipfel aus ist, gutes Wetter vorausgesetzt, ein weiter Blick über das Jotunheimen-Massiv und das Dovrefjell möglich. Mehr als 35 000 Quadratkilometer Gebirgslandschaft sind von hier aus einsehbar. Außerdem ist der Galdhøpiggen zwar nicht mühelos erreichbar, doch es werden für den Gipfelsturm nur gute Wanderschuhe, etwas Kondition und je nach Wanderroute etwa drei bis fünf Stunden Zeit benötigt. Wir empfehlen den Weg von der mit dem Auto erreichbaren Juvasshytta auf den Gipfel. Auf dem Rückweg ist ein Stopp in der kurz unter dem Gipfel gelegenen Volehytta möglich, um sich von den Anstrengungen auszuruhen.

WEITERE INFORMATIONEN

Juvasshytta:
Tel. +47/61 21 15 50,
E-Mail: info@juvasshytta.no,
Internet: www.juvasshytta.no

Dicke Wolken spiegeln sich im noch ruhigen Wasser, kündigen aber schon die ersten Stürme an. Im Sognefjord herrscht noch Sommerstimmung (oben). Wer 13 Haarnadelkurven bei bis zu 20 % Gefälle nicht scheut, hat von der Passstraße Stalheimskleivi einen schönen Blick in das Nærøydal (rechte Seite).

14 Faszinierende Landschaften in Fjordnorwegen

Vom längsten zum schmalsten Fjord Europas

Die Provinzen Rogaland, Hordaland, Sogn og Fjordane und Møre og Romsdal, alle vier unter dem Namen Fjordnorwegen zusammengefasst, nehmen für sich in Anspruch, die Superlative der Fjorde zu bieten. Und tatsächlich finden sich hier mit dem Sognefjord der längste, dem Nærøyfjord der schmalste und dem Geirangerfjord der berühmteste Fjord Europas. Nærøyfjord und Geirangerfjord wurden im Jahr 2005 von der UNESCO in die Liste der Weltkulturerbestätten aufgenommen.

Fjorde sind das Ergebnis der erodierenden Kräfte des Eises und des Wassers. In Tausenden von Jahren haben Gletscher die Täler regelrecht aus dem Felsen herausgehobelt. Nach dem Rückzug des Eises wurden diese Täler vom Meerwasser geflutet und bildeten natürliche Wasserwege, die tief in das Hinterland hineinreichen. Das norwegische Wort »Fjord« bedeutet demzufolge auch nichts anderes als Fahrwasser. Auch die deutsche Bezeichnung Förde oder das englische »firth« hängen sprachgeschichtlich mit »Fjord« zusammen.

Preisverdächtige Natur

Der Sognefjord ist der Rekordhalter nicht nur unter den norwegischen, sondern nahezu allen Fjorden der Welt. Mit 1308 Metern Tiefe ist er mit Abstand der tiefste Fjord, und seine 204 Kilometer Länge werden nur noch vom Admirality Inlet im Nordosten Kanadas übertroffen, das 270 Kilometer lang ist. Er ist tief eingeschnitten, und seine Nebenarme Fjærlandsfjord, Lustrafjord, Ardalsfjord und Aurlandsfjord reichen weit nach Norden und Süden in das Binnenland hinein. Vom Aurlandsfjord zweigt wiederum der Nærøyfjord ab. Der Sognefjord wird beidseits von Bergen eingefasst, die bis zu 1524 Meter hoch aufragen. Aufgrund seiner Länge und Ausrichtung in West-Ost-Richtung ist der innere Bereich des Fjordes klimatisch begünstigt. Hier herrscht im Gegensatz zum Mündungsbereich mit seinem atlantisch geprägten Klima ein kontinenta-

les Klima mit trockenen, warmen Sommern. Im Frühjahr blühen an den nach Süden gerichteten Ufern Obstbäume. Auch Erdbeeren und Himbeeren werden hier angebaut. Dieser Bereich ist auch heute noch durch traditionelle landwirtschaftliche Nutzung geprägt, allerdings gewinnt der Tourismus immer mehr an Bedeutung.

Majestäten zu Besuch

Die touristische Entdeckung des Sognefjord-Gebietes fand bereits am Ende des 19. Jahrhunderts statt. Und es war nicht nur der deutsche Kaiser Wilhelm II., der hier gern Urlaub machte, auch Edward VII. von England besuchte regelmäßig die Region. Gekrönte Häupter sollen allerdings schon viel früher hier gelebt haben. Mehrere Grabhügel in der Nähe von Vangsnes, am Südufer des Sognefjordes, lassen darauf schließen, dass es hier bereits zur Wikingerzeit einen Häuptlingssitz gab. Einer um das Jahr 1300 niedergeschriebenen Sage nach soll Fridtjof der Kühne in Vangsnes gelebt haben. Um ihn rankt sich eine Geschichte von Tapferkeit, Liebe und Verzweiflung, die letztlich jedoch gut ausgeht. Wilhelm II. war davon so angetan, dass er 1913 eine zwölf Meter hohe Fridtjof-Statue errichten ließ.

Ein Geheimtipp

Der erste nach Norden vom Sognefjord abzweigende Nebenarm ist der Fjærlandsfjord, an dessen Ende der kleine Ort Fjærland liegt. Bis 1986 konnte er nur mit der Fähre von Balestrand oder Hella erreicht werden und war ein recht verschlafenes Nest, in das sich nur gelegentlich ein Tourist verirrte. Fjærland war aber schon lange ein Geheimtipp für Gletscherwanderungen auf den nordwestlich gelegenen Jostedalsbreen. Bereits 1883 kamen die ersten Besucher aus England und Deutschland, aber der große Tourismus setzte erst mit dem Bau der Straßenanbindung des Fjærlandsvegen ein. Heute werden bis zu 50000 Gäste im Jahr gezählt, die einerseits nach wie vor vom Gletscher angezogen werden, andererseits auch das größer werdende Angebot an leichten Wanderungen, Bootstouren auf dem Fjord oder Angeln nutzen. Eine besondere Attraktion ist das 1991 eröffnete Norsk Bremuseum, das Gletschermuseum. Hier erfährt der Besucher alles über Gletscher und Eiszeiten.

Von Meereshöhe auf 1400 Meter

Der nächste in der Reihe der Nebenarme ist der Lustrafjord. Er ist bereits 180 Kilometer von der Mündung des Sognefjordes entfernt und hat ein ausgesprochen mildes Klima. Sogar Tabak gedeiht hier und wurde auch kultiviert, allerdings nur für den Eigenbedarf. Den Tabakanbau stellte man schon vor längerer Zeit ein, der Obstbau ist dagegen immer noch ein wichtiger Wirtschaftsfaktor. Die Orte im Lustrafjord sind ideale Ausgangspunkte für die unterschiedlichsten Aktivitäten. Ausflüge zum Jotunheimen-Nationalpark, zum Feigumfossen, der mit 218 Metern Fallhöhe zu den höchsten Wasserfällen Norwegens zählt, oder zur Stabkirche Urnes (s. Highlight 23) am Ostufer des

Berühmte wie die »Sieben Schwestern« und weniger berühmte, aber nicht weniger schöne Wasserfälle wie der Storseterfossen prägen den Geirangerfjord (unten). Zu Beginn noch weit und offen, verengt sich der Nærøyfjord (rechte Seite oben) auf weniger als 250 Meter.

Fjordes bieten sich an. Über die Sognefjellstraße erreicht man auf 1400 Metern Höhe das Sommerskizentrum bei der Sognefjellhütte. Auf präparierten Loipen und Pisten ist hier auch im Sommer Wintersport möglich. Wer nicht so hoch hinauswill, kann Bootstouren auf dem Fjord machen oder kostenlos Lachse und Aale angeln.

Klein, aber fein

Der Nærøyfjord nimmt für sich in Anspruch, mit 250 Metern Breite der schmalste Fjord der Welt zu sein – spektakulär ist er allemal. Bis zu 1800 Meter hoch ragen die Felswände auf und lassen selbst die größeren Fährschiffe wie Spielzeug wirken. Eine Fahrt auf diesem Fjord gehört zum Schönsten, was Norwegen zu bieten hat. Nicht umsonst wurde der Fjord von der UNESCO zum Weltkulturerbe erhoben. Am Ende des Fjordes liegt der Ort Gudvangen. Von dort geht es durch das Nærøytal zum etwa zwölf Kilometer entfernten Ort Stalheim, welcher der Stalheim-Schlucht ihren Namen gab. Durch diese Schlucht führte vom 17. bis zum Beginn des 20. Jahrhunderts der Postweg zwischen Christiania und Bergen. Berühmt ist auch die 1846 fertiggestellte Stalheimskleiva, eine Straße, die mit 13 Haarnadelkurven zum Ort hinaufführt.

Schön und berühmt

Verlassen wir das Sognefjordgebiet und wenden uns dem weiter nördlich gelegenen Geirangerfjord zu. Er ist noch kürzer als der Nærøyfjord, ganze 15 Kilometer lang, und zweigt vom Sunnylvsfjord ab, der seinerseits ein Nebenarm des Storfjordes ist. Auch ihn hat die UNESCO in die Liste der Weltkulturerbestätten aufgenommen. Er ist der bekannteste aller norwegischen Fjorde und für jeden Norwegenbesucher ein Muss. Das hat jedoch auch dazu geführt, dass der Fjord und der an seinem Ende liegende Ort Geiranger besonders während der Urlaubszeit im Sommer überfüllt sind. Das tut jedoch seiner Schönheit keinen Abbruch, denn die wunderschönen Wasserfälle mit so klingenden Namen wie »Brautschleier«, »Sieben Schwestern« oder »Freier« lassen sich von den Menschenmassen nicht beeindrucken, sondern finden ihren Weg aus der Höhe in den Fjord.
Hoch oben auf winzigen Plateaus in den Felswänden stehen Bauernhöfe – die meisten längst verlassen, aber zum Teil liebevoll restauriert. Jedes Fleckchen Grün wurde von den Bauern genutzt, die oft nur über Leitern zum Fjord hinabgelangen konnten. Damals lohnte die Mühe, denn im milden Klima des Fjords gediehen sogar Aprikosen.

WAS SIE SCHON IMMER ÜBER EIS WISSEN WOLLTEN …

… hier erfahren Sie es. Im Norsk Bremuseum, dem Gletschermuseum, dreht sich alles um das gefrorene Wasser. Mindestens in Europa, wenn nicht weltweit sucht dieses Museum seinesgleichen. Die Geheimnisse der Eiszeiten und Gletscher werden hier entschlüsselt. Der Eiswelt des Jostaedalsbreen mit den darauf angebotenen Wanderungen widmet sich ein Film im Kino des Museums, und im Juni 2007 öffnete eine neue Ausstellung über natürliche und vom Menschen verursachte Klimaänderungen. End- und Höhepunkt des Besuches im Gletschermuseum ist die Wanderung durch einen künstlichen kleinen Gletscher, eine perfekte Simulation.

WEITERE INFORMATIONEN

Norsk Bremuseum: N–6848 Fjærland, Tel. +47/57 69 32 88, E-Mail: post@bre-museum.no, Internet: www.bre.museum.no, Öffnungszeiten: April/Mai/Sept./Okt. tgl. 10–16 Uhr, Juni–Aug. tgl. 9–19 Uhr

Diesen Blick auf den Aurlandsfjord kann nur genießen, wer anstelle des neuen 24,5 km langen Tunnels nach Lærdalsøyri die alte Passstraße durch das Kvansdalen, Horndalen und Erdalen benutzt.

15 Spektakuläre Ausblicke – unterwegs mit der Flåmbahn

864 Höhenmeter und 5,5 Prozent Steigung auf 20,2 Kilometern

Forstmeister Hans Gløersen aus Voss am Aurlandsfjord hat die Realisierung seiner 1871 vorgelegten Vision einer Eisenbahnstrecke von Flåm nach Myrdal nicht mehr erlebt, denn erst 22 Jahre später wurde seine Idee im Verkehrsministerium ernsthaft diskutiert. Bis zum Baubeginn 1924 sollten noch fast weitere 30 Jahre vergehen. 1940 fuhr der erste Güterzug, Personen wurden ab 1941 befördert.

Die Flåmbahn folgt zunächst dem Talgrund, bevor sie steil bergauf ihren Weg nach Myrdal nimmt (rechte Seite oben). Am Kjosfossen hält die Flåmbahn an einer Beobachtungsplattform (rechte Seite unten). Wer mehr über die Geschichte der Flamsbahn erfahren will, sollte das Flambahn-Museum besuchen, das im alten Bahnhof von Flam untergebracht ist (unten).

Die Zahlen sind beeindruckend. 20 Tunnel mit einer Gesamtlänge von 5692 Metern mussten durch den Fels getrieben werden. 18 davon in mühevoller Handarbeit, weil das Gelände für große Maschinen nicht zugänglich war. Einen ganzen Monat dauerte es, um die Tunnel um einen Meter tiefer in den Fels zu schlagen. Mit dem Beginn der Schienenlegung 1936 konnte eine Dampflok für den Materialtransport eingesetzt werden. Trotz der beginnenden Kriegswirren und der Tatsache, dass die Elektrifizierung der Strecke noch nicht abgeschlossen war, wurde die Bahn 1942 offiziell unter dem Namen Flåmbahn an die Norwegischen Staatsbahnen übergeben. Heute ist sie aus der Region nicht mehr wegzudenken. Güterzüge verkehren hier schon lange nicht mehr, aber jedes Jahr werden neue Fahrgastrekorde auf der spektakulären Strecke aufgestellt: 2013 wurden 718195 Passagiere gezählt.

Feen, Ziegen und Wasserfälle

Vom Bahnhof Myrdal, wo man Anschluss an die Bergenbahn hat, führt die Strecke zum Kjosfossen. Dort wird ein Fotostopp eingelegt. Im Sommer tanzen *Huldren*, Feen aus der norwegischen Mythologie an diesem Wasserfall, dargestellt von Studentinnen der norwegischen Ballettschule. Bei der Weiterfahrt werden fünf Gleisstrecken in unterschiedlichen Höhen sichtbar: vier der Flåmbahn, eine der Bergenbahn. Dann folgt der Nåli, der längste Tunnel der Strecke. Vorbei geht es an der Alm Kårdal mit ihren 150 Ziegen tiefer in das Flåmsdalen hinein zum Wasserfall Rjoandefossen, der 140 Meter senkrecht in die Tiefe stürzt. Kurz vor dem Endbahnhof Flåm wird die Kirche aus dem Jahr 1667 passiert. Die restlichen drei Kilometer führen durch das grüne Flusstal, das sich zum Aurlandfjord öffnet. Mit dem Bahnhof Flåm ist die Endstation, aber noch nicht das Ende der Reise erreicht, denn das Flåmbahnmuseum wartet mit einer umfassenden Darstellung der Bahngeschichte auf.

WEITERE INFORMATIONEN

Flåmbahn und Museum:
www.norwaysbest.com/flamsbana/
Touristeninformation Flåm:
www.visitflam.com

Mit viel Liebe zum Detail wurden die Häuser aus dem 18. und 19. Jahrhundert mit Schnitzereien und Blumen geschmückt. Die Häuser in Gamle Lærdalsøyri werden Stück für Stück restauriert, eine Aufgabe, die noch Jahre in Anspruch nehmen wird.

16 Köstlicher-Wildlachs – Lærdal

Wo schon der britische Adel angelte

Es gibt sie auch in Zeiten der Aquakultur noch, die Wildlachse in den norwegischen Flüssen, die zu den besten der Welt gezählt werden. Auch heute noch werden sie traditionell mit der Angelrute gefangen, wenn sie nach vier bis fünf Jahren im Meer zum Laichen in die Flüsse aufsteigen, in denen sie selbst aus dem Ei geschlüpft sind. Einer der berühmtesten Lachsflüsse ist der in den Sognefjord mündende Lærdalselva.

Lærdalsøyri, am Lærdalselva, dem »König der Lachsflüsse Norwegens«, gelegen, ist in vielerlei Hinsicht ein Highlight Norwegens. Bereits zu Anfang des 19. Jahrhunderts kamen britische Adelige hierher, um Lachse zu angeln. Hier gibt es sie auch heute noch: norwegische Wildlachse, die unter Kennern zu den besten der Welt gerechnet werden. Die ebenfalls aus der Region stammenden Zuchtlachse halten keinem Vergleich mit ihnen stand. Warum das so ist, erfährt der Besucher im Norsk Villakssenter, dem norwegischen Wildlachszentrum in Lærdalsøyri.

Aber auch, wer nicht angelt, findet in und um Lærdalsøyri Sehenswertes. In Gamle Lærdalsøyri stehen über 160 Gebäude aus dem 18. und 19. Jahrhundert unter Denkmalschutz, weil sie den für diese Zeit typischen Baustil in Norwegen repräsentieren. Im Januar 2014 kam es in dem Ort zu einer Brandkatastrophe, bei der zahlreiche Häuser, auch einige der hölzernen denkmalgeschützten Gebäude, niederbrannten. Auch Menschen wurden verletzt. Wann sich der Ort von dieser Katastrophe erholt haben wird, ist ungewiss. Wanderer finden in der Laerdal-Region ein umfangreiches Netz von Wanderwegen. Für Geübte erweist sich die 18 Kilometer lange Strecke zum Sjurhaugfoss als Kinderspiel. Hier stürzt der Lærdalselva über mehrere Kaskaden talwärts. Wer auf dem Weg von Oslo nach Bergen Lærdalsøyri besuchen will, kann mit dem Lærdaltunnel den längsten Straßentunnel der Welt befahren. 24,5 Kilometer lang, führt er sanft geschwungen durch den Berg von Aurland nach Lærdalsøyri.

17 Ganz aus Holz – die Stabkirche Borgund

Symbiose aus heidnischer und christlicher Tradition

Die Stabkirche Borgund ist eines der wenigen erhaltenen Sakralgebäude aus dem frühen Mittelalter. Stabkirchen waren zu dieser Zeit zwar die charakteristischen Gotteshäuser in Norwegen, von den ursprünglich einmal mehr als 700 Stabkirchen sind jedoch nur 28 erhalten geblieben, die als authentisch gelten. Wind und Wetter haben am Holz genagt, Feuer haben sie in Flammen aufgehen lassen, und nicht zuletzt während kriegerischer Auseinandersetzungen sind viele zerstört worden.

Die Stabkirche Borgund gilt als eine der besterhaltenen Kirchen Norwegens. Als Sakralbau wird sie schon seit 1868 nicht mehr genutzt, Bestattungen wurden auf dem Friedhof aber weiterhin noch vorgenommen. Der Verein Fortidsminneforeningen erhält die Kirche heute als Museum.

Drachenköpfe, Tiermasken, Runeninschriften und eine Geisterschwelle im Westportal der Kirche sind in Holz geschnitzte Zeugen für die Adaption vieler heidnischer Bräuche durch das nach der Wikingerzeit aufkommende Christentum in Norwegen. Das Holz für die Stabkirche Borgund wurde 1180 geschlagen und kurz danach verarbeitet. Damit ist sie zwar nicht die älteste Stabkirche, sie war jedoch Vorbild für viele andere nach diesem Muster erbaute Kirchen, die als Borgund-Typ bezeichnet werden. Viele Konstruktionselemente und Einrichtungen sind im Original erhalten, darunter der Steinaltar und das Taufbecken aus Speckstein. Die Kanzel ist erst in den Jahren 1550 bis 1570 eingebaut worden. Sechs übereinandergeschachtelte Dächer schützen den Innenraum, das höchste trägt einen Dachreiter mit einer Glocke. Neben der Kirche steht ein separater Glockenturm mit den Hauptglocken.

Nicht nur im Mittelalter war die Stabkirche Borgund Vorbild für andere Kirchen. Sogar in den Vereinigten Staaten, im Bundesstaat South Dakota, in Rapid City steht ein originalgetreuer Nachbau. Die Stabkirche von Borgund, die dem Apostel Andreas geweiht wurde, ist von Anfang Mai bis Ende September zu besichtigen. Im Jahr 2005 wurde ein Informationszentrum in der Nähe der Stabkirche eröffnet, wo eine Ausstellung über die Geschichte der Stabkirchen unterrichtet. Für das leibliche Wohl der Besucher wird in einer angeschlossenen Cafeteria gesorgt.

Vom Schmelzwasser des Jostedalsbreen- und des Tindefjellbreengletschers wird der Loenvatnet gespeist (unten). Nur wenig höher fließen die Zungen des Jostedalgletschers in die Täler (rechte Seite oben). Gelb leuchten die Blüten der Moltebeere in der Tundra zu Füßen des Jostedalsbreen. Schafe grasen, wo ein 2000 Meter mächtiger Eisschild das Land bedeckte (rechte Seite Mitte und unten).

18 Kaltes Paradies – Jostedal-Nationalpark

Auf dem größten Gletscher Europas

Wieder einmal Superlative! 487 Quadratkilometer überdeckt der Jostedalsbreen, damit ist er der größte Gletscher Europas. In Nord-Süd-Richtung erstreckt er sich 100 Kilometer lang, seine größte Breite beträgt 15 Kilometer. An der dicksten Stelle lastet eine Eisschicht von 500 Metern Mächtigkeit auf dem Felsuntergrund. 22 Gletscherzungen fließen vom Jostedalsbreen in Richtung Jostedal. Neun Kilometer lang ist die längste Gletscherzunge, der Nigardsbreen.

Der Jostedal-Nationalpark wurde 1991 eingerichtet und umfasst heute eine Fläche von 1310 Quadratkilometern. Auf einer Höhe von 1600 bis 1900 Meter überdeckt er das Felsplateau. Lediglich zwei Berggipfel ragen über das Eis hinaus. Zum Glück ist nicht nur der Jostedalsbreen in den Nationalpark einbezogen worden, sondern auch große Teile des angrenzenden Jostedalen. Ein Besuch bietet jedem etwas. Von den Orten Jostedalen, Veitastrond, Fjærland, Stardalen, Oldedalen und Lodalen führen gut ausgebaute Straßen in den Park. Schon auf dem Weg dorthin wird die ganze Vielfalt der Landschaft deutlich. Vom Fjord über die von den Gletschern ausgeschobenen und heute mit üppiger Vegetation bewachsenen und landwirtschaftlich genutzten Täler, gewaltig aufgeschobenen Moränen bis hin zu kahlen Felslandschaften, von denen Wasserfälle herabstürzen, und natürlich den eisigen Gletschern sind alle Landschaftsformen auf engem Raum zu sehen.

Naturerleben auf unterschiedlichste Weise

Vielfältig sind die Möglichkeiten, diese Landschaften zu erleben. Wanderungen auf gekennzeichneten Naturpfaden, Kajaktouren auf dem Gletschersee in Jostedal, Rafting auf dem Jostedøla vom Jostedalsbreen-Nationalpark zum Lusterfjord und Bootsfahrten auf verschie-

denen Gletscherseen gehören zum Angebot. In den Gewässern rund um den Jostedalsbreen kann man Forelle, Bergforelle, Lachs und Aal angeln. »Troll Autos«, offene Wagen für bis zu sieben Personen, fahren vom Parkplatz in Briksdalen circa drei Kilometer in Richtung Gletscher. Von dort aus sind es etwa 500 Meter zu Fuß bis zum Briksdalsbreen, der wie ein geologisches Geschichtsbuch Auskunft über die Entwicklung der Gletscherlandschaft gibt. Junge Gletscher im Dienst der Wissenschaft gelten weltweit als Reste großer Eisschilde, die nach dem Ende der letzten Eiszeit vor etwa 10000 Jahren nicht vollständig abgeschmolzen sind. Beim Jostedalsbreen und noch einigen anderen Gletschern ist das nicht so. Nachdem die Eismassen verschiedener Eiszeiten die heute vorhandenen Täler im Jostedal-Nationalpark ausgeschoben und gewaltige Moränen zurückgelassen hatten, schmolzen sie vollständig ab. Vor etwa 2500 Jahren begann eine neue Kälteperiode, und die Gletscher begannen wieder zu wachsen. Sie gipfelte in der »kleinen Eiszeit« etwa um das Jahr 1750. Zu dieser Zeit hatte auch der Jostedalsbreen seine größte Ausdehnung. Im Jahr 1743 zerstörte der Nigardsbreen bei seinem Vorstoß das Dorf Nigard. Er hatte in 50 Jahren drei Kilometer Länge zugelegt. Seit 1748 hat er sich wieder um fünf Kilometer zurückgezogen. Dieser Prozess dauert immer noch an. Einzelne Gletscherzungen sind allein im Jahr 2007 um über 150 Meter zurückgewichen. Für die Glaziologie ist der Jostedalsbreen mit seinen Gletscherzungen ein ideales Studienobjekt. Nirgendwo sonst gibt es so viele »frische« Moränen und »junges« Eis an so gut zugänglichen Stellen.

Mit Elch und Rothirsch auf Tuchfühlung

So vielfältig die Landschaft, so reichhaltig die Tier- und Pflanzenwelt. Mit dem Rückzug des Eises kehrten auch Rothirsch und Elch zurück. Sie sind im Nationalpark nicht selten, man braucht jedoch ein wenig Geduld, um sie zu Gesicht zu bekommen. Auch Rentiere und selbst Braunbären leben hier. Vor den Tieren waren schon die Pflanzen hier. Zunächst Moose und Flechten, später Heidekraut und niedrige Büsche, bis sich zuletzt ein Wald aus Erlen, Birken und Kiefern etablierte. In den Bächen sind Forelle, Lachs und Aal ebenso zu Hause wie der Nationalvogel Norwegens, die Wasseramsel. Sie ist der einzige Singvogel, der im und am Wasser leben kann. Sie läuft am Grunde der Bäche entlang und sucht dort nach Wasserinsekten. Bis zu 15 Sekunden bleibt sie unter Wasser, dann muss sie Luft holen. In den sauberen und unverbauten Bächen des Nationalparks kann man sie immer wieder beobachten.

MIT DEM GLETSCHERBUS INS EIS

Jeden Tag startet der Gletscherbus um 8.45 Uhr in Richtung Nigardsbreen, der wohl schönsten Gletscherzunge des Jostedalsbreen. Der Nigardsbreen ist leicht zu erreichen, und auch die Wanderung um die Eistürme und Spalten ist nahezu für jedermann möglich. Bevor jedoch der Gletscher erwandert wird, sollte man eine Bootsfahrt mit der »MS Jostedalsrypa« über den vor dem Gletscher liegenden See machen. Anschließend wird man von speziell ausgebildeten Gletscherführern durch das Eislabyrinth geleitet. Es werden ein Familienspaziergang sowie eine kurze und eine lange Eiswanderung angeboten. Kinder müssen für den Familienspaziergang sechs, für die Wanderungen zwölf Jahre alt sein. Um 17 Uhr wird man wieder abgeholt. Bezahlt wird im Bus.

WEITERE INFORMATIONEN

Breheimsenteret: N–6871 Jostedal,
Tel. +47/57 68 32 50,
E-Mail: jostedal@jostedal.com,
Internet: www.jostedal.com

Viele der Speicherhäuser am Brosundet werden heute als Wohnhäuser genutzt (oben). Holmbua ist eines der wenigen Speicherhäuser, die vom Feuer verschont blieben. Hier im Fischereimuseum sieht es noch so aus wie vor 150 Jahren (rechte Seite).

19 Mehr als Stockfisch und Jugendstil – Ålesund

Eine Stadt wie Phönix aus der Asche

Ålesund, das ist zu Recht das Synonym für Jugendstil in Norwegen. Keine andere Stadt hat einen Kern, der durch diese Stilrichtung so geprägt ist wie diese. Und doch wird man dem Ort nicht gerecht, wenn er darauf reduziert wird. Ålesund ist mehr! Ålesund ist in hohem Maße geprägt durch Kunst und Kultur, Handel und Fischerei, Natur und Tourismus.

Ålesund ist, gemessen an der tausendjährigen Geschichte anderer norwegischer Städte, eine junge Stadt. Zwar sind auch hier 1000 Jahre alte Siedlungsreste gefunden worden, und es gab auch schon im 12. Jahrhundert eine Kirche, auf deren Resten die 1904 erbaute Borgund-Kirche steht. Aber erst in der Mitte des 15. Jahrhunderts wird der Ort erstmalig urkundlich als Niederlassung einiger Kaufleute aus Bergen erwähnt. Es dauerte dann immerhin noch etwa 400 Jahre, bis König Oscar I. von Schweden Ålesund im Jahr 1848 die Stadtrechte verlieh. Seit dieser Zeit wuchs die Stadt kontinuierlich. Insbesondere die Fischerei trug zu Wachstum und Wohlstand bei. Der Hafen von Ålesund wurde einer der wichtigsten Fischereihäfen und ist bis heute der größte Exporthafen Norwegens für Stockfisch.

Zerstörung als Chance

Ålesund könnte bis heute eine typische norwegische Kleinstadt mit bunten, malerischen Holzhäusern sein, hätte nicht ein Ereignis stattgefunden, das die Stadt von Grund auf veränderte. In der Nacht vom 22. zum 23. Januar 1904 fiel in einer Margarinefabrik eine Petroleumlampe um. Kleine Ursache, große Wirkung: Die Lampe setzte das Gebäude in Brand. Durch stürmischen Wind begünstigt, breitete sich das Feuer rasend schnell aus. Innerhalb von 16 Stunden waren 850 Häuser in Ålesunds Innenstadt in Schutt und Asche gelegt. Zehntausend Menschen waren schlagartig obdachlos. Rasche Hilfe war in den stürmischen Wintertagen nach dem Brand daher dringend notwendig. Aus allen Teilen des Landes wurden Hilfskräfte und Handwerker herbeigeholt, um die schlimmsten Folgen der Katastrophe

NYBRÆNDT
KAFFE
FRA
HOLM & Co. A/S
TRONDHJEM
NYBRÆNDT
KAFFE
HOLM & Co. A/S
TRONDHJEM
Tre av verdens beste kaffesorter i skjønn forening
Smoked COD fillets
NET WEIGHT 15 lbs.
FLAG BRAND
STATENS FRYSERI ÅLESUND
8 Kilos Net. Weigh
Stow Dry and Coo
Product of Norway

Jedes Haus hat andere Jungendstil-Ornamente an der Fassade und im Treppenhaus (unten). Auch wenn der Oldtimer einige Jahre auf dem Buckel hat: Ålesund ist eine junge, fröhliche Stadt (ganz unten). Speicherhäuser am Hafen (rechte Seite oben).

zu beseitigen. Unerwartete Hilfe kam aus Deutschland. Kaiser Wilhelm II., der auf seiner Jacht »MS Hohenzollern« in Norwegen regelmäßig seinen Urlaub verbracht und auch Ålesund häufig besucht hatte, reagierte sofort. Bereits vier Tage nach dem Brand erreichten vier Schiffe mit Hilfsgütern den Hafen der Stadt, die nach ihrer Entladung als Notunterkünfte für die obdachlos gewordenen Einwohner Ålesunds dienten. Die Bürger dankten dem Herrscher, indem sie eine der Hauptstraßen nach ihm benannten und ihm ein Denkmal im Stadtpark errichteten.

Das verheerende Feuer wurde, wie in anderen Städten Norwegens auch, zum Anlass genommen, nur noch aus Stein gemauerte Häuser in der Innenstadt zuzulassen. Dies war die große Chance für junge norwegische Architekten, die mit dem Wiederaufbau beauftragt wurden. Sie waren von dem damals international modernen Jugendstil mit seinen dekorativ geschwungenen Linien, flächenhaften floralen Ornamenten und der Aufgabe von Symmetrien stark beeinflusst. Gleichzeitig unterlagen sie jedoch auch nationalromantischen Impulsen. Daraus entstand eine einzigartige Stilmischung, die den Reiz der Stadt ausmacht. Bereits 1907 waren die Schäden des Feuers weitgehend beseitigt und die Stadt erstrahlte in neuem Glanz, den sie auch heute noch zeigt.

Ein Spaziergang durch die Stadtgeschichte

Ein Spaziergang durch die Stadt versetzt den Besucher in die Zeit des beginnenden 20. Jahrhunderts zurück. Sie liegt, malerisch durch Brücken verbunden, über drei Inseln im Brosundet verteilt. Man kann die Stadt auf eigene Faust erkunden oder sich einer Stadtführung anschließen, die in der Saison vom 20. Juni bis 25. August täglich um 12 Uhr angeboten wird. Sie sollten nicht versäumen, das Jugendstilmuseum und das Kunstmuseum zu besuchen, durch die Fußgängerzone zu schlendern und am pittoresken Brosundet, dem Meeresarm, an dem Ålesund liegt, den Fischern zuzusehen, die ihren Fang direkt vom Kutter aus verkaufen. Im Fischereimuseum, das in einem der wenigen Häuser untergebracht ist, die den Brand von 1904 unversehrt überstanden haben, erfahren Sie alles über den Fang und die Weiterbearbeitung von Stockfisch, der den Aufschwung Ålesunds erst möglich gemacht hat. Lebende Fische können im Atlantikpark,

einem der größten Aquarien in Nordeuropa, beobachtet werden. In großen Becken sind untermeerische Landschaften naturgetreu nachgestellt, jeden Tag kann man Tauchern beim Füttern der Fische zusehen.
Wer sich einen Überblick über Stadt und Umgebung verschaffen und körperlich betätigen will, sollte vom Stadtpark aus die 418 Stufen zum Aussichtspunkt auf dem Hausberg Aksla hinaufsteigen. Von dort geht der Blick über die Stadt, die vorgelagerten Inseln und die südlich gelegenen Sunnmøre-Alpen. Wer sich die 418 Stufen nicht zutraut, kann auch mit dem Auto auf den Berg fahren. Von dort aus lohnt sich ein Abstecher zum Sunnmøre-Museum, ein wunderbar in die Landschaft eingepasstes Freilichtmuseum in der Bucht Borgundkaupangen. Eine der Attraktionen ist die Sammlung historischer Boote, darunter das Wikingerschiff »Borgundknarren«, mit dem auch kurze Fahrten angeboten werden – nicht nur für Kinder ein besonderes Vergnügen. Ein Besuch im Mittelaltermuseum, das ebenfalls auf dem Gelände des Freilichtmuseums errichtet wurde, ist ebenfalls zu empfehlen.
Ålesund ist auch Ausgangspunkt für Exkursionen auf das Meer hinaus sowie über Land. Zu den besonderen Attraktionen gehören organisierte Fjord- und Angelfahrten oder ein Besuch der Vogelinsel Runde. Landratten werden auf gut angelegten Wegen zu Wanderungen eingeladen.
Mit dem Auto oder dem Bus führt eine gut ausgebaute Straße durch die schöne Fjordlandschaft zum Trollstigen mit der Trollwand, die als Europas höchste Steilwand gilt.

Wen die Musen küssen

Kultur wird großgeschrieben in Ålesund. In jedem Jahr findet im März das Ålesund-Theaterfestival mit Gastspielen internationaler Ensembles, mit Konzerten und Kindertheater statt. Freunde der Bigband-Musik sollten das dreitägige Ålesund-Big-Band-Festival im Juni nicht versäumen, zu dem Bands aus ganz Norwegen aufspielen. Wer den Gaumenfreuden verfallen ist, kann sich von den Kochkünstlern verwöhnen lassen, die alljährlich im August und September aus allen Teilen des Landes zum Norwegischen Gourmetfestival und der Norwegischen Meisterschaft für Köche nach Ålesund anreisen. Darüber hinaus warten Galerien, Ausstellungen und Konzerte über das ganze Jahr hinweg mit interessanten Angeboten auf. Cineasten werden sich im liebevoll restaurierten Løvenvold-Kino mit seinen im alten Stil gehaltenen Freskenmalereien nicht nur wegen der Filme wohlfühlen.

ES MUSS NICHT IMMER FISCH SEIN …

… aber in Ålesund sollte man sich maritime Leckerbissen nicht entgehen lassen. Nicht umsonst besitzt die Stadt den wichtigsten Fischereihafen Norwegens. Frischer kann man Fische, Hummer und Königskrabben nicht bekommen. Aber auf die Zubereitung kommt es an! Und davon verstehen die Köche im Sjøbua Fiskerestaurant eine Menge. Es zählt nicht nur zu den bekanntesten Fischrestaurants Norwegens, sondern besticht auch durch sein Ambiente. Es ist in einem liebevoll restaurierten Speicher am Hafen untergebracht, die Fische werden den Köchen direkt vom Kutter in die Küche gereicht. Adresse: Brunholmgata 1 A. Das Lokal ist an Sonn- und Feiertagen geschlossen. Tel. +47/70 12 71 00,
E-Mail: sjoebua@xi.no

WEITERE INFORMATIONEN

Touristeninformation in Ålesund:
Skateflukaia, N–6002 Ålesund,
Tel. +47/70 30 98 00,
E-Mail: info@visitalesund.com,
Internet: www.visitalesund.com

Vom Aussichtspunkt des Aksla hat man einen wunderbaren Blick auf Ålesund, die Bucht und die Sunnmøre-Alpen.

An den flachen Küstenabschnitten rasten die Seevögel nur, hier zu brüten wäre zu gefährlich (oben). Nur die steilen Felsen bieten Sicherheit vor Füchsen und Ratten. Auch die Inselbewohner, die in früheren Jahren hier regelmäßig Eier aus den Nestern geholt haben, müssen die Vögel nicht mehr fürchten. Die Vogelfelsen stehen unter Naturschutz (rechte Seite).

20 Arktische Brüderchen, Trottellummen und Basstölpel – Runde

Das Who's who der Seevögel

Nur 6,4 Quadratkilometer ist die Insel Runde groß, und doch ist sie Brutrevier oder Rastplatz für 225 verschiedene Vogelarten, von A wie Austernfischer bis Z wie Zwergmöwe. Damit gibt es auf der Insel mehr Vogelarten als Einwohner. Das sind nämlich ganze 150. Gegenüber den bis zu 500 000 Vögeln, die jedes Jahr zum Brüten auf die Insel kommen, sind sie deutlich in der Minderzahl. Auch einige Tausend Vogelfreunde, die zum Beobachten hierherkommen, verschieben das Verhältnis nicht wesentlich.

Runde liegt etwa 30 Kilometer südwestlich von Ålesund in der Gemeinde Herøy. Die Insel ist durch eine nacheiszeitliche Landhebung entstanden und erhebt sich als steiles Gebirge aus dem Meer. Höchster Punkt ist der Runde Varden mit 333 Metern. In den bis zu 250 Meter hohen Felswänden im Westen der Insel liegen die Brutkolonien der Seevögel, während sich die 150 Einwohner auf die Orte Runde und Goksøyr verteilen. Im flachen Unterland, das den Fuß der Berginsel im Süden und Osten umgibt, wird noch heute Landwirtschaft betrieben. Neben der Landwirtschaft bilden Fischerei und in zunehmendem Maße Tourismus die Lebensgrundlage der Einwohner. Viele Wege führen nach Runde. Von Ålesund kommend ist das die Fähre Sulesund – Hareid auf der Insel Hareidlandet. Dann geht es auf der Reichsstraße 61 zunächst weiter bis auf die Insel Gurskøya, von dort auf der Reichsstraße 654 nach Runde. Von Süden kommend empfiehlt es sich, die Reichsstraße 61 bis zur Fähre Koparnes – Årvik zu nutzen. Von dort weiter über die R 61 und R 654 bis Runde. Die Inseln sind durch mautfreie Brücken verbunden. Auf Runde empfiehlt sich eine Wanderung zu den Vogelklippen. Von dort aus sind die Papageitaucher sehr gut zu beobachten. Bei einer Bootstour kann man die Vogelkolonien auch vom Meer aus beobachten.

Manchmal muss man nicht weit laufen, um Papageitaucher und Basstölpel beobachten zu können (unten und ganz unten). Bis zu zehn kleine Fische kann der Papageitaucher im Schnabel tragen. Die gänsegroßen Basstölpel, ungeschickt an Land, aber exzellente Flieger und Taucher, verschlingen ihre Beute schon unter Wasser. Für den Besuch der Vogelfelsen sind Boote die besten Verkehrsmittel (rechte Seite oben).

Vogelkolonie im Naturhochhaus

Der Vogelfelsen auf Runde ist der größte Norwegens südlich des Polarkreises. Hier brüten regelmäßig 48 verschiedene Vogelarten, darunter mit Ausnahme des hocharktischen Krabbentauchers alle Alkenarten des Atlantiks. Weitere elf Arten brüten gelegentlich auf der Insel. Seeadler, Habicht, Wander- und Gerfalke sind während des ganzen Jahres um die Insel herum zu beobachten, brüten jedoch auf anderen Inseln oder auf dem Festland. Für alle anderen dort bisher beobachteten Arten ist Runde ein wichtiger Rastplatz auf dem Weg in die noch weiter nördlich gelegenen Brutgebiete und auf dem Rückweg in die Überwinterungsgebiete im Süden.

Für Seevögel sind die Vogelfelsen auf Runde ideal. Die Insel liegt mitten in fischreichen Gewässern, wo es Nahrung im Überfluss gibt, und die steilen, bis zu 250 Meter hohen Felswände bieten sicheren Schutz für die Brut. Auf den ersten Blick sieht das Vogelgewimmel auf den Felsbändern und -vorsprüngen chaotisch aus, bei genauerem Hinsehen wird jedoch eine fein abgestufte Ordnung erkennbar. Es gibt zwar keine absolut strenge Trennung, aber jede Art hat ihr eigenes Stockwerk in der Steilwand. Die Papageitaucher, die mit wissenschaftlichem Namen *Fratercula arctica* heißen, was so viel wie »Arktisches Brüderchen« bedeutet, sind immer weit oben auf dem Plateau der Felsen zu finden. Dort, wo sich schon eine Vegetationsdecke gebildet hat, graben die Vögel dicht unter der Oberfläche einen Tunnel, in den sie ihr einziges Ei legen. 100000 Paare brüten auf Runde.

Nur wenig unterhalb brüten die Eissturmvögel, elegante Flieger, die ohne Flügelschlag stundenlang über dem Meer segeln können. An den vermeintlich absolut glatten Wänden der Steilwand sitzen die Lummen auf schmalen Felsbändern. Auf Runde sind dies sowohl Trottel- als auch Dickschnabellummen. Auch sie legen nur ein Ei, das sie direkt auf das Felsband legen. Das Ei ist birnenförmig, und wenn es einmal angestoßen oder vom Wind bewegt wird, rollt es um seine eigene Achse und fällt nicht von dem Felssims. Direkt daneben, aber meist auf einzelnen Felsvorsprüngen bauen Dreizehenmöwen ihre Nester. Die werden in jedem Frühjahr nicht nur ausgebessert, sondern auch aufgestockt, und erreichen nach einigen Jahren eine Höhe von 40 Zentimetern und mehr. 50000 Paare kommen in jedem Frühjahr zum Brüten nach Runde. Noch eine Etage tiefer brüten die Tordalken, ebenfalls Vertreter der Alkenvögel wie Papageitaucher, Lummen und Gryllteisten. Die Gryllteisten, taubengroße schwarze Vögel mit weißen Flecken auf den Flügeln und leuchtend roten Füßen, brüten noch weiter unten, schon fast an der Wasserlinie. Dort, in die schmalen Klüfte

zwischen Geröll und Felsen, die aus der Steilwand herabgestürzt sind, legen sie ihr einziges Ei. Die Basstölpel halten sich etwas separat auf eigenen Felsen auf, ebenso wie Meerscharben und Kormorane. Große Teile der Insel stehen unter Naturschutz und dürfen während der Brutzeit der Vögel vom 15. März bis 31. August nur auf den markierten Wanderwegen betreten werden. Das war nicht immer so. Jahrhundertelang haben die Bewohner der Insel nicht nur von der Fischerei, sondern auch von den Vögeln und deren Eiern gelebt. Ein nicht ungefährliches Unterfangen, denn die Klippen sind steil.

Lebensversicherung für Vögel, tödliche Gefahr für Schiffe

Während die steilen Klippen den dort brütenden Vögeln den besten Schutz vor Füchsen, Ratten und anderen Nesträubern bieten, stellen sie für die Seefahrt eine oft tödliche Bedrohung dar. Mehr als ein Schiff ist schon an den Felsen der Insel Runde zerschellt und gesunken. Bis in das Jahr 1588 reicht die Geschichte der »Castillo negro« zurück, eines spanischen Kriegsschiffes, das auf der Flucht vor den Engländern im Sturm vor Runde gesunken ist. Bis heute wird nach dem Wrack gesucht, das reiche Schätze an Bord gehabt haben soll. Bei der Suche nach der »Akerendam«, einem holländischen Segler, der im März 1725 ebenfalls in einem Sturm gesunken ist, waren drei Sporttaucher erfolgreicher. Sie fanden das Wrack in 20 Metern Tiefe und konnten 60 000 Gold- und Silbermünzen mit einem Gewicht von 560 Kilogramm an Land bringen. Die »Akerendam« war gemeinsam mit zwei weiteren Schiffen in den Niederlanden gestartet, um in Batavia, dem heutigen Djakarta, Gewürze und andere Waren einzukaufen. An Bord hatte sie 19 Kisten mit frisch geprägten Gold- und Silbermünzen. Die Schiffe wurden in einem Sturm getrennt, und die 44 Meter lange, mit 40 Kanonen bewaffnete »Akerendam« zerschellte auf den Felsen an der Nordwestspitze der Insel. Alle 200 Seeleute kamen dabei ums Leben. Ein Teil der Ladung wurde an Land gespült, darunter mehrere Fässer mit französischem Wein, sehr zur Freude der Inselbewohner. Auch fünf der 19 Goldkisten wurden damals schon geborgen, aber danach geriet das Wrack in Vergessenheit. Erst 1972 konnte der Rest geborgen werden. Ein Teil des Runde-Schatzes befindet sich heute in der Münzsammlung der Universität Oslo und in den Schifffahrtsmuseen von Bergen und Oslo. Eine Kanone des Schiffes kann auf dem Campingplatz in Goksøyr besichtigt werden.

GOKSØYR-CAMPING AUCH FÜR NICHTCAMPER

Wer Runde nicht nur für einen Tag besuchen will, der kommt an Knut Asle Goksøyr nicht vorbei. Ob Sie auf dem Campingplatz, in einer Hütte oder im Ferienhaus, etwa im ehemaligen Lotsenhaus, übernachten wollen, bei Knut Asle Goksøyr sind Sie in guten Händen. Auch Inselrundfahrten zu den Vogelfelsen, eine Seehundsafari zu den benachbarten Inseln Grasøyane oder Angeltouren können Sie bei ihm buchen. Für das leibliche Wohl sorgt das »Runde Kafé« mit norwegischer Hausmannskost. Die Karte bietet warme Fisch- und Fleischgerichte, belegte Brote und leckeren Kuchen. Eine besondere Spezialität sind die »Svele«, eine Art Eierkuchen. Zum Frühstück gibt es »Lefse«, ein norwegisches Fladenbrot.

WEITERE INFORMATIONEN

Runde Camping: Knut Asle Goksøyr,
Tel. +47/70 08 59 05,
Fax +47/70 08 59 60,
E-Mail: camping@goksoyr.no,
Internet: www.insel-runde.de

21 Wo Trolle lauern – Trollstigen und Trollwand

Über den Trollpfad hoch über dem Meer

Mehr als eine halbe Million Besucher pro Saison lassen sich den wirklich spektakulären Ausblick vom 850 Meter hoch gelegenen Aussichtspunkt auf der Passhöhe des Trollstigen, des Trollpfads, nicht entgehen. Doch vor den Erfolg haben die Trolle den Schweiß gesetzt – den Angstschweiß, der ausbrechen kann, wenn man mit dem Auto auf dem schmalen, bis zu zwölf Prozent steilen Trollstigen die halsbrecherischen elf Haarnadelkurven durchfährt und plötzlich Gegenverkehr auftaucht.

Dann bleibt nichts anderes übrig, als entweder selbst bis zur nächsten Ausweichstelle zurückzufahren oder den Entgegenkommenden dazu zu bewegen. In der Regel funktioniert das jedoch problemlos. Vor dem Ausbau des Trollstigen zu einer von Fahrzeugen passierbaren Straße im Jahr 1936 gab es an dieser Stelle nur einen schmalen Saumpfad, der zum Teil noch erhalten ist und von vielen Wanderern genutzt wird, um ohne Motorunterstützung die Trollsleiter hinauf- oder hinunterzusteigen. Acht Jahre Bauzeit waren nötig, um die Straße in den Fels zu schlagen. Seit seiner Eröffnung gehört der Trollstigen zu den schönsten und bekanntesten Straßen Norwegens. Er ist Teil der »Goldenen Route«, die von Åndalsnes bis zum Geirangerfjord führt. Auch heute noch ist sie sehr schmal und überdies durch Steinschlag gefährdet. Allerdings sind in den letzten Jahren erhebliche Anstrengungen zur Entschärfung sowohl einiger der engsten Kurven als auch zur Vermeidung von Steinschlag unternommen worden. Zuletzt flossen im Jahr 2005 umgerechnet zwei Millionen Euro in die Unterhaltungs- und Umbauarbeiten. Trotzdem ist der Trollstigen weiterhin nur in den Sommermonaten je nach den Witterungsbedingungen von Mitte Mai bis Ende August geöffnet. Bei drohendem Gewitter, Nebel und Regen sollte man die Route meiden.

Schon in kurzer Entfernung von der Trollstigen Fjellstue auf der Passhöhe herrscht wieder Ruhe (unten). An windgeschützten Stellen blüht hier der Klatschmohn (rechte Seite unten). Der Trollveggen sieht nicht nur kahl und abweisend aus, er ist es auch (rechte Seite oben). Der Stigfossen überzieht den Trollstigen mit einem Sprühnebel (rechte Seite Mitte).

Anhalten lohnt sich

Gleichgültig, ob man aus dem Isterdal kommend den Trollstigen hinauffährt oder in Gegenrichtung unterwegs ist, es lohnt sich, an den wenigen Ausweichstellen anzuhalten und den Blick zu genießen, denn es sind immer andere Perspektiven, aus denen man das Tal und natürlich den Trollstigen sieht. Ein Muss ist der Stopp an der Brücke über den Wasserfall Stigfossen, der in wunderschönen Kaskaden 320 Meter über die Felsen rauscht. Die größte Fallhöhe beträgt 40 Meter. Er wird aus dem Alnesvatnet und dem Blspetvatnet gespeist, zwei Seen, die auf 744 Metern beziehungsweise 1002 Metern Höhe liegen. Bei etwas stärkerem Wind, der hier nicht gerade selten ist, weht der Sprühnebel des Stigfossen auch über die Straße und durchnässt Besucher, die sich zu nahe herangewagt haben.

Fernsicht vom Pass

Auf der Passhöhe blüht der Tourismus in Reinkultur. Souvenirhütten und ein Restaurant, die »Trollstigen Fjellstue«, sind auf die großen Besucherzahlen zwar eingerichtet, doch in der Hochsaison drängeln sich hier trotzdem die Menschen. Doch nur wenige Hundert Meter vom Parkplatz entfernt wird es ruhiger, und vom Aussichtspunkt Utsikten aus kann man den Blick auf den Trollstigen und die bis zu 1700 Meter hohen Berge König, Königin und Bischof genießen. Wer ein Gespür für die kleinen Dinge am Wegesrand hat, wird sich über die wunderbar bunten Flechten und grünen Moose auf den sonst kahlen Felsen freuen, die an einen Flickerlteppich erinnern.

Vom Trollstigen zum Trollveggen

Nicht weit vom Trollstigen entfernt liegt im Romsdal die Trollwand im Gebirgszug Trolltinden, dessen höchster Gipfel der Breitinden mit 1797 Metern ist. Vom Trollstigen ist die Trollwand oder Trollveggen, wie sie auf Norwegisch heißt, leicht über die Reichsstraße 63 bis Åndalsnes und von dort über die E 136 Richtung Süden zu erreichen. Schon die Fahrt durch das enge Tal, in dem sich die Straße den Platz mit dem Fluss Rauma teilen muss, ist ein Erlebnis. Bis fast 1800 Meter ragen beidseits die Felswände auf. Während die Passhöhe des Trollstigen für jedermann besteig- oder befahrbar ist, kann das von der Trollwand nicht behauptet werden. 1000 Meter ragt sie nahezu senkrecht in die Höhe und besitzt dazu noch einen Überhang von 50 Metern. Damit ist sie die höchste freistehende Felswand Europas. Sie liegt an der Ostflanke des 1788 Meter hohen Store Trolltind. Eine Herausforderung für Bergsteiger: Erst 1965 gelang es zwei Teams, die Wand zu durchklettern.

EIN MUSEUM FÜR GIPFELSTÜRMER

Åndalsnes hat als Stadt nicht viel zu bieten, denn sie wurde 1940 bei einem Bombenangriff völlig zerstört. Wenn Sie aber wissen wollen, wer Arne Randers Heen und Ralph Høibakk waren oder was der Finne Jorma Öster gemacht hat, dann müssen Sie nach Åndalsnes fahren. Im dortigen Gipfelmuseum erfahren Sie es! Hier wird die abenteuerliche Geschichte des Bergsteigens in der Region nachgezeichnet. Legendäre Bergsteiger wie Heen und Høibakk, die 1958 erstmals den Trollrücken, die mit über 40 Seillängen längste Kletterführe Norwegens, bezwungen haben, werden ebenso vorgestellt wie Jorma Öster, der 1980 als erster Gleitschirmflieger von der Trollwand gestartet ist. Dazu gibt es eine Fülle von Informationen zu den einzelnen Gebirgszügen und Gipfeln. Prädikat: Sehenswert.

WEITERE INFORMATIONEN

Norsk Tindemuseum: Strandgata 6, N-6300 Åndalsnes, Tel.: +47/90117234, E-Mail: info@tindemuseet.no, Internet: www.tindemuseet.no

Eine typische Hochgebirgslandschaft bietet der Rondane-Nationalpark mit Gipfeln über 2000 Metern und ausgedehnten Hochebenen (oben und rechte Seite oben). Schon kurz nach der Eiszeit waren Moschusochsen in ganz Europa ausgestorben. Seit 1947 haben sie im Dovrefjell-Nationalpark einen neuen Lebensraum gefunden (rechte Seite unten).

22 Der Rondane- und der Dovrefjell-Sundalsfjella-Nationalpark

Bei Moschusochsen, Rentieren und Braunbären

Der Rondane-Nationalpark war 1962 der erste norwegische Nationalpark. 28 weitere folgten im Laufe der Jahre, darunter 2002 der Dovrefjell-Sundalsfjella-Nationalpark. Er liegt so dicht am Rondane-Nationalpark, dass beide landschaftlich ineinander übergehen. Zusammen sind sie mit 2656 Quadratkilometern größer als das Saarland und bieten alles: schneebedeckte Gipfel, felsige Hochebenen und Täler mit glasklaren Seen. Dazu eine reichhaltige Flora und Fauna.

Die beiden Nationalparks erstrecken sich von Norden nach Süden über die Provinzen Sør Trondelag, Oppland und Hedmark und sind Teile der wesentlich weiter ausgedehnten Gebirge und Hochplateaus Dovrefjell und Rondane. Das Dovrefjell bildet die Wasserscheide zwischen Westen und Osten. Höchster Berg ist der Snøhetta mit 2286 Metern Höhe. Der Park umfasst daher die höchsten Berge Norwegens nach dem Jotunheimen. Aufgrund der Lage und weitgehenden Abgeschiedenheit ist das Dovrefjell eines der wenigen intakten Hochgebirgsökosysteme Nordeuropas mit der für diese Lebensräume typischen Tier- und Pflanzenwelt. Die prominentesten und prägenden Repräsentanten sind Ren, Vielfraß und Polarfuchs. Nach Südosten leitet das Dovrefjell zum Rondane-Gebirge über, das Teil eines Hochgebirgsrückens ist, der sich vom Dovrefjell bis fast nach Lillehammer hinunter erstreckt. Am höchsten ist der 2178 Meter hohe Rondslottet. Weitere neun Gipfel erreichen ebenfalls mehr als 2000 Meter. Wie ganz Skandinavien ist auch dieses Gebirge durch die Gletscher der Eiszeit und das Schmelzwasser nach deren Abtauen geformt worden. Erste menschliche Spuren im Dovrefjell reichen fast 9000 Jahre zurück. Steinzeitliche Jäger waren den Rentieren hierher gefolgt. Im Rondane-Gebirge haben sie eindrucksvolle, rund

3500 Jahre alte Rentierfallen hinterlassen. Sie errichteten Umzäunungen aus Steinen oder Bäumen mit nur einer Öffnung, durch die sie die Rentiere hineintrieben. Hinter den Tieren wurde die Öffnung geschlossen, sodass sie nicht mehr herauskonnten. Die Fallen wurden bis in das 14. Jahrhundert hinein benutzt. Reste findet man heute bei Grayhø und Bløyvangen.

Lebensraum für Spezialisten

Hohe Berge schirmen Dovrefjell- und Rondane-Nationalpark gegen die von Westen heranziehenden Tiefdruckgebiete ab, deren Wolken sich an den Westflanken der Berge abregnen. Nach Osten wird das Klima immer kontinentaler, mit kalten, trockenen Wintern und relativ warmen Sommern, in denen allerdings der Großteil der Niederschläge fällt. Durchschnittlich 500 Millimeter werden in Kongsvoll gemessen, nur etwas mehr als ein Fünftel dessen, was auf die Stadt Bergen niedergeht. Im Winter fällt das Thermometer bis auf minus 36 Grad Celsius, steigt aber im Sommer bis auf plus 28 Grad. Im Juli beträgt die Durchschnittstemperatur plus 10 Grad. Im Winter fällt wenig Schnee, sodass sich hier, anders als zum Beispiel im Jostedal-Nationalpark, während der »kleinen Eiszeit« (s. Highlight 21) keine neuen Gletscher bilden konnten. Der größte Teil der Nationalparks liegt oberhalb der Baumgrenze, die bei 1000 bis 1100 Meter liegt. Wer hier überleben will, ob Pflanze oder Tier, muss kälteresistent und genügsam sein. Es sind nicht viele Tiere, die hier während des ganzen Jahres bleiben, aber es gibt sie. Allen voran die Rentiere, die während der Eiszeit in ganz Europa weitverbreitet waren und auch lange nach dem Ende der Eiszeit dort blieben. In Polen waren sie bis in das Mittelalter anzutreffen. Heute gibt es nur noch einige versprengte Vorkommen südlich des Polarkreises, darunter im Rondane-Nationalpark. Die Schätzungen schwanken zwischen 2000 und 4000 Tieren, die immer noch im Rhythmus der Jahreszeiten ihre Wanderungen machen. Dabei bleiben sie nicht nur in Rondane, sondern gelangen auch in den Dovrefjell-Sundalsfjella-Nationalpark. Ein weiteres Eiszeitrelikt ist die Sumpfmaus, die auch Nordische Wühlmaus genannt wird. Auch sie war einst in Europa weitverbreitet, kommt jedoch heute nur noch in den Hochgebirgsregionen Skandinaviens und in einer kleinen Restpopulation in Mecklenburg-Vorpommern vor. Die nächsten Vorkommen sind dann erst wieder in Sibirien zu finden.

Rentiere weiden selbst niedrigste Vegetation ab (unten). Unzählige Flüsse und Bäche durchziehen das Fjell. In abflusslosen Senken sind in Jahrtausenden Moore entstanden (rechte Seite oben).

Alteingesessene und Neubürger

Nicht auf kleine Restvorkommen beschränkt, aber doch in Europa selten geworden, sind Braunbären. Einige Exemplare sind im Rondane-Nationalpark zu Hause, von wo aus sie regelmäßig auch zu Wanderungen in den benachbarten Dovrefjell-Sundalsfjella-Nationalpark aufbrechen. Die Allesfresser ernähren sich in erster Linie von pflanzlicher Nahrung. Das bedeutet allerdings nicht, dass sie ihren Speiseplan nicht auch gern mit bodenbrütenden Vögeln und deren Gelegen, mit Hasen, Lemmingen und Sumpfmäusen bereichern. Auch Aas wird nicht verschmäht. Größere Säuger wie Elche oder Rehe, mit denen sie den gleichen Lebensraum teilen, werden nur angegrif-

fen, wenn sie verletzt oder geschwächt sind. Gar keine Chance haben sie gegen die ausgesprochen wehrhaften Moschusochsen aus Grönland, die erstmals im Jahr 1927 im Dovrefjell wieder eingebürgert wurden. Während der Eiszeit waren sie in Europa verbreitet, wurden aber ein Opfer der sich verändernden Umweltbedingungen und der Jagd. Schon kurz nach dem Ende der Eiszeit gab es sie in Europa nicht mehr. Die 1927 ausgewilderten Tiere überlebten den Zweiten Weltkrieg nicht, und erst ein erneuter Versuch 1947 brachte den erhofften Erfolg. Heute leben wieder etwa 80 Moschusochsen im Dovrefjell. 1971 wanderten ein Bulle, zwei Kühe und zwei Kälber nach Schweden ab und begründeten dort eine eigenständige Population. Moschusochsen sind keine Rinder, sondern eher mit Ziegen, Gämsen und Schneeziegen verwandt. Als engste Verwandte gelten die Gorals, eine Gattung asiatischer, ziegenartiger Huftiere.

Gefiederte Vielfalt auf dem Dovrefjell

Nicht nur im Nationalpark selbst, sondern auch in den Schutzgebieten, die den Dovrefjell-Sundalsfjella-Nationalpark wie einen Puffergürtel umgeben, herrscht ein reiches Vogelleben. Die Moore sind nicht nur Rastgebiete für die hochnordischen Zugvögel auf ihrem Weg in die Arktis, sondern auch Brutgebiete für Kranich, Odinshühnchen, Regenbrachvogel, Prachttaucher und Blaukehlchen. Ein Besuch in Fokstymyra im Süden des Nationalparks ist Pflicht für jeden Vogelfreund. Über den Hochflächen kreisen Steinadler, Kornweihe und Gerfalke, und selbst die wunderschönen Schnee-Eulen sind schon bei der Jagd auf Lemminge beobachtet worden.

Ein Mekka für Pflanzenliebhaber

Das Dovrefjell und das Rondane-Gebirge haben seit mehr als 250 Jahren die Botaniker beschäftigt, denn hier war die Einwanderungsgeschichte der Pflanzen nach der Eiszeit gut nachzuvollziehen. 420 verschiedene Pflanzenarten fand man am Dovrefjell, darunter 170 von 250 skandinavischen Gebirgspflanzenarten. Sie gedeihen vor allem auf den kalkreichen Gesteinen östlich des Flusses Drivdalen. Einige Endemiten, also Arten, die auf eine bestimmte Region beschränkt sind, kommen ebenfalls vor. Dazu zählen der Dovre-Mohn, der Dovre-Löwenzahn und der Norwegische Beifuß. Silberwurz, verschiedene Steinbrecharten, Frühlingsküchenschelle und Moltebeere überziehen im Frühling und Sommer die Fjellflächen mit weißen, roten und violetten Teppichen.

BOTANIK IN KONGSVOLL

Kongsvoll, auch Kongsvold genannt, ist eine alte Poststation auf dem Königsweg über das Dovrefjell, der von den Wallfahrern benutzt wurde, um nach Nidaros zum Grab Olavs II. zu pilgern. Heute wird die »Kongsvold Fjeldstue« von Frich's Hotel & Spiseri Kongsvold betrieben. Dort gibt es schmackhafte Hausmannskost. Trotzdem wäre die Fjellstue ein Gasthaus wie viele andere, wenn in den Räumen nicht auch noch das Informationszentrum des Nationalparks Dovrefjell-Sundalsfjella untergebracht wäre und ein gebirgsbotanischer Garten einen wirklich umfassenden Überblick über die hier vorkommenden Pflanzen gäbe. Auf einer zwei Kilometer langen Rundwanderung auf den Blumenberg Knutshø kann man seine Kenntnnisse überprüfen. Der Weg führt auch an einer der historischen Renfanganlagen vorbei.

WEITERE INFORMATIONEN

Kongsvold Fjeldstue: Dovrefjell, N-7340 Oppdal, Tel. +47/476 70 653, E-Mail: post@kongsvold.no, Internet: www.frich.no/kongsvold-fjeldstue-2

An den Ufern der Moore und Seen des Femundsmarka-Nationalparks gedeihen urwüchsiger Nadelwald und Birken (oben). Die aus Blockbohlen erbauten Häuser von Røros wurden bereits 1923 unter Denkmalschutz gestellt, 1980 wurde »Den Gamle Bergstad« in die Weltkulturerbeliste aufgenommen (rechte Seite).

23 Die Kupferstadt Røros und der Femundsmarka-Nationalpark

Weltkulturerbe durch Raubbau am Wald

Røros steht einerseits für 333 Jahre intensiven Kupferbergbau, gediegenen Wohlstand der Minenbesitzer, bittere Armut der einfachen Minenarbeiter und Raubbau an den dichten Wäldern der Region, dessen Spuren noch heute zu erkennen sind. Die Region Røros steht aber andererseits auch für eine immer noch grandiose Natur, die sich trotz der massiven Störungen in weiten Bereichen ihre Ursprünglichkeit bewahrt hat.

Einer Erzählung nach verdankt Røros seine Entwicklung zur Bergbaustadt einem Zufall. Der Bauer Hans Olsen Aasgen erlegte 1644 auf der Jagd einen Rentierbock, der im Todeskampf mit den Hufen einen in der Sonne glänzenden Stein freilegte, der sich als ein Stück Kupfererz entpuppte. Das war die Geburtsstunde der Stadt Røros, deren Keimzelle der Aasen Gard, der Aasen-Hof, war, der heute noch neben der Kirche erhalten ist. Noch im gleichen Jahr nahm Lorenz Lossius, ein Bergmann aus Sachsen, die Förderung auf, und bereits zwei Jahre später begann die Verhüttung in den Schmelzöfen. Soweit die Erzählung. Vermutlich hatte Lossius aber bereits Jahre vorher illegal Kupfererz geschürft. Das Røros Kobberverk wurde nun gegründet, und die Förderung begann. Da der Bergbau für Norwegen ein neuer Wirtschaftszweig war und Fachkräfte daher nicht vorhanden waren, holte man Bergleute aus allen Teilen Europas zum Aufbau und Betrieb der Gruben. Die Gewinnspannen waren hoch, und so avancierte Røros zu einer der wichtigsten Bergbaustädte Norwegens. Zwischen dem Beginn im Jahr 1644 und der Aufgabe 1977 wurden mehr als 100 000 Tonnen Kupfer und 525 000 Tonnen Pyrit, eine Schwefelverbindung, gefördert. Daneben wurden auch Eisenerz, Blei, Kobalt und Zink abgebaut, die ebenfalls gut vermarktet werden konnten. Eisenerz war übrigens be-

reits im 1. Jahrhundert im nur etwa 35 Kiometer von Røros entfernten Ålen verhüttet worden. Vermutlich war es zu der Zeit aber im Tagebau gewonnen worden.

Wohlstand mit Nachgeschmack

Der Bergbau brachte den Betreibern ein beträchtliches Vermögen ein, während die Arbeiter in den Gruben häufig am Existenzminimum lebten. Sie wohnten in kleinen, von Gras gedeckten Häusern am Fuße der Schlackenhalden, die sich in der Stadt auftürmen. Die Kupfergruben lagen außerhalb, die Schmelzöfen jedoch im Zentrum, und die Schlacken wurden direkt im Ort abgelagert, wo sie auch heute noch liegen. Viele Häuser bestehen aus grob zugehauenen Stämmen und haben im Laufe der Jahrhunderte die Farbe der Umgebung angenommen. Sie sind immer noch bewohnt und wurden bereits 1923 unter Denkmalschutz gestellt. Die Wohnhäuser der Ingenieure und Beamten dagegen sind wesentlich großzügiger und komfortabler. Sie sind zwar ebenfalls aus Holz, wurden aber verkleidet und regelmäßig gestrichen. Der Bergbau hat nicht nur die Stadt geprägt. Die dichten Wälder, die bis zur Mitte des 17. Jahrhunderts in der Region wuchsen, sind dem Energiehunger der Schmelzöfen fast restlos zum Opfer gefallen. Heute findet sich um Røros eine offene Landschaft mit nur wenigen Bäumen. Selbst in weiter entfernten Bereichen wie der Femundsmarka wurden bis an die schwedische Grenze und darüber hinaus Bäume eingeschlagen, obwohl dort in dem rauen Klima und auf den armen Böden nur Krüppelkiefern wachsen, deren Energieausbeute gering ist. Dort war 1744 ebenfalls ein Schmelzofen errichtet worden, der bis 1822 in Betrieb war. Zu diesem Zeitpunkt waren die ohnehin nur lückenhaften Waldbestände der Femundsmarka bereits weitgehend vernichtet. Bis 1860 wurde der Raubbau fortgesetzt, bis endlich geregelter Forstbetrieb der weiteren Waldvernichtung ein Ende setzte.

Aus der Pleite eine Tugend machen

In den 1970er-Jahren waren die Kupfervorkommen erschöpft. Schon vorher, im Jahr 1953, brannte die Schmelzhütte zum dritten Mal nieder und stellte daraufhin den Betrieb ein. 1977 musste die Kupferhütte Konkurs anmelden und wurde geschlossen. Zwei Jahre später wurde die bis zuletzt in Betrieb befindliche Olavs-Grube für Besucher geöffnet. Auch die alte Schmelzhütte ist seit 1990 ein Museum. In der Sommersaison wird dort zur Demonstration Kupfer geschmolzen und in Barren gegossen. Bereits 1980 war »Den Gamle Bergstad«, die alte Bergarbeiterstadt, in die Liste des UNESCO-Weltkulturerbes aufgenommen worden. Heute zählt Røros jährlich eine Million Besucher, die das Museum, die Bergarbeiterstadt, die Bergwerke selbst und die 1784 fertiggestellte Kirche der Stadt besuchen. Mit 1640 Sitzplätzen ist sie die drittgrößte Kirche

Røros ist nicht nur Museum, sondern immer noch bewohnt; die alten Blockhäuser werden sorgsam in Schuss gehalten (unten). Seen, Moore und Wälder säumen den Weg zur Femundsmarka (rechte Seite oben).

Norwegens und für eine Stadt mit weniger als 6000 Einwohnern ein wenig überdimensioniert; die Erbauer wollten damit wohl den Reichtum der Gemeinde demonstrieren.

Neue Chance für die Femundsmarka

Die Femundsmarka war auch schon vor der weitgehenden Abholzung der Waldbestände eine karge, durch die Eiszeiten geprägte Landschaft. Mehr noch als im Dovrefjell-Sundalsfjella- und Rondane-Nationalpark (s. Highlight 30) ist hier das Klima von langen strengen Wintern und kurzen Sommern geprägt. Die Tiefsttemperaturen erreichen im Winter bis zu minus 50 Grad Celsius. Der karge Baumbestand besteht aus Krüppelkiefern, nur in geschützten Bereichen an den Flüssen Mugga und Røa wachsen die Bäume dichter, und es mischen sich einige Birken und Erlen unter die Kiefern. Unzählige Moränenfelder, Felsblockschüttungen und Toteislöcher lassen die Kräfte erahnen, mit denen die eiszeitlichen Gletscher diese bizarre Landschaft geformt haben. Eine Vielzahl von Wasserläufen durchzieht das Gebiet, in denen neben Forellen auch Saiblinge, Felchen, Flussbarsche und Hechte leben. Langsam erholt sich auch die Vegetation vom Raubbau durch den Kupferbergbau, seit 1971 eine 390 Quadratkilometer große Teilfläche der Femundsmarka zum Nationalpark erklärt wurde. Er schließt grenzübergreifend an den Rogen-Nationalpark in Schweden an, sodass hier ein insgesamt etwa 1600 Quadratkilometer großes, zusammenhängendes Schutzgebiet entstanden ist. Es führen keine Straßen in den Femundsmarka-Nationalpark; Besuchern steht ein ausgedehntes Netz von Wanderwegen zur Verfügung. Ein Schiff bringt sie vom Ort Elga über den Femundsee, von wo es zu Fuß weitergeht.

Tierwelt im Femundsmarka-Nationalpark

Die Fauna des Femundsmarka-Nationalparks ist wegen des harschen Klimas nicht sehr vielfältig, weist aber eine Reihe von Besonderheiten auf. Einige Moschusochsen haben sich vom Rondane-Nationalpark auf den mehr als 150 Kilometer weiten Weg zur Femundsmarka und in den Rogen-Nationalpark jenseits der schwedischen Grenze gemacht und dort eine eigene, überlebensfähige Population gebildet. An den Flussläufen bauen Biber ihre Dämme. Braunbär und Luchs sind gelegentlich hier, die Rolle der größeren Raubtiere hat aber meist der Vielfraß inne. Die Hirsche sind mit Elchen und Rentieren vertreten. Letzteren begegnet man häufig, doch handelt es sich um Haustiere samischer Rentierzüchter, die gelegentlich in den Nationalpark einwandern.

AUSFLUG IN DIE UNTERWELT

Unternehmen Sie eine Reise durch 333 Jahre Bergbaugeschichte in Røros. Bereits zwei Jahre, nachdem mit der Olavs-Grube die letzte Kupfermine 13 Kilometer von Røros entfernt geschlossen worden war, wurde sie schon wieder geöffnet. Diesmal nicht um zu fördern, sondern um Besucher hindurchzuführen. Durch die Grube Nyberget, die 1650 abgeteuft wurde, und die Olavs-Grube von 1937 gelangt man 50 Meter unter die Erde und 500 Meter weit in das Stollensystem hinein bis zur Bergmannshalle. Raffinierte Licht- und Toneffekte vermitteln den Eindruck, als sei die Grube noch in Betrieb. Die Temperatur liegt das ganze Jahr bei 5 °C, und die Luftfeuchtigkeit ist hoch. Sie brauchen also warme Kleidung und gutes Schuhwerk! Der Grube ist ein kleines Museum mit Shop und Café angeschlossen.

WEITERE INFORMATIONEN

Museet Olavsgruva: N–7374 Røros, Malmplassen, Tel. +47/72 40 61 70, E-Mail: museumspost@rorosmuseet.no, Internet: www.rorosmuseet.no

In Trondheim liegt alles dicht nebeneinander: die Speicherhäuser am Fluss (rechte Seite oben), die kleinen Altstadtläden und die »Gamle Bybrua«, die über 300 Jahre alte Stadtbrücke über den Nidelven, die die Zentrumshalbinsel mit dem Stadtteil Bakklandet verbindet. Ihre geschnitzten Tore werden auch »Pforten zum Glück« genannt (unten). Blick in den Nidarosdom (rechte Seite unten).

24 Wiege des norwegischen Königtums – Trondheim

Die historische Hauptstadt Norwegens

Über 1000 Jahre alt ist Nidaros, die »Stadt in der Mündung des Flusses Nid«, wie Trondheim ursprünglich von ihrem Gründer König Olav I. Tryggvason genannt wurde, der dort im Jahr 997 seinen Königssitz errichtete. Die Keimzelle lag auf der Halbinsel Øra, einer alten Thingstätte. Von hier aus wurde die Christianisierung Norwegens vorangetrieben. Aber erst nach dem Tod seines Nachfolgers Olav II. Haraldson des Heiligen im Jahr 1030 erlangte die Stadt Reichtum und Größe.

Olav II. war in einer Schlacht mit aufständischen Bauern ums Leben gekommen und auf dem Schlachtfeld begraben worden. Als kurze Zeit später Gerüchte aufkamen, dass in der Gegend um das Grab Wunder geschehen sein sollen, wurde der Leichnam nach einem Jahr wieder ausgegraben. Angeblich war der Körper nicht in Verwesung übergegangen, sondern völlig unversehrt. Daraufhin wurde Olav nach Nidaros zurückgebracht und in einem Schrein in der Sankt-Klemens-Kirche aufgebahrt. Wenig später wurde er als Märtyrer heiliggesprochen.

Ein regelrechter Olav-Kult setzte nun ein, der dazu führte, dass Nidaros zu einer der bedeutendsten Pilgerstätten Europas wurde. Seit 1152 war Nidaros auch Bischofssitz. Dafür musste eine repräsentative Kirche geschaffen werden. Bereits 1070 war anstelle der Kapelle über dem Grab Olavs II. eine steinerne Kirche errichtet worden, die nun umgebaut und erheblich vergrößert wurde: der Nidarosdom. Auch die Stadt wuchs ungemein und wurde zur reichsten und größten Stadt Norwegens. Bis in das 14. Jahrhundert hinein war Nidaros Vormachtstellung ungebrochen. Dann jedoch

verlor sie erheblich an Bedeutung. Gründe dafür waren vor allem der Aufstieg Bergens zur Niederlassung der Hanse, die Union Norwegens mit Dänemark seit 1380, aber auch die Reformation, die zur Beendigung der lukrativen Wallfahrten führte. Pestepidemien und verheerende Brände taten ein Übriges, um den Niedergang Trondhjems, wie die Stadt seit der dänischen Herrschaft hieß, zu fördern.

Trondheim blüht wieder auf

Nach einem weiteren Brand 1681, bei dem die gesamte Altstadt vernichtet wurde, erstand Trondheim nach dem Vorbild von Versailles völlig neu. Gleichzeitig wurde die Festung Kristiansten gebaut. Der Holzhandel und die strategisch günstige Lage ließen die Stadt im 17. und 18. Jahrhundert wieder aufblühen. Trondheims Hafenanlagen wurden ausgebaut, und die Stadt erhielt Anschluss an das Eisenbahnnetz. Im Zuge der Industrialisierung wuchs die Stadt. Heute besitzt Trondheim mehr als 173 000 Einwohner und ist damit die drittgrößte Stadt Norwegens.

Die Geschichte Trondheims ist an den historischen Gebäuden der Altstadt auf der Halbinsel Øra ablesbar. Das älteste Gebäude ist der Nidarosdom, dessen Ostteil fast unverändert aus dem 12. Jahrhundert erhalten ist, während die anderen Gebäudeteile mehrfach komplett erneuert wurden, nachdem mehrere Brände die Kirche wiederholt in Schutt und Asche gelegt hatten, zuletzt 1719. Es dauerte dann 150 Jahre, bis der Wiederaufbau begann. Der berühmte norwegische Bildhauer Gustav Vigeland hat sich mehrere Jahre dem Wiederaufbau des Doms gewidmet. Bemerkenswert sind vor allem die Steinmetzarbeiten an der Westfront und die Glasmalereien von Gabriel Kielland. Bis heute ist der Nidarosdom der größte und wichtigste Sakralbau Norwegens. Unmittelbar nebenan liegt die ehemalige erzbischöfliche Residenz. Teile der Gebäude stammen noch aus dem 12. Jahrhundert. Damit ist die Residenz der älteste aus Stein errichtete Profanbau Norwegens. Die Gebäude beherbergen heute ein Waffen- und Fahnenmuseum sowie eine Dokumentation des norwegischen Widerstands gegen Hitlerdeutschland.

Mit dem Fahrradlift auf die Festung

Dagegen ist die oberhalb der Altstadt gelegene Festung Kristiansten nur rund 300 Jahre »jung«. 72 Höhenmeter sind zu überwinden, will man die Festung besichtigen. Kein Wunder also, dass hier der weltweit einzige Fahrradlift installiert wurde, mit dem Radfahrer, ohne in die Pedale treten zu müssen, bergauf fahren. Wieder in der Altstadt angekommen, warten die Gamle Bybrua, die alte Stadtbrücke von 1681, und die Speicherhäuser am Fluss auf den Besucher.

SYMBIOSE AUS MUSIK UND BLUMEN

Ein Ausflug der besonderen Art führt in den Botanischen Garten der Stadt Trondheim. Innerhalb des Gartens am Ostrand der Stadt liegt das ehemalige herrschaftliche Anwesen Ringve Gård, welches das weltweit einzigartige Musik-Museum beherbergt. Musikinstrumente aus aller Welt, aber auch typisch norwegische Instrumente wie die Hardangerfiedel sind zu sehen. Musikstudenten führen durch die Ausstellungen und spielen die Instrumente auch. Einige Instrumente kann man auch selbst ausprobieren. Im »Tordenskiold Kro« wird mit frischen Waffeln und Kaffee für das leibliche Wohl der Besucher gesorgt. Ein Spaziergang im Botanischen Garten rundet den Besuch ab.

WEITERE INFORMATIONEN

Norges nasjonale museum for musikk: Lade Allé 60, N-7041 Trondheim, Tel. +47/73 87 02 80, E-Mail: firmapost@ringve.no, Internet: www.ringve.no/de, Öffnungszeiten: Juni–August tgl. 10–17 Uhr, Sept.–Mai Di–So 11–16 Uhr

Das Meer ist auch heute noch Nahrungsquelle und Hauptverkehrsader der Menschen auf Vega. Fast jedes Haus hat einen eigenen Zugang zum Wasser (oben). Leuchtturmwärter gibt es nicht mehr, denn die alten Leuchtfeuer sind inzwischen mit modernen, automatischen Lichtern ausgestattet (rechte Seite oben). Eiderenten bevölkern wieder in großer Zahl die Inseln des Vega-Archipels (rechte Seite unten).

25 Eine uralte Kulturlandschaft – der Vega-Archipel

Symbiose von Menschen und Eiderenten

6000 Inseln, Inselchen und Schären, eine Besiedlungsgeschichte, die 9600 Jahre zurückreicht, und Inselbewohner, die im Gleichklang mit der Natur leben: Das hat die UNESCO dazu bewegt, den Vega-Archipel in die Liste des Weltnatur- und -kulturerbes aufzunehmen. Die wenigen Menschen dort leben von der Fischerei und Landwirtschaft. Felslandschaften, Wiesen und Moore prägen die Landschaft.

Die ersten Siedler kamen zu einer Zeit, als sich die Gletscher der letzten Eiszeit gerade zurückgezogen hatten. Unter der Last des Eises waren große Teile der Region bis zu 60 Meter unter die Meeresoberfläche gedrückt worden. Von den heute mehr als 6000 Inseln und Felsen ragten lediglich drei über das Meer hinaus und konnten besiedelt werden. Erst im Lauf der Zeit setzte ein Hebungsprozess ein, der bis heute nicht abgeschlossen ist und nach und nach immer mehr Inseln über die Meeresoberfläche schob. Mit dem Erscheinen dieser Eilande wurden sie auch besiedelt. Fischerei, Jagd und Landwirtschaft mit Viehhaltung prägten die Gegend. Der Fischfang war Männersache, während die Frauen sich um die bescheidene Landwirtschaft kümmerten.

Flauschige Daunen

Da kam es ihnen gerade recht, dass jedes Jahr Tausende Eiderenten zum Brüten auf die Inseln kamen. Die Menschen gingen mit den Enten eine Art Symbiose ein. Bereits seit dem 9. Jahrhundert bereiteten die Inselbewohner für die Enten unter Steinen oder in kleinen Hütten Nistplätze vor und beschützten sie während der Brutzeit vor Nesträubern. Als Gegenleistung wurde aus den Nestern die Hälfte der Eier entnommen. Nach der Brut, wenn die jungen Enten das Nest verlassen hatten, wurden die

feinen Daunen aus den Nestern eingesammelt, gewaschen und als Füllung für Bettdecken und warme Kleidung verkauft. Um ein Haar wäre die in vielen Generationen entstandene Kulturlandschaft wieder dem Verfall preisgegeben worden, denn in den 1960er- bis 1980er-Jahren wurden die kleinen Streusiedlungen und Einzelgehöfte auf Betreiben von Politikern und Verwaltung zugunsten größerer, zentraler Siedlungen aufgegeben. Nur noch vier Inseln sind heute dauerhaft bewohnt. In der Folge gingen die Bestände der Eiderenten rapide zurück. Nachdem sie nicht mehr vor Feinden wie Ratten, Füchsen und Nerzen geschützt wurden, gingen viele Bruten verloren.
Die Anerkennung als UNESCO-Welterbe kam im Jahr 2004 gerade rechtzeitig, um die bäuerlichen Traditionen wiederzubeleben. Zur Begründung heißt es in der Anerkennungsurkunde sinngemäß: »Die Menschen des Vega-Archipels haben als Fischer und Bauern seit 1500 Jahren über viele Generationen ihre nachhaltige Lebensweise in der ungastlichen Meereslandschaft am Polarkreis auf der Basis der Eiderdaunennutzung bewahrt.«

Wächter für die Eiderenten

Die Stiftung Vegaøyan Verdensarv wurde ins Leben gerufen, um die Landschaftspflege fachlich mit der Erstellung von Pflegeplänen zu unterstützen. Um die Bemühungen zur Erhaltung des Welterbes zu dokumentieren und Öffentlichkeitsarbeit zu betreiben wurde in der Gemeinde Nes auf Vega das E-Huset-Museum, das wirklich sehenswerte Eiderentenmuseum, eröffnet. Und der Erfolg ließ nicht auf sich warten. Infolge der Anerkennung wurden viele Bauernhöfe renoviert, die »Unterkünfte« für die Eiderenten instand gesetzt und die brachliegenden Wiesen wieder extensiv beweidet. Bauern von Vega und den Nachbargemeinden bringen heute ihr Vieh zum Weiden auf die Inseln im Welterbegebiet. Inzwischen werden wieder etwa 60 Inseln von Rindern, Schafen und Ziegen beweidet. Dies sind hauptsächlich die Inseln im Norden und Westen von Vega. Auch die Daunen sind heute begehrt wie ehedem. 18 Eiderentenwächter schützen inzwischen wieder die Gelege. Dank dieses Schutzes haben die Bruten enorm zugenommen. Allein in sieben der alten Dörfer wurden im Jahr 2009 wieder 1271 erfolgreiche Eiderentenbruten registriert.
Inzwischen ist auch der Tourismus auf den Inseln angekommen. Wandern, Angeln, Bootstouren und ein Besuch der Eiderentendörfer sind nur einige der angebotenen Freizeitaktivitäten.

AUSFLUG IN DIE STEINZEIT

Die steinzeitlichen Jäger und Fischer haben auf Vega deutliche Spuren hinterlassen. Ein historischer Lehrpfad im Südosten führt zu den Resten der Siedlungen in der Region Middagskarheia. Startpunkt ist bei der Informationstafel in Åkvika. Von dort führt der Weg Richtung Westen nach Hammaren zur Ruine eines 5500 Jahre alten Hauses. Auf dem Kamm des Gebirgszuges Middagskarheia kann ein ehemaliger natürlicher Hafen bestaunt werden. Dazu muss man wissen, dass der Meeresspiegel zur Zeit der Besiedlung mehr als 60 Meter höher lag. Vierte Station sind die Reste der 9600 Jahre alten Fischersiedlung Middagskarheia 1, gefolgt von der »nur« 8500 Jahre alten Siedlung Middagskarheia 2. Nahe am Ausgangspunkt liegen eine leider geplünderte Grabanlage und einige 5500 Jahre alte Häuserruinen. Der Weg führt durch teilweise sumpfiges Gelände. Gummistiefel werden empfohlen.

WEITERE INFORMATIONEN

Weltkulturerbezentrum und Gemeinde Vega:
www.verdensarvvega.no
www.vega.kommune.no
www.visitvega.no
Eiderentenmuseum:
www.helgelandmuseum.no/avdelinger

26 Im Land von Alpenrose und Silberwurz – Svartisen und Saltfjell

Wo vor dreißig Jahren noch eine mächtige Gletscherzunge durch das Svartisdal in den Holandfjord ragte, breitet sich jetzt der Svartisvatnet aus (unten und rechte Seite oben). Auch die Gletscherzunge des Austerdalsisen endet in einem See. An beiden Seiten kommen die vom Eis glatt geschliffenen Felsen zum Vorschein (rechte Seite unten). Im Sommer kann man hier die arktische Silberwurz entdecken (rechte Seite Mitte).

Gletscher und Nationalpark am Polarkreis

Der mächtige Svartisen-Gletscher ist mit 370 Quadratkilometern nach dem Jostedalsbreen der zweitgrößte Gletscher Norwegens. Wie eine weiße Kappe liegt er auf dem Saltfjell, einer Hochebene, die vom Melfjord im Westen bis an die schwedische Grenze im Osten reicht. Über 60 Gletscherzungen streckt der Svartisen-Gletscher in alle Richtungen in die Täler des Saltfjells und die tief eingeschnittenen Fjorde im Westen.

Svartisen, Schwarzeis, wird der Gletscher genannt, und zwar deshalb, weil das Eis teilweise eine tief dunkelblaue Farbe hat, wie sie für sehr altes und stark gepresstes Eis typisch ist. Neuerdings macht er seinem Namen deshalb Ehre, weil sich Staub und Moränenschutt auf der Oberfläche der Gletscherzungen angereichert haben und das Eis schwarz erscheinen lassen, ein Effekt, der durch das Abschmelzen des Eises hervorgerufen wird. Der Svartisen ist, wie alle anderen norwegischen Gletscher auch, auf dem Rückzug. Noch in den 1970er-Jahren kalbte der Engabreen, eine seiner Gletscherzungen, noch direkt in den Holandfjord. Inzwischen ist das Eis um mehr als 2,5 Kilometer zurückgewichen. Zwischen Endmoräne und Gletscherzunge breitet sich jetzt der See Svartisvatnet aus. Wer einen Spaziergang zum Eis machen will, muss 3,5 Kilometer um den See herumgehen, bis der Gletscher auftaucht. Der Svartisen ist aber noch lange nicht am Ende. Die Eiszunge des Engabreen ist an der dicksten Stelle immer noch 400 Meter mächtig.

Nationalpark der Gegensätze

Der Svartisen-Gletscher ist Teil des 2105 Quadratkilometer großen Saltfjell-Svartisen-Nationalparks, der 1989 eingerichtet wurde. Er um-

fasst eine sehr abwechslungsreiche Landschaft. Fjorde, fruchtbare Hochtäler, Kalksteinhöhlen und natürlich der Gletscher selbst prägen die Landschaft. Im zentralen Teil des Nationalparks besteht das Grundgestein vielerorts aus Kalk. Stellenweise steht Marmor an, das ist Kalkstein, der sich im Lauf von Millionen Jahren unter dem Einfluss hoher Drücke und Temperaturen in Marmor umwandelte, metamorphisierte, wie der Geologe sagt. Während Hunderttausenden von Jahren hat das Wasser unzählige kleine und größere Höhlen aus dem Kalk herausgewaschen. Einzelne dieser Höhlen sind über 350000 Jahre alt. Zu den berühmtesten zählt die Grønliggrotte, eine von einem Bach durchflossene Tropfsteinhöhle, die im Gegensatz zu anderen Höhlen beleuchtet wird und deshalb einem enormen Besucheransturm ausgesetzt ist. Der Kalk ist auch dafür verantwortlich, dass auf dem Fjell, der immerhin auf der Höhe des Polarkreises liegt, eine üppige Vegetation gedeiht. 250 verschiedene Pflanzenarten weist zum Beispiel allein das Stormdalen auf. In den ausgedehnten Moorbirkenwäldern wachsen der Nördliche Eisenhut, das Schmalblättrige Weidenröschen und Mädesüß in dichten Beständen, und die nicht bewaldeten Tundraflächen sind von dichten Silberwurz-Teppichen überzogen. Die im Frühling wunderschön rosa blühende Lappland-Alpenrose ist hier ebenfalls zu Hause. Sie ist übrigens die einzige Alpenrosenart Norwegens. Die Hochebene bildet mit dem Gletscher aber auch eine natürliche Barriere für Pflanzen aus dem wärmeren Süden. Sie waren bisher nicht in der Lage, weiter nach Norden vorzudringen. Die Fichte allerdings scheint von der allgemeinen Erwärmung zu profitieren, denn sie wurde in neuerer Zeit mit einzelnen Exemplaren auf dem Saltfjell gefunden. In der Tierwelt sind noch keine Veränderungen zu erkennen. Nach wie vor fühlen sich Elch, Luchs, Vielfraß und Alpenschneehuhn im Nationalpark sehr wohl.

Landschaft mit Geschichte

Auch Rentiere hat es auf dem Saltfjell gegeben, doch bereits im 9. Jahrhundert stellten samische Jäger ihnen nach. Aus dieser Zeit sind viele Relikte erhalten. Opferstätten, Leitzäune und Rentierfallen sind im Gebiet verstreut zu finden. Heute gibt es hier keine wild lebenden Rentiere mehr. Seit dem 16. Jahrhundert werden sie gezüchtet. Das Zentrum der Rentierhaltung ist das Lønsdalen, das unbedingt einen Besuch wert ist. Auch in den anderen Fjelltälern findet man Spuren menschlicher Besiedlung. Bauernhöfe, Jagdhütten und Scheunen stammen meist aus dem 19. Jahrhundert, wurden aber schon vor vielen Jahrzehnten verlassen, weil sich die Landwirtschaft dort nicht mehr lohnte.

WAS SIE SCHON IMMER ÜBER DEN POLARKREIS WISSEN WOLLTEN

Polarkreis, Mitternachtssonne, Polarnacht und Ekliptik: Was auf den ersten Blick verständlich zu sein scheint, entpuppt sich bei näherer Betrachtung als ein hochkomplexes Thema, bei dem man schnell den Überblick verliert. Da haben es die Norweger und ihre Besucher gut. Denn exakt an der Stelle, wo die E 4 auf dem Weg von Mo i Rana nach Norden den Polarkreis schneidet, steht mitten auf dem Saltfjell das »Polarsirkelsenteret«, das Polarkreis-Informationszentrum. 66° 33′ 39″ N bezeichnet die magische Grenze zur Mitternachtssonne im Sommer bzw. der Polarnacht im Winter. Warum das so ist, wird mit Filmen, Grafiken und wechselnden Ausstellungen erklärt. Im Shop kann man nicht nur Souvenirs, sondern auch Literatur zum Polarkreis erwerben. Ein eigenes Postamt und ein Restaurant vervollständigen das Angebot.

WEITER INFORMATIONEN

Polarsirkelen Reiseliv: Postbols 1325, O. T. Olsensgt. 3, N–8602 Mo i Rana, Tel. +47/75 13 92 00, E-Mail: infomo@arctic-circle.no, Internet: www.visithelegeland.no

Der Leuchtturm von Hamarøya, das »Tranøy fyr«, wurde bereits 1864 gebaut (oben). 1991 wurde der Leuchtturmwärter durch eine Schaltuhr ersetzt. Vom Fährhafen Skutvik starten die Fähren nach Svolvaer auf den Lofoten (rechte Seite oben). Auf dem Weg passieren sie den Berg Tillhornet (rechte Seite unten).

27 Grandiose Naturkulisse – der Ofotfjord

Wo Heringe das Meer kochen lassen

Der Ofotfjord hat viele Gesichter. Fast 80 Kilometer weit erstreckt er sich annähernd in West-Ost-Richtung zwischen den bis zu 1700 Meter hohen, meist steil aufragenden Bergen. Flachere Bereiche gibt es nur auf der Nordseite des Fjords um Harstad und auf der Narvik-Halbinsel. An den Hängen wachsen bis in 500 Meter Höhe lockere Birkenwälder, darüber steht meist Fels an. Der wahre Reichtum befindet sich unter Wasser. Heringe, Makrelen und Kabeljau sind zu unterschiedlichen Zeiten im Jahr hier zu finden.

Der Ofotfjord, selbst ein Nebenarm des Vestfjords, besitzt seinerseits noch eine Reihe von Nebenarmen, die alle landschaftlich außerordentlich reizvoll sind. Sie erschließen sich dem Besucher von der Landseite über die an den Ufern des Fjordes entlangführenden Straßen E 6 und E 10. Noch reizvoller ist es aber von der Wasserseite, denn von einem Boot oder Schiff aus bietet sich das gesamte Panorama des Fjordes mit seinen beeindruckenden, bis zu 1500 Meter hohen Bergketten. Die Baumgrenze liegt bei 500 Meter, darüber steht der nackte Fels an. Ein Geheimtipp ist der gut 20 Kilometer lange Skjomen-Fjord, der von beinahe senkrechten Felswänden eingefasst wird. Am Ende des Fjordes blickt man auf die Eiskappe des Frostisen-Gletschers. Mit seinen 25 Quadratkilometern Fläche zählt er zwar zu den kleineren Gletschern, ist aber nicht weniger eindrucksvoll.

Nahrung im Überfluss

Jedes Jahr im Oktober spielt sich im Ofotfjord ein beeindruckendes Schauspiel ab, das nicht nur unter der Wasseroberfläche zu beobachten ist. Riesige Heringsschwärme strömen in den Fjord, um hier zu überwintern und im Frühjahr im flachen Wasser abzulaichen. Dicht an dicht schwimmen sie in den bis zu 553 Meter tiefen Fjord hinein. Die Schwärme können so dicht sein, dass das Wasser violett gefärbt zu sein scheint. Tausende von Seevögeln begleiten den Schwarm und fressen sich satt. Im Fjord ange-

kommen, halten sich die Heringe tagsüber in größeren Tiefen von 150 bis 400 Metern auf. Erst nachts folgen sie ihrer Nahrung, kleinen Krebsen, Schnecken und den Larven von Sandaalen, an die Wasseroberfläche. Wenn sie emporsteigen, verringert sich der sie umgebende Wasserdruck. Durch einen besonderen Kanal können die Heringe dann Luft aus der sich ausdehnenden Schwimmblase ausstoßen. Durch Millionen solcher kleiner Luftblasen scheint das Meer zu kochen. Für Fischer ist dies das Zeichen, dass der Schwarm aufsteigt. Aber Fischer sind nicht die Einzigen, die den Heringen nachstellen. Ähnlich wie im Tysfjord werden sie auch hier von Schwertwalen gejagt. Tagsüber tauchen die Orcas tief unter den Schwarm, treiben ihn an die Wasseroberfläche und betäuben die Fische mit kräftigen Schlägen der Fluke. Darauf warten Möwen und Seeadler. Sie bedienen sich ebenfalls an diesem überreich gedeckten Tisch, genauso wie die Fischotter, die an der Küste leben. Aber nicht nur Heringe stehen auf dem Speiseplan. Von Juli bis Ende September wird er durch Makrelen ergänzt. Anders als Heringe und Makrelen, die nur saisonale Gastspiele geben, sind Torske (Kabeljau) während des ganzen Jahres im Ofotfjord und bilden die Nahrungsgrundlage für Mensch und Tier, die immer verfügbar ist.

Vom Fischer zum Hafenarbeiter

Die Fischerei spielte auch für die wenigen hier lebenden Menschen eine wichtige Rolle. Bis in die Gegenwart war die Kombination von Landwirtschaft und Fischfang der Haupterwerb der Bevölkerung. Aber die landwirtschaftlich nutzbaren Flächen waren klein und die Erträge gering, sie dienten daher in erster Linie für den Eigenbedarf, während die Fische verkauft wurden, um Dinge zu erwerben, die man nicht selbst herstellen konnte. Die Menschen waren arm und mussten häufig auch hungern. Viele Einwohner der Region wanderten daher in der zweiten Hälfte des 19. Jahrhunderts nach Amerika aus. Die Situation besserte sich erst, als 1903 die Lapplandbahn von Kiruna in Schweden bis nach Narvik, dem Hauptport im Ofotfjord, fertiggestellt wurde. Auf dieser Strecke wurde und wird das in Kiruna geförderte Eisenerz transportiert und von Narvik verschifft. Dort, wo bisher nur einige Bauernhöfe standen, wurde der Hafen mit riesigen Erzverladeeinrichtungen gebaut. Binnen kurzer Zeit wurde Narvik zum zweitgrößten Hafen Norwegens. Der Hafen ist aufgrund des Golfstroms ganzjährig eisfrei. Heute hat Narvik gut 18000 Einwohner und eine für diese Region gigantische Bevölkerungsdichte von neun Menschen pro Quadratkilometer.

VON DER STEINZEIT IN DIE GEGENWART

Obwohl Narvik eine relativ junge Stadt ist, besitzt sie doch einige bemerkenswerte historische Zeugnisse. Narvik kann als einzige Stadt in Norwegen mit Felszeichnungen aus der Steinzeit aufwarten. Nur 700 Meter vom Zentrum entfernt ist im heutigen Park Brennholtet vor 5000 Jahren ein Elch in den Felsen geritzt worden. Die neuere Geschichte wird im Ofoten-Museum dargestellt. In dem 1902 errichteten Museumsgebäude hatte früher die Regionalverwaltung der Norwegischen Staatsbahnen (NSB) ihren Sitz. Das übergreifende Thema der Ausstellungen ist die lokale Kulturgeschichte. Mit Ausstellungen und Multivisionspräsentationen wird das Leben der Bevölkerung im Wandel der Zeiten dargestellt. Ein Museumsladen und ein Café bereichern das Angebot.

WEITERE INFORMATIONEN

Museum Nord – Ofoten Museum:
Administrasjonsveien 3, N–8514 Narvik,
Tel. +47/76 96 96 50,
E-Mail: narvik@museumnord.no,
Internet: www.museumnord.no/narvik

28 Orcas, Seeadler und Polarlicht – der Tysfjord

Mit Schwertwalen auf Tuchfühlung

Wer die schneidende Kälte im Winter nicht scheut, kann im Tysfjord, rund 250 Kilometer nördlich des Polarkreises, ein Schauspiel erleben, das seinesgleichen sucht. Bis zu 700 Schwertwale folgen von Oktober bis Januar riesigen Heringsschwärmen, die zum Überwintern in die Nebenarme des Vestfjordes, den Tysfjord und den Ofotfjord, ziehen. Mit umgebauten Fischkuttern, Schlauchbooten und Kajaks fahren die »Whalewatcher« zu den Orcas. Ganz Harte tauchen in dicken Neoprenanzügen mitten zwischen die Wale.

Wenn die Teilnehmer der »Wal-Safaris« erst einmal einen Orca erspäht haben, sind sie für die anderen Schönheiten der Natur, etwa die Insel Hamarøya (rechte Seite Mitte) oder den Stetint (unten) nicht empfänglich. »Spyhopping« wird das Verhalten der Wale genannt, wenn sie weit aus dem Wasser herauskommen, um zu sehen, was um sie herum geschieht (rechte Seite unten und oben).

Angefangen hatte alles am Ende der 1980er-Jahre, als aus bisher nicht endgültig geklärten Ursachen gewaltige Mengen an Heringen im Vestfjord und Ofotfjord zu überwintern begannen. Während des Sommers halten sie sich im offenen Atlantik auf, ziehen in den Nordost-Atlantik, wo sie ihre Nahrungsgründe haben, und kehren im Oktober zurück in die Fjorde, wo sie bis zum Januar bleiben. Ab Februar bis in den April hinein legen die Weibchen in flachem Wasser bis zu 50000 Eier ab, anschließend ziehen sie wieder in den Atlantik. Diesen Heringen stellen die schwarzweißen Schwertwale nach, die auch Killerwale oder Orcas genannt werden.

Killer aus der Unterwelt

Der Name Orca leitet sich vom wissenschaftlichen Namen der Schwertwale ab. *Orcinus orca* ist der aus der Unterwelt Stammende. Die häufig benutzte Bezeichnung Killerwal ist nicht angebracht, denn wie jedes andere Raubtier jagen die Schwertwale ihre Beute nur, um selbst zu überleben. Es ist weltweit kein Fall bekannt, dass Schwertwale Menschen angegriffen hätten. Allerdings haben sie ausgeklügelte Jagdtechniken entwickelt, deren Effizienz unübertroffen ist. Fischwärme werden von mehreren Walen eingekreist und an die Wasseroberfläche getrieben, wo Hunderte von

Heringen mit einem einzigen Schlag der Fluke, der Schwanzflosse der Wale, betäubt oder getötet werden. Anschließend können die Fische bequem verspeist werden. »Carousel Feeding« wird dieses Verhalten genannt. Jeder ausgewachsene Orca verspeist pro Tag 70 Kilogramm Fisch.

Ein Schauspiel auf Zeit

Jedes Jahr im Herbst zittern die Veranstalter der »Wal-Safaris« der Walsaison entgegen, denn so überraschend wie die Heringe ihr neues Überwinterungsquartier im Tysfjord bezogen haben, können sie sich auch wieder zurückziehen. Dann werden auch die Schwertwale nicht mehr kommen.

Bis dahin aber werden in jedem Winter alle Register gezogen, um den Besuchern die Schwertwale im wahrsten Sinne des Wortes nahezubringen. In Storfjord, einem kleinen Ort am Tysfjord, ist das Tysfjord Turistcenter gebaut worden, eine Kombination aus Hotel, Reisebüro und Walforschungszentrum. Auf den Schiffen, oft umgebauten Fischkuttern, vermitteln Walexperten alles Wissenswerte über die mächtigen Tiere, von der Größe über die Familienstruktur bis hin zur Lebenserwartung.

Rund 6000 Touristen besuchen in jeder Saison die Orcas, und die Zahl der Schiffe ist begrenzt, um die Tiere nicht übermäßig zu stören. Tatsächlich scheinen sich die Orcas an die vergleichsweise wenigen Besucher gewöhnt zu haben, denn sie kommen neugierig häufig dicht an die Schiffe, Schlauchboote und Kajaks heran. Selbst Taucher, die in unmittelbarer Nähe schwimmen, scheinen sie nicht zu stören.

Räuber aus der Luft

Es sind aber nicht nur die Schwertwale, die von den Heringen profitieren. Seeadler, die größten Greifvögel Europas mit Flügelspannweiten bis zu 2,5 Metern, gibt es hier in großen Mengen. Bis zu 250 Brutpaare finden hier jedes Jahr genügend Nahrung, um ihre Jungen aufzuziehen. Sie sind immer zur Stelle, wenn die Orcas jagen, denn die Wale treiben die Fische an die Wasseroberfläche, wo sie von den Adlern leicht erbeutet werden können. Immer wieder fliegen die Seeadler in weitem Bogen an die Wasseroberfläche heran, greifen kurz mit den Klauen in die Fluten und fliegen mit ihrer Beute davon.

Hier, nördlich des Polarkreises, sind die Tage im Winter kurz, aber Langeweile kommt trotzdem nicht auf. In klaren Nächten erlebt man ein faszinierendes Schauspiel: das Polarlicht. Grüne, gelbe und rote Lichtvorhänge wabern am Himmel über den schneebedeckten Bergen und tauchen das Land und den Fjord in unwirkliche Farben.

BASISLAGER FÜR WAL-SAFARIS

Im Winter nach Norwegen zu fahren, erfordert eine ausgeklügelte Logistik, denn hier diktiert das Wetter alle Aktivitäten. Umso besser, wenn man vor Ort Einrichtungen findet, bei denen alles in einer Hand ist, wie im »Base Camp« des Tysfjord Turistcenter. Das Hotel bietet 146 Betten in 55 Zimmern, das Restaurant fasst 250 Gäste, dazu kommt ein Schnellrestaurant mit 100 Plätzen. Im Campingbereich stehen sieben Hütten und 30 Caravan-Stellplätze mit Elektroanschluss zur Verfügung. Im Informations- und Walforschungszentrum werden die Forschungsergebnisse den Besuchern in verständlicher Form dargeboten. Vom Hotel aus starten auch die spektakulären Killerwal-Safaris per Schlauchboot. Auch Elch- oder Seeadler-Safaris werden angeboten.

WEITERE INFORMATIONEN

Tysfjord Turistsenter AS: N–8275 Storfjord i Tysfjord, Tel. 0047/75 77 53 70, E-Mail: post@tysfjord-turistsenter.no, Internet: www.tysfjord-turistsenter.no

Auch üppig blühende Wiesen findet der Besucher im Frühjahr und Sommer auf den Lofoten (oben). Der Lilandstind auf Hamnøya ist einer der markantesten Berge auf den Lofoten (rechte Seite).

29 Der Fuß des Luchses – Lofoten

Achtzig Inseln nördlich des Polarkreises

Aus welcher Richtung man sich auch den Lofoten nähert, unvermittelt ragen bis zu 1200 Meter hohe Berge aus dem Meer. Kahl und unwirtlich scheinen die Inseln auf den ersten Blick zu sein, dann werden grüne Küstenstreifen mit Wiesen, Äckern und bunten Fischerdörfern sichtbar, an den Berghängen wachsen Wälder, und die Schneefelder auf den Bergen speisen Bäche, die in wilden Kaskaden ihren Weg ins Meer suchen.

Wie ein 200 Kilometer langer Schutzwall liegen die Lofoten, die durch den bis zu 85 Kilometer breiten Vestfjord vom Festland getrennt sind, vor der Küste Norwegens. Sie bilden das erste Hindernis für die von Westen heranziehenden Tiefdruckgebiete und mildern deren Einfluss auf das Festland. Die letzte Eiszeit hat die Inseln maßgeblich geformt und tiefe Fjorde und bizarre Felsformationen geschaffen, aber sie war nicht der einzige Landschaftsarchitekt. Heute noch nagen Wind und Wellen an den Felsen. Auch wenn die Eiszeiten ihnen im wahrsten Sinne des Wortes den letzten Schliff gegeben haben, erfuhren die Gesteine der Lofoten schon lange vorher so manche Veränderung. Auf Moskenesøy sind sie teilweise 3,5 Milliarden Jahre alt. Damit gehören sie zu den ältesten, frei liegenden Gesteinen weltweit. Im Laufe der Zeit sind sie durch hohe Temperaturen und gewaltige Drucke verändert, geologisch ausgedrückt: metamorphisiert worden.

Was Namen verraten

Lófót hieß ursprünglich nur die Insel Vestvågøy. »Ló« ist die norwegische Bezeichnung für den Luchs und »fót« bedeutet Fuß. »Luchsfuß« wurde die Insel genannt, weil ihr Umriss – mit etwas Fantasie betrachtet – dem Pfotenabdruck eines Luchses ähneln soll. Später ging der Name auf alle Inseln des Archipels über. Die benachbarte Insel Flagstadøy hatte einen Namen vergleichbarer Herkunft, nämlich Vargfót, Wolfsfuß, der jedoch in Vergessenheit geraten ist. Vermutlich hat auch hier die Form der Insel ihr den ursprünglichen Namen gegeben.

Auf Hamnøya steht noch eine ganze Reihe der Rorbuer, in denen die Fischer während der Wintersaison gelebt haben (unten). Impressionen aus Henningsvær: Holzgestelle mit Trockenfisch (ganz unten). Die Sandstrände auf den Lofoten laden zum Baden ein (rechte Seite oben).

Nördlich des Polarkreises und doch kein arktisches Klima

Nirgendwo sonst auf der Welt ist das Klima zwischen dem 67. und 68. Breitengrad so mild wie auf den Lofoten. Zwar können hier schwere Stürme wüten, ein Ausläufer des Golfstroms sorgt aber dafür, dass im Winter die Durchschnittstemperatur auf den am weitesten südlich gelegenen Inseln Røst und Værøy nicht unter den Gefrierpunkt sinkt. Selbst im etwa 140 Kilometer weiter nördlich gelegenen Svolvær liegt die Durchschnittstemperatur im Januar nur bei moderaten minus 1,5 Grad Celsius. Auf der gleichen Breite in Ostgrönland reichen die Gletscher bis an das Meer heran; im Winter ist es dort bis zu minus 40 Grad kalt, und selbst im Hochsommer kann Eis die Seefahrt unmöglich machen. Das ist auf den Lofoten anders. Das Meer um die Inseln bleibt ganzjährig eisfrei und sichert den Menschen bis heute ihren Lebensunterhalt.

Vom Kabeljau zum Bacalhau

Bereits vor 6000 Jahren kamen die ersten Jäger und Fischer auf die Lofoten und fanden hier hervorragende Lebensbedingungen. Die Inseln waren mit Birken- und Kiefernwäldern bedeckt, in denen Elche, Hirsche, Rentiere, Biber, Luchse und Bären lebten. Auch das Leben im Meer war sehr vielfältig. Fische und Robben, später auch Wale, standen auf dem Speiseplan der Insulaner. Wegen des milden Klimas war auch Landwirtschaft möglich. Die ersten Getreideäcker wurden bereits vor 4000 Jahren in der Jungsteinzeit angelegt. Obwohl auch die Landwirtschaft aufblühte, blieb doch der Fischfang der wichtigste Erwerbszweig. Auch als die Wikinger die Herrschaft übernahmen, änderte sich daran nichts, im Gegenteil. Im Winter ruderten Fischer vom Festland zu den Lofoten, um Kabeljau zu fangen, der aus der Barentssee in die Gewässer um die Lofoten zieht, um zu laichen. Da die Menschen dort überwinterten, benötigten sie auch Unterkünfte. König Øystein, der die Bedeutung der Fischerei auf den Lofoten erkannte, ließ daher bereits im frühen 12. Jahrhundert die sogenannten »Rorbuer«, Hütten für Ruderer, bauen, eine Tradition, die bis in das 20. Jahrhundert fortgesetzt wurde. Bis zu 16 Männer teilten sich ein Rorbu, von denen die meisten direkt auf Pfählen im Wasser standen. Die gefangenen Fische wurden ausgenommen und, paarweise an den Schwänzen zusammengebunden, auf großen Holzgestellen zum Trocknen aufgehängt. Bereits im Mittelalter florierte ein schwungvoller Handel mit dem auf diese Weise haltbar gemachten Stockfisch, den die Norweger selbst Tørrfisk nennen. Bis in den Mittelmeerraum wird der Fisch bis heute geliefert. In Spanien heißt er Bacalao, in Portugal Bacalhau. Dort soll es 365 verschiedene Bacalhau-Rezepte geben, für jeden Tag eins.

Teilhaber am Fischreichtum

Nicht nur den Fischern sichern die reichen Fischgründe der Lofoten ihr Auskommen, auch unzählige Seevögel bevölkern während der Brutzeit die Küsten. Etwa ein Viertel des gesamten Seevogelbestandes von Norwegen, das sind 2,5 Millionen Vögel, brütet auf den steilen Felsen südwestlich von Røstlandet, einer der südlichsten Inseln der Lofoten. Auch auf den anderen Inseln ziehen Kormorane, Mantelmöwen, Dreizehenmöwen, Eissturmvögel, Basstölpel, Papageitaucher und Eiderenten in großer Zahl ihre Jungen auf. In Måstad auf der Insel Værøy wurde eine eigene Hunderasse, die Lundehunde, gezüchtet, die in die engen Bauten der Papageitaucher hineinkriechen können und dort die Jungvögel herausholen, die auf den Lofoten als Delikatesse gelten. Wo keine Hunde zur Verfügung standen, hat man früher die Papageitaucher beim Aus- oder Einfliegen in ihre Bauten mit Netzen gefangen.

Auch Schwertwale folgen den Fischschwärmen und dringen tief in die Fjorde ein. Wegen der Riesentintenfische, die in großer Tiefe um die Lofoten leben, kommen Pottwale hierher. Diese größten Zahnwale können bis zu 3000 Meter tief tauchen und dabei zwei Stunden unter Wasser bleiben. Von den einzelnen Inseln werden Walsafaris mit Garantie organisiert: Wer bei einer Ausfahrt keinen Wal gesehen hat, darf kostenlos an der nächsten Safari noch einmal teilnehmen.

Artenreichtum nicht nur im Meer

Fanden die ersten Siedler auf den Lofoten noch dichte Wälder vor, so änderte sich das mit der Zeit. Holz wurde als Brennmaterial, zum Haus- und Bootsbau und natürlich auch für die Stockfisch-Trockengestelle und zum Auskochen von Tran benutzt. Bald war von den ursprünglich ausgedehnten Wäldern nicht mehr viel übrig geblieben. Langsam aber erholen sich die Wälder wieder, und die typischen Pflanzen kehren zurück. Die Vegetation der Lofoten ist eigenartig. Direkt nebeneinander kann man Gebirgspflanzen, Waldbewohner und Küstenpflanzen finden. Am Strand wächst die in Norwegen Østersurt, Austernpflanze, genannte Mertensie mit ihren kleinen blauen Blüten. Sie wurde wegen ihres Geschmacks, der an Austern erinnert, so genannt. Dicht daneben findet man häufig das Löffelkraut, das als Mittel gegen Skorbut gegessen wurde. Es wurde in eine schwache Salzlake eingelegt, in der es sich lange frisch hielt. Weiter im Inselinnern gibt es noch Moore, in denen Torfmoose und Moltebeeren gedeihen.

AUF DEN LOFOTEN MUSS ES FISCH SEIN!

Lofoten und Fisch, das sind fast Synonyme. Wer dort keinen Fisch gegessen hat, dem ist etwas wirklich Gutes entgangen. In nahezu jedem Dorf auf den Inseln kann man wunderbar Fisch essen, aber die besten Fischgerichte bekommt man nach Meinung aller Gourmets im Restaurant Børsen Spiseri in Svinøya, dem ältesten Teil von Svolvær, direkt am Kai. Es ist in einer 170 Jahre alten Fischhalle untergebracht, die liebevoll restauriert und eingerichtet wurde. Der erste Kramerladen von Svolvær mit seiner historischen Ausstattung befindet sich direkt nebenan, ebenso wie 24 Rorbuer, die allerdings nicht mehr im Originalzustand sind, sondern für Touristen instand gesetzt wurden.

WEITERE INFORMATIONEN

Børsen Spiseri: Svolvær, Gunnar Bergsv. 2, Tel. +47/76 06 99 30, E-Mail: post@svinoya.no, Internet: www.svinoya.no

30 Das schönste Fischerdorf der Lofoten – der Nusfjord

Ausflug in das 19. Jahrhundert

Der Nusfjord auf der Westseite der Insel Flakstadøy ist eher eine schmale Bucht als ein Fjord, denn er zieht sich bei einer Breite von ca. 300 Metern gerade einmal zwei Kilometer weit in die Insel hinein. Aber diese zwei Kilometer sind an landschaftlicher Schönheit kaum zu übertreffen. Steile Klippen ragen auf beiden Seiten des Fjordes bis zu 900 Meter in die Höhe. Auf der Westseite umschließen die bunten Holzhäuser des Dorfes Nusfjord einen winzigen Naturhafen.

Fisch, wo immer man hinschaut. Jeder Fleck wird zum Trocknen von Fisch genutzt, denn Platz ist knapp in Nusfjord (rechte Seite oben). Die Hütten sind zum Teil weit in den Fjord hinein auf Stelzen gebaut (unten). Tiedemannns Tobak und Frydenlund-Bier waren offensichtlich gängige Artikel im Kaufmannsladen von Nusfjord (rechte Seite unten).

Der Nusfjord ist auch von der Seeseite erreichbar, allerdings gibt es keine feste Fährverbindung. Man muss entweder mit dem eigenen Boot kommen oder ein Boot mieten. Einfacher ist es aber, die Fähre von Bodø nach Svolvær, Stamsund oder Moskenes zu nehmen und von dort mit dem Wagen in den Nusfjord zu fahren. Die Einfahrt in den Fjord, ob von der Seeseite im Süden oder über die Straße von Norden, ist in jedem Fall ein Erlebnis. Nach zwei Kilometern erreicht man auf der schmalen, am Fuße der Felswände verlaufenden Straße das Dorf Nusfjord. Es nimmt für sich in Anspruch, nicht nur Norwegens ältestes, sondern auch das besterhaltene Fischerdorf zu sein. Unzweifelhaft ist es eines der schönsten. Nusfjords Bebauung stammt im Wesentlichen aus dem späten 18. und frühen 19. Jahrhundert. Der Ort blieb von großen, verheerenden Bränden verschont und präsentiert sich einheitlich, ohne Einflüsse neuerer Stilrichtungen. Neben den gepflegten historischen Häusern trägt vor allem die malerische Bergkulisse dazu bei, dass Nusfjord zu den meistfotografierten Motiven Norwegens gehört. Es kommt hinzu, dass die Bewohner ne-

ben dem Tourismus, der ihnen jedes Jahr einige Tausend Besucher beschert, weiterhin den Fischfang als Einnahmequelle nutzen. Das macht das Dorf, das fast wie ein Freilichtmuseum wirkt, sehr authentisch.

Jahrtausendealte Fischereitradition

Die ältesten Spuren der Besiedlung des Nusfjordes sind mehr als 2400 Jahre alt. Fischerhütten aus der Zeit um 400 v. Chr. wurden vor einigen Jahren hier gefunden. Damit konnte belegt werden, dass schon in der Eisenzeit im Nusfjord ein Fischhandelsplatz lag. Über die Jahrhunderte kamen die Fischer jedes Jahr, um Kabeljau zu fangen und an Ort und Stelle zu verarbeiten. Der getrocknete Fisch wurde dann meist über Bergen bis in den Mittelmeerraum exportiert. Bis zum Anfang des 19. Jahrhunderts war Nusfjord Krongut unter den wechselnden Herrschern aus Dänemark und Schweden. In den Jahren 1823 und 1843 wurde das Dorf dann in zwei Raten mit allen damit verbundenen Rechten verkauft.

Abhängig vom Væreier

Hans Grøn Dahl war der Käufer. Er erwarb aber nicht nur das Dorf selbst, sondern auch 1750 Hektar Land, vorwiegend »nutzloses« Bergland, aber auch fünf fischreiche Seen. Er wurde der Begründer einer Familiendynastie, die über vier Generationen das Schicksal des Dorfes bestimmte. Es heißt, dass Hans Dahl nicht lesen und schreiben konnte, er hatte aber ein Gespür dafür, wie man Geld verdient. Unter seiner Ägide stieg Nusfjord zum führenden Fischverarbeitungs- und -handelsplatz auf den Lofoten auf. Er und seine Nachfolger waren die Væreier, die Dorfbesitzer, und hielten die Fischer in völliger Abhängigkeit. Doch wurde auch viel investiert. So gehörte Nusfjord 1905 zu den ersten Orten in Nordnorwegen, die ein Wasserkraftwerk erhielten. Es hatte eine Leistung von 15 Kilowatt, was ausreichte, um den Kai zu beleuchten, eine elektrische Seilwinde zu betreiben und die Wohnung des Besitzers mit Elektrizität zu versorgen. Mit dem Niedergang der Lofotenfischerei in den 1980er-Jahren kam auch das Aus für die Væreier, die 1989 Konkurs anmelden mussten.

Wiederbelebung und Neuanfang

Heute wird Nusfjord von einer Aktiengesellschaft unterhalten, die es sich zum Ziel gesetzt hat, die historischen Gebäude und Einrichtungen zu erhalten und der Öffentlichkeit zugänglich zu machen. Besucher können einen Nusfjord-Pass erwerben, der sie berechtigt, die Einrichtungen zu besichtigen. Der Laden, eine Bäckerei, die Schmiede, das Sägewerk und natürlich das Kraftwerk sind nur einige Stationen der historischen Rundtour, die durch das Dorf führt.

FISCHER FÜR EINEN TAG

Der Besuch in einem Fischerdorf, zumal in einem so liebevoll restaurierten wie Nusfjord, ist schon ein besonderes Erlebnis. Wer zur Kabeljau-Zeit im Januar und Februar kommt, kann unmittelbar miterleben, wie die Fische angelandet, ausgenommen und getrocknet werden. Aber auch wer den Ort zu anderen Zeiten besucht, gewinnt einen hautnahen Einblick in das Leben der Fischer. Vom 1. Juni bis zum 30. August kann man täglich um 12 Uhr vom Hafen aus mit den Berufsfischern auf der »MS Vibeke« hinausfahren und zusehen und manchmal mithelfen, wie professionell gefischt wird. Wenn der Fang eingebracht ist, geht es nach drei Stunden zurück nach Nusfjord. Die Preise sind moderat, Kinder unter 12 Jahren erhalten 50 Prozent Ermäßigung.

WEITERE INFORMATIONEN

Nusfjord AS: N–8380 Ramberg,
Tel. +47/76 09 30 20,
E-Mail: booking@nusfjord.no,
Internet: www.nusfjord.no

Der Besuch des Trollfjordes steht auf den Fahrplänen nur weniger Kreuzfahrtschiffe, denn die schmale Passage ist jedesmal aufs Neue eine Herausforderung an das nautische Können der Kapitäne (oben). Viele Kreuzfahrtschiffe machen auch einen Halt an der der Insel Vestvågøy, wo das Wikingermuseum Borg lohnt (rechte Seite oben) und im Hafen von Svolvaer, dem größten Ort der Lofoten, wo man »Kunst unter dem Gefrierpunkt« – »Magic Ice« – bewundern kann (rechte Seite unten).

31 Wasserstraße für Könner – der Trollfjord

Auf Tuchfühlung mit den Felswänden

Den einen oder anderen mag schon ein seltsames Gefühl beschleichen, wenn er auf einem der Hurtigruten-Schiffe durch die engsten Passagen des Trollfjords fährt und die Felswände rechts und links wie ein Höllenschlund aufragen. Und doch gehört die Fahrt durch diese traumschöne, steinerne Welt zu einem der mystischsten Erlebnisse im hohen Norden. Hier müssen Trolle hausen, ganz sicher.

Obwohl nur zwei Kilometer lang, steht der Trollfjord von der landschaftlichen Schönheit her nicht hinter seinen großen Brüdern, etwa dem Geiranger- oder Lysefjord zurück. Versteckt als kleiner Nebenfjord des Raftsundes, der Wasserstraße, welche die Lofoten und Vesterålen voneinander trennt, kann man ihn leicht übersehen. Nicht mehr als 100 Meter breit ist der Eingang zum Trollfjord, und auch an der breitesten Stelle sind die auf beiden Seiten bis über 1000 Meter steil aufragenden Felswände nicht mehr als 800 Meter voneinander entfernt. Nur wenige Schiffe fahren in den Trollfjord, denn es erfordert erhebliches nautisches Können, um in den engen Fjord hinein und vor allem wieder hinauszukommen. In Zeiten, als die Schiffe noch nicht über moderne Bug- und Heckstrahltriebwerke verfügten, die es erlauben, das Schiff auf der Stelle zu drehen, fiel am Ende des Fjordes der Anker und das Schiff drehte sich auf kleinem Raum um die Ankerkette, um den Bug wieder in Richtung Fjordausgang zu wenden. Seinen Namen hat der Fjord von den Trollen, die in Höhlen hausen und nach Einbruch der Dunkelheit ihr Unwesen treiben. Alternativ zu einem Postschiff kann man von Svolvær aus auch mit einem Kutter oder einem Speedboot durch den Trollfjord fahren. In die Trollfjordberge führen auch mehrere Wanderwege, und auf 405 Höhenmetern trifft man auf die Trollfjordhytte, die man am besten – per Bootstransfer – über einen Wanderweg vom Ufer des Fjords aus erreicht.

INFO: Touristinformation Svolvaer, Tel. +47 76 07 05 75, info@lofoten.info, www.lofoten.info

Von den Höhenlagen der Inseln abgesehen gedeiht überall eine üppige Vegetation: Engelwurz, Weidenröschen auf den Wiesen, Wollgras in den Mooren (oben). Die Strände auf den Vesterålen gehören zu den längsten und schönsten Sandstränden Norwegens (rechte Seite oben). Fernab vom Massentourismus findet man idyllische Orte wie Kjerringnes am Sortlandsundet (rechte Seite unten).

32 Stiefgeschwister der Lofoten – die Vesterålen ...

... und doch eine Reise wert

»Lofoten und Vesterålen« heißt es, wenn von den Inseln im Westen Norwegens gesprochen wird. Die Vesterålen stehen immer ein wenig im Schatten der südlich gelegenen Lofoten, und auch in den Reiseführern werden sie kaum erwähnt. Dabei haben sie vieles zu bieten. Nicht umsonst haben sich die ersten Jäger und Fischer bereits vor 6000 Jahren hier niedergelassen. Boten die Inseln doch alles, was man zum Leben braucht.

Nur durch den schmalen Raftsund von den Lofoten getrennt, liegen die Vesterålen nordöstlich der Lofoten. Die fünf großen Inseln Austvågsøya, Andøya, Langøya, Hadseløya und Hinnøya beherrschen den Archipel, dazu kommt eine Vielzahl kleinerer Inseln und Inselchen. Auf 3100 Quadratkilometern zeigen die Inseln ein Spektrum von Landschaftstypen. Vorwiegend im Westen erheben sich schroffe Berge, zwischen ihnen liegen Fjorde, die tief in die Inseln einschneiden. An anderen Stellen fühlt man sich an die Südsee erinnert. Kilometerlange weiße Sandstrände wie der Bleikestranda an der Nordwestspitze der Insel Andøya, übrigens der längste Sandstrand Norwegens, laden zum Baden ein. Im Binnenland wartet eine geradezu liebliche Landschaft mit Seen, Mooren, Wäldern, Wiesen und Weiden auf den Besucher.

Der Golfstrom macht's möglich

Obwohl die Inseln zwischen dem 68. und 69. Breitengrad und damit 200 Kilometer an der Südspitze Hinnøyas, beziehungsweise 300 Kilometer an der Nordspitze Andøyas, nördlich des Polarkreises liegen, herrscht hier, dem Golfstrom sei Dank, ein sehr mildes Klima. Winter mit Mitteltemperaturen im Februar von –2 °C und Sommer, in denen die mittlere Temperatur im Juli zwischen 12 und 14 °C pendelt, lassen vergessen, dass in diesen

Breiten eigentlich arktische Verhältnisse herrschen sollten. Umso mehr, wenn man weiß, dass als höchste auf den Vesterålen gemessene Temperatur 31 °C erreicht wurden. Entsprechend üppig sind die Inseln bewachsen. Birken, Traubenkirschen, Ebereschen, Erlen und verschiedene Weidenarten gedeihen in den Wäldern. Selbst die empfindlichen Fichten können hier überleben, wenngleich der größte Teil angepflanzt wurde. Allerdings existiert auf Hinnøya auch ein natürlicher Bestand. Die Wälder schaffen es auf den windabgewandten Seiten der Inseln, bis zu 400 Meter hoch an den Berghängen emporzuklettern. Auf den windigen Westseiten gelingt ihnen das nur bis auf 200 Meter. In abflusslosen Senken haben sich großflächige Hochmoore entwickelt, die im Laufe der Jahrtausende über das umgebende Gelände hinausgewachsen sind und nun eine Hügellandschaft bilden. Diese Moore sind Lebensraum für eine Vielzahl von Pflanzen und Tieren, darunter die Uferschnepfe, die hier ihr einziges Brutgebiet in ganz Norwegen hat. Auch heute noch wird in einigen dieser Moore Torf gestochen, allerdings stehen weite Bereiche inzwischen unter Naturschutz. Im Moor von Ramså wird eine der größten Düngemittelanlagen auf Torfbasis in Norwegen betrieben. Aber nur 5 % der Moorflächen werden zum Torfabbau genutzt.

Im Frühling blühen auf den Inseln zahlreiche Gräser (rechte Seite). Einen Buckelwal beim Beutezug zu beobachten ist ein unvergleichliches Erlebnis, das man nur bei einer Walsafari genießen kann. Auf ihre Kosten kommen auch Dreizehenmöwen, die den Wal umschwärmen (unten).

Ein Mix aus Alt und Jung

Auch geologisch weisen die Vesterålen einige Besonderheiten auf. Das Spektrum reicht von 2,7 Milliarden Jahren alten Tiefengesteinen vulkanischen Ursprungs, die im Laufe der Zeit an die Erdoberfläche gekommen sind, bis zu Sedimentgesteinen, die »nur« etwa 100 Millionen Jahre alt sind. Zwischen Ramså und Haugsnes auf Andøya kommen diese jüngeren Sedimentgesteine zutage. Darin befinden sich viele Fossilien, unter anderem Muscheln, Schnecken und Tintenfische. Ebenfalls auf Andøya wurden die bisher einzigen Kohlevorkommen auf dem norwegischen Festland gefunden, Relikte aus der Kreidezeit, als Skandinavien noch sehr viel weiter südlich lag. Zu dieser Zeit herrschte hier ein subtropisches Klima mit ausgedehnten Wäldern aus Baumfarnen, Ginkgo- und Nadelbäumen. Aus den Resten dieser Pflanzen entstand im Laufe der Jahrmillionen die Kohle. Ein Lehrpfad führt durch das Gebiet.

Die Fischwirtschaft: eine Erfolgsgeschichte

Die Besiedlungsgeschichte der Vesterålen ist untrennbar mit der Fischerei verknüpft. Bereits die ersten Siedler, die sich hier vor 6000 Jahren niederließen, lebten vom Fischfang in den reichen Fischgründen um die Inseln. Kabeljau, Lachs, Butt, Schellfisch, Rotbarsch und viele weitere Fischarten waren fast im Überfluss vorhanden. Vom Beginn der Wikingerzeit an gewann der Stockfisch, der nicht mehr nur für den Eigenbedarf gefangen, sondern auch gehandelt wurde, an Bedeutung. Die Vesterålen erlebten einen ersten Aufschwung. Der wurde noch dadurch verstärkt, dass die in den »Nordlanden« überall sonst geltenden restriktiven Bestimmungen, die nur den großen Handelshäusern in Bergen und Trondheim den Handel

gestatteten, für die Vesterålen Schritt für Schritt abgebaut wurden. Als seit den 1860er-Jahren zusätzlich zum Kabeljau auch Heringe in außergewöhnlichen Mengen gefangen werden konnten, kam es zu einer weiteren wirtschaftlichen Blüte in der Region. Bis heute ist die Fischerei neben dem Tourismus die Haupteinnahmequelle für die Bevölkerung. Aber nicht nur die Menschen leben von den Fischen.

Für jede Vogelart ein anderes Jagdrevier

Wo viele Seefische vorkommen, leben auch viele Seevögel. Das ist auch auf den Vesterålen so. Aus der großen Gruppe der Alkenvögel sind Papageitaucher, Tordalken und Lummen gemeinsam mit den Kormoranen unter Wasser auf der Jagd nach Fischen, während Basstölpel sich aus großer Höhe ins Wasser stürzen und schon vorher genau wissen, welchen Fisch sie fangen wollen. Auch Seeadler, die hier regelmäßig zu beobachten sind, peilen ihre Beute vorher an, bevor sie mit gezieltem Griff ihrer Fänge den Fisch aus dem Wasser ziehen. Die Möwen nehmen ihre Nahrung direkt von der Wasseroberfläche oder kurz darunter auf, denn sie können nicht tauchen. Um solche und andere Beobachtungen machen zu können, kommen Hobby-Ornithologen aus ganz Europa vor allem nach Nyhvåg.

Wiederbelebung einer Geisterstadt

Nicht weit von den Vogelfelsen befindet sich das Fischerdorf Nyksund, das bis 1972 eines von vielen kleinen Fischerdörfern entlang der Küste war. Die Unterhaltung all dieser kleinen Dörfer wurde dem norwegischen Staat auf Dauer jedoch zu teuer. So wurde beschlossen, mehrere kleine Fischerdörfer in einer kleinen Stadt zusammenzufassen. Daher wurden die Einwohner und Betriebe aus Nyksund mit staatlicher Hilfe in den nahe gelegenen Ort Myre umgesiedelt. Nur der Schmied blieb als einziger Bewohner zurück. Der Staat hatte alle Umzugskosten unter der Bedingung getragen, dass keiner der Bewohner vor Ablauf von 30 Jahren nach Nyksund zurückkehren dürfe. Das Dorf verfiel mit der Zeit und geriet (fast) in Vergessenheit. Erst ein Besucher aus Deutschland kam auf die Idee, das Dorf zu erhalten und wieder aufzubauen. Sein erster Versuch scheiterte, aber mit der Zeit fanden sich immer mehr Sponsoren und Freiwillige bereit, am Aufbau mitzuwirken und die alten Gebäude wieder instand zu setzen. Inzwischen leben wieder acht Personen dauerhaft in Nyksund. Strom, Telefon und fließend warmes Wasser gibt es auch wieder. Neben mehreren Herbergen haben im Sommer auch ein Café, ein Laden, eine Galerie und ein Museum geöffnet.

ZU DEN ROBBEN UND VÖGELN DER VESTERÅLEN

Die Vesterålen sind für ihre reichhaltige Tierwelt bekannt. Jedes Jahr kommen viele Touristen, um speziell die Tierwelt, angefangen von den Walen über Robben und nicht zuletzt Vögel zu beobachten. Zu empfehlen ist daher eine Bootstour zu den Kegelrobben- und Seevogelkolonien auf Bleiksøya. Die Fahrt führt aber nicht einfach nur zu den Kolonien, sachkundige Experten an Bord erklären den Aufbau und die Verteilung der Vogelarten auf einem Vogelfelsen ebenso wie das Fortpflanzungsverhalten der Robben. Während der Saison vom 1. Mai bis 15. September starten die Boote täglich um 9.00, 12.00, 15.00 und 18.00 Uhr von Stave, einem kleinen Ort, 18 km von Andenes auf Andøya entfernt.

WEITERE INFORMATIONEN

Seal Safari: Strandgata 94,
N–8480 Andenes,
Tel. +47/97 68 00 18
E-Mail: rune@sealsafari.no,
Internet: www.sealsafari.no

33 Berge, Wälder, Fjorde und Seen – die Insel Senja

Geheimtipp für Naturliebhaber

Senja ist mit 1570 Quadratkilometern nach Hinnøya die zweitgrößte Insel Norwegens, aber kaum jemand kennt sie, selbst in Reiseführern wird sie kaum erwähnt. Dabei hat sie alles, was Norwegen aufzubieten hat. Im Osten finden sich mit den dichten Wäldern Anklänge an Südnorwegen, im Westen fühlt man sich an die Lofoten und die zerklüfteten Fjorde des Fjordlandes erinnert, und der Ånderdalen-Nationalpark im Südteil der Insel begeistert mit seinen Seen, Flüssen, Wäldern und Hochebenen.

Direkt am Meer, mit Blick auf bis zu 1000 Meter hohe Felswände, liegt der Rastplatz Tungeneset auf der Nordwestseite der Insel, an der Norwegischen Landschaftsroute Senja (unten). Anders als der Wolf konnte sich der Fuchs auf Senja behaupten (rechte Seite oben). Die Bewohner von Husøy leben vorwiegend vom Fischfang (rechte Seite unten).

Vielleicht ist es ein Glück, dass die Insel Senja keinen eigenen Hafen für die Hurtigrutenschiffe hat. Zwar wird das auf dem Festland liegende Finnsnes angelaufen, und das ist nur durch den an dieser Stelle einen Kilometer breiten Gisund von der Insel getrennt, aber die Schiffe haben hier nur 30 Minuten Aufenthalt. Das ist gerade Zeit genug, um sich an Land die Füße zu vertreten, keinesfalls aber für die Erkundung von Senja.

Vielfalt auf kleinstem Raum

Wer aber den Weg über die 1250 Meter lange Gisund-Brücke, die übrigens eine der längsten Pfeilerbrücken Europas ist, genommen und die Ortschaft Silsand hinter sich gelassen hat, befindet sich in einem bis zu zehn Kilometer breiten Waldgürtel aus Birken und Kiefern, der sich am Gisund noch Norden entlangzieht. Wiesen und Weiden unterbrechen den Wald an manchen Stellen und lockern die Landschaft auf. Die Berge sind hier nur 300 bis 400 Meter hoch, eine liebliche Landschaft, die an den Süden Norwegens erinnert. Das ändert sich aber schnell, wenn man sich der Westküste nähert. Schroffe Berge ragen beidseits tiefer Fjorde bis fast 1000 Meter in die Höhe. Die Menschen auf der Insel leben auch heute noch vorwie-

gend vom Fischfang. Der hier gefangene Heilbutt ist berühmt. Auf dem schmalen Küstenstreifen drängen sich in kleinen Fischerdörfern die Häuser dicht an dicht. Die Bewohner von Husøy sind noch enger zusammengezogen. Sie haben ihr Dorf auf einem winzigen Inselchen im Fjord gebaut. Höchstens fünf Minuten benötigen die 250 Einwohner, um von einem zum anderen Ende der Insel zu gelangen. Zum Schutz gegen die Stürme haben viele Bewohner ihre Häuser zusätzlich mit dicken, im Felsen verankerten Tauen gesichert.

Moore, Sümpfe und Seen im Ånderdalen-Nationalpark

Weiter nach Südosten werden die Berge wieder niedriger und sind bewaldet; sie sind hier nur noch gut 450 Meter hoch. Kiefern und Birken bestimmen zunächst das Landschaftsbild. Bald jedoch wird der Wald durch die Seen, Moore und Sümpfe des Ånderdalen-Nationalparks unterbrochen. Er wurde 1970 eingerichtet, um die typischen Wälder mit den eingestreuten Feuchtgebieten zu erhalten. Der zunächst nur 69 Quadratkilometer große Nationalpark wurde 2004 fast auf das doppelte Maß vergrößert. Etwa ein Viertel seiner Fläche nehmen Berge und Hochflächen ein. Große, abgerundete Granitblöcke sind Zeugen der verschiedenen Eiszeiten, während derer die Felsen glatt geschliffen wurden. Im Zentrum des Parks liegt der fischreiche See Åndervatn. Forellen und Saiblinge leben hier. Den Abfluss des Sees bildet der Ånderelva, der durch den Nationalpark nach Süden in den Tranøybotn fließt. Stromschnellen und Wasserfälle wechseln mit langsameren Passagen, wenn er durch kleine Seen fließt. Dort, wo der Fluss langsamer wird und sich das Wasser staut, bildeten sich ausgedehnte Sümpfe und Moore mit ihrer typischen Vegetation. Zwei seltene Orchideenarten haben hier ein Refugium gefunden. Der Weg des Flusses führt auch durch die Trollschlucht. An den steilen Hängen wachsen Birkenwälder, während im Tal selbst knorrige Kiefern vorherrschen, die bis zu 500 Jahre alt sind. In früheren Zeiten hat es auf der Insel auch Bären und Wölfe gegeben, doch die sind längst ausgerottet. Fischotter, Wiesel und Füchse sind jedoch nicht selten. Auch Elche bekommt man gelegentlich zu sehen. Häufig sind dagegen Hausrentiere, die hier auf die Sommerweide geschickt werden. Sie gehören Sami, die nicht hier leben, sondern ihre Tiere traditionell im Frühjahr mit Booten auf die Insel bringen und im Herbst wieder abholen.

ÜBERNACHTEN IM MUSEUM

Etwa 15 km nördlich von Finnsnes liegt in Lenvik auf der Insel Senja das Lenvik Bygdemuseum. Mehrere alte Gebäude, darunter das alte Pfarrhaus, wurden restauriert und für die Besucher zugänglich gemacht. Dieses Heimatmuseum hat es sich zur Aufgabe gemacht hat, über das Leben und die Kultur der Küstenbewohner zu informieren. Auch die samische Vergangenheit der Insel wird dargestellt. Im Hafen ist eine alte Kaianlage mit Fischerhütten, Bootsschuppen und traditionellen Booten erhalten. Nun wäre das Bygdemuseum ein Museum unter vielen, wenn hier nicht die Gelegenheit bestünde, in den alten Fischerhütten, die inzwischen mit einer Miniküche, Dusche und Toilette ausgestattet sind, zu übernachten. Bis zu sechs Personen finden darin Platz. Die etwas andere Art, ein Museum zu besuchen.

WEITERE INFORMATIONEN

Lenvik Bygdemuseum: N–9305 Finnsnes,
Tel. +47/92 81 43 85,
E-Mail: lenmus@gmail.com,
Internet: www.lenvik-museum.no

An stilisierte Eisplatten erinnert die berühmte Eismeerkathedrale von Tromsø, die nördlichste Kathedrale der Welt (oben). Das berühmte Glasmosaik, eines der größten Glasgemälde Europas, in der Eismeerkathedrale zeigt die Auferstehung Christi (rechte Seite).

34 Pforte zum Eismeer – Tromsø

Das »Paris des Nordens«

Tromsø scheint mit 68 000 Einwohnern eine vergleichsweise kleine Stadt zu sein, und trotzdem ist sie eine Stadt der Superlative. Mit einer Fläche von 2558 Quadtratkilometern, das entspricht der des Saarlandes, ist sie die zweitgrößte Stadt Europas. Sie besitzt die nördlichste Universität, die nördlichste Brauerei und die nördlichste Kathedrale der Welt. Damit nicht genug bietet sie seit langer Zeit eine Fülle kultureller Angebote, die ihr schon vor hundert Jahren den Beinamen »Paris des Nordens« einbrachten.

Tromsø liegt auf dem Festland und über mehrere Inseln verteilt im Grotsundet, einem Nebenarm des Ullfjordes. Fast auf dem 70. Breitengrad Nord gelegen, geht im Sommer die Sonne vom 19. Mai bis zum 26. Juli nicht unter. Umgekehrt herrscht vom 28. November bis zum 14. Januar Polarnacht, die jedoch häufig durch die spektakulären Nordlichter erhellt wird. Auf gleicher Breite liegen die Disko-Insel an der Westküste Grönlands oder die Nordküsten Alaskas und Sibiriens, hocharktische Gebiete mit wesentlich kälterem Klima. In Tromsø macht sich aber der Golfstrom noch bemerkbar und sorgt für eine milde Jahresdurchschnittstemperatur von 2,5 Grad Celsius. Im Juli, dem wärmsten Monat, steigt die Durchschnittstemperatur auf 11,8 Grad Celsius. Im Winter wurde die bisher niedrigste Temperatur mit –18,4 Grad Celsius gemessen. Verantwortlich dafür ist die der Stadt westlich vorgelagerte Insel Kvaloya, die mit 1000 Meter Höhe die Stadt zum Meer abschirmt, sodass hier kontinentale Einflüsse wirksam werden. Bis in den April hinein liegt in der Regel noch Schnee. Die Wintersportbedingungen sind daher sehr gut.

10 000 Jahre Siedlungsgeschichte

Der Ort erhielt 1794 die Stadtrechte, aber schon lange vorher haben dort Menschen gesiedelt. Bereits vor rund 10 000 Jahren kamen mit dem Ende der letzten Eiszeit die ersten steinzeitlichen Jäger in das Gebiet von Tromsø

und die östlich davon gelegenen, bis zu 1800 Meter hohen Lyngsalpen. Erste Spuren samischer Kultur lassen sich etwa 2000 Jahre zurückverfolgen. Ab dem 4. und 5. Jahrhundert findet man auch skandinavische Kultur und Sprachen. Die Initiative für die eigentliche Gründung der Stadt ging von König Håkon Håkonsson aus, der 1252 eine kleine Hafensiedlung im heutigen Stadtteil Skansen errichtete und auf der Insel Tromsøya die erste christliche Kirche erbauen ließ. Bis zur Erteilung der Stadtrechte dauerte es aber doch noch 542 Jahre. Ganze 80 Einwohner konnten sich fortan Stadtbürger nennen. Mit dem Wegfall des Handelsmonopols für Bergen und Trondheim im Jahr 1789 blühte der Handel auch in Tromsø auf. Seitdem wuchs Tromsø zu einem wichtigen Handelsplatz heran, der zudem Ausgangspunkt für den Wal- und Robbenfang im Eismeer wurde. Außerdem erlebte Lyngen, und damit auch Tromsø, um die gleiche Zeit eine Einwanderungswelle der sogenannten Kvener aus Finnland, die aufgrund von Hungersnöten und politischer Unruhen aus ihrer Heimat auswanderten. Nur wenige Jahre später, nämlich 1803, wurde Tromsø Bischofssitz für Nordnorwegen. Die zugehörige Domkirche mit 700 Sitzplätzen wurde aber erst 1861 in der damals üblichen Weise aus Holz gebaut. Sie ist landesweit die größte neugotische Kirche.

Das Wahrzeichen der Stadt Tromsø ist aber nicht der Dom, sondern die Eismeerkathedrale, die eigentlich Tromsdalen-Kirche heißt und als Pfarr- und Seemannskirche dient. Sie wurde 1965 gebaut und steht auf der Festlandseite der Stadt. Die äußere Form soll an übereinandergeschobene Packeisplatten erinnern. Die Rückwand wird von einem 140 Quadratmeter großen, bunten Glasfenster eingenommen, das 1972 von Victor Sparre in der sogenannten »La Salle-Technik« gestaltet wurde. Das Bild trägt den Namen »Die Wiederkunft Christi« und ist eines der größten Glasgemälde Europas. Nahe der Eismeerkathedrale liegt die Talstation der Seilbahn auf den Berg Storsteinen, von dessen 418 Meter hohem Gipfel der Blick über die Stadt hinaus weit in den Fjord und über die umgebenden Berge reicht. Der auch Floyen genannte Storsteinen kann übrigens auch zu Fuß bestiegen werden.

Die Lyngenalpen, eine hundert Kilometer lange Bergkette östlich von Tromsø, gelten als eines der schönsten Gebirge Norwegens. Vom Lyngenfjord (unten) oder von der Halbinsel Spaknes (rechte Seite oben) bieten sie einen mächtigen Anblick.

Die nördlichste Brauerei der Welt

Eher irdischen Genüssen gewidmet ist die Ølhallen der Mack-Brauerei, die entgegen allen norwegischen Regeln bereits morgens um 9.00 Uhr die Pforten öffnet und an Werktagen erst um 17.00 Uhr wieder schließt. Selbst am Samstag ist sie geöffnet, wenn auch nur bis 13.00 Uhr. Lediglich der Sonntag ist Ruhetag. Nicht weit von der Brauerei bildet der »Stor Torget«, der Große Markt, das Zentrum von Tromsø. Dort kann man alles kaufen, was zum täglichen Leben gehört.

Zentrum der Polarforschung

Anfang des 20. Jahrhunderts wurde die Stadt zum Ausgangspunkt einer Reihe von Expeditionen in arktische und antarktische Gebiete,

was ihr den zweiten Beinamen »Pforte zum Eismeer« eintrug. Tromsø ist untrennbar mit den Namen Fridtjof Nansen und Roald Amundsen verbunden, die von hier aus ihre Polarexpeditionen geplant und gestartet haben. Auch heute wird der Polarforschung breiter Raum gewidmet. Seit 1993 hat das Norsk Polarinstitutt unter dem Dach des Polaren Umweltforschungszentrums seinen Sitz in Tromsø, gemeinsam mit den Instituten für Natur-, Kultur und Luftforschung, dem Institut für Geologie, dem Amt für Kartografie und der norwegischen Strahlenschutzagentur.

Viele Wege führen nach Tromsø

Reisende mit den Hurtigruten benötigen vier Tage Schiffsreise, um von Bergen kommend die Stadt zu erreichen. Schneller geht es mit dem Flugzeug von Oslo in knapp zwei Stunden. Aber auch mit dem Auto ist die Stadt über die E 6 von Oslo aus gut zu erreichen. Für die immerhin 1646 Kilometer lange Strecke auf zum Teil gebührenpflichtigen Straßen sind zwei Tage anzusetzen. Aber der Weg lohnt sich, denn Tromsø hat eine Menge zu bieten. Es ist eine »junge« Stadt, denn seit der Gründung der Universität im Jahr 1972 haben sich die Studentenzahlen rasant entwickelt. Heute können 10000 Studenten in sechs Fakultäten und vier Wissenschaftszentren rund 150 Studiengänge absolvieren. Aber da das Studentenleben nicht nur aus Lernen, sondern auch aus Leben besteht, gibt es eine Fülle von kulturellen und sportlichen Angeboten, nicht nur für junge Leute. Jedes Jahr im Juni findet der Mitternachtssonnen-Marathon statt und im Januar der Polarnacht-Halbmarathon, beides mit internationaler Beteiligung. Ebenfalls im Januar kommen die Filmfreunde beim Internationalen Filmfestival auf ihre Kosten. Konzerte von Klassik bis Rock und Theateraufführungen finden über das ganze Jahr verteilt statt. Daneben laden mehrere Museen zum Besuch ein. Das Polarmuseum berichtet über die Erforschung der Arktis, während das Tromsø-Museum Ausstellungen über die Geschichte und Kultur der Samen sowie über die Tiere, Pflanzen und Landschaften des Nordens zeigt. Wem der Weg in die Arktis zu weit oder zu beschwerlich ist, kann in das Polaria-Museum gehen, das mit Multimedia-Präsentationen, Dioramen, Aquarien und lebenden Bartrobben über die Arktis informiert. Vollständig wird Ihr Aufenthalt allerdings erst, wenn Sie die Stadt verlassen und die bis zu 1800 Meter hohen Lyngenalpen östlich von Tromsø besuchen. Die rund 100 Kilometer lange Gebirgskette ist im Sommer ein Traumziel für Bergsteiger, im Winter für Skitourengeher.

DIE NÖRDLICHSTE BRAUEREI

Die Mack-Brauerei wurde im Herbst 1877 von dem Bäcker Ludwig Markus Mack aus Braunschweig gegründet. Die Brauerei sollte später zum bedeutendsten Industriebetrieb von Tromsø werden. In den Gründungsjahren bestand das Angebot der Brauerei aus zwei dunklen Bieren mit den Namen Bayerøl und Bokøl sowie einem alkoholfreien Getränk aus gehopfter Bierwürze, auf Norwegisch Vørterøl genannt. Alle drei Sorten gehören noch zum Sortiment, und Bayerøl wird noch nach dem gleichen Rezept wie bei der Markteinführung im Mai 1878 hergestellt.
Die 1929 eröffnete Ølhallen, die Halle, war zunächst eine reine Männerdomäne für Fischer, Walfänger und Bauern. Erst seit Ende der 1960er-Jahre sind auch Frauen dort willkommen.

WEITERE INFORMATIONEN

Tromsø Turistinformasjon: P.O. Box 311, Kirkegata 2, N-9001 Tromsø, Tel. +47/ 77 61 00 00, Fax +47/77 61 00 10, E-Mail: info@visittromso.no, Internet: www.visittromso.no

35 Die Fjorde im Norden und ihr Hinterland

Zu versteinerten Trollen und 500-jährigen Kiefern

Nur wenige Besucher verirren sich in die Fjorde im hohen Norden Norwegens. Zu wenig attraktiv scheinen sie im Vergleich zu denen im Süden. Zudem locken andere Ziele wie Alta oder das Nordkap. Aber die nördlichen Fjorde müssen sich nicht verstecken. Ob Langfjord, Altafjord, Porsangerfjord, Laksefjord, Tanafjord oder ganz im Osten Varangerfjord, sie alle sind landschaftlich außerordentlich reizvoll.

Ob man von Süden aus Karasjok oder von Südwesten aus Alta kommt, die E 6 führt immer zum Porsangerfjord, der sich von Norden zwischen Magerøya und Porsangerhalvøya im Westen und der Nordkinnhalvøya im Osten 123 Kilometer weit in die Finnmark hineinzieht. Im Fjord liegt eine Reihe kleinerer und größerer Inseln, die geologisch und landschaftlich interessant sind. Trollholmsund auf dem Festland und die Inseln Trollholmen und Reinøya sind wegen ihrer Dolomitformationen bekannt. Die rein weißen über elfenbeinfarben bis grauen Felsen haben abenteuerliche Erosionsformen angenommen. Die Sage erzählt, dass die Steine von Trollholmsund versteinerte Trolle sind, die von Sonnenstrahlen getroffen wurden. Auf Reinøya wusch das Schmelzwasser des Inlandeises große Höhlen aus den Dolomitfelsen. Die Insel ist daher als Naturschutzgebiet ausgewiesen. Ebenfalls Naturschutzgebiet ist das Gebiet Roddenes auf der Ostseite des Porsangerfjordes. Hier ist an den in unterschiedlicher Höhe über dem Meer gelegenen ehemaligen Strandlinien abzulesen, wie sich das Gelände seit der letzten Eiszeit gehoben hat.

Kein Platz für Anglerlatein

Der Porsangerfjord ist fast auf ganzer Länge etwa 15 Kilometer breit, erst zum Ende hin verjüngt er sich. Hier münden die Flüsse Stabburselva und Lakselva in den Fjord. Der Lak-

Deutlich sind am Porsangerfjord die Strandlinien zu erkennen, die den ehemaligen Küstenverlauf markieren (unten). Rentiere im Stabbursdalen-Nationalpark (rechte Seite Mitte). Während der Regenbogen über dem Porsangerfjord der Bote für eine heranziehende Regenfront ist, signalisieren die bunten Blätter, dass der Winter naht (rechte Seite oben und unten).

selva heißt nicht umsonst Lachsfluss, denn er ist einer der ertragreichsten Lachsflüsse Norwegens. Lachse mit mehr als 18 Kilogramm Gewicht zu angeln, ist keine Seltenheit, im Jahr 2007 lag das Durchschnittsgewicht aller geangelten Lachse bei 5,5 Kilogramm, die als »groß« eingestuften Lachse mit mehr als 7 Kilogramm brachten im Schnitt 10,5 Kilo auf die Waage. Kein Angler muss hier bei seinen Erzählungen übertreiben, solche Fische beeindrucken auch ohne Anglerlatein. Einen solchen Brocken aus dem Wasser zu holen, erfordert allerdings Können und starke Arme.

Im nördlichsten Kiefernwald der Welt

Auch der Stabburselva, der im gleichnamigen Nationalpark entspringt, ist ein guter Lachsfluss, er ist aber mehr durch seine formende Kraft bekannt. Er hat sich durch mächtige Kiesablagerungen der Schmelzwasserflüsse gefressen und beeindruckende Kiesterrassen geformt. Im Stabbursdalen gibt es viele der für die Finnmark typischen Landschaftsformen: karge Hochgebirge und offene Hochebenen, schmale Flusstäler, Birken- und Kiefernwälder. Durch diese Landschaften fließt der Stabburselva. Stromschnellen wechseln mit Wasserfällen und tiefen Kolken. Dort, wo das Gefälle gering ist, weitet sich der Fluss seenartig aus oder mäandriert durch Sumpfgebiete. Der 98 Quadratkilometer große Nationalpark wurde 1970 eingerichtet, um den letzten verbliebenen Kiefernurwald in Nordeuropa zu schützen. Einzelne Bäume sind 500 und mehr Jahre alt, die höchsten unter ihnen erreichen eine Höhe von 15 Metern, die meisten allerdings sind sehr viel kleiner und wegen starker Winde und großer Schneelasten im Winter oft abenteuerlich verwachsen. Dieser Wald, immerhin noch etwa zehn Quadratkilometer groß und im Herzen des Nationalparks gelegen, hat allen Witterungsunbilden zum Trotz bis heute überdauert. Begonnen hatte alles in der Warmzeit vor mehr als 5000 Jahren. Damals war die gesamte Finnmark von geschlossenen Kiefernwäldern bedeckt, die sich entlang der Täler und Fjorde bis zur Küste erstreckten. Als das Klima kälter wurde, zog sich der Wald zurück, konnte sich jedoch an wenigen klimatisch begünstigten Stellen wie im Stabbursdalen behaupten. Unter dem lichten Kiefernwald mit niedrigen, buschigen Bäumen gedeihen auf dem trockenen und kargen Boden vorrangig Flechten und Heidekrautgewächse. Aber nicht nur für die Kiefern ist das Stabbursdalen ein Refugium. Auch mehrere Vogelarten, darunter Fischadler und Auerhahn, haben hier ihre nördlichsten Vorkommen.

WEIN AUS DER ARKTIS?

Gäbe es in Lakselv eine Brauerei oder Schnapsbrennerei, niemand würde ein Wort darüber verlieren. Einen Wein so weit nördlich des Polarkreises zu keltern ist allerdings außergewöhnlich. Welche Traube sollte den arktischen Klimabedingungen trotzen können. Des Rätsels Lösung: Nicht aus Weintrauben wird der Nordkappvin gewonnen, sondern aus Krähenbeeren. Dieses Heidekrautgewächs überzieht in dichten Teppichen die Tundra. Die Früchte enthalten sehr viel Vitamin C und wurden als Mittel gegen Skorbut gegessen. Bereits seit dem Mittelalter wird daraus aber auch Wein vergoren. Bis vor wenigen Jahren existierte in Lakselv sogar ein eigenes Weingut, das jedoch wegen mangelnder Rentabilität geschlossen wurde. Die Weintradition wird jedoch aufrecht erhalten. Nahezu jede Familie produziert ihren Krähenbeerenwein seitdem wieder selbst. Nachfragen bei den Einheimischen lohnt sich.

WEITERE INFORMATIONEN

www.visitarcticnorway.no

Nur noch selten sind die Sami mit Rentierschlitten unterwegs (oben). Motorschlitten haben deren Stelle eingenommen. Die Traditionen werden dennoch hochgehalten. Das samische Parlamentsgebäude ist in Form eines Zeltes errichtet worden, um an die nomadisierenden Rentierzüchter zu erinnern (rechte Seite).

36 Bei den Sami in der Finnmark

Traditionen jenseits der Nomadenromantik

Etwa 70 000 Sami leben heute verteilt über Norwegen, Schweden, Finnland und Russland, davon 40 000 in Norwegen. Die Finnmark, die nördlichste und größte Provinz Norwegens, hat mit 50 Prozent den größten Anteil samischer Bevölkerung. Hier gibt es sie noch, die sagenumwobenen Rentierjäger und -züchter, von denen bis heute nicht genau bekannt ist, wo ihre Ursprünge liegen. Seit Jahrtausenden leben sie mit und von der Natur, doch sie sind längst in der Neuzeit angekommen.

Die Suche nach Samen, die in Zelten lebend den langen Wanderungen halbwilder Rentiere folgen, ist zum Scheitern verurteilt. Die Samen leben längst in festen Häusern mit Zentralheizung, fließendem Wasser, Fernsehen und Internet. Ihre Arbeitskleidung ist funktionell aus modernen Fasern hergestellt, und die bunten Trachten werden nur noch zu besonderen Anlässen getragen. Allenfalls ein offener Kamin erinnert an die Zeltromantik vergangener Jahrhunderte, die gar nicht so romantisch war. Mit den Rentieren zu ziehen bedeutet, bittere Kälte ebenso zu ertragen wie Hitze und Myriaden von Mücken. Überhaupt werden den Samen viele Klischees angehängt, denen sie auch vor Jahrhunderten nicht entsprochen haben. Sie waren keineswegs eine homogene Gesellschaft, sondern zeigten und zeigen eine ganze Reihe kultureller und sprachlicher Differenzierungen.

Von den Ursprüngen bis heute

Erste Spuren menschlicher Besiedlung in der Finnmark stammen aus der Steinzeit und sind etwa 10 000 Jahre alt. Sie werden der Komsa-Kultur zugerechnet, denen auch die berühmten Felszeichnungen bei Alta zugeschrieben werden (s. Highlight 39). Ob die Sami aus den Angehörigen dieser Kultur hervorgingen, die einer fast rund um die Arktis verbreiteten Ethniengruppe entstammen, oder aus dem Süden einwanderten, ist bis heute nicht geklärt. Gene-

In Karasjok, nahe der Grenze zu Finnland und ebenfalls ein Zentrum der norwegischen Samen, befindet sich die älteste Holzkirche der Finnmark, die 1807 erbaut wurde (unten). Die Wanderungen der Rentiere werden auf Geländefahrzeugen begleitet und feste Hütten haben die meisten Zelte abgelöst (rechte Seite).

tische Untersuchungen haben jedoch ergeben, dass die Sami seit vielen Jahrtausenden von allen anderen europäischen Völkern genetisch isoliert sind, die Zuwanderungstheorie also auf schwachen Füßen steht. Sichere Nachweise samischer Besiedlung stammen aus der Zeit um 1500 v. Chr., einige Hundert Jahre nach dem Beginn der Nordischen Bronzezeit. In der Folge breiteten sie sich über große Bereiche Skandinaviens aus. Mit dem Auftauchen der Wikinger begann ein Unterdrückungs- und Verdrängungsprozess, der sich über viele Jahrhunderte fortsetzte und erst vor kurzer Zeit beendet wurde. 1673 begann die offizielle Kolonisation

des bis dahin von den Sami beanspruchten Gebiets. Schon vor diesem Zeitpunkt presste man die Urbevölkerung zur Zwangsarbeit in Bergwerke. Die Siedler nahmen den Sami nicht nur die Weidegründe für ihre Rene, sondern brachten viele einheimische Tiere, die bis dahin einen großen Teil der Handelswaren geliefert hatten, durch Jagd an den Rand der Ausrottung. Die ökonomische Grundlage der samischen Jagdkultur war damit vernichtet.
Die Christianisierung wurde gegen den Willen der Sami vorangetrieben. Die alte Religion wurde verboten, die rituellen Stätten zerstört und sogar Hexenverbrennungen fanden statt. Im 18. Jahrhundert begann die systematische Umsiedlung in »Lappenreservate«. Wer blieb, wurde gezwungen, sesshaft zu werden und Landwirtschaft zu betreiben. Noch 1913 verabschiedete das norwegische Parlament ein Gesetz, das die ertragreichsten Böden den nichtsamischen Siedlern zusprach. Gleichzeitig wurde in den Schulen die samische Sprache verboten, eine Anordnung, die bis 1970 galt. Erst seit den 1950er-Jahren erhielten die Samen als Minderheit langsam wieder Rechte. 1956 wurde der länderübergreifende »Samische Rat« gegründet, der sich als Interessenvertretung der Samen in Norwegen, Finnland und Schweden sieht. Seit 1989 existiert in Norwegen ein samisches Parlament, der »Samething«, der den Sami die Selbstverwaltungsrechte sichert. 1997 entschuldigte sich der norwegische König Harald V. offiziell bei den Sami für die jahrhundertelange Missachtung ihrer Rechte.

Gleiche Herkunft, unterschiedliche Lebensweise

Keineswegs alle Sami waren Rentierzüchter. Vielmehr gab es sehr differenzierte Lebensweisen. An und in der Nähe der Küste lebende Sami waren traditionell Fischer und Jäger, während »Berg-Sami« traditionell Rentiere züchteten. Nur dort, wo die Vegetation dicht genug und auch im Winter erreichbar war, konnten sie davon leben. Aber auch hier mussten sie den

jahreszeitlichen Wanderungen der halbwilden Herden folgen. Weiter im Süden, wo die Böden für landwirtschaftliche Nutzung geeignet waren, lebten die »Bauern-Sami« oder »Wald-Sami«. Die Übergänge zu den »Küsten-Sami« waren jedoch fließend. Die Rene bildeten die Lebensgrundlage der Berg-Sami schlechthin. Sie wurden als Reit- und Lasttiere, Milchlieferanten und natürlich auch als Schlachtvieh und Handelsobjekt genutzt. Abfall gab es nicht. Alles, was essbar war, wurde gegessen, auch und gerade die Innereien, denn sie versorgten die Menschen mit den notwendigen Vitaminen. Die Häute wurden zu Zelten und Kleidung verarbeitet, die Sehnen boten Nähmaterial. Aus Knochen und Geweihen entstanden Werkzeuge und kunstvolle Schnitzereien.
Unabhängig von der Lebensweise werden ethnisch drei Gruppen von Sami unterschieden: die Ost-Sami, die vorwiegend auf der Kola-Halbinsel leben, die Süd-Sami in Mittel-Norwegen und Mittelschweden und die Nord-Sami, die das klassische Lappland im Norden von Schweden und Norwegen bewohnen. Sie sind die größte Gruppe. Ihr kulturelles Zentrum ist Kautokeino. Alle drei Gruppen sprechen Samisch, doch die Unterschiede sind größer als zwischen den skandinavischen Sprachen Norwegisch, Schwedisch und Dänisch, sodass sie tatsächlich als verschiedene Sprachen angesehen werden müssen.

Modern und doch der Tradition verhaftet

Die noch von der Rentierzucht lebenden Sami haben sich der heutigen Zeit angepasst. Die Hirten gehen nicht mehr zu Fuß oder reiten auf Rentieren, sondern fahren in Geländewagen oder mit Geländemotorrädern, um die Herden zusammenzuhalten. Wenn der große Herdenabtrieb zu den Rentierscheidungen erfolgt, wo die Tiere sortiert werden, sind auch schon einmal Hubschrauber im Einsatz. Erst wenn diese Arbeit erledigt ist, werden die alten Traditionen gepflegt. Dann kommen die alten Trachten wieder zu Ehren, die regional sehr unterschiedlich sind und den Träger als Angehörigen einer bestimmten Gruppe identifizieren. Bei den Festen wird der traditionelle samische Gesang, der »Joijk«, angestimmt. Ohne Instrumentalbegleitung besingt der Sänger oder die Sängerin die Natur oder auch nur seine Stimmung, wobei keine feste Form vorgegeben ist, sondern sehr viel improvisiert wird. Diese für mitteleuropäische Ohren ungewohnte Musik erfährt seit einigen Jahren eine Renaissance. Viele samische Musiker haben die traditionellen Gesänge aufgegriffen und begleiten sie mit modernen Instrumenten.

UND ES GIBT SIE DOCH, DIE SAMI DER LEGENDEN

Zumindest beim Påskefestivalen, dem Osterfestival in Kautokeino. Dann sieht man noch viele Menschen in ihren samischen Trachten, die hier nicht für die Touristen getragen werden, sondern tatsächlich Ausdruck samischer Tradition sind. Hochzeiten werden gefeiert, Rentierschlitten-Meisterschaften ausgefahren, Theaterstücke vorgeführt und gesungen. Seit 1990 wird der »Sami Grand Prix« für traditionelle und moderne samische Musik, speziell den Joijk-Gesang, ausgetragen. Die Veranstaltungen ziehen sich vom Palmsonntag bis zum Ostermontag hin. Zu den Schauplätzen gehören neben der Kirche auch Juhls Silbergalerie, das Kulturhaus und die beiden Restaurants Alfreds Kro und Nàsti pub og Restaurant.

WEITERE INFORMATIONEN

Kautokeino kommune: N–9520 Kautokeino, Tel. +47/78 48 70 00,
E-Mail: e-post@kautokeino.kommune.no,
Internet: www.kautokeino.kommune.no
www.samieasterfestival.com

37 Die nördlichste Stadt Europas? – Hammerfest

Klappern gehört zum Handwerk

Hammerfest hätte es verdient, die nördlichste Stadt der Welt zu sein, immerhin liegt sie auf 70° 39' 48" Nord. Tatsächlich befindet sich die Stadt Barrow in Alaska noch um eine Kleinigkeit nördlicher, auf 71° 18' Nord. Damit nicht genug: Honningsvåg hat Hammerfest im eigenen Land den Rang abgelaufen, seit dieser Ort 1998 den Stadtstatus bekam. Aber auch wenn Honningsvåg nördlicher liegt, ein »gentlemen agreement« erlaubt es Hammerfest nach wie vor, sich »Nördlichste Stadt Europas« zu nennen.

Von der Erdgasverflüssigungsanlage verspricht sich Hammerfest neuen Wohlstand (unten). Nahe bei Hammerfest liegt das idyllische Fischerdorf Rypefjord (rechte Seite unten). Auch zum Repparfjord mit seinen kapitalen Lachsen ist es nicht weit (rechte Seite Mitte). Dass dabei der Erhalt der Natur nicht vergessen wird, ist am Vargfjorden zu sehen (rechte Seite oben).

Auch wenn Hammerfest nicht die nördlichste Stadt Europas ist, kann sie doch mit einigen Besonderheiten aufwarten. Seit 1789 hat sie die Stadtrechte und ist damit die älteste Stadt in Nordnorwegen. Sie war außerdem die erste Stadt in Europa, die 1891 mit elektrischem Licht ausgestattet wurde, ein Zugeständnis an die Tatsache, dass der Polarwinter hier vom 22. November bis zum 21. Januar dauert. Ihren Aufschwung verdankte sie dem geschützten und ganzjährig eisfreien Naturhafen auf der Westseite der Insel Kvaløy. Vor allem Robben- und Walfänger nutzten Hammerfest als Lösch- und Ladehafen. Auch heute noch sind Fischfang und Fischverarbeitung die Hauptwirtschaftsfaktoren, wenngleich der Tourismus ständig wachsende Bedeutung erlangt. Hammerfest ist Hurtigrutenhafen, und auch Kreuzfahrtschiffe legen regelmäßig hier an. Architektonisch bietet die Stadt wenig, denn am Ende des Zweiten Weltkrieges zerstörten die deutschen Besatzer große Teile von ihr. Bemerkenswert ist jedoch die Hammerfest-Kirke, eine 1961 eingeweihte Kirche mit einem wunderschönen, bunten Glasmosaik, die an die Eismeerkathedrale in Tromsø erinnert.

Im Zickzack auf den Berg

Bereits seit 1891 führt der steile Zick-zackveien auf den immerhin 80 Meter hohen Sa-

len, den Hausberg von Hammerfest. Von hier bietet sich ein weiter Blick über die Stadt, den Hafen und die umgebende Tundra-Landschaft. Bäume und Sträucher sucht man hier vergebens, aber Moose, Flechten, Krähenbeeren, Steinbrechgewächse und das Stengellose Leimkraut färben die Landschaft in grünen, grauen, roten und rosa Tönen. Nicht selten sieht man Trupps von Rentieren, die auf der Hochfläche die Rentierflechten abweiden, aber gelegentlich mitten in die Stadt kommen, wo sie lächelnd geduldet werden. Kein Autofahrer käme auf die Idee, die Hupe zu betätigen. Vom Salen aus sieht man auch die Zeichen der neuen Zeit, die Hammerfest Wohlstand bringen sollen. Auf der nordwestlich vorgelagerten Insel Melkøya existiert seit dem Jahr 2008 die größte Erdgasverflüssigungsanlage Europas. Das Erdgas stammt aus dem Erdgasfeld Snøvit in der Barentssee.

Traditionspflege im Isbjørnklubben

Zurück in der Stadt lohnt sich ein Besuch im Isbjørnklubben, dem Eisbärenclub. Dort residiert die Royal and Ancient Polar Bear Society, die es sich zum Ziel gesetzt hat, die Traditionen der Jagd und Fischerei in Hammerfest lebendig zu erhalten. Diesem Zweck dient ein kleines, aber sehenswertes Museum. Im Mai 2007 wurden neue Ausstellungsräume direkt im Hafen bezogen, dort, wo die Hurtigrutenschiffe und Kreuzfahrtschiffe anlegen. Durch Zahlung eines einmaligen Beitrags von 25 Euro wird man lebenslang Mitglied im Eisbärenclub und hat freien Eintritt zum Museum. Der Club hat mittlerweile mehr als 233 000 Mitglieder, meist Touristen, aber auch etliche Prominente, darunter König Harald.

Nicht nur für Angler ein lohnendes Ziel

Von Hammerfest aus sind viele Exkursionen und Wanderungen in die nähere und weitere Umgebung möglich, der Besuch des Repparfjordes sollte dabei nicht fehlen. Dazu muss man die Insel über die Kvalsund-Brücke verlassen und der Reichsstraße 94 folgen. In Kvalsund selbst ist eine mehrere Tausend Jahre alte Felszeichnung erhalten, welche die Jagd auf ein schwimmendes Rentier darstellt. Bei Oldernes mündet der Repparfjordelva in den Fjord, und dort beginnt das Paradies für Lachsangler. Ähnlich wie im Lakselva im Porsangerfjord werden auch hier regelmäßig kapitale Lachse von mehr als zehn Kilogramm aus dem Wasser gezogen. Wer nicht angeln will, kann auf Wanderungen die wunderschöne Natur genießen.

WANDERN IN HAMMERFEST

In und um Hammerfest werden geführte Wandertouren angeboten, die durchaus zu empfehlen sind. Wer jedoch spontan einmal aus der Stadt heraus will, kann dies auch auf eigene Faust tun. Die einfachste Lösung bietet sich vom Salen an, einmal über den Sikk-Sakk Veien. Oben angekommen, kann man dort eine leicht hügelige Tundralandschaft erkunden, die sich Richtung Süden ausbreitet. Vorbei an kleineren und größeren Seen sowie offenen, von den Gletschern der Eiszeit glatt polierten Felsflächen kann man auf einfachen Trampelpfaden oder auch querfeldein stundenlang wandern. Wer sich allgemein Richtung Südwesten hält, trifft auf die Straße Fjordaveien, die zurück nach Hammerfest führt. In südöstlicher Richtung erreicht man nach ungefähr drei Kilometern den See Vestfjelldammen. Von dort wandert man auf einem bequemen Fußweg am Fluss entlang zurück nach Hammerfest.

WEITERE INFORMATIONEN

Hammerfest Turist AS: (örtl. Reiseveranstalter für Angeltouren etc.);
Internet: www.hammerfest-turist.no

Der kleine Skipsfjord liegt im Osten der Insel Magerøy, weitab vom Trubel am Nordkap (oben). Hier am Nordkap ist der europäische Kontinent zu Ende (rechte Seite).

38 Das Ende des Kontinents – Nordkap

Mehr als ein Felsen mit Denkmal und Souvenirshop

Niemand kann sich der Faszination dieses Ortes entziehen. Das ist er also, der nördlichste Punkt des Kontinents: am besten im Schein der Mitternachtssonne, die bezeichnenderweise im Norden steht. 2100 Kilometer sind es von hier bis zum Nordpol, dazwischen nur das Meer, die Inseln von Spitzbergen und das Polareis. Ein Gefühl unendlicher Weite überkommt den Besucher. Da stört es nicht, dass die benachbarte Landzunge Knivskjellodden exakt 1380 Meter weiter nördlich liegt.

Genau wie das Kap Hoorn in Chile nicht auf dem Festland liegt, sondern auf der Insel Isla Hornos, liegt das Nordkap auf einer vorgelagerten Insel, Magerøya, durch den an der schmalsten Stelle nur 1,2 Kilometer breiten Magerøysundet vom Festland getrennt.
71° 10′ 21″ Nord heißt die magische Koordinate des zweitnördlichsten Punktes Europas, der sich aber als der nördlichste ausgibt. Das sich gut 300 Meter über dem Meer erhebende Schieferplateau lässt sich als Touristenattraktion einfach besser vermarkten als der Knivskjellodden, der zwar auf 71° 11′ 08″ Nord liegt, aber nur flach in das Meer hineinragt, oder der tatsächlich nördlichste Punkt des Festlandes, der Kinnarodden auf der Halbinsel Nordkyn.

Wenn nicht der nördlichste Punkt, so ist das Nordkap doch zweifelsfrei der nördlichste Außenposten der Zivilisation auf dem Kontinent.

Folgen eines Irrtums

Die Bezeichnung Nordkap stammt von dem englischen Seefahrer Richard Chancellor – und sie beruht auf einem Irrtum. Er versuchte 1553 von England aus die Nordostpassage nach China zu finden. Auf dem Weg nach Osten passierte er den Felsen, der bei den Einheimischen Knyskanes, steile Klippe, hieß und gab ihm den Namen »Nordkap« in der fälschlichen Annahme, es handele sich um Festland. Dabei ist es dann geblieben, und der Erfolg gibt Chancellor im Nachhinein recht. Jedes Jahr zieht es

bis zu 265000 Touristen zu diesem faszinierenden Punkt. Von Beginn an zur Legende erhoben, zog das Nordkap schon früh die ersten Reisenden an. Immer wieder gern erzählt wird die Geschichte des italienischen Priesters Francesco Negri, der bereits 1664 das Nordkap besuchte. Er gilt als erster Tourist und soll gesagt haben: »Hier stehe ich nun am Nordkap – am letzten Außenposten der Zivilisation – und kann sagen, dass meine Wissbegier nun befriedigt ist. Ich reise nun zufrieden heim – so Gott will.« So ganz zufrieden war er aber wohl doch nicht, denn einige Jahre später zog es ihn noch einmal zum Nordkap, er fand jedoch keinen Gönner, der die Fahrt bezahlt hätte. Zu der Zeit war es eine beschwerliche Reise zu Pferde, mit Skiern und auf Fischerbooten. 181 Jahre später war es der Norweger B. Keilhau, der von der Seeseite aus den Felsen erkletterte. Das war aber nur der letzte Teil eines mühseligen Trips, der auf das Kap führte. Um in die östlich des Kaps gelegene Bucht von Hornvika zu kommen, wo der Aufstieg begann, musste er von Gjesvær etwa 24 Kilometer rudern. Andere taten es ihm nach, viele brachen aber den beschwerlichen Aufstieg vorzeitig ab – wegen plötzlich einsetzenden schlechten Wetters oder einfach nur mangels Kondition.

Das Fenster im Fels ist ein altes Heiligtum der Sami (unten). Im Winter scheint die Landschaft auf Magerøy in den Winterschlaf zu fallen (ganz unten und rechte Seite oben).

Faszination des Nordens

Trotz aller Widrigkeiten entwickelte sich das Nordkap zu einem der bevorzugten Ziele von Nordlandreisenden. 1875 organisierte die Reiseagentur Cook in London die erste Gruppenreise für 24 Teilnehmer, größere Besucherzahlen wurden erst 1893 nach dem Beginn des regelmäßigen Verkehrs auf der Hurtigrutenlinie gezählt. Honningsvåg, ein kleiner Ort im Südosten der Insel Magerøy, wurde Haltepunkt der Schiffe und damit Ausgangspunkt für Wanderungen zum nördlichsten Punkt. Es dauerte dann noch fünf Jahre, bis 1898 das erste Gebäude errichtet wurde. Dort wurde Champagner ausgeschenkt, eine Tradition, die dem Deutschen Karl Vogt zugeschrieben wird, der angeblich bereits 1861 beschlossen hatte, die Ankunft am Nordkap ordentlich zu begießen. Der Touristenstrom nahm im Laufe der Zeit immer mehr zu. 1927 wurde die Nordkapps Vel AS, die Gesellschaft zum Wohl des Nordkaps, mit dem Ziel gegründet, den Fremdenverkehr in geregelten Bahnen zu halten und die Umwelt der Insel zu schützen. Nachdem 1956 die neue Straße von Honningsvåg zum Nordkap-Plateau eröffnet wurde, steigerte sich der Fremdenverkehr noch einmal, konnte man doch jetzt Wanderschuhe und Rucksack durch Busse und Pkw ersetzen. Die Besucherzahlen stiegen von 7000 im Jahr 1956 auf 265000 im Rekord-

jahr 1994. Als Reaktion wurde die erste Nordkaphalle errichtet, die inzwischen mehrfach aus- und umgebaut wurde. Heute ist sie ein modernes Informationszentrum mit Ausstellungen, Kino, Postamt, Souvenirshop und einem Restaurant. Durch einen unterirdischen Tunnel gelangt man in die Aussichtshalle, eine in den Felsen gesprengte verglaste Aussichtsplattform, von der aus man einen fantastischen Blick auf die tief unten liegenden Klippen und das Meer hat. Die letzten Dämme gegen den ausufernden Tourismus brachen, als König Harald 1999 den Nordkaptunnel eröffnete. Die fast sieben Kilometer lange Unterquerung des Magerøysundes verbindet die Insel mit dem Festland. An seiner tiefsten Stelle liegt der Tunnel 212 Meter unter der Oberfläche. Seitdem sind die Fähren überflüssig geworden. Doch auch auf den neuen Besucheransturm war die Nordkapps Vel AS vorbereitet. Ausreichend Park- und Campingplätze stehen in unmittelbarer Nähe der Nordkaphalle zur Verfügung.

Magerøya – vielfältiges Leben trotz karger Landschaft

Wer das Nordkap besucht, sollte nicht nur den riesigen Globus, das Wahrzeichen des Kaps, und die Nordkaphalle besuchen, sondern sich auch einmal auf der Insel umsehen. Die Insel heißt zwar Magerøya, kahle Insel, und macht ihrem Namen auch alle Ehre, doch bei genauerem Hinsehen wird eine erstaunliche Vielfalt sichtbar. Mehr als 200 verschiedene Pflanzenarten, darunter einige hochalpine Arten, sind hier zu finden. Die Zwergstendel, eine kleine Orchidee, gehört ebenso dazu wie das Niederliegende Sandkraut. Dichte Matten aus niedrigen Preiselbeer-, Krähenbeer- und Blaubeersträuchern überziehen die Felsen. Selbst die in Norwegen ebenso seltenen wie begehrten Moltebeeren wachsen hier noch in großer Zahl. Sie waren schon vor 10 000 Jahren wichtige Vitaminspender für die ersten Jäger und Fischer der Komsa-Kultur, die sich nach dem Ende der Eiszeit hier angesiedelt haben. Die Jäger kamen in erster Linie wegen der Seevögel, die an den steilen Felsen brüteten oder im Meer Nahrung suchten. Heute sind Hobbyornithologen auf der optischen Jagd nach Dreizehenmöwen, Papageitauchern, Kormoranen, Basstölpeln, Tordalken und Gryllteisten. Der Vogelreichtum kommt nicht von ungefähr. Die Gewässer um das Nordkap sind überaus fischreich und bieten nicht nur vielen Vogelarten, sondern auch Schwertwalen, Kegelrobben und Fischottern Nahrung, die man mit ein wenig Glück auch beobachten kann. Alles in allem: Das Nordkap ist eine Reise wert.

BLICK HINTER DIE KULISSEN

Im Zentrum von Honningsvåg, nur wenige Minuten zu Fuß vom Hurtigruten- und Kreuzschifffahrtskai, liegt das Nordkap-Museum. Es dokumentiert seit 1982 die ältere und jüngere Geschichte der Küstenbewohner in der Finnmark. Mindestens fünf wechselnde Ausstellungen werden in jedem Jahr präsentiert. Der Eintrittspreis schließt eine Führung durch das Museum ein. Die Führungen werden nicht nur in Norwegisch und Englisch, sondern auch in Deutsch und Französisch durchgeführt. Wer sich allein im Museum bewegen will, ist dennoch nicht verloren. Alle Ausstellungstexte sind mehrsprachig. Durchschnittlich 10 000 Besucher zählt das Museum im Jahr.

WEITERE INFORMATIONEN

Nordkappmuseet: N–9751 Honningsvåg, Fiskeriveien 4, Tel. +47/90 01 80 98, E-Mail: post@nordkappmuseet.no, Internet: www.kystmuseene.no, Öffnungszeiten: Mo–Fr 11.00–14.30

Ein grüner Lichtvorhang (oben) lässt auf den Lofoten die Polarnacht fast wieder zum Tag werden. Im Sommer geht die Sonne nicht unter, sondern beschreibt einen Kreisbogen am Himmel (rechte Seite unten). Mit etwas Fantasie erkennt man in den wirbelnden Polarlichtern tatsächlich Kampfgetümmel (rechte Seite oben).

39 Im Land der Mitternachtssonne und des Polarlichts

Wo Elfen tanzen und Walküren reiten

Naturwissenschaftlich gesehen sind die Phänomene Mitternachtssonne und Polarlicht mittlerweile eindeutig erklärbar, trotzdem haftet ihnen immer noch viel Mystisches an. Mit dem Schritt über den Polarkreis wird nach wie vor die Grenze in eine andere Welt überwunden. Eine Welt voller Geheimnisse, in der Trolle und Elfen im Schein der Mitternachtssonne tanzen und Walküren auf dem Weg zu Odins Festtafel die Polarnacht erhellen.

Auf 66° 33′ 39′′ Nord liegt die magische Linie, ab der im Sommer die Mitternachtssonne scheint. Direkt auf dem Polarkreis geschieht das nur in einer Nacht, nämlich zur Sommersonnenwende am 21. oder 22. Juni. Das ist zum Beispiel am Svartisen-Gletscher der Fall, der genau auf dem Polarkreis liegt. Doch je weiter man nach Norden kommt, umso mehr Nächte kann man erleben, in denen die Sonne nicht unter dem Horizont versinkt, sondern einen Kreisbogen am Himmel beschreibt. Am Nordkap kann das Schauspiel vom 11. Mai bis zum 31. Juli beobachtet werden, immer vorausgesetzt, dass keine dichten Wolken den Blick auf die Sonne verdecken. Unmittelbar am Nordpol geht die Sonne rechnerisch für ein halbes Jahr nicht unter, tatsächlich scheint der Polartag aber sogar einige Tage länger zu dauern, weil durch die Lichtbrechung in der Atmosphäre die Sonne immer noch sichtbar ist.

Rauschende Feste zur Sommersonnenwende

Die weißen Nächte, wie die Zeit der Mitternachtssonne auch genannt wird, haben von jeher die Fantasie der Menschen beflügelt. Die Sonne wurde als Lebensspender begrüßt und gefeiert. Ein besonderes Datum war dabei die Sommersonnenwende. In der norwegischen Saga wird erzählt, dass in dieser Nacht Elfen tanzen und Trolle ihr Unwesen treiben. Der Morgentau soll geheimnisvolle magische

Kräfte besitzen. Er wurde gesammelt und als Heilmittel benutzt. Die Menschen feierten oft über mehrere Tage lang dieses besondere Ereignis. Doch kein Genuss ohne Reue: Genauso wie die Sonne im Polarsommer nicht untergeht, genauso geht sie im Polarwinter nicht auf. Am Polarkreis ist das nur ein Tag, entweder der 21. oder 22. Dezember, am Nordkap dauert die Polarnacht schon länger, nämlich vom 22. November bis zum 21. Januar.

Sonnenwinde und Magnetfelder

Noch viel geheimnisvoller als die Mitternachtssonne sind die Polarlichter, auf der Nordhalbkugel auch »Aurora borealis« genannt, die als rote, grüne, blaue oder violette Bänder und Vorhänge über den Himmel wabern. Sie erhellen häufig die Polarnacht so sehr, dass man bei ihrem Licht die Zeitung lesen kann. Anders als die Mitternachtssonne können Polarlichter auch südlich des Polarkreises beobachtet werden, allerdings werden sie umso intensiver, je näher man sich an den Polen befindet. Polarlichter entstehen, wenn der sogenannte Sonnenwind, ein Strom geladener Teilchen, der von der Sonne kommt, auf die Erdatmosphäre trifft. Der Sonnenwind besteht hauptsächlich aus Protonen und Elektronen sowie aus Heliumkernen und wird bei gewaltigen Eruptionen auf der Sonne ins Weltall geschleudert. Vom Magnetfeld der Erde werden die Teilchen zu den magnetischen Polen abgelenkt. Dort verlaufen die Magnetfeldlinien sehr eng nebeneinander und senkrecht zur Erdoberfläche, sodass die Protonen und Elektronen tief in die Atmosphäre eindringen können. Sie erhöhen, stark vereinfacht ausgedrückt, den Energiegehalt der Luftmoleküle. Nach kurzer Zeit wird diese Energie wieder abgegeben, und dabei entstehen zuweilen bizarre Lichtformationen. Je nachdem, ob ein Sauerstoff- oder Stickstoffmolekül vom Sonnenwind angeregt wird, tauchen grüne und rote beziehungsweise blaue Lichter am Himmel auf.

Blutige Schlachten in schimmernden Rüstungen

Die Polarlichter sind schon in frühester Zeit als Botschaften der Götter oder als Zeichen für nahendes Unglück angesehen worden. Die Wikinger vermuteten in ihnen Hinweise, dass irgendwo auf der Welt eine große Schlacht geschlagen worden war. Nach ihrer Vorstellung ritten die Walküren nach jedem Gefecht über das Schlachtfeld und wählten die ehrenvoll gefallenen Helden aus, die in die Walhalla eingehen und an Odins Tafel speisen sollten. Dabei spiegelte sich das Licht des Mondes auf ihren schimmernden Rüstungen, wodurch das Nordlicht entstand.

TANZ UM DAS FEUER AM SANKT-HANS-ABEND

Es ist ganz gleichgültig, wo man sich in Norwegen befindet, am 23. Juni jeden Jahres wird überall gefeiert. Der 24. Juni ist der Geburtstag von Johannes dem Täufer. Dieses Datum wurde aus dem Lukasevangelium abgeleitet, wonach Johannes sechs Monate vor Jesus geboren wurde. Daher feiern die Norweger den Sankt-Hans-Abend als christliches Fest am Vorabend des Johannistages erst zwei Tage nach der astronomischen Sonnenwende. Große Johannisfeuer werden angezündet, und bis spät in die Nacht wird getanzt, gesungen, gegessen und natürlich getrunken. Das hat eine lange Tradition. Schon in vorchristlicher Zeit sollten bei den Sonnwendfeiern Dämonen und böse Geister mit Feuer abgewehrt werden. Ab dem 12. Jahrhundert sind die christlich geprägten Johannisfeuer belegt. Für alle, die sich am 23. Juni in Norwegen aufhalten, ist die Teilnahme an den Festen Pflicht. Auskunft erteilt jeder Norweger oder jedes Touristenbüro.

WEITERE INFORMATIONEN

Internet: www.visitnorway.no

40 Insel in der Arktis – Spitzbergen

Zu Eisbären, Polarfüchsen und Walrossen

Auf Spitzbergen, von den Norwegern Svalbard, »Land der kühlen Küste«, genannt, ist die Natur noch nahezu unberührt. Spitzbergen ist nur die größte Insel des Archipels, der aus sieben großen und einigen Hundert kleinen und kleinsten Inseln besteht. Sie liegen weit nördlich des Polarkreises zwischen 74° und fast 81° N. Bis zum Nordpol sind es gerade noch einmal 1000 Kilometer, das entspricht der Entfernung von Köln nach Oslo.

Walrosse sind heute auf Spitzbergen streng geschützt (unten links). Beim Abtauchen zeigt der Buckelwal seine Schwanzflosse, die Fluke (unten rechts). Die Abbruchkante des Brasvellbreen ist 160 Kilometer lang (rechte Seite oben). Die Berge des Ekmanfjord im Nationalpark Nördlicher Eisfjord sind durch Hämatit rot gefärbt (rechte Seite unten).

Der nördlichste Punkt liegt auf der Insel Rossøya bei 80° 50′ N. So hoch im Norden geht die Sonne im Sommer vom 20. Mai bis zum 26. August nicht unter. Die Polarnacht beginnt am 26. Oktober, und erst am 16. Februar taucht die Sonne erstmals wieder für wenige Minuten hinter dem Horizont auf. Der südlichste Punkt Svalbards wird durch die Südspitze der Bäreninsel bei 74° 20′ N markiert. Trotz der hocharktischen Lage ist das Klima auf Svalbard dank der letzten Ausläufer des Golfstroms, die gerade noch die Westküste erreichen, relativ mild. Die Jahresdurchschnittstemperatur liegt bei minus 4,4 Grad Celsius, im Sommer können aber durchaus einmal 17 Grad Celsius erreicht werden. Der Juli ist mit 5,7 Grad Celsius der wärmste, der Februar mit –11,6 Grad Celsius der kälteste Monat. Die meisten Besucher erkundet Svalbard mit einem Kreuzfahrtschiff. Schiffe mit mehr als 300 Passagieren begnügen sich meist damit, die Hauptstadt Longyearbyen anzulaufen und an der Küste entlangzufahren. Die kleineren Schiffe besitzen Schlauchboote, mit denen die Passagiere an interessanten Plätzen an Land gebracht werden.

Vom Walöl zum schwarzen Gold

Im Unterschied zu anderen hocharktischen Regionen wie z.B. Grönland, Nordkanada, Alaska und Nordsibirien, die von verschiedenen Inuit-Kulturen oder schon von deren Vorgängerkulturen bewohnt wurden, war Spitzbergen nie von Menschen besiedelt. Zu groß war die Entfernung zum nächstgelegenen Festland, als dass sie mit kleinen Booten oder Kajaks hätte über-

Longyearbyen hat sich von einer Bergbausiedlung zur Universitätsstadt entwickelt (unten). Eisbärenmutter mit Jungen (ganz unten). Im Magdalenefjord (rechte Seite unten). In den Hornsund kalben mehrere Gletscher (rechte Seite oben).

wunden werden können. So waren es die Wikinger, die im 12. Jahrhundert die »Kühle Küste« entdeckten.1194 wird die Sichtung erstmals in einem Dokument als »Svalbardi fundinn« erwähnt. Danach vergingen aber weitere fast 200 Jahre, bevor 1596 der Holländer Willem Barents auf der Suche nach der Nordostpassage die schroffen Zinnen an der Westküste der größten Insel »Spitzbergen« nannte. Die Kunde von den hochnordischen Inseln mit ihren reichen Vorkommen an Walen, Robben, Eisbären und Polarfüchsen sorgte für einen bis dahin beispiellosen Wettlauf um diese Ressourcen: Walfänger und Pelztierjäger machten reiche Beute. Während die Walfänger ihre an Land errichteten Tranöfen nur während der Sommermonate nutzten, überwinterten die Pelztierjäger in Spitzbergen, um die hochwertigeren Winterfelle zu erbeuten. Gegen Ende des 18. Jahrhunderts verlor der Walfang rapide an Bedeutung, weil die in Küstennähe lebenden Bestände der Grönlandwale nahezu ausgerottet waren.
Nach einem Höhepunkt zum Ende des 19. Jahrhunderts nahm auch die Jagd auf Polarfüchse, Eisbären und Robben, insbesondere Walrosse, kontinuierlich ab und kam mit dem Ausbruch des Zweiten Weltkrieges gänzlich zum Erliegen. Nach dem Krieg wurde die Pelztierjagd wieder aufgenommen, aber ab 1973 mit dem Jagdverbot für Eisbären und Walrosse unattraktiv. Heute werden nur noch vereinzelt Polarfüchse gejagt.
Wirtschaftlich interessant wurde Spitzbergen auch durch die großen Kohlevorkommen, die man zu Beginn des 20. Jahrhunderts entdeckte. 1906 entstand die erste dauerhafte Siedlung, die nach ihrem Gründer John Munroe Longyear, einem amerikanischen Industriellen, Longyear City genannt wurde. Der heutige Name Longyearbyen ist die norwegische Übersetzung. Von Beginn an waren mehrere Nationen im Kohlebergbau aktiv. Immerhin war Spitzbergen Niemandsland. Aufgrund des Spitzbergenvertrags von 1920 erlangte Norwegen fünf Jahre später die Souveränität über die Inseln mit der Maßgabe, dass allen Unterzeichnerstaaten, unter ihnen Frankeich, Russland, die USA und Großbritannien, die gleichen Rechte eingeräumt würden wie den Norwegern. Bis heute baut Russland aufgrund des Vertrages in Barentsburg immer noch Kohle ab, auch wenn die Förderung heute kaum noch rentabel ist.

Ein eisiges Tierparadies

Walfänger und Pelztierjäger haben in der Vergangenheit die Bestände der auf Spitzbergen lebenden Tierarten fast bis zur Ausrottung gejagt, doch schon seit vielen Jahrzehnten stehen Wale, Eisbären, Walrosse und Co. unter strengem Schutz. Nicht umsonst steht daher der Naturtourismus nach Spitzbergen auf dem Programm fast jeden Reiseanbieters. Etwa 3500 Eisbären zählen heute wieder zur Spitzbergen-Population. Während des Sommers halten sich die meisten von ihnen auf dem Packeis auf, dessen Grenze nördlich des Archipels liegt. Aber auch auf den Inseln ist immer mit Eisbären zu rechnen. Meist handelt es sich um Weibchen mit ihren Jungen oder um halbwüchsige, etwa drei- bis fünfjährige Männchen, die dem von den Küsten zurückweichenden Packeis im Frühsommer nicht rechtzeitig gefolgt sind.

Auch die Walrosse sind zurückgekehrt. War bis vor 20 Jahren nur ein einziger der traditionellen Lagerplätze auf der streng geschützten Insel Moffen im Norden Svalbards übrig geblieben, sind sie heute auch regelmäßig auf der Amsterdamøya im Nordwesten, am Torellneset auf dem Nordaustlandet und auf der Insel Edgeøya zu finden. Niemand kann sich der Faszination dieser bis zu vier Meter langen und 1500 Kilogramm schweren Tiere mit den gewaltigen Zähnen entziehen. Dagegen nehmen sich die anderen Robbenarten, voran die immerhin auch bis zu 2,5 Meter langen und 350 Kilogramm schweren Bartrobben, fast bescheiden aus. Sie können regelmäßig auf Eisschollen beobachtet werden, genauso wie Seehunde, Ringel- und Sattelrobben. Auch Wale werden in den Gewässern um Spitzbergen wieder regelmäßig gesichtet, vorwiegend Buckel-, Fin- und Weißwale, gelegentlich auch die zu Unrecht als Killerwale diffamierten Schwertwale. In den letzten fünf Jahren sind auch wieder einzelne Blauwale registriert worden, die größten Tiere, die jemals auf der Erde gelebt haben.

An Land sind Rentiere und Polarfüchse die einzigen Säugetiere. Die Rentiere halten sich vorwiegend in den flacheren Küstenebenen auf. Dort finden sie in der schütteren, aber im Sommer wunderbar bunt blühenden Tundra genügend Äsungsflächen, um nicht nur im Sommer zu überleben, sondern sich auch noch genügend Reserven für den Winter anzufuttern. Polarfüchse sind im Sommer häufig unterhalb der riesigen Vogelkolonien zu finden. Die steilen Felsen, in denen Hunderttausende von Seevögeln, vor allem Lummen, Krabbentaucher, Dreizehen- und Eismöwen brüten, können sie zwar nicht erreichen, aber immer wieder fallen Eier und Jungvögel von den Felsen. Im Winter tauschen die Füchse ihr braunes Sommerfell gegen das strahlend weiße Winterfell und folgen den Eisbären auf das Packeis. Hier leben sie von den Resten der Eisbärenmahlzeiten.

KREUZFAHRTEN IN DIE POLARREGION

Spitzbergen besucht man am besten mit einem der kleinen Kreuzfahrtschiffe. Die Hauptstadt Longyearbyen wird auf Kreuzfahrten regelmäßig angesteuert. Sehenswert ist das Museum im Gebäude der Universität. Auch Ny-Ålesund steht auf dem Programm. In der ehemaligen Bergbausiedlung haben mehrere Nationen ihre Polarforschungsstationen eingerichtet. Außerdem steht hier das nördlichste Postamt der Welt. Die nächsten Anlandungen finden in der Wildnis statt – immer auf der Hut vor Eisbären. Die ehemalige Walfangstation Smeerenburg, der Liefdefjord mit dem großartigen Monaco-Gletscher und die Trapperhütte im Woodfjord muss man ebenso gesehen haben wie den Brutfelsen Alkefjellet mit 60 000 Lummenpaaren, die Walrosskolonie am Torellneset und die 160 Kilometer lange Eisabbruchkante des Brasvellbreen-Gletschers.

WEITERE INFORMATIONEN

www.visitnorway.de
Touristeninformation Svalbard
Svalbard Reiseliv AS
9171 Longyearbyen
Tel. 47 79 025 550
www.visitsvalbard.com

Schweden

Land der abertausend Schären

Nostalgisches Münztelefon in Vimmerby, Astrid Lindgrens Geburtsort (ganz oben). Hier tritt man gern ein: liebevoll verzierte Gartenpforte in Bergdala (oben). Bohuslän nördlich von Göteborg lockt mit zahlreichen Schären und vielen Sonnenstunden (links).

Der Büro- und Wohnturm »Turning Torso« überragt die Gebäude von Malmö (rechte Seite unten links) und ist Wahrzeichen der Stadt. Klassizistisch dagegen das Hauptgebäude der Universität von Lund (rechte Seite unten rechts). Über einen Kilometer lang ist die Öresundbrücke, die Dänemark mit Schweden verbindet (oben). Für sichere Einfahrt in den Hafen von Malmö sorgt dieser Leuchtturm schon seit fast 140 Jahren (rechte Seite oben).

41 Zwischen Tradition und Moderne – Öresundregion

Brückenschlag nach Skandinavien

Eine grazile Brücke, ein kurios gestaltetes Hochhaus und ein wuchtiger Dom prägen das Gesicht der Öresundregion. Die zu Schonen gehörende Gegend steht für einen gleitenden Übergang vom dicht besiedelten Mitteleuropa zu den weiten Wäldern Schwedens.

Als am 1. Juli 2000 das erste Auto über die Öresundbrücke fährt, liegen viele Jahre harter Arbeit hinter den Planern und Arbeitern. Denn als die schwedische und die dänische Regierung im März 1991 den Bau einer festen Verbindung zwischen den beiden Ländern über den Öresund vereinbaren, geht es erst einmal ans Planen, bis im August 1995 die ersten praktischen Arbeiten für das von vielen als Jahrhundertprojekt bezeichnete Bauwerk beginnen. Fünf Jahre lang werden Tunnel gebaut, Brückenpfeiler errichtet und sogar eine künstliche Insel aufgeschüttet, um die dänische Hauptstadt Kopenhagen mit der schwedischen Stadt Malmö zu verbinden.

Heute präsentiert sich das insgesamt 15 Kilometer lange Bauwerk mit den beiden 204 Meter hohen Pylonen als weithin sichtbares Markenzeichen der gesamten Region. Auf zwei Etagen rollen Autos, Lastwagen und Züge von Dänemark nach Schweden und umgekehrt. Dabei bedeutet die Öresundbrücke nicht einfach nur, dass Schweden nun auf dem Landweg erreichbar ist. Ihr Bau war auch der Impuls für die Geburt einer neuen, grenzübergreifenden Region: Rund 4,4 Millionen Menschen, von denen viele mittlerweile täglich über die Landesgrenzen hinwegpendeln, leben beiderseits des Öresunds – dem am dichtesten besiedelten Gebiet Nordeuropas.

Malmö: Umtriebige Küstenstadt

Dieser Brückenschlag hat auch in Malmö, Schwedens drittgrößter Stadt, bedeutende Spuren hinterlassen: Das einstige Fischerdorf ist nun weiter an Europa herangerückt und nimmt eine bedeutendere Rolle als Handelsplatz ein. Eine Funktion, welche die am Meer gelegene Stadt schon vor langer Zeit einmal hatte. Zeuge dafür ist das gut befestigte Schloss Malmöhus aus dem 16. Jahrhundert, das einst sogar als Gefängnis genutzt wurde. Es ist umgeben von einem Kanal, auf dem man mit dem Tretboot eine Stadtbesichtigung der besonderen Art machen kann. Die Altstadt von Malmö wird nur durch einen kleinen Park vom Schloss getrennt. Hier findet man beim Stadtbummel am Lilla Torg, einem beliebten Treffpunkt mit Cafés und Kneipen, prächtige alte Steinhäuser mit dicken Holzbalken. Wesentlich ruhiger geht es im »alten Westen«, dem Gamla Väster, zu. Hier mischen sich kleine bunte Hütten, an deren Fassaden Rosen emporwachsen, mit feudalen Wohnhäusern.
Und im neuen Stadtteil Västra Hamnen im ehemaligen Hafengebiet, steht seit 2005 das weithin sichtbare Wahrzeichen der Stadt: der Turning Torso, der sich 190 Meter hoch in den schwedischen Himmel windet. Dieses von dem Architekten Santiago Calatravas gebaute spektakuläre Wohnhaus ist nicht nur Schwedens, sondern ganz Skandinaviens höchstes Gebäude. Von seiner Spitze aus blickt man auf das Meer, das große Hafengelände sowie auf die weitläufigen Felder der Region Schonen – und sogar bis nach Lund.

Kirchen- und Studentenstadt Lund

Die kleine Universitätsstadt in der Nähe von Malmö wird wiederum vom Dom überragt. Er steht als Symbol für die Bedeutung, welche die Bischofsstadt einst für die Kirche im Land hatte. Unter nicht weniger als 27 Gotteshäusern und Klöstern hatten die Menschen hier früher die Wahl.
Heute verbindet man eher die Universität mit der Stadt. Rund ein Drittel der Einwohner sind Studenten. Entsprechend munter ist das Leben im Schatten der vielen historischen Gebäude, die glücklicherweise Brände und Zerstörungen überstanden haben. Über das Leben in den alten Zeiten kann man sich im Freilichtmuseum mitten in der Stadt informieren. Entspannung verspricht anschließend ein Kaffee auf dem Stortorget in der Nähe des Doms, ein Treffpunkt und Marktplatz, wo das Flair dieser hübschen und rasch wachsenden Stadt bestens zu spüren ist

FISCHER IN DER GROSSTADT

Dass Malmö einst ein Fischerdorf war, lässt sich am ehesten entlang der Fiskehamnsgatan in direkter Nähe des Schlosses erkennen. Hier dümpeln kleine Fischerboote im Kanal, der die Altstadt umgibt und die Verbindung zum Meer ist. Natürlich hat der Fischfang nicht mehr die Bedeutung wie früher. Aber immer noch bekommt man hier frische Delikatessen aus dem Meer, die auch in den Geschäften und zahlreichen Restaurants angeboten werden. Malmö, eine Stadt mit maritimer Atmosphäre: Das lässt sich nicht nur erleben, sondern auch schmecken.

WEITERE INORMATIONEN

Fischmarkt in Malmö (Fiskehoddorna)
am Wassergraben des Malmö-Slot neben dem Technik-Museum
www.malmotown.com

42 Dunkle Geheimnisse – rund um Ystad

Mörder, Mönche und Mythen

Schon seit Urzeiten leben Menschen in der fruchtbaren Landschaft Südschwedens. Hier findet man geheimnisumwitterte Schiffssetzungen, malerische Kirchen und Klöster, Leuchttürme und die Dienststelle von Schwedens bekanntestem Kommissar.

In Südschweden ist das Verbrechen zu Hause – zumindest in den Büchern von Henning Mankell. Dessen Kommissar Kurt Wallander ermittelt in Ystad und hat es damit zu weltweiter Berühmtheit gebracht. Die Realität ist glücklicherweise friedlicher und Ystad kein Ort, in dem man um sein Leben fürchten muss. Die Gassen in dem idyllischen Städtchen laden zum gemütlichen Stadtbummel ein. Dabei läuft man vielleicht durch die Supgränd, die Saufgasse, oder plaudert in der Sladdergatan (Tratschgasse). In Ystad sind 300 Fachwerkhäuser erhalten – viele davon mit dunklen Balken und roten Ziegelsteinen, die einen prachtvollen Farbkontrast bieten. Ein Bauwerk im Zentrum sticht heraus: das Gråbrödraklostret. Dieser Vorposten der Christianisierung war das Domizil von Mönchen des Graubrüder-Ordens und ist das älteste erhaltene Kloster Schwedens. Seine Ursprünge gehen auf das 13. Jahrhundert zurück.

Schiff aus Stein

Noch viel älter ist ein steinernes Dokument wenige Kilometer südöstlich von Ystad. Was genau die Altvorderen mit diesem Denkmal bezweckten, ist bis heute unklar. Gleichwohl blickt man staunend auf die 58 bis zu zwei Meter hohen und fünf Tonnen schweren Steine, die an der Steilküste bei Kåseberga ein riesiges Schiff darstellen – die sogenannten »Ales stenar«. Ganze 67 Meter lang und 19 Meter breit ist der so symbolisierte Kahn. Wurde hier eine bedeutende Persönlichkeit unter die Erde gebracht? Ein Grab hat man bisher nicht gefunden. Oder zelebrierte man hier religiöse Feiern? Auffallend ist zumindest, dass die beiden Steven-Steine an den Sonnenwendterminen auf die Punkte des Sonnenaufgangs zeigen. Neueste Forschungen gehen davon aus, dass die Formation aus der Zeit um 600 n. Chr. datiert. Die Wikinger kann man bei dieser Schiffssetzung noch nicht ins Spiel bringen. Gleichwohl hat das nordische Volk auch in Schonen seine Spuren hinterlassen. In der Zeit zwischen etwa 800 und 1100, die man den Wikingern zuschreibt, gab es in Schonen kleine Dörfer, deren Bewohner von der Landwirtschaft lebten. Dies lässt sich in Foteviken in der Nähe von Malmö erleben. Im einzigen

Die kleinen Orte an der schwedischen Südküste sind sehr pittoresk, wie diese Kirche von Simrishamn (unten links) zeigt. In dem Hafenstädtchen Simrishamn befand sich einst die größte Fischereiflotte Schwedens (unten rechts). Vor langer Zeit wurden an der Küste bei Kåseberga die »Ales stenar« in Form eines Schiffes aufgestellt (rechte Seite oben).

nachgebauten Wikingerdorf Skandinaviens kann man Wikinger auf Zeit werden – man schlüpft in Wikingertrachten, isst Wikingerspeisen und kann die Spiele und Kämpfe des Seefahrervolkes nacherleben. Immer noch streiten sich Historiker darüber, ob die Wikinger rohe Räuber oder geniale Seefahrer waren. Oder beides?

Gefährliche Küste

Sicher ist jedoch, dass die Wikinger sehr wohl um die Bedeutung von Leuchtfeuern und die Tücken der Küste wussten – vor allem an Schwedens südöstlichstem Zipfel Sandhammaren, wo die Strömungsverhältnisse im Meer besonders gefährlich sind. Hier steht noch heute der Leuchtturm aus dem Jahr 1862, dessen Leuchtsignal ein wichtiger Orientierungspunkt für Seeleute ist. Zwischen 1855 und 1945 gab es hier auch eine Rettungsstation, der in dieser Zeit immerhin knapp 1500 Seeleute ihr Leben verdankten. Wer heute hier ein Sonnenbad genießt oder Sandburgen baut, kann sich kaum vorstellen, dass das Meer vor seinen Augen Schwedens größter Schiffsfriedhof ist. Sandhammaren gilt als einer der schönsten Strände des Landes. Beim Leuchtturm breitet sich eine grandiose Dünenlandschaft aus. Zu den wichtigsten Sehenswürdigkeiten zählt auch die Festung Glimmingehus zwischen Ystad und Simrishamn, deren Grundstein 1499 von einem dänischen Ritter gelegt wurde. Glimmingehus ist der älteste Profanbau Schonens und die am besten erhaltene mittelalterliche Burg Schwedens.

Zeugen der Fischindustrie

Nicht weit vom Glimmingehus entfernt liegt die kleine Stadt Simrishamn. Charakteristisch sind die niedrigen pastellfarbenen Häuser in kopfsteingepflasterten Gassen. Schön sind auch die Kirche St. Nikolai aus dem 12. Jahrhundert und die Kaufmannshäuser, die ab dem 18. Jahrhundert gebaut wurden. Vor allem aber ist Simrishamn eine Hafenstadt. Denn hier befindet sich einer der wichtigsten Fischereihäfen des Landes – selbst im Stadtwappen ist das Schuppentier zu finden.

STRANDLÄUFER

Von Simrishamn bis Baskemölla sind es gerade einmal fünf Kilometer. Eine gute Stunde Gehzeit würde ein geübter Wanderer dafür veranschlagen. Doch es wäre schade, sich für diese Strecke nur so wenig Zeit zu nehmen. Da wäre zuerst der lange Sandstrand von Tobisvik. Badezeug an und hinein in das erfrischende Wasser: So könnte eine erste Pause schon nach wenigen Metern aussehen. Aber auch bei kühlem Wetter hat der Strand seinen Reiz, wenn die Meereswellen heranrollen. Ein paar Hundert Meter weiter ändert sich abrupt die Landschaft: Nicht mehr Sandstrand, sondern Felsen bestimmen den Küstenabschnitt. Rund gewaschen sind sie von den Ostseewellen, die unablässig an das Ufer klatschen und besonders bei Sturm für ein beeindruckendes Schauspiel sorgen, wenn die Gischt viele Hundert Meter hoch in die Luft steigt. Am Ende der Strandwanderung liegt der Fischerort Baskemölla mit seinem netten Hafen, in dem kleine Boote in den Wellen leicht auf- und abschaukeln.

WEITERE INFORMATIONEN

http://visitskane.com/de

43 Kulturerbe an der Südostküste – Karlskrona

Krieg & Spionage in Blekinge

Noch bei Simrishamn prägen kilometerlange Sandstrände das Bild. Ganz anders sieht es etwas weiter nördlich aus: Das Inselgewirr an der Küste vor Karlskrona bietet Schutz vor Angriffen. Deshalb wurde hier vor Jahrhunderten ein Marinehafen gebaut, der heute zum Weltkulturerbe gehört.

Die Insel Stumholmen spielte eine wichtige Rolle im Verteidigungskonzept der Festungsstadt Karlskrona. Hier gab es Werkstätten und Lagergebäude (unten rechts). Über die mittelalterliche Brücke von Tobisvik rumpelten früher die Karren und Kutschen der Händler (rechte Seite oben).

Die Sandstrände, die sich nördlich und südlich von Simrishamn erstrecken, sind ganze 50 Kilometer lang – jeder mit eigenem Charakter. Bei Tobisviksheden beispielsweise ist der rosa schimmernde Sand runder und grobkörniger als andernorts. Zudem kann Tobisvik mit einer ungewöhnlichen Fauna aufwarten, die es sonst nirgendwo auf der Welt gibt: zwei Strudelwürmern, einem Nematoden und einem kleinen Springkrebs. Hier mündet außerdem der kleine Fluss Tommarpsån in die Ostsee, und wer seinem Lauf ein wenig ins Landesinnere folgt, findet eine wunderschöne Fußgänger-Steinbrücke, deren Wurzeln wahrscheinlich bis in das Mittelalter zurückreichen.

Dänischer Einfluss

Vermutlich hatten beim Bau der Brücke die Dänen ihre Finger im Spiel, denn sowohl Schonen als auch die Provinz Blekinge gehörten bis ins 17. Jahrhundert zum dänischen Hoheitsgebiet. Nach dem Zweiten Nordischen Krieg und dem Frieden von Roskilde im Jahr 1658 musste Dänemark aber seine Besitzungen in Schonen und Blekinge räumen. Doch der dänische Einfluss ist immer noch zu spüren. So unterscheidet sich der im südlichsten Schweden gesprochene Dialekt erheblich vom Schwedisch in anderen Teilen des Landes. Ein deutlicher dänischer Einschlag ist nach wie vor vorhanden. Zu sehen ist der dänische Einfluss ebenfalls am Baustil – auch wenn in Blekinge davon nicht

mehr allzu viel übrig geblieben ist. Denn die Landschaft in der ehemaligen Grenzregion zwischen Dänemark und Schweden war oft Schauplatz von heftigen Auseinandersetzungen. Städte und Bauernhöfe wurden sowohl von dänischen als auch von schwedischen Soldaten geplündert und niedergebrannt.

Weltkulturerbe Karlskrona

Stattdessen gibt es in Blekinge aber Sehenswertes der jüngeren, der schwedischen Geschichte: Im Zuge der »Schwedisierung«, aber auch aus handels- und militärstrategischen Gründen, wurde im 17. Jahrhundert die Stadt Karlskrona gegründet, die phasenweise sehr große Bedeutung hatte. Zwar geht es hier heute recht beschaulich zu, aber zu Beginn des 18. Jahrhunderts war Karlskrona immerhin die zweitgrößte Stadt des Reiches – angelegt auf Geheiß von Karl XI., der sich auf rund 30 kleinen und größeren Schären einen Marinehafen einrichtete. Noch heute bildet der große Marktplatz auf der Hauptinsel das Zentrum der Stadt. An seinem Rand stehen mit der Dreifaltigkeitskirche sowie der Fredriks-Kirche zwei bedeutende Gotteshäuser, die vom berühmten Baumeister Nicodemus Tessin d. J. (1654–1728) errichtet wurden. Hinzu kommen prächtig ausgestattete Militärgebäude und die größte Holzkirche Schwedens auf der zum Stadtkern gehörenden Insel Trossö. Bekannt geworden ist Karlskrona außerhalb Schwedens durch die sogenannte U-Boot-Affäre in den Achtzigerjahren des 20. Jahrhunderts – ausgelöst durch ein sowjetisches U-Boot, das im Oktober 1981 in den Schären vor Karlskrona auf Grund lief. Auch in der Folgezeit kreuzten immer wieder fremde U-Boote in den hiesigen Gewässern. Ziel der Observationen war der wichtigste Stützpunkt der schwedischen Marine, der bereits Ende des 17. Jahrhunderts eingerichtet worden war und heute auf der Liste des Weltkulturerbes steht. Er war seeseitig von einer Reihe Inseln geschützt, die lediglich an wenigen Stellen Durchschlupf für Schiffe gewährten. Auf diesen Inseln schüttete man Erdwälle auf, baute an den Zufahrtswegen Festungen wie das Kungsholms Fort und das Kastell Drottningskär. Diese militärische Vergangenheit der Stadt ist heute nach wie vor präsent und im 2014 neu eröffneten Marinemuseum spannend aufbereitet.

IDYLL MIT KREUZ

Typischer kann man sich eine Kirche in Schonen kaum vorstellen. Von Getreidefeldern umgeben und verdeckt von ein paar Bäumen steht auf einem Hügel am Rand des kleinen Dorfes Ravlunda ein hübsches Gotteshaus mit weiß gekalkter Fassade, einem roten und grauen Dach sowie einem Treppengiebel. Und das schon seit über 700 Jahren! Im Chor und in den Apsiden sind sogar noch Reste von Kalkmalereien erhalten. Kurios ist die Inschrift auf dem Grabstein des Autors Fritiof Nilsson Piraten (1895–1972) auf dem Friedhof vor der Kirche. Sie lautet: »Hier unten liegt die Asche eines Mannes, der alles auf morgen zu verschieben pflegte. Auf seine alten Tage besserte er sich jedoch und starb tatsächlich am 31. Januar 1972.«

WEITERE INFORMATIONEN

www.ravlunda.com (schwedisch)
Turisteninformation Karlskrona
Stortorget 2
S-371 34 Karlskrona
Tel. +46 455 30 34 90
www.visitkarlskrona.se

Gute Ernten machen Schonen zur Speisekammer Schwedens (oben). Bekannt im ganzen Land sind die Äpfel aus Kivik (unten). Baumalleen führen zu den Dörfern und Gehöften, die zum Teil wunderschöne Türen besitzen (rechte Seite oben).

44 Die Speisekammer Schwedens – Schonen

Land in Bauernhand

Weite, vom Wind gestreichelte Felder, grüne Wälder mit Frühlingsblumen, dazu große Bauernhöfe und idyllische Dörfer: das ist Schonen, der südlichste Landstrich Schwedens.

In Schweden hält sich die Redensart, dass Gott Schonen geschaffen habe, um den Schweden zu zeigen, wie Mitteleuropa aussehe. So ganz ernst ist das vielleicht nicht gemeint. Aber etwas Wahres ist an dieser Aussage sicherlich dran. Denn eigentlich ähnelt diese Landschaft mit ihren lichten Laubwäldern, weiten Feldern, über die Feldflur verteilten Höfen und den kleinen Dörfern eher an Dänemark oder Norddeutschland. Das Schweden der Wälder und Seen, das beginnt erst weiter nördlich, in Småland. Einige Zahlen verdeutlichen den Eindruck, der bei der Fahrt durch Schonen entsteht: Die Region weist rund ein Viertel der schwedischen Anbaufläche auf. Große Teile des im Land angebauten Obstes wachsen auf den verschiedenen Bäumen oder Sträuchern am südlichsten Zipfel Schwedens.

Fruchtbare Böden und mildes Klima (links) haben der Region Wohlstand gebracht, der sich auch in den prächtigen Höfen manifestiert (oben, Mitte und unten).

Grab als Steinbruch

Kivik, ein kleiner Ort an der Ostküste, ist das Apfelanbaugebiet des Landes. In langen Reihen stehen hier die Bäume auf den Wiesen. Und was nicht frisch gegessen oder zu Apfelsaft und Apfelkuchen verarbeitet wird, endet als vergorener Cidre. Im örtlichen Apfelmuseum sind rund 70 verschiedene Apfelbaumsorten ausgestellt. Zudem erfährt man viel Wissenswertes über den Apfel an sich und den Apfelanbau in Schweden. Dass das Land ideal ist für Ackerbau und Viehzucht wussten auch schon die früheren Bewohner der Gegend. Bei Kivik wurden an der Ostseeküste 3000 Jahre alte Gräber gefunden. Das ist eigentlich nichts Besonderes, wimmelt es doch in ganz Südschweden von Grabstätten der Altvorderen. Was das Grab von Kivik jedoch ausmacht, ist dessen pure Größe und Aussehen. Wie ein überdimensionaler, umgedrehter Suppenteller aus Tausenden von Geröllen liegt es auf der Wiese. Sein Durchmesser beträgt stattliche 75 Meter. Für einen gewöhnlichen Bauern oder Jäger dürfte eine solche

Im Frühjahr liegt der Duft blühender Rapsfelder über der Landschaft (unten). Rot blühende Wiesenkräuter bilden dazu einen farbenfrohen Kontrast (ganz unten). In einem Tümpel lauert ein Blaufrosch auf Beute (rechte Seite oben).

Bestattung zu aufwendig gewesen sein, weshalb man davon ausgeht, dass hier zumindest ein König, vielleicht auch ein Prinz oder ein Stammesfürst seine letzte Ruhe gefunden hat. Genaueres weiß man nicht, da das sogenannte Königsgrab den Menschen in der Umgebung lange Jahre als bequemer Steinbruch diente. Als Mitte des 18. Jahrhunderts zwei Bauern eine Grabkammer entdeckten, buddelten sie diese in der Hoffnung auf einen unentdeckten Schatz aus. Ob sie dabei zu Reichtum kamen, ist unklar. Sicher ist jedoch, dass dabei die Grabkammer mitsamt ihren in Steinplatten geritzten Verzierungen leider teilweise zerstört wurde.

Buntes Markttreiben

Doch in Kivik lebt man nicht nur im Gestern. Man weiß zu feiern. Schließlich geht hier in jedem Sommer der größte Markt Schwedens über die Bühne. Über 100 000 Besucher strömen im Juli zum »Kiviks Marknad« in den kleinen Ort. Dabei hat dieser Markt eine Tradition, die bis in die Hansezeit zurückreichen soll. Für die Menschen der Umgebung bedeutete der Markt früher eine willkommene Abwechslung vom harten Alltag. Zuckerstangen wurden an den diversen Ständen angeboten, auch Puppen und hölzerne Pferde, Besen und Socken, Wagenschmiere und vieles mehr. Und natürlich Obst. Und das sowohl frisch und fest als auch zu Marmelade oder Hochprozentigem verarbeitet. Aber auch die Fahrt über kleine Straßen durch das allenfalls hügelige Land bringt viele kleine Entdeckungen. Große Höfe zum Beispiel, die sich hinter Baumreihen vor dem Wind schützen, der bisweilen recht heftig bläst und dann den Staub der Felder durch die Landschaft trägt. Die meisten Bauernhäuser sind im Fachwerkstil gebaut, der in anderen Gebieten Schwedens kaum anzutreffen ist. Mit schwerem Gerät werden die guten Böden unter den Pflug genommen, gewaltige Mähdrescher fahren zur Erntezeit über die weiten Felder. Das Getreide wurde früher in Windmühlen gemahlen, von denen heute noch etliche erhalten sind und wie ein Symbol für eine längst vergangene Epoche der Landwirtschaft stehen.

Windmühlen, Schlösser und Klöster

Wie Landwirtschaft anno dazumal funktionierte, ist im Museums-Bauernhof von Östarp zu sehen. Da klappert die Mühle am rauschenden Bach oder die Windmühle im Wind, es muhen Kühe und blöken Schafe. Wie früher

ziehen Pferde den Wagen über die Kieswege oder den Pflug über den Acker. Es gibt Speisen und Getränke nach alten Rezepten, dazu Handwerksgegenstände, wie sie damals gefertigt wurden. Ein idealer Platz, um die noch gar nicht so weit zurückliegende Vergangenheit zu erleben. Denn das, was in Östarp so weit zurückliegend erscheint, ist gerade einmal 100 bis 200 Jahre alt. Der Reichtum der Gegend spiegelt sich vor allem auch in den vielen alten Schlössern wider, die auf den Hügeln und an den Bächen und Seen Schonens stehen. Gärsnäs, Kronovall, Christinehov: Sie sind Beispiele für prächtige Bauwerke, die von den Adeligen im südlichsten Teil Schwedens errichtet wurden. Noch heute sind viele Schlösser im Privatbesitz und für die Öffentlichkeit nicht zugänglich. Und natürlich war auch die Kirche bereits früh in diesem Landstrich vertreten. Das Bosjökloster, im Zentrum von Schonen gelegen, wurde bereits 1080 von den Benediktinern gegründet.
Nicht einmal 100 Jahre später folgten die Zisterzienser ihren Brüdern und bauten bei Ljungbyhed eine eigene Anlage: das Herrevadskloster. Dabei sollte man sich immer vor Augen halten, dass diese Zeit das Ende einer kurzen Epoche war, die von den Wikingern geprägt wurde und für den Übergang von der Natur- zur christlichen Religion steht.

Der Reiz liegt im Detail

Typisch für Schonen sind neben den über den gesamten Landstrich verteilten Gehöften die kleinen, oft sehr pittoresken Dörfer. Das typische rot-weiße Holzhäuschen wird hier jedoch oft durch roten Klinker ersetzt. Gut sichtbar ist das in Borrby, einem Ort ganz in der Nähe der Küste. Und selbst wenn es hier keine Berge zu erklimmen gibt: Es lohnt sich, das Auto einmal stehen zu lassen und in die Wanderstiefel zu steigen. Das kann an einem der vielen Strände sein, aber auch mitten im Land.
Die Hügel von Brösarp sind bekannt für ihre Blumenpracht und durchaus eine längeren Spaziergang wert. Ebenso lohnen die schönen Laubwälder bei Degeberga einen Ausflug. Besondere Aufmerksamkeit genießt hier der Wasserfall von Foraker, der es zwar nicht mit seinen Pendants in Norwegen aufnehmen kann, aber in der eher flachen südschwedischen Landschaft etwas Besonderes darstellt. Der Reiz Schonens liegt im Detail.

ÖSTERLEN PER PFERD

Seit Jahrhunderten nutzen die Bauern in Schonen das Pferd. Es wurde vor Kutschen und Pflüge gespannt, war der Ersatz für das Auto, um in das Nachbardorf zu kommen. Was liegt also näher, als die Provinz auf dem Rücken eines Islandpferdes zu erkunden – beispielsweise in der Region Österlen? Stunden- oder tagelang geht es auf schmalen Pfaden durch die lauschigen Wälder am Linderödsåsen und über Kieswege an den großen Gehöften vorbei. Oder auch – sicherlich ein besonderes Highlight eines jeden Rittes – an die weiten Strände, wo die Hufe bei vollem Galopp den Sand aufspritzen lassen. Und wer sich im Sattel noch nicht so sicher fühlt: Es werden zudem Reitkurse angeboten.

WEITERE INFORMATIONEN

Foje Hof
Lökarödsvägen 500
S-297 95 Degeberga
Tel.: 070-3545289
E-Mail: fojehof@telia.com
www.fojehof.se

45 Lange Sandstrände, Klippen & Felsinseln – Südwestküste

Badeorte im Schutz historischer Burgen

Lange Sandstrände oder kleine felsige Buchten? An der Westküste der Provinzen Schonen und Halland hat man die Auswahl. Hinzu kommen Burgen, die Zeugen des nicht immer friedlichen Miteinanders zwischen Schweden und Dänen sind.

Der Hafen von Helsingborg ist das Erste, was viele Touristen von Schweden sehen. Über die Vogelfluglinie von Fehmarn nach Rødby sind sie gekommen, ein Stück durch Dänemark gefahren, um dann die letzten Kilometer über den Öresund geschippert zu werden. Und trotz der Brückenverbindung im Süden werden die Fährschiffe noch immer gut genutzt: Denn eine Schiffsfahrt ist sicherlich nicht die schlechteste Art, um in ein Land mit so viel Wasser zu reisen. Einst hatten in Helsingborg die Dänen das Sagen – Helsingborg war sogar eine der wichtigsten dänischen Städte – doch nun weht die schwedische Flagge schon lange über den Türmen des prächtigen Rathauses. Einige alte Häuser haben die Kriege der Schweden mit den Dänen sogar überstanden. Ansonsten wird das Stadtbild geprägt von Prunkbauten der Neugotik und vom Jugendstil, aber auch von moderner Architektur. Von der ursprünglichen Burganlage, die der Stadt ihren Namen gegeben hat, ist jedoch nur der Burgturm erhalten geblieben. Schade eigentlich, dass viele Touristen von Helsingborg nur den Hafen und den Weg zur Autobahn kennen – also nordwärts, hin zu weiten Sandstränden und zum Badevergnügen.

Strände für Mensch und Tier

Auf der Insel Hallands Väderö im Nordwesten der Provinz Schonen genießen nicht nur die

Helsingborg war einst eine wichtige dänische Hafenstadt (unten rechts), über dessen Rathaus heute die schwedische Flagge weht (unten links). Trutzig thront die Festung Karlsten über den Häusern von Marstrand (rechte Seite oben). Wo die Wogen an das Ufer rauschen, kann sich keine Pflanze halten (rechte Seite unten).

Im Schutz der Felsen an der Bohuslän-Küste gedeihen zahlreiche Gewächse (ganz oben und rechts), darunter auch Stiefmütterchen (rechts). Eine unübersehbare Wegmarke ist der Leuchtturm von Marstrand (oben). Schon seit Generationen gehen Badefreunde am mondänen »Kallbadhus« bei Varberg ins Wasser (rechte Seite oben).

Seehunde das Bad im kühlen Nass. Mit leisem Platschen gleiten die Tiere, die hier in der Kolonie eine Heimat gefunden haben, von den Felsen ins Wasser, tauchen unter und gehen auf Fischjagd. Schon seit 1958 steht die Insel unter Naturschutz. Und das nicht nur wegen der Seehunde. Im Süden des knapp drei Kilometer langen und einen Kilometer breiten Eilands gibt es an der Vinga Skär ein Vogelschutzgebiet, in dem Seeschwalben, Möwen und Alken brüten. Die Insel ist eine Fortsetzung des Hallandsåsen, eines Hügelzugs, der die natürliche Trennlinie zwischen den Provinzen Schonen und Halland bildet. Bis auf 226 Meter steigt das Gelände hier an und unterscheidet sich deshalb erheblich von der ansonsten durchgängig flachen Landschaft. Nur wenige Kilometer nördlich des Hallandsåsen, südlich der Stadt Halmstad, schließt sich Schwedens längster Sandstrand an. Auf zwölf Kilometern Länge können Sonnenanbeter hier Sandburgen bauen, die Ruhe genießen und baden. Denn in der geschützten, flachen Bucht erwärmt sich das Wasser sehr schnell. So verwundert es nicht, dass Mellbystrand ein beliebter Urlaubsort ist. Doch dicht an dicht muss hier niemand liegen.

Varberg – Badeort im Schatten der Burg

Wehrberg. Daher, so behaupten zumindest einige Sprachforscher, komme der Name Varberg. Andere meinen, dass der Begriff Varberg eher »Wachtberg« bedeutet. Ob das nun stimmt oder nicht: Tatsache ist, dass auf der Klippe am Kattegatt oberhalb des Hafenstädtchens Varberg schon im 13. Jahrhundert eine kleine Burg stand. Heute blickt man dagegen auf eine gewaltige Wehranlage, die im Lauf der Jahrhunderte zu einer der stärksten Festungen Nordeuropas ausgebaut wurde. Rund 1000 Bauern wurden Anfang des 17. Jahrhunderts rekrutiert, um hier die dicken Mauern und Erdwälle zu errichten. Ironie der Geschichte: Nachdem die Burg verstärkt worden war, wurde Frieden zwischen den beiden verfeindeten Nationen Schweden und Dänemark geschlossen. Kein einziger Schuss wurde mehr von der Burg von Varberg abgegeben. Wesentlich friedlicheren Zwecken als die Festung diente das Kaltbadehaus von Varberg. Mittlerweile spaziert man über die schönen Holzbohlen des dritten Kaltbadehauses. Mitte des 19. Jahrhunderts schipperten die ersten Dampfboote an der schwedischen Westküste auf und ab. Die Menschen begannen zu reisen und bekamen auch Lust auf das Bad im Meer. Doch so einfach wie heute war das früher nicht. Schließlich ging man nicht nur mit Badehose oder Badeanzug ins Wasser, sondern trug mehr Stoff auf der Haut. Also gründeten die Varberger eine Badeortsgesellschaft und bauten 1864 auf in das Meer gerammten Holzpfählen ein erstes Kaltbadehaus. Diese erste Holzkonstruktion wehte jedoch bereits 20 Jahre später ein Sturm ins Meer. Das zweite Badehaus, an derselben Stelle gebaut, wurde 1902 Opfer des sogenannten Weihnachtssturms. Doch bereits ein Jahr später baute man ein neues Kaltbadehaus. Dies wurde zwar zwischenzeitlich modernisiert, vermittelt mit seiner prächtig gestalteten Fassade mit orientalischen Elementen aber immer noch das Gefühl, wie unsere Ururgroßväter und -mütter baden gingen. Die fantastische Aussicht über das Kattegat ist dabei inklusive.

Hinein in das Schärenreich

Nördlich von Varberg verändert die halländische Küste ihr Aussehen. Nicht mehr lang gestreckt und mit ausgedehnten Sandstränden, sondern mit vielen kleinen Buchten und Klippen präsentiert sich hier die Landschaft. Sie gibt einen Vorgeschmack auf das, was nördlich von Göteborg an der Bohusküste bis hinauf zum Oslofjord zu erwarten ist: die Schärenküste, die zu den schönsten und vielseitigsten Gegenden Schwedens gehört. Und gleich an ihrem südlichen Ende liegt ein beliebter Ferienort – das St. Tropez Schwedens. So hat man Marstrand schon genannt. Was die Noblesse der südfranzösischen Stadt angeht, kann man zwar hier nicht mithalten, betrachtet man allerdings die Zahl der Bootsanleger, dann dürften die Unterschiede zu St. Tropez nicht sehr groß sein. Jacht an Jacht, Motorboot an Motorboot liegen im Sommer eng aneinander. Dann brummt es in dem Ferienort: südländische Fröhlichkeit unter einer nordischen Sonne, die kaum untergehen will. Die Auswahl der Kneipen und Restaurants, Souvenirläden und Eisdielen ist groß. Wer es etwas ruhiger liebt, der packt den Picknickkorb und läuft ein paar Meter hinaus auf die Schäreninsel Koön, sucht sich eine einsame Bucht, einen schönen Felsen und blickt hinaus auf das Meer. Oder alternativ: Er steigt hinauf auf den Hügel, auf dem hoch über Hafen und Häusern die Festung Carlsten thront. Ein gewaltiges Bauwerk, das die einstige Bedeutung von Marstrand als Handelsplatz unterstreicht, da hier der Hafen im Winter nur selten zufror. Für den Bau der Burg gab es nicht genug Steine, sodass das Baumaterial mit Schiffen herbeigeholt und auf die Klippe gebracht werden musste. Das machte niemand freiwillig, weshalb Strafgefangene Hand anlegen mussten – was als Marstrandstrafe in die schwedische Gesetzgebung einging. Je dicker die Mauern der Festung wurden, desto friedlicher wurden die Zeiten. Die letzten Soldaten zogen jedoch erst 1991 ab. Zuletzt hatte man von der alten Festung aus mit moderner Technologie den Himmel über Schweden überwacht. Doch das ist vorbei, das Bollwerk gehört nun den Touristen.

STRANDSEGLER BEI MELLBY

Strände, an denen schon am frühen Morgen die Liegen und Decken ausgebreitet werden, um den Platz an der Sonne zu reservieren. Der Duft nach Sonnencreme, der von den Nachbarn rüberweht und gar nicht dem eigenen Geschmack entspricht. All das gibt es am Strand von Mellby nicht. Wer zwölf Kilometer bestes Sandrevier hat, der kann den Strand als riesigen Spielplatz nutzen, auf dem sich jeder nach eigenem Gusto austoben kann. So preschen hier bei günstigen Windverhältnissen Strandsegler mit enormem Tempo über den Sand, pflügen geschickt durch das niedrige Wasser. Es wird Volleyball und Fußball gespielt. Und natürlich auch gebadet. Nach so viel Sport tut Abkühlung gut, und für die romantische Stimmung sorgen am Abend einmalig schöne Sonnenuntergänge.

WEITERE INFORMATIONEN

Turistrådet Västsverige
Bergslagsgatan 2
S-411 04 Göteborg
Tel. +46-(0)31-81 83 00

46 Eine maritime Schönheit – Göteborg

Schwedens größte Hafenstadt

Weltoffen gibt man sich in der zweitgrößten Stadt Schwedens. Schließlich hat man mit den Fremden viel Erfahrung. Der Seehandel brachte der Stadt Reichtum und viele Einflüsse aus fernen Ländern. Das spiegelt sich beim Besuch der Stadt und ihrer Sehenswürdigkeiten wider.

Das markante Hochhaus am Hafen nennen die Göteborger augenzwinkernd »Lippenstift« (unten links). Am 30. Juni gehen die Abiturienten auf die Straßen – wie hier diese drei Damen aus Göteborg (unten rechts). Am Rand des Zentrums der Hafenmetropole liegt das gemütliche Stadtviertel Haga mit vielen kleinen Geschäften und Cafés (rechte Seite oben).

Und jetzt: Ducken! So eine Göteborg-Stadtrundfahrt kann eine sportliche Veranstaltung werden, wenn man mit einem der sogenannten Paddan-Boote unterwegs ist. Wie einen Organismus die Blutgefäße, so durchziehen Kanäle das Herz der Hafenstadt an der schwedischen Westküste. Einst dienten sie dazu, die auf Sumpfland gebaute Stadt zu entwässern. Heute sind sie ein angenehmer Anblick im Stadtbild. Und ihre Zickzackform ist kein Zufall. Der Wassergraben schützte einst die dahinterliegende Bastion vor Angriffen. Paddan, das heißt Schildkröte. Und ähnlich flach wie diese Reptilien müssen Boote sein, die unter den Brücken der Stadt hindurchfahren möchten. Manchmal eben so flach, dass man sich in aufrechter Haltung den Kopf an der Brücke anschlagen würde. Dafür bekommt man vom Wasser aus ungewohnte Einblicke in die Stadt, die wie kaum eine andere mit dem Meer verbunden ist.

Fahrt mit der Schildkröte

Die Fahrt beginnt am blendend weiß gestrichenen Gebäude des großen Theaters, das kurz darauf wieder hinter dem Brückenpfeiler der Kungsportsavenyn verschwindet. Die Straße, die hier jeder nur kurz »Avenyn« nennt, ist der Prachtboulevard Göteborgs und führt aus dem Zentrum hinaus an Geschäften und Cafés vor-

bei direkt zum kulturellen Herz der Stadt mit Konzerthalle, Stadttheater und Bibliothek. Eine scharfe Linkskurve, dann gleitet das Boot über den Hauptkanal: Etliche prächtige Gebäude reihen sich hier zu beiden Seiten auf und symbolisieren den Reichtum, den der Handel der Seefahrerstadt gebracht hat. Auf dem Gustav-Adolfplatz erinnert ein Denkmal an den Stadtgründer, und sobald die Schildkröte die Kristine-Kirche und das Stadtmuseum passiert hat, fährt sie auf den Göta-Fluss hinaus. Und der ist die eigentliche Lebensader der Stadt. Hier im Freihafen legten schon Schiffe an, als es das heutige Göteborg noch gar nicht gab. Schließlich war zur Zeit der dänischen Herrschaft in Südschweden der Göta-Fluss für die Schweden der einzige Zugang zum Meer. Der Hafen ist der Schlüssel zur Weltoffenheit der Stadt.

Es gab Zeiten, da waren Schwedisch, Deutsch und Holländisch die offiziellen Sprachen in der Stadt. Die Segelschiffe der Ostindien-Kompanie legten hier genauso an wie die Boote der Hanse. Auch Schiffe wurden hier gebaut. Früher. Denn keine einzige Werft ist mehr in Betrieb. Stattdessen entstehen Wohnungen und Büros.

Shoppen im Arbeiterviertel

Zu Fuß oder mit der für Göteborg charakteristischen Straßenbahn erreicht man den Stadtteil Haga südlich des Wassergrabens, der sich zu einem der beliebtesten Viertel der Stadt gemausert hat. Früher wohnten hier die Arbeiter, heute flaniert man zwischen Ziegelhäusern über Kopfsteinpflaster, trifft sich zum Cappuccino oder Shoppen. Kleine Boutiquen prägen hier das Straßenbild und nicht die Filialen der Weltkonzerne. Die findet man eher rund um den oben erwähnten Gustav-Adolfs-Platz, dem eigentlichen Stadtzentrum Göteborgs. Und wer sich einen Überblick über die Stadt verschaffen will, der erklimmt den Hügel der Masthugget-Kirche im Westen Göteborgs. In Richtung Meer sind es die Silhouetten der riesigen Kräne, mit denen die Schiffe entladen werden, welche die Aufmerksamkeit auf sich ziehen. In Richtung Stadt sind es die vielen alten Gebäude, die auf dem Göta-Fluss verkehrenden Schiffe und ein auffälliges, rot-weiß gestrichenes Hochhaus direkt am Fluss. Die Göteborger nennen es aufgrund seiner Form und Farbgebung einfach *läppstift*: Lippenstift.

FISCH IN DER KIRCHE

Die Fischkirche. Ein Gotteshaus? Weit gefehlt! In einer der beliebtesten Sehenswürdigkeiten Göteborgs holen sich nicht die Fischer ihren Segen, bevor sie auf große Fahrt gehen. Hier geht es vielmehr anrüchig zu. In dem 1874 im gotischen Stil erbauten Gebäude kann man schlicht und einfach frischen Fisch kaufen. Restaurants und unzählige Händler bieten an ihren Ständen die verschiedensten Meeresdelikatessen an. Dorsch und Langfisch, Hummer und Schellfisch. Und natürlich bekommt man an den Ständen weitere nordische Spezialitäten wie Elch- oder Rentierfleisch. Den Namen hat die Feskekôrka jedoch nicht wegen der Bedeutung bekommen, die dem Fisch beigemessen wird. Er geht vielmehr auf die schöne Architektur mit Spitzgiebeln und der Dachkonstruktion zurück.

WEITERE INFORMATIONEN

www.goteborg.com

47 Fischerdörfer vor rosa Granit – Smögen & Hamburgsund

Gemälde aus Fels, Meer & bunten Fischerhäuschen

Der Schärenarchipel an der Bohusküste gehört ohne Zweifel zu den Gegenden Schwedens, die am meisten beeindrucken. Orte wie Smögen oder Hamburgsund haben einigen anderen Orten in puncto Beliebtheit den Rang abgelaufen. Statt nordischer Zurückhaltung findet man hier südländisches Flair.

Selten ist es auf der »Smögenbryggan« so ruhig wie auf diesem Bild (rechte Seite oben). In der Gegend von Hamburgsund sind die Schären rosa gefärbt (rechte Seite unten). An den Bootsstegen von Smögen (Smögenbryggan) stehen nicht nur die pittoresken Fischerhütten (unten rechts), sondern hier werden in den Restaurants auch frische Fische angeboten (unten links).

Es ist ein Farbspiel, das man kaum jemals vergessen wird. Rosafarben sind die Felsen in den Schären bei Smögen. Die Farbintensität steigert sich noch um ein Vielfaches, wenn die rote Abendsonne die Felsen zusätzlich erleuchtet. Ungemein harter Gneis und Granit bilden das Grundgestein, das vom Eis, von Wasser und Wind glatt geschliffen wurde und mit seinen Klüften der westschwedischen Küste ihr typisches Aussehen verleiht. Fantastisch, wie die Felsen bei näherem Hinsehen in der Sonne funkeln können! Fügen sich dann noch pittoreske Orte in das Landschaftsbild ein, entsteht daraus ein Bild, das ein wohlwollender Maler kaum romantischer auf die Leinwand zaubern könnte. Plätze, die solche Eindrücke entstehen lassen, gibt es viele an der Küste. Manche sind abgelegen und einsam, andere gelten als Anziehungspunkt für Touristen. So wie die kleine Ortschaft Smögen. Fast schon ein wenig vorlaut ragt die Insel Hasselön in die Wellen des Skagerraks hinein. Wobei kaum noch jemand die Insel bei ihrem wirklichen Namen nennt. Hasselön ist Smögen, und Smögen, das ist einer der bekanntesten Orte an der Bohusküste.

»Scherenschnitt« bei Sonnenuntergang an der Bohuslänküste bei Hamburgsund (ganz oben), die auch bei strahlendem Sonnenschein nichts von ihrer Faszination verliert (Mitte und oben). Für Segler sind die abwechslungsreichen Gewässer an der Westküste eine echte Herausforderung (rechte Seite unten).

Sommer in Smögen

Von wegen kühler Norden; von wegen zurückhaltende Schweden. Wer an einem der langen, warmen Sommerabende durch Smögen schlendert, findet vieles – nur nicht nordische Einsamkeit. Die gibt es zur Genüge in den vielen Buchten an der Schärenküste.
Eben nur nicht hier in einem Ort, der so idyllisch ist, dass er das Bild einer ganzen Region geprägt hat und auch das Klischee eines typisch schwedischen Fischerorts erfüllt. Nicht im Schutz einer versteckten Bucht oder hinter einem der vielen Hügel wurde der Ort gebaut, sondern die bunten Häuser stehen im Wind auf den nackten Felsen der Küste.
Gleich hinter den kleinen Inseln beginnt das offene Meer. Die ideale Lage dürfte auch der Grund sein, warum Smögen mit seinem natürlichen Hafen zu einem der Hauptumschlagplätze der schwedischen Fischindustrie wurde. Von hier legen die Fischkutter zu ihren Fanggründen im Skagerrak und in der Nordsee ab. Bei ihrer Rückkehr haben die Schiffe natürlich Fische in ihrem Laderaum, aber auch Garnelen, die vor Ort »Smögenräkor« heißen. An diesen Meeresdelikatessen kommt man in dem Hafenstädtchen kaum vorbei. Sie werden in jedem Restaurant angeboten, mal puristisch auf Brot, mal mit Kartoffelsalat und Dill sowie viel Mayonnaise, mal eingebettet in ein Gourmet-Menü. Und wer es noch einfacher mag, kauft sich ein paar Garnelen, setzt sich auf eine Bank oder einen der Felsen entlang der Promenade Smögenbryggan und pult die kleinen Tierchen heraus, die in Zitrone getränkt am besten schmecken.
Die hölzerne Promenade schlängelt sich rund um den Hafen entlang der Granitfelsen. Früher liefen hier die Fischer zu ihren auf Stelzen stehenden Bootshäusern, heute ist sie die Hauptattraktion des Ortes, über die in jedem Jahr Zehntausende Touristen flanieren. Und wo Touristen sind, da gibt es natürlich Souvenirgeschäfte und Eisdielen, Imbisse – nicht immer nur mit Fisch im Angebot – und Geschäfte mit Kunsthandwerk. Von der Smögenbryggan legen zudem die Boote zur Felseninsel Hållö und anderen Zielen ab. Im Sommer ist außerdem die tägliche Fischauktion eine Attraktion. Ruhig wird es am Hafen erst am späten Abend. Dann haben die Möwen wieder die Oberhoheit.

Fischer und Händler

Ein ganzes Stück weiter nördlich liegt der Ort Hamburgsund – gut geschützt gegen die Unbilden der Ostsee hinter einem Bollwerk aus Felsen an einer schmalen Fahrrinne, in die bei Sturm kein Brecher seinen Weg findet. Kein Wunder, dass angesichts dieser günstigen Lage hier seit Urzeiten Menschen leben. Schon zur Wikingerzeit vor rund tausend Jahren gab es auf der Klippe am Hamburgsund einen Thingplatz, den die Leute aus der Gegend regelmäßig aufsuchten, um hier Recht zu sprechen oder über die Dinge des Alltags zu diskutieren. Später, im Jahr 1585, wird die Siedlung erstmals als Zollstation erwähnt. In der zweiten Hälfte des 18. Jahrhunderts kamen die Heringsschwärme besonders nah an die Bohusküste. Für die Siedlungen im Westen Schwedens brachten die silbernen Fischleiber eine goldene Zeit mit hohen Einkommen. Der Fang war so gut, dass die Tiere nicht nur frisch gegessen oder konserviert, sondern in großen Töpfen auch gekocht wurden. Mit dem dabei erhaltenen Tran wurden Lampen befeuert oder Scharniere geölt, später Kosmetika hergestellt. Und natürlich trank man die ölige Flüssigkeit auch, die aufgrund ihres hohen Vitamingehalts als gesund gilt. Aus den Kaminen von den rund 500 Trankochereien rauchte es zu dieser Zeit an der gesamten Bohusküste.
Und natürlich hatte auch ein Fischerdorf wie Hamburgsund seine eigene »Walblubber-Küche«. Doch der Hering war ein unsicherer Geselle. Kommt er oder kommt er nicht? Das war die bange Frage, der sich die Fischer und Bootsbesitzer in jedem Jahr stellen mussten. Nicht nur, aber auch in Hamburgsund. Die

Zollstation im Ort hatte dazu geführt, dass man bereits mit dem Handel zu tun hatte. Das baute man weiter aus, pendelte zwischen Göteborg und Norwegen mit Hering und Granit aus den nahen Steinbrüchen, sowie mit Kohle und Koks, Holz und Ziegel im Schiffsbauch. Immer mehr wandelte sich der Ort jedoch zu einem Ausflugsziel für Sommerfrischler. Und die können auf dem Festland bleiben oder die Chance nutzen, einen Abend auf einer Schäreninsel zu verbringen.

Insel-Silhouetten

Mit einer Seilfähre geht es an vorbeifahrenden Segelboten über den schmalen Sund hinüber auf die Insel Hamburgsund Ö. In Reih und Glied stehen an beiden Seiten des Meeresarms die Häuschen, jedes mit einem Bootssteg davor. Und wer hier nicht heimisch ist, findet mit etwas Glück einen Platz im Hafen. Rund zwei Kilometer auf einer kleinen Straße entlang der karg bewachsenen Felsen sind es, bis man in einer der Buchten am offenen Meer steht.

Staunend. Bewundernd. Beeindruckt. Ein Kutter durchschneidet das silbrig glänzende Wasser – einen Schwarm Möwen im Schlepptau, die auf Futter hoffen. Am Felsen gegenüber putzt sich ein weiterer dieser großen weißen Meeresvögel sein Gefieder und flüchtet lauthals meckernd in Richtung Wasser. Wie dunkle Tupfen aus einem Farbkasten lösen sich die Silhouetten unzähliger kleiner Inseln aus der schillernden Fläche des Meeres. Ganz im Hintergrund ist das Lachen von Kindern zu hören, die im Wasser einer Bucht planschen. So kann ein heiterer Sommertag in den Schären aussehen.

GARNELEN PULEN AUF SMÖGEN

Kaum ein Gericht ist typischer für die Bohusküste als Garnelen. In Smögen kommt man an den Krebstierchen, die dort in allen Variationen angeboten werden, ohnehin kaum vorbei. Doch was genau isst man eigentlich? Und wie löst man das Fleisch aus dem harten Panzer? Pul-Unerfahrene haben in diesem Fall eine gute Chance, mit dem netten Schweden am Nachbartisch ins Gespräch zu kommen. Dieser wird im Allgemeinen sehr gern Entwicklungshilfe leisten. Doch falls man auf sich selbst gestellt ist: Nur Mut, so schwer ist das nicht! Beim Schälen (Pulen) hält man den Garnelenkopf zwischen linkem Zeigefinger und Daumen. Der rechte Daumen und der Zeigefinger fassen den Schwanzteil und biegen ihn gerade. Anschließend wird der Schwanzteil mit einer Vierteldrehung gegen den Kopfteil gelöst und abgezogen. Jetzt kann man das Fleisch leicht entnehmen. Guten Appetit!

WEITERE INFORMATIONEN

Restaurant Sea Lodge
Nordmanshuvud 1
450 43 Smögen
Tel.: +46/52 37 03 02
info@sealodge.se
www.sealodge.se

Bei diesem Sonnenuntergang hat die Natur tief in den Farbkasten gegriffen (oben). Unbekannte Künstler haben vor einigen Jahrtausenden ihre Erlebnisse in die Felsen an der Bohuslänküste geritzt (rechte Seite unten).

48 Kunst für die Ewigkeit – die Felsritzungen von Tanum

Hirsch, Hund & Brautpaar – Weltkulturerbe der Bohusküste

An der Küste der Provinz Bohuslän in Westschweden haben bronzezeitliche Künstler Werke geschaffen, die zum Weltkulturerbe gehören. Ihre Leinwand waren die Felsen, die sowohl das Festland als auch die vorgelagerten Inseln prägen.

Felskunst. Mit diesem Wort könnte man zusammenfassen, was unbekannte Künstler in der Bronzezeit an der sogenannten Bohusküste geschaffen haben, denn mehr als 1500 Zeichnungen sind auf den Felsen rund um Tanumshede zu finden – kein Wunder also, dass sie 1994 auf die Liste des UNESCO-Weltkulturerbes gesetzt wurden. Zu einer Berühmtheit hat es das sogenannte »Brautpaar« gebracht, das auf einem Felsen bei Vitlycke verewigt ist. Auf dem 22 Meter langen Granitstein tummeln sich insgesamt mehrere Hundert Personen. Bei Fossum hat nach Ansicht der Forscher ein einziger Künstler Jagdszenen dargestellt, außerdem Hirsche und Hunde in den Fels geritzt. Ebenfalls zu finden sind hier Schiffe. Unklar ist, ob die ebenfalls bei Tanum zu findenden Fußabdrücke vom Künstler stammen oder einer unbekannten Gottheit zugeordnet werden können.

Künstler am Ufer

Die bronzezeitlichen Künstler konnten ihre Füße beim Ritzen ins Wasser hängen. Denn damals, so etwa 1500 bis 500 Jahre vor unserer Zeitrechnung, lagen die steinernen Leinwände noch direkt am Meeresufer. Auf den Tisch kamen Getreide, Fleisch und Fisch. Mittlerweile ist das Meer durch die Landhebung ein Stückchen weggerückt. Und die Zeichnungen selbst liegen knapp 30 Meter über dem Meeresspiegel. Das bedeutet aber auch, dass neues Land freigelegt wurde. Wie an einer Perlenkette reihen sich heute kleine und größere Inseln mit unzähligen Buchten an der schwedischen Westküste aneinander.

Seltene Tiere in tiefem Wasser

Dazu gehört beispielsweise die Insel Tjärnö, die über eine Brücke mit dem Festland verbunden ist. Die Gewässer rund um das Eiland sind so einzigartig, dass die Universität Göteborg hier eine Forschungsstation eingerichtet hat. Ganz in der Nähe von Tjärnö verläuft die sogenannte Kosterrännan, eine Verwerfungsspalte am Meeresboden, an der das Wasser so tief ist wie an keiner anderen Stelle der Bohusküste. Bis zu 240 Meter tief müsste man hier tauchen, um auf den Grund zu kommen. Und dort ist das Wasser so salzig, dass die Biologen von der einzigen, wirklich ozeanischen Umgebung in Schweden sprechen. Neben vielen anderen Lebewesen, die nur in dieser Rinne einen Lebensraum gefunden haben, gibt es hier Kaltwasserkorallen, die hier ihr einziges Vorkommen in ganz Schweden haben. Südlich von Strömstad, der Insel Tjärnö vorgelagert, liegt die Salzinsel Saltö. Etwa 20, an manchen Stellen auch 30 Meter schaut das Eiland aus dem Meer heraus. Sein Haupt aus Granitfelsen wird durch Kiefern bedeckt, die ihre Wurzeln in die Felsritzen gebohrt haben. Nur wenige Senken gibt es, in denen der vom Meer heranwehende Wind den Boden nicht weggeblasen hat und die eine dichtere Vegetation zeigen. Im Sommer sind die kleinen, sandigen Buchten ein beliebter Badeplatz. Sonnenschirme ragen dann in den Himmel, und im flachen Wasser der Bucht tollen Kinder. Wer mit wachem Auge über die Insel spaziert, wird an einigen Stellen eine dunkle Färbung im Gestein finden.
Geologen fanden hier Diabas und außerdem Rombenporphyr, die sich von ihrem Mineraliengehalt deutlich vom Granit unterscheiden, der den Hauptteil der Insel bildet. Aufgrund all seiner Besonderheiten bildet das Gebiet rund um Tjärnö mit den Koster-Inseln seit 2009 Schwedens ersten maritimen Nationalpark.

TJÄRNÖ – SOMMERABEND IN DEN SCHÄREN VON LINDHOLMEN

Ein Windhauch weht den Duft des Meeres herüber. Draußen auf dem Wasser tuckert ein Fischerboot. Silbern glitzern die Wellen im Licht der langsam in Richtung Horizont sinkenden Sonne. Es ist einer dieser Abende, an denen die Schweden sich in ihre »sommarstuga«, ihr Sommerhäuschen, verabschieden und mit der Familie und Freunden vom Alltag entspannen. *Koppla av* ist ein trefflicher Begriff, der dafür gefunden wurde. Frisch gefangener Fisch und ein paar Garnelen brutzeln auf dem Grill. Ein paar Möwen kreischen. Dann wieder Ruhe. Einfach herrlich, so ein Abend in den Schären.

WEITERE INFORMATIONEN ZU DEN FELSZEICHNUNGEN VON TANUM

Vitlycke museum
Vitlycke 2, 457 93 Tanumshede
Tel. +46/10-441 43 10
www.vitlyckemuseum.se
Öffnungszeiten:
Mai–August: tgl. 10–17 Uhr,
September: tgl. 10–16 Uhr,
Oktober Di–So: 11–16 Uhr
Grebbestad Info Center Torget.
457 72 Grebbestad, www.grebbestad.se

49 Das blaue Herz Schwedens – Vänern und Vättern

Rund um die beiden größten schwedischen Seen

Zwei Seen bilden das Herz Schwedens: der Väner- und der Vätter-See – kurz auch einfach nur Vänern und Vättern genannt. Rund um die beiden Gewässer ist fast alles zu finden, was das Land ausmacht: verschwenderische Natur, viel Kultur und umtriebige Städtchen.

Sonnenuntergang über dem größten schwedischen See, dem Vänern (unten links). Auf dem Vätternsee schlossen sich die Kapitäne schon 1913 zu einem Segelclub zusammen (unten rechts). Das auf einer Landzunge im Vänern gelegene prächtige Schloss Läckö war einst eine einfache Burg (rechte Seite).

»Das schmeckt!« Die Augen des kleinen Jungen leuchten, als er an der weiß-roten Zuckerstange knabbert. Und damit auch an einem Symbol Schwedens, zumindest der Region am Vättern. Polkagrisar heißen diese Süßigkeiten, die eine Witwe aus Gränna vor der Armut bewahrten. Denn als sie 1859 die Erlaubnis erhielt, die Zuckerstangen herzustellen, schuf sie sich damit ein einträgliches Einkommen. Auch heute noch werden von zahlreichen Zuckerbäckern in dem Ort am Ostufer des Sees die Polkagrisar aus Zucker, Wasser und Pfefferminze hergestellt. Und dabei kann man sogar zusehen. Der Ort brachte aber nicht nur diese Zuckerstangen hervor, sondern sogar einen Polarforscher. Salomon August Andrée kam 1854 in Gränna zur Welt und starb 37 Jahre später – auf einer kleinen Insel bei Spitzbergen. Auf der Danskøya im Nordosten Spitzbergens waren er und seine beiden Begleiter mit einem Heißluftballon gestartet. Weit jedoch kamen sie nicht: Nach einem Drittel der Strecke und 60-stündiger Ballonfahrt prallte das Luftgefährt auf das Eis. Andrée und seine zwei Begleiter machten sich zu Fuß auf den Rückweg nach Spitzbergen. Dort jedoch kamen sie nie an. Erst 33 Jahre später wurden die Hinterlassenschaften der Expedition gefunden. Heute erinnert die Stadt Gränna in einem überaus sehenswerten Museum an ihren berühmten Sohn. Von einer Luft- zu einer Schiffsfahrt: Die ist nötig, um von Gränna auf die Insel Visingsö im Vättern zu kommen. Dort geht es dann mit einem »Remmalag« weiter, einer für das Eiland typischen Pferdekutsche. Die

Über den Vätternsee schippern im Sommer historische Dampfschiffe (unten rechts). Jönköping war das Zentrum der schwedischen Streichholzindustrie. Die Verpackungen der Sicherheitszündhölzer waren fantasievoll gestaltet (oben). Wirklichkeit gewordene Schweden-Klischees: Sommerhäuschen und stiller See mit Schäfchenwolken (unten links und rechte Seite oben).

Insel inmitten des zweitgrößten Binnensees des Landes war vor 800 Jahren ein wichtiges Machtzentrum – sozusagen die Insel der Könige und Legenden. Aus dieser Zeit übrig geblieben sind jedoch nur die Ruinen zweier Burgen, schöne Kirchen, hübsche Dörfer und das Flair einer vom Klima begünstigten Insel.

Im Reich von John Bauer

Wenn die Schweden von einem »Bauerwald« sprechen, dann meinen sie damit keinen Wald für Landwirte: Es ist vielmehr eine anerkennende Bezeichnung für ein Gebiet mit knorrigen Bäumen, von Moosen und Flechten überwucherten Felsen und kleinen Seen. Und auch dem einen oder anderen Troll. Der Maler John Bauer (1882–1918) lebte etliche Jahre in den Wäldern bei Gränna und fand dort die Vorbilder für seine Werke. Seine Darstellungen von Waldtieren sowie Trollen und anderen Waldgeistern prangen auf Postkarten und in Büchern. Seine oft symbolisch wirkende Darstellung der Figuren und das Spiel mit Licht und Schatten machen seine Bilder unverwechselbar – auch deshalb, weil sie oft sehr persönlich sind, mit einer Mischung aus realen Personen und fiktiven Wesen. Gelebt hat Bauer lange Jahre am Bunn-See ein paar Kilometer östlich von Gränna. Weit und freundlich wirkt das Gewässer, mit friedlichen rot-weißen Häuschen und dem obligatorischen Badesteg am Ufer. Doch auch dunkle Wälder und kleine, vom Menschen geschaffene Kanäle prägen die Gegend. So sehr, dass diese Sagenwelt in den Werken des berühmten skandinavischen Malers auftaucht. Gerade einmal 36 Jahre wurde Bauer alt. Sein nasses Grab fand er beim Untergang eines Passagierschiffes im Vättern auf der Fahrt nach Stockholm. John wollte mit Frau und Kind die neue Wohnung auf Djursholm beziehen. Das Boot nahmen sie, weil Ester-Lisa Ellqvist, Bauers Frau, Angst vor Zugreisen hatte!

Sichere Streichhölzer

Doch sosehr John Bauer auch die märchenhafte Natur rund um Jönköping und den Vättern bewunderte: In manchen Gebäuden Jönköpings ging es alles andere als romantisch zu. Denn hier wurden unter bisweilen kaum vorstellbaren Bedingungen Streichhölzer hergestellt. Zum Ende des 19. Jahrhunderts war der Ort am Südende des Sees sogar das Zentrum der schwedischen Streichholzindustrie und brachte der Region einen gewissen Wohlstand. Hier wurden Mitte des 19. Jahrhunderts sogar die Sicherheitszündhölzer erfunden, die einen ganzen Industriezweig revolutionierten. Neben der Qualität der Zündhölzer bekam die Verpackung eine im-

mense Bedeutung – als Werbeträger. Was alles auf die Streichholzschachteln gedruckt wurde, ist in einem interessant aufgemachten Museum in Jönköping zu sehen.

Sagenumwobenes Schloss Läckö: Prachtbau am Vänern

Zwischen dem Vättern und dem Vänern breitet sich eine Landschaft mit Feldern und Wäldern aus, unter denen besonders der Nationalpark Tiveden mit schönen Stränden und einem »Bauerwald« begeistert. Naturfreunde merken außerdem beim Namen Hornborgasjön auf. Denn an diesem See rasten im Frühjahr und Herbst alljährlich Tausende Kraniche auf ihrem jeweiligen Zug gen Süden oder Norden. In etlichen Orten wie Skövde, Skara oder Hjo ist zudem ein Teil der Kulturgeschichte der Region und damit auch Schwedens erhalten geblieben. Herausragend ist dabei ein Bauwerk, dass zu den schönsten seiner Art im ganzen Land gehört: das Schloss Läckö. Weiße Mauern, die sich in einem See spiegeln und darüber ein tiefblauer Himmel mit Schäfchenwolken. Klischees können ergreifend schön sein – noch dazu, wenn sie so erfüllt werden, wie in diesem Fall. Wie geschaffen für ein solches Gebäude ist die Landzunge, die in der Nähe von Lidköping in den Vänern ragt. Das fand auch der Bischof der Provinz Skara, der 1298 an dieser Stelle den Grundstein für eine erste Burg legte.

Für den Wandel von einer Bischofsburg in das heutige Barockschloss steht ein Name: Magnus Gabriel de la Gardie. Auf seine Initiative hin wurde Mitte des 17. Jahrhunderts aus einer Wehranlage ein Prachtbau. Dieser hat sich den Charme eines alten Gemäuers erhalten, geizt aber nicht mit mondänem Reichtum. So schwingen auf den Deckengemälden im Königssaal 13 Engel ihre Flügel, in anderen Räumen finden sich Darstellungen aus der Mythologie oder diverser Schlachten. Magnus de la Gardie gilt als derjenige, der den Luxus nach Schweden brachte. Einen entsprechenden Eindruck vermitteln die Exponate in der Schatzkammer. Hier werden kunstvoll verzierte Silberteller und Trinkgefäße gezeigt, aber auch fein gearbeitete Schmuckstücke. Die Herrschaft lebte gut in einer Zeit, in der das nordische Land zur Großmacht aufgestiegen war. Am entgegengesetzten Ende des größten schwedischen Sees liegt die Stadt Karlstad. Hier mündet der Fluss Klarälven in den Vänern und verbindet Südschweden mit den unendlichen Wäldern und der Bergwelt im mittleren Teil des Landes.

GUTE NACHT IM BAUMHAUS

Ein wenig schwindelfrei sollte man schon sein, wenn man in Ugglum, einem kleinen Dorf zwischen den beiden großen Seen, übernachten will. Natürlich gibt es in dem Hotel auch normale Zimmer. Aber wer will schon darin übernachten, wenn er sich in einem rot und weiß gestrichenen Baumhaus zur Ruhe betten kann? Über eine steile Treppe geht es sechs Meter hinauf, wo im Geäst einer stabilen Eiche eine einzigartige Unterkunft gebaut wurde. Hier warten auf die Gäste ein überraschend großes Zimmer und eine Terrasse mit prächtiger Aussicht – Morgen- und Abendsonne inklusive. Und das Frühstück wird morgens frisch in einem Korb geliefert und an einem Seil hinaufgezogen.

WEITERE INFORMATIONEN

Trädhushotel Islanna
Ugglum Islanna
521 94 Falköping
Tel. +46/730-62 33 19
www.islanna.com

50 Romantische Landschaft, historische Dampfer – Götakanal

Auf dem »Blauen Band« durch Pippis Welt

Eine der populärsten schwedischen Sehenswürdigkeiten ist rund 190 Kilometer lang und zieht sich von Stockholm bis nach Göteborg: der Götakanal. An Bord der nostalgischen Schiffe erlebt man die liebliche schwedische Landschaft auf eine ganz eigene Art. Sogar ein Ausflug in die Welt von Pippi Langstrumpf ist möglich.

Malerisch ist die Landschaft entlang des Götakanals – hier die Schlossruine von Stegeborg am Slätbaken, einem schmalen Sund zur Ostsee (rechte Seite oben). Idylle à la Astrid Lindgren – hier in Sevedstorp/ Bullerby (rechte Seite unten). In dem Städtchen wird an Pippi Langstrumpf erinnert (unten links). In klassischem Rot ist das Schulhaus von Sevedstorp gehalten (unten rechts).

Das Tuten könnte sogar den König aus dem Bett werfen. So alt die »Juno« auch ist – das Schiff hat immer noch genug Puste, um mit seinem Horn alle im und um den Hafen vor der Stockholmer Altstadt wissen zu lassen: Jetzt komme ich! Vier Tage wird die »Juno« zur schwimmenden und manchmal auch schwankenden Wohnstatt. So lange dauert die Fahrt auf dem Götakanal von der schwedischen Hauptstadt bis nach Göteborg – mitten durch das Herz Schwedens. Anfangs geht die Fahrt direkt durch die Stockholmer Vororte. Die Wohnhäuser am Ufer mit ihrer modernen Architektur stehen in einem krassen Gegensatz zu dem mehr als 130 Jahre alten Schiff. Dann passiert die »Juno« das am östlichen Stadtrand von Stockholm gelegene Schloss Drottningholm. Bei Södertälje greift die Besatzung zum ersten Mal zu den Stangen, mit denen sie den Schiffskörper von der Schleusenwand fernhalten. Doch diese erste Stufe ist mit ihren 30 Zentimetern Hubhöhe nur ein Warmlaufen für das, was im Lauf der Fahrt kommen wird. Denn die »Juno« wird auf einer Strecke von 190,5 Kilometern Länge in 58 Schleusen auf ziemlich genau 91,5 Meter über dem Meeresspiegel angehoben und anschließend wieder auf Nullniveau herabgelassen.

Schaufeln, Sprengstoff & Branntwein

Dabei gleiten die Schiffe auch durch das kleine, an der Ostseeküste gelegene Städtchen Mem, wo 1832 der Götakanal feierlich eingeweiht wurde. König Karl XIV. Johan (1763 bis 1844) ehrte hier den Erbauer Baltzar von Platen (1766–1829) für dessen Lebenswerk. Allerdings posthum. Denn der geniale Tausendsassa, der die 300 Jahre alte Idee zum Bau des Kanals in die Tat umgesetzt hatte, war drei Jahre zuvor gestorben. Unter seiner Regie hatten 58000 Soldaten insgesamt 87 lange Kanal-Kilometer ausgegraben. Und das nur mithilfe von Schaufeln, Sprengstoff und etlichen Sonderrationen Branntwein. Die Strecke führt die drei nostalgischen Götakanal-Schiffe »Juno«, »Diana« und »Wilhelm Tham« zu zwei Dritteln über natürliche Gewässer, durch den Schärengürtel und über die offene Ostsee, wo auf dem Weg zum pittoresken Städtchen Trosa bei stär-

Vom See Roxen führt eine siebenstufige Schleusentreppe hinauf zum Jachthafen von Berg (Carl-Johans-Schleusen, unten). Ein Fluss treibt die Räder der Mühle von Söderköping an (rechts oben). Mit sechs Kilometern in der Stunde gleitet die »Juno« (rechte Seite unten) über den Götakanal.

kerem Wind das Schiff auch einmal etwas ins Schwanken kommen kann. Über die beiden Seen Vättern und Vänern, die bei dieser Fahrt beeindruckend ihre gewaltigen Ausmaße spüren lassen und bei Sturm auch einmal etwas ungemütlicher werden können. Über stille Seen, an deren Ufer knorrige Eichen und alte Fichten sich im Wind wiegen, vorbei an rotweißen Schwedenhäuschen, die in der Sonne glänzen und in deren Vorgärten Kinder auf Trampolinen springen.

Gesang an der Forsvik-Schleuse

Doch überall dort, wo die Fahrrinne ausgegraben wurde, ist der Wasserweg schmal. An einer Stelle sogar so eng, dass die Matrosen mit Stangen nachhelfen müssen, um das Schiff um die Ecke zu bugsieren. Und es kann zudem vorkommen, dass die Boote auf Grund laufen und sich danach wieder frei schaukeln müssen. Höhepunkt einer jeden Fahrt sind die Schleusen: Bei Berg steigen die Schiffe über 20 Meter nach oben. Nacheinander sieben Schleusen sind nötig, um diesen Höhenunterschied zu bewältigen! Eine andere Schleusenpassage wiederum beeindruckt nicht durch ihre Höhe, sondern durch Gesang. Seit vielen Jahren empfängt eine Gruppe streng religiöser Schweden bei Forsvik jeden Götakanal-Dampfer mit einem Lied und einem gedruckten Bibelvers. Doch nicht nur für das seelische, sondern auch für das leibliche Wohl ist gesorgt. Denn in den Kombüsen zaubern die Köche ebenso leckere Snacks wie köstliche Menüs mit lokalen Rohwaren. Wer sich nach dem guten Essen bewegen will, kann manchmal sogar neben dem Kanal laufen oder sich das Bordfahrrad ausleihen. Im Schnitt tuckern die Schiffe mit sechs Stundenkilometern durch den Kanal. Das ist das Tempo, das ein zügiger Wanderer auch schafft. Die Fahrt auf dem Götakanal ist eben eine Fahrt in einer anderen Zeit, in der das Tempo des Alltags seine Bedeutung verliert, während die Landschaft langsam an den Passagieren vorbeigleitet. Gleichzeitig ist sie jedoch auch eine Passage über eines der nationalen Monumente des Landes.

In der Welt von Astrid Lindgren

Sevedstorp? Unbekannt. Gibberyd auch? Nun gut, vielleicht hat man nie von diesen Orten gehört. Sie liegen ein Stück südlich des Götakanals in Småland. Aber gesehen hat man sie ziemlich sicher! Sevedstorp ist der richtige Name von

Bullerby. Und Gibberyd, das ist der Katthult-Hof, auf dem Michel aus Lönneberga in den Michel-Filmen seine Streiche spielte. Wer am Weg vor dem Hof mit der roten Fassade und dem Walmdach steht, erinnert sich gern an die Szenen der beliebten Kinderserie. Und sogar den Tischlerschuppen, in dem sich Michel auf der Flucht vor seinem jähzornigen Vater versteckte, den gibt es hier. Genau wie im Film. Nur ein Katzensprung ist es von hier nach Vimmerby, wo die geistige Mutter all dieser Figuren zur Welt kam: Astrid Lindgren (1907–2002). Vielleicht ist es kein Zufall, dass viele ihrer Geschichten mit Småland verbunden werden, auch wenn sie viele Jahre ihres Lebens in Stockholm verbracht hat. Småland repräsentiert das Bild von Schweden, das in vielen Köpfen existiert: Rote Holzhäuser mit weißen Fensterrahmen und einem Schuppen hinter dem gepflegten Garten. Schmucke Dörfer mit historischen Holzhäusern wie in Eksjö oder der mittelalterlichen Holzkirche von Pelarne mit ihrem freistehenden Turm. Wälder, in denen auf Felsblöcken dicke Moospolster wachsen wie im nahe gelegenen Nationalpark Norra Kvill. Und Seen, an denen Kraniche und Schwäne brüten und auf deren Wasserspiegel sich die Wolken des blauen Himmels spiegeln. Alles ein Klischee, das aber oft der Realität nahekommt. Zwar starb Astrid Lindgren im Januar 2002 in Stockholm. Ihre Geschichten jedoch leben weiter. Auch in Vimmerby, wo der Theater- und Erlebnispark »Astrid Lindgrens Welt« die Attraktion für Kinder aus Småland, aus ganz Schweden und aus allen Ländern, in denen Astrid Lindgrens Bücher bekannt sind, darstellt.
Hier stehen natürlich die Villa Kunterbunt und der Katthult-Hof, die Mattisburg und die Krachmacherstraße. Und Pippi und Michel, Karlsson und Ronja Räubertochter und viele andere Figuren laufen zur Freude Tausender Kinder im Park herum und erwecken die Geschichten zum Leben. Mama und Papa werden dann bisweilen wehmütig, denn ihre Jugend liegt doch schon einige Jahre zurück. Die Erzählungen von der schwedischen, mit dem alternativen Nobelpreis und vielen anderen Ehrungen ausgezeichneten Schriftstellerin werden nicht vergessen, woran auch das Kulturzentrum Astrid Lindgren Näs seinen Anteil hat.

SEEFAHRERROMANTIK AUF KLEINEM RAUM

Die historische Fahrt von Göteborg nach Stockholm oder umgekehrt wird seit Gründung der Reederei 1869 angeboten. Die Größe der Schiffe richtet sich nach den Maßen der Schleusen des Kanals, weshalb üppiger Luxus nicht erwartet werden darf. Dafür besitzen die drei bis zu 100 Jahre alten Schiffe eine Atmosphäre, die Seefahrerromantik aufkommen lässt. Gegessen wird in der Messe, Kaffee wird bei schönem Wetter nachmittags an Deck serviert. Je nach Reise gibt es unterwegs genügend Zeit, um Sehenswürdigkeiten entlang der Strecke anzuschauen.

WEITERE INFORMATIONEN

Rederi AB Göta Kanal
Pusterviksgatan 13
413 01 Göteborg
Tel. +46/31 80 63 15
bookings@gotacanal.se
www.gotacanal.se

51 Das Tor zum Glasreich – Växjö

Design und Tradition à la Schweden

Wälder, Seen – und kaum etwas zu essen. Småland galt noch vor zwei Jahrhunderten nicht gerade als reiche Gegend. Heute ist die Region rund um die Stadt Växjö aufgrund ihrer Schönheit bei Touristen beliebt und kann zudem mit kreativen Köpfen aufwarten.

Wie eine Spinne im Netz liegt Växjö im südschwedischen Waldland. Alle Wege führen in die Stadt. Und das seit langer Zeit. Schon zu Zeiten der Wikinger war die von Seen umgebene Kommune ein bedeutendes Handelszentrum. Der Dom mit seinen beiden spitzen Türmen und prachtvollen Glasfenstern steht symbolisch für eine spätere Epoche, in der die Kirche eine bedeutende Rolle spielte. Bummelt man heute durch die Fußgängerzone, dann wird die Bedeutung von Växjö klar. Es ist ein Handels- und Schulzentrum für die gesamte Gegend mit Cafés und Restaurants, Theater und Boutiquen. Dabei galt die Provinz Småland noch im 19. Jahrhundert als das Armenhaus Schwedens. Die kargen Böden konnten die vielen Menschen kaum ernähren, die in den Dörfern im Wald lebten. So suchten im 19. Jahrhundert viele Småländer ihr Heil in der Flucht. Mehr als 200 000 Menschen wanderten seinerzeit nach Amerika aus, um dort ihr Glück zu suchen. Diesen Exodus, über den es im Auswandererzentrum in Växjö viel zu erfahren gibt, schildert beispielsweise der schwedische Autor Vilhelm Moberg (1898–1973) in seinem Roman *Die Auswanderer*.

Der Doppelturm der Domkirche von Växjö überragt das Stadtbild (rechts). Seit Jahrhunderten wird in den Wäldern östlich von Växjö Glas hergestellt. In vielen der Glashütten kann den Glasbläsern bei ihrer Arbeit zugesehen werden (rechte Seite oben links); dekorativ: der Glastellerbaum vor der Orrefors Glasbruk (rechte Seite oben rechts). Stylisch: die Glasbar im Kosta Boda Art Hotel (rechte Seite unten).

Bauernjunge mit Möbelimperium

Doch was tun, wenn man viel Holz, viele Menschen und keine Arbeit, aber eine gute Idee hat? Man baut Möbel. Die Region rund um Värnamo genießt den Ruf als schwedisches Möbelreich. Zahlreiche Möbelhersteller haben hier ihren Sitz, etliche Möbeldesigner brachten in den Wäldern Südschwedens ihre Ideen zu Papier. Einer ihrer kreativsten Köpfe war Bruno Mathsson (1907–1988), dessen Entwürfe weltweite Anerkennung fanden. Der südlich von Värnamo gelegene Ort Älmhult gehört zwar streng genommen nicht mehr zum Möbelreich.

Doch sollte noch ein Mann erwähnt werden, der ein ganzes Möbelimperium erschaffen und den Einrichtungsstil einer ganzen Generation geprägt hat: Ingvar Kamprad. Fügt man zu dessen Initialen noch den Anfangsbuchstaben des elterlichen Bauernhofs Elmaryd und des Heimatdorfs Agunnaryd hinzu, so bildet sich ein mittlerweile weltbekannter Name: nämlich Ikea.

Vorsicht! Glas!

Schon im 18. Jahrhundert ist in Småland aber eine weitere Industrie entstanden, die bis heute Bestand hat. Zwischen Växjö und Kalmar an der schwedischen Ostküste breitet sich das Glasreich aus. In 14 Glashütten werden Gläser, Schalen und Kunstwerke aus dem zerbrechlichen Material hergestellt. Orrefors, Bergdala, Kosta und Boda sind Namen, die für perfekt gefertigtes Glas und Tradition stehen. Seit 1742 sind die Öfen in der Hütte von Kosta nie ausgegangen, formen Generationen von Glasbläsern individuelle Stücke. Dabei kommt es nicht auf Lungenkraft und dicke Backen, sondern auf viel Feingefühl an. In einigen Glashütten können Besucher sogar selbst versuchen, ein gläsernes Erinnerungsstück zu formen. Ein besonderes Erlebnis ist ein Aufenthalt im modernen Kosta Boda Art Hotel, das in nahezu jedem Raum beeindruckende Glaskunst demonstriert. In der 1880 gegründeten Glashütte von Målerås wird dagegen Glas nicht geblasen, sondern gegossen, geschnitten und graviert. Auch wird hier inzwischen kein Haushaltsglas mehr hergestellt, sondern nur noch Kunstobjekte und Schmuck. Die kunstvollen Tier- und Pflanzenreliefs sowie die Schmuckkreationen von Mats Jonasson sind international bekannt. Einzigartig sind nicht nur die Arbeiten, sondern ist auch die Geschichte von Målerås. Von der Konkurrenz in Kosta geführt und von der Schließung bedroht, legten die Arbeiter und der ganze Ort zusammen und kauften die Glashütte Anfang der 1980er-Jahre wieder zurück. Es war die Zeit, in der der Chefdesigner Mats Jonasson den Beinamen »Robin Hood von Målerås« bekam.

HERING AM OFEN

Ein Stück småländische Tradition aus dem 18. Jahrhundert kann man beim sogenannten Hyttsill erleben. »Warum die Wärme nicht nutzen«, dachten sich die Dorfbewohner der Glashütten und trafen sich abends nach Feierabend vor heißen Öfen, in denen noch wenige Minuten zuvor Glas geschmolzen worden war. Diese Tradition wird bis heute für Touristen fortgeführt. Wie damals gibt es gebackene Kartoffeln, gebratenen Salzhering sowie eine »Isterband« genannte grobe Griebenwurst und knusprigen Speck – natürlich alles in der Glut des Glasofens gegart. Nach dem einfachen, nichtsdestotrotz leckeren Essen wird småländischer Käsekuchen mit Marmelade und Sahne serviert. Zudem geben die Glasbläser eine Probe ihres Könnens und formen vor den Augen der Gäste aus der glutflüssigen Masse Schalen und Gläser.

WEITERE INFORMATIONEN ZUM GLASREICH

Glasriket
Engshyttegatan 6
S-38280 Nybro
www.glasriket.se
www.visitsmaland.se/de

52 Von der Sonne verwöhnt – Öland

Besuch im etwas anderen Schweden

Zwischen dem langen Erik und dem langen Jan erstreckt sich eine Landschaft, die einzigartig ist in Schweden und wo das Meer nie weit entfernt liegt. Die beiden Leuchttürme stehen an jeweils einem Ende der 137 Kilometer langen Sonneninsel Öland, auf der sogar die schwedische Königsfamilie Urlaub macht. Wenn das keine Auszeichnung ist!

Kleiner, immer kleiner erscheinen die dicken Mauern des Schlosses Kalmar. Kraftvoll durchschneidet der Bug des Fährschiffs das Wasser im Sund zwischen dem schwedischen Festland und Öland. Bis 1972 musste man ebenjene Schiffsfahrt machen, um auf die Sonneninsel zu kommen. Heute führt eine sechs Kilometer lange Brücke in elegantem Bogen hinüber auf das Eiland, das einzigartig ist in Schweden. Die Vorzüge der Insel waren auch schon den früher hier lebenden Menschen bewusst, nachdem der dicke Eispanzer, der ganz Skandinavien und damit auch Öland bedeckte, abgeschmolzen und Öland aus dem Meer aufgestiegen war. Das ist ungefähr 11 000 Jahre her.
Die Pflanzendecke war anfangs sehr karg. Doch das Klima wurde wärmer, erste Bäume wie Kiefern und Birken siedelten sich an, später außerdem andere Laubbaumarten. Und auch einige wenige Menschen fanden auf der Insel Nahrung und Wohnstatt. Sie jagten Wildschweine und Auerochsen, gingen zum Fischen an die Küsten und sammelten wilde Pflanzen. Erst viel später, vor etwa 6000 Jahren, wurden die ersten Äcker bestellt. Steinerne Klingen und Harpunen aus Knochen sind aus dieser Zeit, welche die Archäologen als Steinzeit bezeichnen, erhalten geblieben.

Insel der Windmühlen

Grabhügel sind die weithin sichtbaren Überbleibsel aus der Bronzezeit. Mehr als 40 Meter Durchmesser hat der »Blå Rör« bei der Ortschaft Borgholm. Gut erhalten geblieben sind spätere Spuren aus der jüngeren Eisenzeit im Norden der Insel. Im Gebiet um Skäftekärr wurden die Grundmauern von 18 Häusern gefunden und teilweise rekonstruiert. Ismantorp und Eketorp im Inneren der Insel sind zwei Burgen, die wenige Jahrhunderte nach der Zeitenwende gebaut und bewohnt wurden. Es war die Zeit der Völkerwanderungen, in der die Menschen hinter dicken Steinwällen Schutz vor Invasoren suchten.
Man erkennt: Öland ist seit Jahrtausenden ein beliebter Platz zum Wohnen, heute auch für die Urlaubstage. Die UNESCO hat den Südteil der Insel auf die Liste des Welterbes gesetzt, weil hier das Wechselspiel zwischen Mensch und Natur in beeindruckender Weise

Das Schloss von Kalmar (unten rechts und rechte Seite oben) steht nicht weit von der Brücke nach Öland entfernt. Wind und Wellen haben bei Byrum fantastische Formen aus dem Kalkgestein modelliert (rechte Seite unten). Mystisch wirken die Kiefern im Trollwald an der Nordspitze Ölands im Abendlicht (unten links).

Öland ist eine Insel der Kontraste: zwischen der weißen Fassade und dem Blau des Himmels (unten links), den roten Mohnblüten auf grünem Feld (oben), der roten Mühle vor Wolken (unten rechts) und dem Weiß des Leuchtturms »langer Jan« an Ölands Südspitze vor blauem Himmel (rechte Seite oben).

zu sehen ist. Wie ein Flickenteppich reihen sich die Felder aneinander. Der Boden ist fruchtbar, die Erträge sind gut. Und im Inneren der Insel, wo der Untergrund die Pflanzen nicht so sprießen lässt, weil er entweder zu trocken oder zu nass ist, da ziehen Schafe und Rinder über die Weiden. Endlos lange Mauern aus unzähligen, lose gestapelten Steinen sorgen dafür, dass die Tiere an Ort und Stelle bleiben.

Das auf den Feldern geerntete Getreide wurde in insgesamt 2000 Windmühlen zu Mehl verarbeitet. Das bedeutet, dass umgerechnet auf zehn bis 20 Einwohner eine Mühle kam und diese eher Statussymbol als wirklich notwendig waren. Diese Bockwindmühlen, bei denen die gesamte Konstruktion auf einem Pfahl steht und in den Wind gedreht werden kann, schieben sich auch heute noch überall auf der Insel ins Blickfeld. Immerhin sind 400 erhalten geblieben. »Insel der Windmühlen« ist daher auch ein Beiname, den Öland nicht umsonst trägt.

Kalk als Gestalter

Ein Grund für die Beliebtheit der Insel ist die Lage fernab der vom Westen heranziehenden Tiefdruckgebiete, die ihre nasse Fracht über dem Festland verlieren. Ein anderer Faktor ist jedoch der Untergrund: Während das schwedische Festland überwiegend aus Granit und Gneis besteht, ist Öland ein gigantischer Kalkfelsen, der in der Ostsee liegt. Und es ist dieses hellgraue Gestein, das einen über die Insel begleitet. Die Neptuni åkrar nördlich von Byxelkrok ganz in der Nähe des Leuchtturms »Langer Erik« sind ein Beispiel hierfür. Eigentlich ist der Name, der auf den Naturforscher Carl von Linné zurückgeht, völlig irreführend. Denn auf den Feldern des Meeresgottes Neptun wächst meist nichts. Allenfalls im Sommer der Natternkopf, eine wunderschöne Pflanze mit tiefblauen Blüten. Trotzdem gehört der Strand zu den am häufigsten besuchten Zielen auf der Insel. Tausende und Abertausende von hellen, fast weißen Steinen hat das Meer am Strand aufgeschüttet.

Kalkgestein kommt auch bei den Byrum Raukar wieder ins Spiel. Wie Wachtposten stehen hier im Nordwesten von Öland 120 Felssäulen am Meeresstrand. Besonders beeindruckend sind die Naturskulpturen im Morgen- oder Abendlicht, wenn die rötlichen Sonnenstrahlen und lange Schatten ein kontrastreiches Wechselspiel aufführen. Die Felstürme sind bis zu vier Meter hoch und verdanken ihre Entstehung dem Wind und vor allem den Wellen, welche die mehr oder weniger harten Gesteinsschichten unterschiedlich stark abgetragen haben.

Wo der König Urlaub macht

Urlaubsatmosphäre nach so viel Natur? Die gibt es im kleinen Ort Borgholm, die sich ungefähr in der Mitte der Insel befindet. Restaurants und Cafés, Souvenirläden und auch ein wenig Jahrmarktatmosphäre bringen südliches Flair auf die Insel, die von sich behauptet, der Flecken in Schweden mit den meisten Sonnenstunden zu sein. Das hat sich natürlich schon längst bis ins Königshaus herumgesprochen. Die königliche Familie verbringt ihren Sommerurlaub regelmäßig im Schloss Solliden in der Nähe von Borgholm. Zwei Nummern größer, jedoch auch erheblich zugiger, ist die Ruine Borgholm gleich in der Nachbarschaft. Allerdings hat das Gebäude seine besten Tage bereits lange hinter sich. Als sich im 18. Jahrhundert Schweden und Dänemark über ihren Hoheitsanspruch friedlich einigten, verlor das in der Nähe der Grenze errichtete, einst prächtige und trotzdem wehrhafte Barockschloss seine Bedeutung und verfiel. Den Garaus machte der Wehranlage ein Brand Anfang des 19. Jahrhunderts. Nur die Mauern blieben stehen – was der Anlage eine eigentümliche Atmosphäre verleiht und die einstige Größe des Schlosses umso mehr erkennen lässt. Und ganz im Süden der Insel, wo Land und Meer einen unablässigen Kampf ausfechten, steht auf einer kleinen, von Gras bewachsenen Erhebung der »Lange Jan«. Seit mehr als 200 Jahren gibt der Leuchtturm den Seefahrern die Richtung vor. Früher mit einem offenen Feuer, heute mit einer automatischen Lichtanlage. Die massige, weiß gestrichene und mit einem schwarzen Querstreifen versehene Konstruktion ist mit einer Höhe von knapp 42 Metern der höchste Leuchtturm Skandinaviens. Er gibt nicht nur Orientierung, sondern warnt auch. Denn rund um die Südspitze der Insel lauern zahlreiche Untiefen auf Beute.

EILAND IM KALMARSUND

Die Insel ist nur 86 Meter hoch, misst gerade einmal einen Kilometer im Durchmesser. Das ist nicht üppig. Doch lohnt eine Fahrt zur Insel Blå Jungfrun zwischen der Insel Öland und dem schwedischen Festland. Auf kleinstem Raum bietet die »Blaue Jungfrau« völlig verschiedene Landschaften. Rote Klippen zum Beispiel, die steil ins Meer abfallen. Ein romantisches Kiefernwäldchen, in dem sich Fledermäuse und Hasen als einzige Säugetiere tummeln. Dann noch Felsen am Ufer, welche die Brandung glatt gewaschen hat. Schließlich tiefe Klüfte, ein Steinlabyrinth und einige Höhlen. All das lässt sich im Nationalpark auf einem Rundwanderweg erkunden, der vom Strand über die höchste Erhebung wieder zum Bootsanleger zurückführt.

WEITERE INFORMATIONEN

Anreise: Von Oskarshamn auf dem Festland und Byxelkrok auf Öland fahren regelmäßig kleine Schiffe zur Insel Blå Jungfrun.
Tourist Office in Färjestaden
Träffpunkt Öland 102
386 33 Färjestaden
Tel. +46/48 58 88 00
info@oland.se, www.oland.se

Der bunte Hafen von Visby (oben) lässt das Herz mancher Bootsfans höherschlagen. Auch viele hübsche Details in der Stadt wie dieses rote Haus oder das gemauerte Tor erfreuen das Auge (rechte Seite oben links und rechts). Von den mächtigen Türmen der Stadtmauer von Visby wurden Feinde schon von Weitem erspäht (rechte Seite unten).

53 Ostseeinsel mit bezauberndem Charme – Gotland

Lebendiges Mittelalter zwischen Sanddünen und Raukar

Wie ein Fels in der Brandung liegt die Insel Gotland mitten in der Ostsee. Im Mittelalter war sie ein bedeutender Handelsplatz, was heute noch an den vielen historischen Bauten zu erkennen ist – umgeben von einer großartigen Natur mit Sand und Felsen.

Die Insel war verzaubert. Nur nachts reckte sie ihre Felsen über den Meeresspiegel, tagsüber tauchte sie in den Ostseewellen unter. Doch dann kam ein Mann namens Tjelvar und entfachte ein Feuer auf der Insel – der Bann war gebrochen, Gotland von nun an immer sichtbar. Diesem Tjelvar muss man dankbar sein, denn es fehlte eine einzigartige Insel, wäre Gotland immer noch unter Wasser. Die Strandwälle am Ufer lassen erkennen, dass der Wasserspiegel einmal erheblich höher war.

Händler, Ritter und Gaukler

Schon vor 8000 Jahren siedelten sich hier Menschen an. Dies zeigen in Form eines Schiffes aufgestellte Steinformationen, sogenannte Schiffssetzungen, aus der Bronzezeit und Bildsteine aus der Eisenzeit. In der Wikingerzeit wurde Gotland und vor allem die an der Ostseite der Insel liegende Stadt Visby zum Handelszentrum. Ausländische Kaufleute, vor allem Deutsche, beherrschten den Handel, scherten sich jedoch nicht um die Landbevölkerung der Insel. Sie schotteten sich hinter dicken Mauern ab. Als ein dänisches Invasionsheer 1381 gegen die Bauerntruppen der Insel zu Felde zog, verschanzten sich die reichen Händler hinter den Stadttoren und schauten zu, wie die Gotländer von den Dänen niedergemetzelt wurden. 1525 wurde durch einen Überfall der Lübecker der Niedergang der Insel besiegelt. Sie brannten Visby nieder. Doch glücklicherweise überstanden etliche Gemäuer das Feuer, etwa die 3,6 Kilometer lange Stadtmauer, die in Nordeuropa ihresgleichen sucht und mitsamt den mittelalterlichen Bauten seit 1995 zum

Welterbe der UNESCO zählt. Während der Mittelalterwoche im August weht der Hauch Vergangenheit durch Visby. Dann reiten wackere Ritter auf prächtig geschmückten Pferden durch die Stadt, ziehen Spielleute ihre Instrumente hervor, während Gaukler das Volk unterhalten. Diese Epoche hat nicht nur in der Inselhauptstadt ihre Spuren hinterlassen. In der Kirche von Bro suchen die Gläubigen seit rund 800 Jahren Schutz und Trost. Kurios ist die Kirchturmuhr aus dem 15. Jahrhundert: Sie trägt eine Inschrift auf Plattdeutsch! Die Kirche von Dalhem gehört zu den berühmtesten Sakralbauten Gotlands. Sie stammt aus der gleichen Zeit wie die Kirche von Bro.

Auf die Inseln

Ganz im Norden Gotlands, rund 40 Kilometer von der Hauptinsel entfernt, liegt die Gotska Sandön im Meer. Das kleine Eiland besteht, wie der Name ahnen lässt, aus Sand. Ein dichter Kiefernwald verhindert, dass die Ostseestürme die Insel ins Meer blasen. Am Strand räkeln sich Kegelrobben und Sonnenhungrige. Ein einsames Plätzchen ist in dem Nationalpark überall zu finden. Nur durch einen schmalen Sund ist Fårö von der Hauptinsel getrennt. Auch hier spielt der Sand eine wichtige Rolle, bildet besonders im Gebiet der Bucht Sudersandsviken einen fantastischen Strand.

Auf der westlichen Seite Fårös ragen mächtige Felstürme in den Himmel. Sie sind bis zu zehn Meter hoch und bestehen aus hartem, widerstandsfähigem Kalk. Besonders stimmungsvoll sind die sogenannten Raukar, wenn die Abendsonne ihr Licht auf sie wirft. Sehenswert ist auch die Kirche auf der seit langer Zeit bewohnten Insel. Sie erhebt ihren spitzen Turm nur einen Steinwurf von einer flachen Meeresbucht entfernt. Das Gotteshaus stammt zwar aus dem Mittelalter, wurde aber im 18. und 19. Jahrhundert mehrfach umgebaut.

Kalkbrenner und Fischer

Kalk – das Gestein, aus dem Gotland besteht, ist ein wertvoller Baustoff. Manchmal wurden ganze Felsblöcke aus dem Untergrund geschlagen, in großen Öfen gebrannt und zum Hausbau verwendet. Bei Bläse im Norden ragen noch die Kamine in den Himmel – auch wenn sie schon lange nicht mehr rauchen. Seit Mitte des 20. Jahrhunderts werden die Öfen der Kalkbrennerei nicht mehr angeheizt, das Kalksteinwerk wurde zum Museum umgebaut. Für den Lebensunterhalt der Menschen spielt auch der Fischfang eine große Rolle. Er war für die Inselbewohner immer eine wichtige Einnahmequelle. Gnisvärd südlich von Visby war einst eine der größten Fischersiedlungen auf Gotland.

WEINBAU AUF GOTLAND

Das Klima auf Gotland ist mild. Sogar so mild, dass trotz der nördlichen Lage Wein angebaut werden kann. Seit Mitte der 1990er-Jahre stehen Rebstöcke auf dem Kalkboden im Süden der Insel. Erst war es ein Versuchsfeld. Doch mittlerweile dienen einige Hektar als Rebfläche, auf denen der kostbare Tropfen aus Schweden angebaut wird. Dabei handelt es sich übrigens um das nördlichste kommerzielle Weingut der Welt! Die Preise dafür sind wie die Lage: exklusiv. Im Jahr 2002, dem ersten ernsthaften Erntejahr, wurden 500 Kilogramm Trauben gepflückt. Ziel ist es, in jeder Saison gut 15000 Liter Wein herzustellen. Ein Problem ist allerdings das Monopol des schwedischen Staates auf Alkohol. Höherprozentiges ist nur in den Läden des »Systembolaget« erhältlich. Aber im kleinen Laden des Weinguts gibt es immerhin andere Köstlichkeiten zu kaufen.

WEITERE INFORMATIONEN

Gute Vingård AB
Hablingbo
623 42 Havdhem
Tel. +46/4 98487070
www.gutevin.se

Die Abendsonne rückt die Raukar von Fårö ins rechte Licht.

54 Lebendige schwedische Geschichte – Östergötland

Gamla Linköping & Norrköping – Kleinstadtidylle und Industriearchitektur

Das Leben der Menschen in der guten alten Zeit übt immer noch eine große Faszination aus. In Gamla Linköping wird es auf beeindruckende Weise näher gebracht. Im Kontrast dazu steht die historische Industriestadt Norrköping.

Die Stadt ist eine der schönsten Schwedens. Und hat gleichwohl nie existiert. Gamla Linköping heißt nichts anderes als »Altes Linköping« und ist ein Freilichtmuseum, ja ein eigener Stadtteil von Linköping. Und was für einer! Man muss den Stadtvätern von Linköping Respekt zollen. Als die Stadt in den 1940er-Jahren wuchs und man Platz für neue Häuser brauchte, wurden viele der alten Gebäude nicht einfach abgerissen. Man zerlegte sie vielmehr fein säuberlich, transportierte sie an den Stadtrand und baute sie dort wieder auf. Wer über das Kopfsteinpflaster der Stadt läuft, fühlt sich sofort um Jahrzehnte zurückversetzt. Kein Gedanke mehr daran, in einer künstlichen Stadt zu sein. Ganz im Gegenteil. Dies ist der Ort, um gedanklich in einem Bild des alten Schwedens zu schwelgen, ja, es sogar zu leben.

Waschmittel und Waffeln

Da ist das Postamt mit Posthorn und Krone auf der Fahne. Königlich ist es natürlich. Und es strahlt den Stolz und die Würde aus, die auch die Polizisten mit ihren stählernen Pickelhauben vermitteln. Im Handelsbod, dem Dorfladen, werden auf Metallschildern Solo-Kaffee und Zenith-Margarine angepriesen. Marken, die es heute in keinem Supermarktregal mehr gibt. Und wer kennt noch Lagerman's Tvättpulver, ein Waschmittel? Dann um die Ecke die Apotheke, die so aussieht wie vor 100 Jahren – mit Tiegeln, Töpfen und Balkenwaagen. Hinzu

In Gamla Linköping werden Erinnerungen an alte Zeiten wach (unten rechts). In diesem Geschäft in Linköping gibt es so ziemlich alles zu kaufen (unten links). Die Kraft des Wassers lockte Industrieunternehmen nach Norrköping (rechte Seite oben).

kommen etliche Wohnhäuser und Höfe. Der des Barons von Lingen zum Beispiel, der nach dem Stand von 1820 rekonstruiert wurde. Die Villa der Bildhauerin Carin Nilson aus dem Jahr 1882. Oder – als Kontrast dazu – Solliden, eine Arbeiterwohnung aus den zwanziger Jahren des letzten Jahrhunderts, in dem eine Holzfällerfamilie wohnte. Dann das alte Schulhaus, wo noch mit Kreide auf Schiefertafeln geschrieben wurde. Andere Häuser und Wohnungen in Gamla Linköping sind sogar nach wie vor bewohnt. In Dahlberg's Café am Hauptplatz werden am Nachmittag frische Waffeln mit Marmelade und viel Schlagsahne serviert. Schwedischer geht es kaum. Und wenn dann von den Musikanten des Ortes alte schwedische Weisen vorgetragen werden, fühlt man sich wie ein Darsteller in einem Astrid-Lindgren-Buch.

Industriearchitektur in Norrköping

Welch ein Kontrast dazu in Norrköping. Wie weggeblasen ist die Kleinstadtidylle von Gamla Linköping. Die Nachbarstadt Norrköping ist eine Industriestadt mit langer Tradition. Und das hat sie dem Fluss Motala Ström zu verdanken, der vom Vättern durch die Stadt hindurch in die Ostsee fließt. Dass er im Stadtgebiet ein Gefälle von 22 Metern aufweist, hat vor langer Zeit Lachse angelockt und das Interesse der Könige geweckt. Die Herrscher reservierten sich die einträglichsten Plätze für den Fischfang. Und später, als die Industrialisierung auch in Schweden Einzug hielt, da war diese Wasserkraft eine begehrte Energiequelle. So wurden hier schon im 17. Jahrhundert Messing, Papier und Seile hergestellt. Sogar Schiffe gebaut. Wichtig wurde vor allem die Textilindustrie, die lange Zeit das Leben der Stadt bestimmte.
Heute bestimmen Häuser aus dem 18. und 19. Jahrhundert das Stadtbild rund um den Gamla Torget, den »Alten Platz«. Architektonisch ungemein interessant und auch von grafischer Schönheit sind viele der alten Industriegebäude, die sich entlang des Motala Ström aufreihen. Mit dem Niedergang der Industrie zerfiel auch ein großer Teil der Häuser in den 1970er-Jahren. Doch man fand neue Nutzer. Das Symphonie-Orchester der Stadt fand hier eine Bleibe und in eine ehemalige Weberei zog das Museum der Arbeit ein.

NORRKÖPINGS ARBEITERMUSEUM

Auf einer Insel mitten im Motala Ström liegt das Arbeitermuseum von Norrköping. Der Bildhauer Carl Milles (1875–1955) bezeichnete die ehemalige Baumwollfabrik als das schönste Industriegebäude Schwedens. Heute, nach dem Niedergang dieser Industrie, erfährt man viel Interessantes über die frühere Arbeitswelt und das oft harte Leben der Menschen im gesamten Land. Besonders eingegangen wird auf die Industriegeschichte von Norrköping mit seinen direkt am Fluss gelegenen Fabriken.

WEITERE INFORMATIONEN

Arbetets museum
Laxholmen
602 21 Norrköping
Tel.: 011-23 17 00
www.arbetetsmuseum.se

Im Umfeld Stockholms siedelten sich Adlige und Industrielle an und bauten prächtige Landsitze wie Schloss Torönsborg. Romantisch glitzert der Bråviken, ein Meeresarm der Ostsee, im schwindenden Abendlicht (rechte Seite unten); an seinem Südufer liegt Schloss Mauritzberg (rechte Seite oben).

55 Im Reich des Landadels – Södermanland & Östergötland

Kronjuwelen der Romantik

Schlösser und Herrenhäuser, dazu Seen und Wälder: Die Gegend rund um den See Mälaren lässt das Herz von Romantikern schneller schlagen. Und das nicht nur, wenn sie zu Fuß oder mit dem Fahrrad auf dem sogenannten Sörmlandsleden unterwegs sind.

Fische schwammen vor einigen Tausend Jahren noch da, wo heute die Herrenhäuser und Landsitze der Provinz Södermanland stehen. Das von der Eislast befreite Land hob sich, während das sich zurückziehende Meer fruchtbares Ackerland hinterließ. Bauern siedelten sich in der flachen Landschaft südlich des Mälaren an und brachten zumeist reiche Ernte in ihre Speicher ein. Und das gilt auch heute noch. Knapp die Hälfte aller schwedischen Ackerflächen liegt in der mittelschwedischen Senke, zu der auch die Provinzen Östergötland und Södermanland gehören.

Anmutiger Reichtum

»Södermanland stellt eine der anmutigsten Gegenden des ganzen Schwedenreichs dar, denn es besitzt reichlich Wald, Obstbäume, Tiere, Vögel und Fische und ist fruchtbar an Pflanzen, Saaten und Getreide«, so ist in einer Schrift aus dem Jahre 1677 zu lesen, mehr als 300 Jahre später gilt diese Aussage immer noch. Die Rede ist von einer Landschaft mit unzähligen kleinen, lauschigen Seen, auf denen Seerosen blühen und an deren Ufer im Schilf Enten oder Schwäne brüten und in denen man an einem warmen Sommertag auch baden kann. Eine Region mit verwunschenen Wäldern, in denen Pilze sprießen und Blau- und Preiselbeersträucher wie ein Teppich den Boden bedecken. Wo über den Mooren im Herbst der Nebel wabert und Elche in der Dämmerung am Waldrand äsen.

Schlösser und Herrenhäuser

Södermanland, meist auch als Sörmland bezeichnet – ein vielfarbiger, lieblicher Flickenteppich mit herrlicher Natur. Das – und die Nähe zu Stockholm – begeisterte ab dem 17. Jahrhundert auch den reich gewordenen Adel, sodass dieser in den Provinzen Sörmland und Östergötland romantische Schlösser und pompöse Herrenhäuser als Sommerresidenzen baute. Mehr als 400 dieser Prachtbauten stehen rund um den Mälaren. Hörningsholm beispielsweise einige Kilometer südlich von Södertälje oder auch das Schloss Stora Sundby am See Hjälmaren, das mit seinen Türmen und Giebeln an ein englisches Adelsschloss erinnert.
Und Schloss Tullgarns an einer Ostseebucht bei Södertälje kann mit einer besonders vornehmen Innenausstattung aufwarten.
Torönsberg in der Nähe von Söderköping ist ein weiteres Beispiel für prachtvolle Architektur. Das steinerne Hauptgebäude stammt aus der Mitte des 18. Jahrhunderts und ist wunderschön auf einer Landzunge gelegen. Das Schloss ist umgeben von einer prächtigen Gartenanlage.
Beeindruckend auch das Schloss Nynäs, das ebenfalls unter dem Namen Björksund bekannt ist. Es liegt an einem See ganz in der Nähe des idyllischen Ortes Trosa. Den kann man mit einem Boot über das Meer erreichen, denn gerade einmal ein paar Hundert Meter entfernt befindet sich das Schärenreich der Ostsee mit kleinen Inseln und romantischen Buchten. Ganze 350 Jahre ist das prächtige Gebäude alt. Die gelbe Fassade strahlt mit ihrer symmetrischen Architektur eine schon fast aristokratische Ruhe aus.

Zu Fuß von Schloss zu Schloss

Viele dieser architektonischen Schätze sind über den Sörmlandsleden zu erreichen, einen über 800 Kilometer langen Wanderweg. Dank gut ausgeschilderter Radwege kann Sörmland auch im Sattel eines Stahlrosses erlebt werden. Und wer es besonders stilvoll mag, kann im Sattel eines richtigen Pferdes von Schloss zu Schloss reiten. Dabei wird man sicherlich eines feststellen: Die Gutsbesitzer wussten, wo die prächtigsten Orte für ihre Anwesen sind. Einige der Schlösser und Herrenhäuser sind für die Öffentlichkeit zugänglich, andere wurden in Hotels umgewandelt und wieder andere dienen als Privatresidenz. Eines ist jedoch allen gemein: Sie sind eine Zierde in der idyllischen Landschaft.

URLAUB IM SCHLOSS UND NAHE DER NATUR

Übernachten und essen wie die Herrschaften früher? Im Schloss Mauritzberg an einem Meeresarm der Ostsee zwischen Nyköping und Norrköping ist das und noch vieles mehr möglich. Hier findet man exklusive Ferienhäuser, einen anspruchsvollen Golfplatz, eine Marina sowie ein Wellness- und Konferenzhotel in einzigartiger Umgebung. Dabei wird das historische Andenken des 400 Jahre alten Anwesens gewahrt. Und wem Schloss Mauritzberg bekannt vorkommt: Es diente auch schon als Kulisse für Inga Lindström-Filme. Von hier ist es auch nicht weit zum wunderschönen Naturreservat Stendörren.

WEITERE INFORMATIONEN

Schloss Mauritzberg
Mauritsbegsvägen 5,
610 31 Vikbolandet
Tel. +46/02 55 01 00,
www.mauritzberg.se
Stendörren Naturreservat
Über die E4 zwischen Stockholm und Nyköping, Abzweig der Straße 219 nach Stendörren.
www.nykopingsguiden.se/en

56 Idylle aus dem Bilderbuch – Trosa & Stendörren

Filmstars in den Schären

Das malerische Städtchen Trosa und das Naturreservat Stendörren an der schwedischen Ostküste dienten schon als Kulisse für die deutschen TV-Filme der Inga-Lindström-Reihe. Die Realität übertrifft das im Fernsehen gezeigte Bild jedoch bei Weitem.

Das pittoreske Städtchen Trosa mit seinem hübschen Rathaus (unten links) ist das Ziel vieler Touristen. Die Schönheit des Ortes liegt auch im Detail verborgen (unten rechts). Schären und Wasser gehen im Nationalpark Stendörren an der Ostküste eine fantastische Verbindung ein (rechte Seite oben und unten).

Das Ende der Welt ist ein malerischer Ort hinter den Schären und heißt Trosa. Das »mit dem Ende der Welt« ist in einem schwedischen Reiseführer zu lesen, das mit dem »malerischen Ort« ist der Eindruck, den wohl jeder Besucher erhält, wenn er durch das Dorf flaniert. Kurioserweise ist der kleine, abseits gelegene Flecken an der Schärenküste südlich von Stockholm eine der ältesten Städte Schwedens, spielte sogar einmal eine Rolle als bedeutender Handelsplatz, dann als Fischerdorf. Damals lag der Ort zudem noch einige Kilometer weiter im Landesinnern, bevor sich das Meer aufgrund der Landhebung immer weiter nach Osten zurückzog.

Akkordeon, Dampfschiffe & üppige Rosensträucher

Doch die Schönheit des abgeschiedenen Städtchens lockte seit dem 19. Jahrhundert immer mehr Sommergäste in den Schärenort. Die noble Sommergesellschaft feierte Maskenbälle, kam zu festlichen Dinners zusammen oder traf sich zum Tanz. Sogar eine Spa-Anlage wurde gebaut, obwohl man diesen Begriff damals noch nicht kannte. An den Pollern am Hafen machen heute die Skipper der Freizeitboote fest, im Sommer zudem die nostalgischen Schiffe der Götakanal-Flotte. Jedes Mal, wenn die »Juno« oder die »Diana« am Kai anlegen, schnappt sich Anders, ein

Schwede weit jenseits des Pensionsalters, sein Akkordeon und läuft zum Hafen. Er setzt sich auf eine Bank neben dem Schiff und empfängt die aus der ganzen Welt angereisten Gäste mit schwedischen Liedern, besingt Seen und Wälder, aber auch das Meer und natürlich die Liebe, die so schön sei in diesem prächtigen Land. So manchem fällt es schwer, sich von dem Musiker loszureißen. Doch man versäumt etwas, würde man nicht dem Trosa-Fluss in die Stadt hinein folgen: Hübsche Vorgärten, in denen mit viel Liebe, etwas Dünger und Wasser Rosen an den Holzfassaden emporklettern. Gelbe, weiße und rote Häuschen, die sich im Wasser des Kanals spiegeln. Fenster, in denen Buddelschiffe und Katzen liegen. Verschnörkelte, altmodische Bänke im Schatten dicht belaubter Bäume, von denen man den kleinen Booten zusehen kann, die im schmalen Fluss durch den Ort schippern.
Nach einigen Stunden legen die Götakanal-Schiffe wieder ab. Und für Freizeitskipper haben die Schären weitere interessante Ausflugsziele zu bieten – wie das Naturreservat Stendörren ein paar Seemeilen weiter südlich.

Filmkulisse als Geheimtipp

Das Tor zum Meer. So wird Stendörren in alten Seebeschreibungen genannt. Viele Segler und Motorboote nutzen diesen engen Durchschlupf zwischen einer grasbewachsenen Halbinsel und einer felsigen Schäreninsel. Dort wacht am Ufer ein rotes Schwedenhäuschen, über dem die blau-gelbe Flagge weht. Eine Idylle! Diesen Eindruck müssen auch die Macher der Inga-Lindström-Filme bekommen haben. Das Naturreservat bildete die malerische Kulisse für einige dieser Herz-Schmerz-Filme, die via Fernsehen den Zuschauern das nordische Land näherbringen.
Das Gebiet ist nicht groß, gerade einmal 900 Hektar umfasst es. Gleichwohl ist Stendörren ein Kaleidoskop verschiedener Landschaftstypen. Man findet hier Wiesen mit bunten Blumen, über die schnarrende Gänse gemächlich schreiten, schroffe Felsen, die mit Flechten bewachsen sind, kleine Wäldchen, in deren Schatten Farne gedeihen. Erkundet werden kann Stendörren auf schmalen Wanderwegen, die über Hängebrücken bis auf die äußersten Schären führen. Und das Beste: Dieses kleine Paradies ist trotz Inga Lindström noch ein Geheimtipp!

SPAZIERGANG AUF DIE SCHÄRE

Ganz schön wackelig! Doch wer nicht auf die Insel Stora Kroksholmen im Stendörren Naturreservat schwimmen will, der muss den etwas abenteuerlichen Weg über die Brücke nehmen. Und keine Bange, das macht Spaß! Drüben auf dem Inselchen kann man sich mit dem Rücken an den Stamm einer Kiefer anlehnen und genießen. Draußen auf einem aus dem Wasser ragenden Felsen streiten sich zwei Möwen laut kreischend um einen kleinen Fisch. Am Himmel kreist ein großer Vogel auf der Suche nach Beute. Im flachen Wasser der Bucht kriecht ein Krebs über die Felsen und sucht Schutz unter einem Stein. Die Schönheit einer Landschaft muss nicht überwältigen, sie kann auch im Detail liegen. Wie beim Naturreservat Stendörren.

WEITERE INFORMATIONEN

Stendörren Naturreservat
Lage: E4 zwischen Stockholm und Nyköping. Abzweig der Straße 219 nach Studsvik/Stendörren.
Infozentrum Tel.: +46/10 223 40 00

57 Eine grüne Metropole auf 14 Inseln – Stockholm

Das wahre »Venedig des Nordens«

Eine hervorragend erhaltene Altstadt, ein ungemein facettenreiches Kulturleben und eine faszinierende Landschaft, die sich mit dem internationalen Flair einer Großstadt und südländischer Lebendigkeit vermischen: Das ist Stockholm, die schwedische Hauptstadt.

Vom Rathausturm schweift der Blick über Stockholm (rechte Seite oben). In Sichtweite des markanten Gebäudes legen die Schiffe zum Mälaren ab (rechte Seite unten). Der Eingang zum Schlosspark Drottningholm gibt einen Vorgeschmack auf die prunkvolle Anlage (unten links). Stockholm lässt sich bestens in einer Kutsche erfahren (unten rechts).

Ein weiter Schwung mit den Armen, dann fliegt die Schnur in hohem Bogen ins Wasser. Wenige Minuten vergehen, der Köder zuckt – und ein Fisch zappelt am Haken. Scheint ein guter Platz zum Angeln zu sein. Und ein exklusiver dazu – mitten im Herzen von Stockholm zwischen dem Königlichen Schloss und der Oper! Als »Venedig des Nordens« wurden schon einige Städte bezeichnet, aber kaum eine mit so viel Berechtigung wie Stockholm. Denn genau wie ihr südliches Pendant wird die schwedische Hauptstadt von einem geprägt: dem Wasser. Stockholm liegt auf 14 Inseln und hat 52 Brücken. Ein Drittel der Fläche besteht aus Wasser! Das ist auch ein Grund, warum das Boot ein ideales Transportmittel ist, um zwischen den Inseln zu pendeln.

Im Zentrum Stockholms ist man am besten zu Fuß unterwegs oder – bei weiteren Strecken – mit der U-Bahn, der sogenannten Tunnelbana. Denn schon allein aufgrund der künstlerischen Ausgestaltung vieler U-Bahn-Stationen ist eine solche Fahrt einen eigenen Programmpunkt wert. Erstmals urkundlich erwähnt wurde die Stadt 1252. Sie soll von Birger Jarl gegründet worden sein, der dort, wo heute das Schloss steht, einen Turm bauen ließ und einen weiteren an der gegenüberliegenden Stelle der Insel. Dazwischen wurden Mauern errichtet und in deren Schutz dann die Häuser. Damals war Stockholm noch ein unbedeutender Flecken an der schwedischen Ostseeküste. Doch das änderte sich aufgrund der strategisch günstigen Lage zwischen der Ostsee und dem Mälaren rasch. Denn wer mit dem Schiff ins schwedische Kernland wollte, der musste an den Türmen der Stadt vorbei.

Flammen über »Tre Kronor«

Handwerker strömten in die Stadt, Händler kamen, auch das Militär. Ende des 17. Jahrhunderts lebten bereits 45000 Menschen unterhalb der Burgmauern Tre Kronor. Für damalige Verhältnisse eine stattliche Zahl. Doch dann geschah die Katastrophe. Am 7. Mai 1697 ging die Burg in Flammen auf, und dicke Rauchschwaden verdunkelten den Stockholmer Frühlingshimmel. Zu retten gab es nichts. Binnen Stunden wurde aus dem stolzen Gebäude ein Haufen Schutt und Asche. Nur der

RIDDARFJÄRDEN

Schloss Drottningholm gehört zum Weltkulturerbe (unten rechts) und wird von Gardesoldaten bewacht (oben). Das Treppenhaus des Schlosses ist prächtig ausgeschmückt (unten links). Auf der Insel Skeppsholmen mitten in Stockholm liegt das Moderna Museet, das nordische und internationale Kunst der Gegenwart präsentiert. Beschwingt und farbenfroh zeigen sich die Kunstobjekte im umgebenden Park (rechte Seite oben).

Nordflügel blieb stehen. Überreste dieser alten Festung sieht man heute noch im Museum des Königlichen Schlosses, das auf den Grundmauern der abgebrannten Burg errichtet wurde. Denn der mitten in der Pubertät steckende Karl XII., kurze Zeit davor König geworden, wollte das royale Domizil umgehend wieder aufbauen lassen. Und es sollte, so sein Wunsch, das größte bis dahin errichtete Gebäude Schwedens werden. Anstelle der mit vielen Türmen und Erkern ausgestalteten Burg entstand ein monumentaler Bau, der jedoch erst rund 70 Jahre später fertig wurde – und heute eine der wichtigsten Sehenswürdigkeiten Stockholms ist. Der heutige König wohnt zwar nicht mehr in seinem Schloss, nutzt es aber als täglichen Arbeitsplatz sowie für repräsentative Zwecke. Auch Staatsempfänge finden hier statt. Dann weht die schwedische Flagge über dem Gebäude, gesellen sich weitere altmodisch-schick gekleidete Soldaten zu ihren Kollegen, die im Hof des Schlosses zur Freude der Touristen den Wachwechsel aufführen.

In den Gassen der Altstadt

Neben dem Schloss sind die schmalen und verwinkelten Gassen der Altstadt, »Gamla Stan« genannt, ein Muss für den Stockholm-Besuch. Im Schatten der prächtigen Handelshäuser der Västerlångstraße spielt sich das Leben ab, buhlen unzählige Cafés, Restaurants und Boutiquen um die Gunst der Gäste. Zentrum der Altstadt ist der Platz Stortorget, der von prächtigen, dicht an dicht stehenden mittelalterlichen Häusern umgeben ist. Nur ein paar Schritte sind es vom Stortorget zur Storkyrkan, mit deren Bau im 13. Jahrhundert begonnen wurde. Die Fassade der Kirche ist im Barockstil gehalten, während im Inneren der Domkirche die Gotik prägend ist. Lange Zeit spielten deutsche Kaufleute eine wichtige Rolle im Wirtschaftsleben der Stadt. Mit der Tyska Kyrka, der »Deutschen Kirche«, bekamen sie im 17. Jahrhundert sogar ihr eigenes Gotteshaus. Über eine Brücke gelangt man auf die Nachbarinsel Riddarholmen, die für die jeweiligen Herrscher eine besondere Rolle spielte. Hier fanden im Riddarhuset die Zusammenkünfte des Adels statt, und im Boden der Riddarholmskirche sind die schwedischen Könige bestattet. Vom Platz Nybroplan mit dem Dramatischen Theater führt der Boulevard Strandvägen am Wasser entlang zur Museumsinsel Djurgården. Ein Muss ist hier das Vasamuseum mit dem Regalschiff »Vasa«, das im Jahr 1628 bei seiner Jungfernfahrt vor dem Stockholmer Hafen sank. Nachdem es 333 Jahre lang in 32 Metern Tiefe auf Grund gelegen hatte, wurde es 1961 gehoben und bekam nach jahrelanger Restaurierung sein eigenes Museum.

Ein paar Schritte weiter steht man am Eingang zum Skansen, dem ältesten Freilichtmuseum der Welt, das 1891 eröffnet wurde. Im Sommer wird musiziert und getanzt, in der Adventszeit ein stimmungsvoller Weihnachtsmarkt mit vielen Buden aufgebaut, aus denen es verführerisch nach Pfefferkuchen und Glühwein duftet.

Das moderne Stockholm

Stockholm besteht jedoch nicht nur aus historischen Häusern. Moderner wird es auf Norrmalm, dem Zentrum der Stadt mit den großen Geschäftsstraßen und der Fußgängerzone, auf der man zum Platz Sergels Torg mit dem 37 Meter hohen Glasobelisk bummelt. Ausspannen nach ein paar Stunden in der Stadt kann man hervorragend in den Straßencafés am Park Kungsträdgården – wie in vielen anderen Parkanlagen der Stadt auch. Immerhin beherbergt Stockholm den weltweit ersten Stadt-Nationalpark. Weithin sichtbar ist das auf Kungsholmen liegende Stadshus. Von seinem Turm hat man den besten Blick über die Häuser der Stadt und die Schiffe, die auf dem Riddarfjärden in Richtung Mälaren fahren. In einem großen Saal des Backsteingebäudes findet alljährlich das Nobelpreisbankett statt. Ein wenig abseits der üblichen Touristenpfade liegt die Insel Södermalm, ein ehemaliges Arbeiterviertel, das heute alternativ und multikulturell geprägt ist. Hier liegen die Geschäftsstraßen Hornsgatan und Götgatan. Zahlreiche Kneipen reihen sich rund um die Götgatan und das legendäre »Mosebacke«-Etablissement am Platz Mosebacke Torg aneinander, in dem Livemusik, Shows, Tanz, diverse Clubs und eine große Außenterrasse geboten werden.

Vom gegenüberliegenden Ufer in der Nähe des Stadshus legen die Schiffe zum Schloss Drottningholm ab, das auch als »schwedisches Versailles« gilt. Die prächtige Anlage mit ihrem berühmten Theater ist nicht nur von der UNESCO zum Weltkulturerbe erklärt worden, sondern hier wohnt auch die Königsfamilie. Und der Adel weiß ja bekanntlich, wo es schön ist.

ÜBERNACHTEN AUF EINEM DREIMASTER

Direkt vor der Insel Skeppsholmen liegt das Segelschiff »af Chapman«. Man könnte mit dem Dreimaster noch fahren. Doch seit mehr als 50 Jahren ist es eine schwimmende Herberge – die oft wochenlang im Voraus ausgebucht ist. An Bord genießt man nicht nur den Aufenthalt auf dem rund 120 Jahre alten Schiff, sondern auch die Aussicht auf die Altstadt und das Königliche Schloss gegenüber.

Vor wenigen Jahren ist das ehemalige Handelsschiff grundlegend renoviert und modernisiert worden. Dabei ging man äußerst behutsam vor. An Bord des Schiffes herrscht immer noch die Atmosphäre aus der Zeit, als die »af Chapman« auf großer Fahrt war.

WEITERE INFORMATIONEN

Svenska Turistföreningen
Box 17251
104 62 Stockholm
Tel. +46/846 322 80
chapman@stfturist.se
www.svenskaturistforeningen.se

Bei einem Spaziergang auf dem Strandvägen in Nynäshamn kann man den schwedischen Sommer genießen (oben). Ein Dreimaster unter vollen Segeln steuert den Hafen von Vaxholm an (rechts).

58 Unterwegs in den Schären Stockholms

Sommertage am Meer

Rund 30 000 Inseln, Schären und Felsen bilden den Stockholmer Schärengarten, der sich vor den Häusern der schwedischen Hauptstadt etwa 80 Kilometer in Richtung Meer erstreckt. Manche von ihnen sind völlig kahl, auf anderen wachsen Bäume und Sträucher, und auf den größeren stehen Häuser. Auch die berühmte Kinderbuchautorin Astrid Lindgren hatte hier ein Domizil.

Erst von Bord eines Schiffes aus werden die Dimensionen des Stockholmer Schärengartens klar. Gleich nachdem man die offene Ostsee verlassen hat, erblickt man eine kleine Insel. Torskär heißt das Inselchen, das sich südlich der Fahrrinne der Schiffe aus dem Meer erhebt. Ein kleines, karges Eiland, auf dem man sich nicht verlaufen kann. Denn hier gibt es nur ein paar Gebäude, die gesamte Schäre ist gerade einmal 200 auf 400 Meter groß. Allerdings: Übersehen lässt sich die Insel nicht – zumindest an sonnigen Tagen. Hier ragt der der rot-weiß gestrichene Leuchtturm Söderarm fyr in den nordischen Himmel. 1839 wurde das 21 Meter hohe Gebäude auf den nackten Fels gesetzt. Bis 1997 wachten von dieser Position aus Mitarbeiter des Seefahrtswerkes sowie Militär und Rettungsdienst über den Schiffsverkehr in den viel befahrenen Schären vor Stockholm. Zwei Jahre später – weder Leuchtturm noch Lotsen oder Militärpräsenz waren in Zeiten moderner Überwachungselektronik noch nötig – wurden aus den Unterkünften hübsche Zimmer, die nun an Touristen und Reisegruppen vermietet werden. Die Sauna ist in einem alten Bunker untergebracht, aus dem früher die Soldaten in Richtung Osten »spechteten«. Bisweilen kommen auch Paddler mit ihren Seekajaks vorbei, für die diese ausgesetzt liegende Inseln ein beliebtes Ziel ist.
Wer nun glaubt, bald da zu sein, die hübschen Häuser der Stockholmer Altstadt Gamla stan oder das imposante Schloss zu sehen, liegt

TS
S606
SIDM

Die Windmühle auf der Insel Lidö wurde im 19. Jahrhundert gebaut (unten). Die typischen Kanelbulle (Zimtschnecke) bekommt man auch in diesem Café auf Vaxholm (ganz unten). Küstenimpression aus dem Schärengarten – hier auf Vaxholm (rechte Seite oben).

falsch. Es wird noch Stunden dauern, bis das Schiff im Hafen festmacht. Denn zwischen Söderarm fyr und Großstadttrubel liegen rund 80 Kilometer Luftlinie und unzählige Inseln, die nun im Zickzack umkurvt werden müssen.

Rudern für den König

Die Hauptroute – vor allem für große Schiffe – verläuft ganz im Norden des Inselreichs an

der Küste Roslagens entlang. Wer bei diesem Wort an Ruderer denkt, liegt richtig. Denn die Dörfer aus dieser Region, die sich bis hinauf nach Forsmark erstreckt, mussten früher die Ruderer stellen, die die Boote des Königs in Fahrt brachten. Grisslehamn, neben dem hübschen Norrtälje einer der Hauptorte Roslagens, hat eine wichtige Rolle beim Postverkehr zwischen den Åland-Inseln und Schweden gespielt. Die Schiffe konnten weite Teile dieses Seewegs im Schutz des Archipels hinter sich bringen. Und dann ist da noch das erste binäre Kommunikationssystem in der Welt, mit dem schon vor gut 200 Jahren so etwas wie SMS verschickt wurden. Mittels eines Codesystems mit geöffneten und geschlossenen Klappen konnten von Mitte des 18. Jahrhunderts an mehr als 1000 Zeichen zwischen Stockholm und Grisslehamn binnen einer Stunde übertragen werden, was vor allem die Militärs im Schwedisch-Russischen Krieg nutzten.

Vaxholm – Insel mit Wachposten

Mit Furusund erreicht man nun eine der ersten Engstellen an der Route, an der die Schiffe zwischen zwei Inseln hindurchnavigieren müssen. Und dann, nachdem man sich an den Anblick von rot-weißen Häuschen, kargen Felsen und lieblichen Wäldchen gewöhnt hat, wird ein in früheren Zeiten wichtiger Sperrriegel erreicht. Zwei Wege gibt es für denjenigen, der nun mit einem großen Schiff nach Stockholm will. Zum einen ist da die 200 Meter schmale Durchfahrt durch die Oxdjupet, an der rechts und links die dicken Mauern und Schanzen der Festung Oskar-Fredriksborg beeindrucken. Zum anderen die Festungsanlage von Vaxholm, was vermutlich »Insel mit Wachposten« bedeutet. Als die Herren des schwedischen Reichstags im 16. Jahrhundert deren Bau an der Zufahrt nach Stockholm in Auftrag gaben, hatten sie zwei Dinge im Kopf. Natürlich ging es darum, die Stadt gegen Angriffe von der See zu schützen. Man hoffte aber auch auf kräftige Ein-

nahmen durch Zölle, die auf die Waren erhoben wurden. Und scheinbar ist es geglückt. Vaxholm ist heute eine idyllische Kleinstadt mit bunten Häusern, in der vom emsigen Treiben der nahen Großstadt Stockholm nichts zu spüren ist. Nicht zuletzt deshalb haben etliche gut Betuchte ihr Domizil auf der Schäreninsel und brausen im Sommer vorzugsweise mit dem eigenen Boot ins Zentrum der schwedischen Hauptstadt. Umgekehrt zieht es viele Stockholmer und natürlich auch Touristen – hinaus nach Vaxholm. Die dortige Uferpromenade ist ein prächtiger Platz für ein paar Mußestunden am Abend oder am Wochenende.

Wer mehr vom Schärengarten sehen will, der muss auf ein kleineres Boot steigen. Von Stockholm aus verkehren regelmäßig Ausflugsdampfer in das Inselreich. Weit mehr sieht und erlebt man, wenn man sich per Linienboot zum Inselhopping aufmacht. Hunderte Anleger werden von den kleinen Fähren angefahren, bringen die Inselbewohner zur Schule oder zur Arbeit. Ein Service, den man auch als Tourist nutzen kann, um von der Roslagen-Küste ganz im Norden bis nach Nynäshamn am südlichsten Rand des Inselreichs zu gelangen und dabei typisch schwedische Sommeratmosphäre zu erleben.

In Sommerlaune

In Nynäshamn sollten ein Picknickkorb und gute Laune für einen schönen Tag am Strandvägen genügen. Egal, ob man zu Fuß, mit dem Fahrrad oder auf Inlinern unterwegs ist: Der am Strand verlaufende Weg ist seit rund 100 Jahren beliebt für einen bequemen Ausflug hinaus in die Schären. Damals baute man einen bequemen Zugang für die Zuschauer bei den Segelwettbewerben der Olympischen Spiele in Stockholm. Heute geht es nur dann um Geschwindigkeit, wenn PS-starke Speed-Boote oder Wasser-Skooter über das Meer preschen. Aber das ist selten genug. Ansonsten ist am Ostseestrand nur das leise Plätschern der Wellen zu hören, vielleicht einmal eine Fahrradklingel oder ein fröhliches Lachen, das von einem der vorbeigleitenden Segelboote herüberschallt. Belohnt wird man mit fantastischen Ausblicken auf die Inselwelt und sogar die offene Ostsee. Morgens schlägt hier die Stunde der Frühaufsteher: Sie können die Sonne beim Aufgehen erleben und ihren rötlichen Schein auf den Wellen tanzen sehen. Nynäshamn selbst ist ebenso einen Bummel wert. Eine freundliche, maritime Atmosphäre bestimmt das Stadtbild. Kein Wunder, schließlich ist der vor den Toren Stockholms liegende Ort eine Hafenstadt, von deren Kai die Schiffe nach Gotland, Lettland und Polen ablegen.

INSELHOPPING VOR STOCKHOLM

Von Stockholmer Reedereien werden Tickets angeboten, mit denen man für nicht einmal 50 Euro fünf Tage lang beliebig oft in den Schären unterwegs sein kann. Allerdings sollte man sich auf eine Region des Inselreichs konzentrieren und diese langsame Art des Reisens zu zahlreichen Stopps auf den verschiedenen Inseln nutzen. Vor allem in der Hauptsaison sind der Freiheit jedoch Grenzen gesetzt. Die Schären sind eine bei den Hauptstädtern sehr populäre Urlaubsregion. Wer kein eigenes Ferienhäuschen besitzt, der quartiert sich in einem der vielen Hotels und Pensionen ein. Entsprechend sollte man als Tourist gerade in dieser Zeit seine Unterkunft unbedingt vorab buchen. Ansonsten lohnt sich der Besuch der Städtchen im Schärengarten genauso wie der der kleineren Inseln, wo man bei entsprechendem Wetter baden oder sich ein Seekajak ausleihen kann, um einen einsamen Strand anzusteuern.

WEITERE INFORMATIONEN

Stockholmer Touristeninformation und Reederei Waxholmsbolaget
Strömkajen, Stockholm, Tel. 08-600 10 00,
www.waxholmsbolaget.se

59 Herrscher, Macht & Dichterseelen – Schloss Gripsholm

Bilder-Geschichte am Mälaren

Kaum ein Ort in Schweden ist so eng mit Deutschland verbunden wie Schloss Gripsholm. Das idyllisch am See Mälaren gelegene Schloss gehört zusammen mit dem Ort Mariefred zu den beliebtesten Sehenswürdigkeiten des Landes.

Ein See mit klarem Wasser, ein Dorf mit pittoresken rot-weißen Häuschen, eine Insel mit einem Schloss, dazu weiß-blauer Himmel: Eine Postkartenidylle, für die gerade die Deutschen nach Ansicht einer schwedischen Tageszeitung empfänglich sind. Das *Svenska Dagbladet* schrieb vor geraumer Zeit über das Bullerbü-Syndrom – die Sehnsucht nach der heilen Welt, welche die Deutschen befallen hätte. Ob die Menschen, die vor gut 600 Jahren an den Ufern des Mälaren lebten, dafür einen Blick hatten? Damals ließ der Adlige Bo Jonsson Grip (etwa 1330–1386) auf dem Inselchen eine Festung bauen und benannte sie nach seiner Familie. »Grips Insel«, wie Gripsholm übersetzt heißt, lag geschützt, aber verkehrsgünstig am Südende des Mälaren. Das Meer – und damit Stockholm – war nicht einmal eine Tagesreise entfernt. All das mag eine Rolle gespielt haben, als Gustav I. Vasa (vermutlich 1496–1560) diese Insel für sein Schloss aussuchte. Um 1540 war dann jene Residenz fertig. Wehrhaft muss sie schon damals gewesen sein, und so wirkt sie mit ihren dicken, roten Mauern und Türmen auch noch heute.

Der Gang durch das Schloss Gripsholm ist heute auch ein Gang durch die Geschichte der schwedischen Monarchie. Zu sehen sind etwa Porträts der wichtigen Personen der schwedischen Geschichte bis heute, mit rund 4000 Bildern vermutlich die größte Porträtsammlung der Welt. Menschen bekommen ein Gesicht, ebenjener Gustav I. Vasa zum Beispiel, der mit scharfem Blick aus dem Bild hinausschaut. Oder Sigismund, der hoch zu Ross dargestellt ist, bildlich gesprochen aber vom Pferd stürzte, kurz nachdem er die Regentschaft übernommen hatte. Und so hängen an den

Nur wenige Hundert Meter von Schloss Gripsholm (rechte Seite oben) entfernt wurde Kurt Tucholsky auf dem Friedhof von Mariefred begraben (unten links). Zu Mariefreds Hauptattraktionen neben dem Schloss Gripsholm gehört die Museumseisenbahn mit dem historischen Bahnhof (unten rechts).

Mauern des Schlosses die Bildnisse der Herrscher, zeigen, wie diese aussahen oder wie diese sich gern sehen wollten.

Friedliche Ruhe in Mariefred

Ein wenig im Schatten des Schlosses liegt Mariefred. Es wäre ein Versäumnis, würde man nur den Parkplatz des Ortes kennen, von dem man zum Schloss Gripsholm läuft. Das Zentrum des hübschen Städtchens stimmt immer noch mit dem einer Karte aus dem Jahr 1759 überein. Den Namen hat Mariefred von einem Kartäu serkloster, das genauso hieß: »Marias fred« – Friede Marias. Anno 1493 wurde es gegründet, 1526 schon wieder geschlossen. Vom alten Gebäude ist heute nicht mehr viel übrig. Gustav I. Vasa nutzte das Klostergemäuer als Steinbruch, um sich sein Schloss Gripsholm bauen zu lassen. Die Mönche waren aber längst nicht die ersten Bewohner der malerischen Bucht am Mälaren. Irgendwann um das Jahr 1000 wurden zwei imposante Runensteine vor Gripsholm aufgestellt, um die Verwandtschaft und ihre Taten zu ehren. So ist auf einem der beiden von einem Harald die Rede, der bei der Suche nach Gold in Särkland starb.
Doch während in anderen Städten der Umgebung die Industrialisierung Fabriken und Werkstätten entstehen ließ, ging diese Entwicklung an Mariefred weitgehend vorbei. Vielleicht ist das der Grund, warum Mariefred als eines der am besten erhaltenen Holzhausstädtchen Schwedens gilt. Herausragend ist das Rathaus mit seiner prächtigen Fassade und dem grünen Türmchen.

Nostalgische Dampfloks

Im Sommer steigen bisweilen dichte Dampfwolken vor dem Schloss auf. Sie stammen von den Lokomotiven der Eisenbahnfreunde von Östra Södermanland, die in den 1960er-Jahren die Eisenbahnstrecke von Mariefred nach Läggesta übernahmen. Aus ganz Schweden wurden alte Loks herangebracht und mit Liebe wieder hergerichtet. Das gilt auch für den Bahnhof mit seiner leuchtend gelben Holzfassade.
Einige Künstler hat dieser idyllische Flecken am Mälaren angezogen, so auch Kurt Tucholsky (1890–1935), der 1930 vor den Nationalsozialisten nach Schweden geflüchtet war. Er starb 1935 in Göteborg. Sein Grab aber befindet sich unter einem alten Baum auf dem Friedhof von Mariefred nahe Schloss Gripsholm, dem er mit seinem gleichnamigen Roman ein literarisches Denkmal setzte.

SPEISEN MIT SCHLOSSBLICK

Seit etwa 400 Jahren wird in »Gripsholms Värdshus« gegessen, getrunken und übernachtet. Und das sehr gut. Seine Entstehung verdankt das Wirtshaus jedoch den Protesten der Bürger von Mariefred, die das Gefolge der Könige, die Gripsholm besuchten, auf eigene Kosten beherbergen mussten. Und die Herrscher kamen oft, was den Bürgern schon bald nicht mehr passte. Also ließ König Karl IX. auf dem Gelände des alten Klosters ein Wirtshaus einrichten, das im Laufe der Jahrhunderte zwar modernisiert wurde, aber niemals den Charme der alten Herberge verlor.

WEITERE INFORMATIONEN

Gripsholms Värdshus Hotell & Konferens
Kyrkogatan 1, 647 23 Mariefred
Tel. +46/15 93 47 50
info@gripsholms-vardshus.se
www.gripsholms-vardshus.se

60 Zeitreise zu den alten Herrschern – Gamla Uppsala & Birka

Von Wikingern, Königen & Ausgrabungen

Geschichte läuft selten kontinuierlich ab. Von einstigen Machtzentren in Schweden wie Gamla Uppsala und Birka ist kaum etwas übrig geblieben. Aus der Asche rekonstruierten Wissenschaftler das Leben der einstigen Herrscher und ihres Volkes.

Warum heißt Schweden eigentlich Schweden? Die Antwort auf diese Frage gibt ein Volk, das vom römischen Schreiber Cornelius Tacitus im Jahr 98 n. Chr. als Sviones, als Sveavolk beschrieben wird. Und daher kommt der Name. Allerdings: Vieles rund um diese germanische Gemeinschaft ist im Dunkel der Geschichte verborgen. Funde von Archäologen in der Provinz Uppland bringen jedoch ein wenig Licht in die Sache.

Der Dom von Uppsala ist das imposanteste Bauwerk der Studentenstadt (rechts). Im Freiluftmuseum von Birka kann man die aus Originalfundstücken nachgebauten Hütten der Wikinger und ihre einfachen, aber zweckmäßigen Boote ganz von Nahem besehen (rechte Seite unten). Runensteine des 11. Jahrhunderts, wie der aus Uppsala, berichten von lange zurückliegenden Begebenheiten (rechte Seite oben).

Könige und Bischöfe

Drei große, auf einem Hügel liegende Kegel heben sich in der Nähe von Uppsala deutlich von der Umgebung ab. Bei Ausgrabungen wurde in Gräbern die Asche von Toten gefunden, dazu wertvolle Grabbeigaben sowie die Überreste von Gebeinen. Bestattet wurden die Toten wahrscheinlich Anfang des sechsten nachchristlichen Jahrhunderts. Vermutlich waren es Könige der Svear aus dem Herrschergeschlecht der Ynglingar, die hier in Gamla Uppsala ihre letzte Ruhe gefunden haben. Rund vier Kilometer von der heutigen Stadt Uppsala entfernt liegt dieser Ort. Nicht nur Könige wurden hier bestattet, sondern auch das gemeine Volk. Mehrere Hundert Gräber wurden in Gamla Uppsala rund um die königlichen Hügel gefunden. Mit den Begräbnissen der Könige endet die Geschichte von Gamla Uppsala aber nicht – auch wenn die Svear schon bald unter ungeklärten Umständen von der Bühne der Weltgeschichte verschwanden. Unmittelbar neben den Grabhügeln wurde im 11. Jahrhundert eine Kirche gebaut, die 1164 sogar zum Bischofssitz wurde. Doch schon im 13. Jahrhundert wurde dieses Symbol der Herrschaft in das näher am Meer befindliche Uppsala verlegt, wo bereits an einem neuen, gewaltigen Gotteshaus gebaut wurde: dem Dom von Uppsala, der heute neben der berühmten Universität das Stadtbild dominiert. Seitdem liegt Gamla Uppsala im Schatten der Nachbarstadt.

Birka: Wikingerzentrum am Mälaren

Ebenfalls untergegangen ist eine einstige Wikingerhauptstadt ein Stück südlich von Uppsala am Ufer des Mälaren. Birka war ein Handelszentrum wie kein anderes im neunten und zehnten Jahrhundert in Schweden. Bis zu tausend Menschen müssen in der Stadt mit dem großen Hafen gewohnt haben. Doch davon ist kaum noch etwas übrig. Erst sorgfältige Ausgrabungen auf der Insel im Mälaren, etwa 30 Kilometer westlich von Stockholm gelegen, ließen erkennen, wie hier während der Wikingerzeit gelebt wurde. Es muss eine blühende Region gewesen sein. Im Jahr 829 reiste der norddeutsche Bischof Ansgar von Bremen nach Birka. Die Christianisierung der Heiden war sein Ziel. Sonderlich erfolgreich war er jedoch nicht. Aber der Geistliche berichtet vom Reichtum der hier lebenden Wikinger. Arabischer Silberschmuck und Silbermünzen wurden von den Archäologen im Boden gefunden, dazu Seide und Keramik aus Friesland, fränkisches Glas und auch einheimische Bronze- und Eisenstücke. Die Funde der Ausgrabungen auf Birka lassen erahnen, wie die Menschen damals gelebt haben. Vermutlich wohnten Gruppen von etwa zehn Personen in den Holzhäusern, betrieben Ackerbau und Viehzucht, verdingten sich als Handwerker, Kaufmann oder Händler. Damals hatte man noch einen direkten Zugang zur Ostsee. Als begnadete Seefahrer waren die Wikinger aus Birka auf dem Meer und sogar bis hinein nach Russland unterwegs. Gleich gegenüber auf der Nachbarinsel Adelsön lebten die Könige. Gegen Ende des zehnten Jahrhunderts verließen die Menschen Birka, die Stadt geriet in Vergessenheit.

Mit ihrer Einstufung als Weltkulturerbe bekommt diese frühe Wikingerstadt jedoch die Bedeutung zurück, die sie einst gehabt hat.

WIKINGER FÜR EINEN TAG

Hautnah erleben kann man das Dasein als Wikinger in der rekonstruierten Wikingersiedlung auf der Insel Björkö, auf der auch Birka liegt. Im Museum kann das Wissen über dieses so umstrittene Volk vertieft werden. Das Angebot umfasst auch Führungen und diverse »Wikinger-Aktivitäten«, sodass der Besuch auch für Kinder zu einem spannenden Erlebnis werden dürfte. Man kann sogar in einem wieder aufgebauten Wikingerhaus übernachten! Am stilvollsten ist die Anreise per Boot von Stockholm aus.

WEITERE INFORMATIONEN

Birka Vikingastaden
Tel.: +46/812 00 40 00
booking@stromma.se
www.birkavikingastaden.se

Genauso weiß wie die Birken erstrahlt die Kirche von Skellefteå (oben).

61 Vom Wasser geprägt – am Bottnischen Meerbusen

Industrie und Handel im Mündungsgebiet der großen Ströme

An der schwedischen Ostküste zwischen Gävle und Sundsvall vollzieht sich nahezu unmerklich der Übergang von der lieblichen Landschaft Mittelschwedens zum raueren Norden. Es sind die Provinzen Gästrikland, Hälsingland und Medelpad, die diesen Landesteil bilden.

Während am Ostseeufer noch vergleichsweise viele Menschen leben, ist das Landesinnere mit Ausnahme der Flusstäler sehr dünn besiedelt. Fast entsteht der Eindruck, eher einen Elch als einen Menschen treffen zu können. Die Distanzen werden groß. Um sich die Arbeit mit Entfernungsangaben zu erleichtern, rechnet man hier oft nicht mehr in Kilometern, sondern in schwedischen Meilen. Und die entsprechen jeweils zehn Kilometern! Diese Küstenregion war schon recht früh bewohnt. Auf den fruchtbaren Böden, welche die Flüsse und das Meer auf ihrem Rückzug hinterlassen haben, bauten Bauern Feldfrüchte an. Zudem wurde gehandelt – gern mit den Sámi, die aus den Fjälls im Westen herunterkamen. Daher verliefen die wichtigsten Handelswege entlang der Flüsse. Die Siedlungen richteten sich zudem an den gewaltigen Wasserläufen des Nordens aus und wurden vor allem an deren Mündung in die Ostsee errichtet. Gute Beispiele für diese Entwicklung sind die Städte Hudiksvall und Sundsvall weiter oben im Norden von Schweden.

Gävle und der Bock

Etwas anders ist das noch in Gävle. Die Stadt liegt an der Nordgrenze der mittelschwedischen Senke und lässt sich schwer einordnen. Ist das schon Nord- oder noch Mittelschweden? Eines lässt sich feststellen: Gävle ist die älteste Stadt des historischen Landesteils Norrland.

Das Holz aus den Waldgebieten Mittelschwedens wird in den Sägewerken an der Küste verarbeitet und exportiert (unten links). Dicht an dicht stehen die Bootshäuser am Fischerhafen von Hudiksvall am Bottnischen Meerbusen (links). Die Holzhäuser von Gamla Gävle haben die großen Stadtbrände schadlos überstanden (unten rechts).

Doch leider sucht man Häuser aus der Gründerzeit im 15. Jahrhundert vergeblich. Feuer haben immer wieder in den meist aus Holz gebauten Städten Schwedens gewütet, diese in Schutt und Asche gelegt. Dieses Schicksal teilt auch die Fischer- und Handelsstadt Gävle. Beim letzten Großbrand im Jahr 1869 fielen rund 500 Häuser dem Raub der Flammen zum Opfer! Glücklicherweise hielt der Gävle-Fluss das Feuer davon ab, auch auf den südlich gelegenen Stadtteil überzugreifen. Dieser ist heute ein Kulturdenkmal und entführt den Besucher mitten hinein in das 18. Jahrhundert – mit bisweilen ein wenig windschief anmutenden Holzhäusern. Man läuft über Kopfsteinpflaster, schaut in die Fenster, hinter deren Scheiben Kerzenleuchter stehen, blickt auf Rosenstöcke, die an den roten, gelben und grünen Fassaden emporranken. Besonders die Künstler hat das Ambiente dieses ältesten Stadtteils angesprochen. Sie haben sich hier ihre Ateliers, Wohn- und Werkstätten eingerichtet. In Schweden ist Gävle außerdem für seinen Julbock bekannt, der Weihnachtsbock, der es sogar schon ins Guinnessbuch der Rekorde gebracht hat. Bis zu 13 Meter hoch ist der aus Stroh gebaute Vierbeiner, der seit 1966 alljähr-

Hungrige Füchse kommen bis in die Siedlungen (rechte Seite oben). Bier- und Whisky-Fans kommen in dieser Kneipe mitten in Luleå voll auf ihre Kosten (rechte Seite unten). Das Herrenhaus Svartig in prächtiger Holzbauweise (unten). Für die Nutzung der Lejonströmsbron musste früher Maut bezahlt werden (ganz unten).

lich auf dem Schlossplatz aufgestellt wird. Doch Stroh brennt – und genau das wird dem Bock immer wieder zum Verhängnis.
Sehr oft schon hat das Strohtier das Christfest nicht erlebt. Brandstifter brennen es vorzeitig nieder, oder Vandalen zerstören es auf andere Weise. Sogar ein Auto wurde schon erfolgreich als Rammbock genutzt, um es in die Knie zu zwingen!

Gastfreundschaft in Hudiksvall

In der kleinen Stadt Hudiksvall ist die Zeit der Brandstifter jedoch schon lange vorbei. Tief schneidet an der Küste von Hälsingland die Ostsee in das Land hinein, wo der Ort 1582 am Ende der Bucht gegründet wurde. Über Jahrhunderte lebten die Menschen der Stadt vom Handel und vor allem vom Fischfang, was an den Bootshäusern in Möljen sowie an der »Fischerstadt« zu sehen ist. In diesen charakteristischen Holzhäusern lebten die Fischer im Winter. Im 19. Jahrhundert bescherte die Holzindustrie der Stadt gute Einkünfte. Den Bewohnern wird seit dieser Zeit nachgesagt, besonders fröhlich und gastfreundlich zu sein. In den Cafés und Restaurants kann man es auf einen Selbstversuch ankommen lassen. Kein Gebäude von Hudiksvall stammt aus der Zeit vor 1721 – mit zwei Ausnahmen: die Kirche und die sogenannte Russenhütte. Denn vor knapp 300 Jahren trieben russische Truppen wie in vielen anderen Städten an der schwedischen Ostküste auch in Hudiksvall ihr Unwesen. Sie brannten die Stadt komplett nieder. Nur die Kirche und ebenjene Russenhütte wurden von den Flammen verschont.

Sägen in Sundsvall

Ebenso wie Hudiksvall liegt die Stadt Sundsvall an einer Flussmündung, die von einer Insel geschützt wird. Von hier führt ein bekannter Pilgerweg hinüber zum heiligen Olav nach Trondheim, weshalb die Landschaft Medelpad, der »mittlere Pfad« genannt wird. Auch wenn man kein Schwedisch versteht: Der Satz des schwedischen Dichters Elias Sehlstedt (1808 bis 1874) ist kurios: »Såg vid såg jag såg varhelst jag såg«, dichtete er 1852. Übersetzt heißt das: »Säge an Säge sah ich, wohin ich auch sah.« Und damit wird klar, womit man in der Stadt sein Geld verdiente: mit dem Holz, dass in den westlich gelegenen Wäldern geschlagen und in Sundsvall verarbeitet wurde. Im 19. Jahrhundert soll Sundsvall die Stadt mit der höchsten Sägewerksdichte der Welt gewesen sein. Ein paar Kilometer nördlich von

Sundsvall mündet der Indalsälven in die Ostsee. Ein weites Delta – sogar das größte Schwedens – hat der Fluss mit den Materialien geschaffen, die er auf seinem Weg quer durch das ganze Land gesammelt hat. Ende des 18. Jahrhunderts hatte ein Mann namens Vild-Hussen versucht, den Verlauf des Flusses zu verändern, um ihn zu begradigen. Doch das endete in einem grandiosen Fehlschlag. Der Fluss suchte sich wieder sein eigenes Bett. Trotzdem hat der Mensch sich den Strom nun zunutze gemacht. Auf seinem Weg vom Fjäll zur Ostsee erzeugt er in mehr als einem Dutzend Kraftwerken Elektrizität.

Kampf gegen Raser

Das gilt auch für den Vindelälven, der bei Umeå in das Meer fließt, und den Fluss Skellefteån, der sein Mündungsgebiet weit in den Osten des Stadtzentrums von Skellefteå geschoben hat. Besonders interessant ist in dem Ort die Holzbrücke über den Strom, vor allem aber die Geschichten drum herum. Die Brückenmaut, die man von manchen norwegischen Straßen kennt, ist keine Erfindung der Neuzeit.

Im Jahr 1737 wurde die Lejonströmsbrücke in Skellefteå fertiggestellt, und schon bald musste bezahlen, wer auf dem insgesamt 218 Meter langen Holzbauwerk den Fluss überqueren wollte. Fußgänger eine Öre, ein Reiter mit seinem Pferd drei Öre und die Kutsche mit einem Zugpferd sechs Öre. Wer mehrere Vierbeiner vor seinen Wagen gespannt hatte, musste das Doppelte berappen. Und man mag es kaum glauben: Auch eine Geschwindigkeitsbeschränkung gab es auf der Brücke. Wer mit seinem Pferd oder seiner Kutsche schneller war als ein durchschnittlicher Fußgänger, wurde mit fünf Reichstalern zur Kasse gebeten! Lange Jahre war das Bauwerk Schwedens längste Holzbrücke und wurde 1994 sogar unter Schutz gestellt.

WEITBLICK IM NATURRESERVAT BJURÖ

Im Norden des Gebiets unterhalb von Skellefteå schiebt sich schon fast mutig eine Landzunge weit in die Ostsee hinaus: die Bjurö. Es ist noch nicht allzu viele Jahrhunderte her, dass das Meer diesen Landstrich freigegeben hat – und das ist an vielen Stellen zu sehen. Knorrige Kiefern wachsen auf Felsen und auf den Steinen, welche die Brandung der Ostsee hier abgelagert und rundgewaschen hat. Einsame Sandbuchten und kleine Fischerdörfer machen das Areal zu einem fantastischen Ausflugsziel. Im Norden der Halbinsel steht sogar ein kleiner Leuchtturm mit einem Lotsenhaus – Panoramablick über die Ostsee inklusive.

WEITERE INFORMATIONEN

www.visitsweden.com

62 Kupfer für die Welt – Falun

Im Zentrum der schwedischen Kupferindustrie

Mitten in den tiefen schwedischen Wäldern entstand in Falun ein Bergwerk, aus dem zeitweise zwei Drittel des weltweit geförderten Kupfers kamen. Heute gehört die Anlage zum Weltkulturerbe. Zum Besuchsprogramm gehört unbedingt ein Gang durch die unterirdischen Minen.

Rote Hörner hatte der Ziegenbock, als er vom Grasen kam. So zumindest verlief der Sage nach die Entdeckung der Kupfervorkommen von Falun. Seit dem 11. Jahrhundert wird hier Kupfer abgebaut. Im 17. Jahrhundert kamen rund zwei Drittel des in der gesamten Welt gewonnenen Metalls aus der mittelschwedischen Stadt. Zur Hochzeit des Abbaus schufteten 1200 Arbeiter unter unmenschlichen Bedingungen in der Grube. Im Jahr 1687 stürzten mehrere Schächte und Stollen ein und hinterließen das gewaltige, 100 Meter tiefe Loch, vor dem heute die Touristen stehen und staunen. Der gesamte Bergbaukomplex, in dem seit 1992 nicht mehr gearbeitet wird, steht unter dem Schutz der UNESCO. Schweden hat der Grube zwei weitere Dinge zu verdanken: Da ist zum einen die »Falukorv«, eine Wurst, die in ihrer Konsistenz an Lyoner erinnert und aus dem Fleisch der Ochsen hergestellt wurde, deren Haut man für die Seile in der Grube benötigte. Zum anderen die typische rote Farbe, mit der viele Häuser in Schweden gestrichen sind. Sie ist eigentlich ein Abfallprodukt aus dem Bergbau. Dabei sorgt das im Gestein enthaltene Eisenoxid für die Färbung und das Kupfervitriol für die konservierende Wirkung.

Blick von der riesigen Kupfergrube an den alten Bergbaugebäuden vorbei bis hin zur Skisprungschanze (rechte Seite oben). Falun passt sich vorzüglich in die Landschaft aus Wäldern und Seen ein (rechte Seite unten). Die rote Farbe der typischen Schwedenhäuschen (hier im Stockholmer Schärengarten) ist ein Abfallprodukt des Kupferbergbaus in Falun (unten).

Bäume und Gräser spiegeln sich im ruhigen Wasser des Siljansees, der seine Entstehung einem Meteoriteneinschlag verdankt (oben und unten). Die in der fruchtbaren Gegend eingebrachte Ernte wurde in kunstvoll verzierten Vorratsspeichern für den Winter gelagert (rechte Seite oben). Auch als Zierde für den Garten geeignet: Dala-Pferdchen (rechte Seite unten).

63 Lebendige Tradition – rund um den Siljan

Holzpferde, Langlauf & Musik in Dalarna

Wohl in kaum einem anderen Landstrich ist Schweden schwedischer als in Dalarna. Die Menschen rund um den See Siljan leben nicht nur in einer lieblichen Gegend, sondern sie bewahren auch alte Traditionen wie die Musik.

Man begegnet dem Symbol für Schweden in nahezu jedem Souvenirladen. Es ist rot und mit bunter Kurbits-Malerei verziert, hat einen Körper aus Holz und macht sich gut im Regal eines jeden Nordland-Fans: das Dala-Pferdchen. Schon seit Jahrhunderten werden die Holztiere geschnitzt. Einst war die Herstellung der Tiere Zeitvertreib für lange Winternächte. Heutzutage werden in der kleinen Stadt Nusnäs jedes Jahr Hunderttausende Exemplare hergestellt und in alle Welt exportiert. Sogar Elvis Presley und Doris Day sollen ein sogenanntes Dalahäst ihr Eigen genannt haben. Weltweit berühmt wurde das Holzpferd bei der Weltausstellung 1939 in New York, als ein riesiges Exemplar den schwedischen Pavillon zierte und die Blicke der Menschen auf sich zog.
Doch noch etwas anderes ist typisch für diesen Teil Schwedens: die Musik. »Musik am Siljan« ist ein Musikfestival, das alljährlich im Sommer die Grenzen zwischen Volksmusik, klassischer Musik, Jazz und Populärmusik überwindet. Gespielt

wird auf Lichtungen im Wald, in kleinen Städtchen, am Seeufer und auf Wiesen. Ein ehemaliger Steinbruch bei Rättvik dient zudem als einzigartige Open-Air-Bühne für Klassik- und Rockkonzerte. Die Dalhalla hat sich bei Musikfreunden in aller Welt einen Namen gemacht. Das liegt an der Qualität der Aufführungen, der fantastischen Akustik und der beeindruckenden Atmosphäre in diesem 50 Meter tiefen, 175 mal 400 Meter großen Loch in der Erde.

Die überaus liebliche Landschaft der Provinz Dalarna verdankt ihre Entstehung der kosmischen Gewalt. Vor 360 Millionen Jahren rauschte ein Meteorit auf die Erde zu. Für kurze Zeit leuchtete der Himmel über Mittelschweden, bevor der Gesteinsbrocken auf die Erde prallte. Felsbrocken wurden emporgeschleudert, Gestein schmolz unter dem gewaltigen Druck und der sengenden Hitze, die von dem Inferno ausging. Heute plätschert das Wasser der Seen Siljan, Orsa und Skattungen in dem gewaltigen Krater, der einen Durchmesser von rund 50 Kilometern hat. Immer noch ist die Form des Kraters auf Landkarten und Satellitenfotos zu erahnen.

Langlauf mit Geschichte

Aus der Gegend von Mora, neben Rättvik einer der beiden Hauptorte am Siljan, stammt der bekannte Maler Anders Zorn (1860–1920). Sein Talent, mit Stift und Farben umzugehen, wurde schon früh bemerkt. Mit 15 Jahren zog er nach Stockholm, studierte an der Königlichen Akademie der Künste und brachte es in späteren Jahren mit seinen Werken zu Weltruhm.

Mora ist auch Zielort des berühmten Vasalaufs, einer der weltweit größten Skilanglaufveranstaltungen. Das sportliche Großereignis hat einen historischen Hintergrund: Anfang des 16. Jahrhunderts war Schweden von den Dänen besetzt. Gustav Eriksson Vasa, ein schwedischer Adliger, wollte einen Aufstand organisieren und zog nach Mora, um Unterstützung zu suchen. Als dies nicht gelang, machte er sich auf den Weg in Richtung Norwegen. Die Menschen in Mora änderten jedoch ihre Meinung und schickten – mittlerweile war es Winter – Boten auf Skiern aus, um Vasa einzuholen. Sie erreichten ihn in Sälen. Der Aufstand gelang im Frühling. In der Folge wurde Vasa 1523 zum Schwedenkönig Gustav I. Vasa gekrönt, der Grundstein für das heutige Schweden war gelegt. Zum Gedenken an dieses Ereignis machen sich seit 1922 Langläufer auf, in den Spuren Gustav I. Vasa zu gleiten. Waren dies bei der Premiere noch 119 Teilnehmer, so sind es heute rund 15 000 Wagemutige, die die 90 Kilometer lange Strecke mutig in Angriff nehmen.

VOM BAUM ZUM DALA-PFERD

Am Anfang ist ein Baum. Der muss sorgfältig ausgewählt werden, um das richtige Holz für die Dala-Pferdchen zu bekommen. Mit einer Säge werden dann Baumscheiben geschnitten, bevor das eigentliche Handwerk der Pferdeschnitzer beginnt. Erst werden Beine, Kopf und Ohren grob ausgesägt, dann mit Schnitzwerkzeug und Schleifpapier geformt. Nachdem die Dala-Pferdchen in die typische rote Farbe getaucht wurden, werden sie von Hand verziert. Jedes Stück, und darauf ist man in Nusnäs besonders stolz, ist ein Unikat.

WEITERE INFORMATIONEN

Nils Olsson Dalahästar
Edåkersvägen 17
792 77 Nusnäs
Tel. +46/25 03 72 00
info@nohemslojd.se
www.nilsolsson.se

64 Zwischen Fjäll & Fabriken – Dalarna

Von den Erzgruben Dalarnas zu den Gipfeln im Westen

Dalarna ist eine ungemein vielfältige Provinz. Da sind die Erzgruben im Süden, aber auch einsame Fjällgegenden wie die am Fulufjäll, Nipfjäll oder Grövelsjön, die ein Paradies für Wanderer sind. Die Verbindung zwischen beiden Welten schafft der Dalälven, der längste Fluss Schwedens.

In Sundborn lebte der Maler Carl Larsson (unten links). Wasser ist das beherrschende Element in Mittelschweden, fließt plätschernd im Grövlan zu Tal (unten rechts), bietet am Särnsjön dem Schilfgras Nahrung (rechte Seite oben) und verhilft dem Fulufjäll zu einer mystischen Spiegelung (rechte Seite unten).

Sowohl Falun in Dalarna als auch Røros in Norwegen sind Städte, die durch den Kupferbergbau bekannt wurden und dem wertvollen Erz ihren Aufstieg verdanken. Der »Kopparleden«, der Kupfer-Weg, der die beiden Städte miteinander verbindet, steht symbolisch für den Kontrast in Skandinavien – den zwischen der großartigen Natur und der Industrie, den Spagat zwischen Natur und Wirtschaft. Bergslagen heißt die Gegend rund um Falun. Der Name beschreibt das Recht, Erz zu fördern. Denn davon wurde hier einiges gefunden – nicht nur in Falun. In vielen Gruben der Region wurden neben Kupfer auch Blei, Eisen und sogar Silber abgebaut und verhüttet wie in Ludvika.

Die Idylle hat einen Namen: Carl Larsson

Welchen Kontrast stellt dagegen das kleine Örtchen Sundborn ein paar Kilometer nördlich von Falun dar! Von Bergbau oder Hütten weit und breit keine Spur, dagegen pure Idylle mit rot-weißen Häuschen, Blumen im Vorgarten und einer Kirche am Ufer eines blauen Sees. Das Ganze könnte auch einem Bild von Carl Larsson (1853–1919) entsprungen sein. Denn der schwedische Maler lebte und wirkte hier bis zu seinem Tod im Januar 1919. »Das Haus in der Sonne«, so der Titel eines seiner Werke, steht auch heute noch am Ufer eines kleinen Sees.
Larsson hat wie kein anderer das Bild von Schweden romantisiert, einen Standard für

Durch die Wälder Dalarnas streifen Fuchs (unten) und Vielfraß (ganz unten). Krähenbeeren (rechte Seite unten) wachsen auf dem kargen und steinigen Boden, der den Bäumen am Fulufjäll nur wenig Wurzelraum lässt (rechte Seite oben).

die schwedische Wohnkultur gesetzt. Lachende Kinder mit runden Gesichtern, eine fröhlich blickende Frau, ein Bauer beim Pflügen, Geschwister beim Butterstampfen, helle freundliche Räume, all das waren seine Motive. Und sie tauchen wieder auf in seinem zu einem Museum umgebauten Wohnhaus, in dem klar wird, dass der Künstler seine ganz eigene Realität gemalt hat.

Durch das Tal des Dalälven ins Fjäll

Der »Kopparleden« leitet von Falun am See Siljan vorbei zu einem ganz anderen, wilden und einsamen Schweden im Westen, in dem die Natur dominiert. Der natürliche Weg dorthin ist das Tal des Dalälven, dem mit über 500 Kilometern längsten schwedischen Fluss.

An vielen Stellen ist er gezähmt, haben Staustufen den Platz von Stromschnellen eingenommen. Doch mancherorts mäandriert er immer noch frei talwärts, schafft sich neue Seitenarme und lässt dafür andere aus. Das sind die Stellen, an denen sich eine reiche Tier- und Pflanzenwelt ansiedeln konnte. Und ein wenig kommt die Erinnerung an Tom Sawyer und Huckleberry Finn auf, wenn man weiß, dass auf diesem Strom einst Baumstämme ins Tal geflößt wurden. Das Wasser des Dalälven kommt aus dem Gebirge an der schwedisch-norwegischen Grenze, zu dem auch das Fulufjäll gehört. Nicht der für Schweden sonst so typische Granit oder Gneis bildet hier den Untergrund, sondern 900 Millionen Jahre alter Sandstein. Und das hat ganz bestimmte Konsequenzen!

Flechten als Überlebenskünstler

Markante Gipfel sucht man im Nationalpark Fulufjäll, durch den auch der südliche Teil des berühmten Wanderwegs Kungsleden verläuft, vergebens. Gerade mal gute Hundert Meter ragen die höchsten Spitzen über ihre Umgebung hinaus. Nein, ein Plateau ist es, über das man marschiert. Weitgehend eben mit einem Flickenteppich aus zahllosen Seen und Bächen, Tümpeln und Mooren. Ein Gebiet, um dahinzuschreiten und den Blick auf Details am Wegesrand zu werfen. Auf kuriose Steinformationen oder schillernde Minerale, auf Libellen, die in der Sommersonne ihr Paarungstänzchen wagen, auf Lemminge, die sich ob der Störung laut quiekend in ihr Loch verziehen, auf einen Gebirgsvogel, der von seinem am Boden bereiteten Nest auffliegt und so von seinem Nachwuchs abzulenken versucht. Auch der Vielfraß streift in der kargen Landschaft umher, in der allenfalls einige Sträucher oder niedrige

Bäume Schutz geben. Ebenso ist der Rotfuchs auf der Suche nach Beute, schnuppert im Wind, um dann lieber einen Bogen um die Eindringlinge zu schlagen. Auf Rentiere wird man im Fulufjäll dagegen nicht stoßen. Solchermaßen ungestört und nicht angeknabbert wachsen auf dem Sandstein-Untergrund unzählige Flechtenarten. So klein und unscheinbar diese Organismen sind, sosehr wissen sie bei näherer Betrachtung zu faszinieren. Sie leuchten in den verschiedensten Farben, sind mal orange, dann wieder grün oder unscheinbar grau. Mal flach auf den Felsen wachsend, dann wieder mit Lockenpracht von Ästen herunterhängend oder sich in die Borke von Bäumen krallend. Und sie sind die Überlebenskünstler in extremen Klimaten. An die 50 Grad unter null verkraften sie – genau so wie wochenlange, ja sogar jahrelange Trockenheit. Wird es zu unwirtlich, fallen sie in eine Art Totenstarre, aus der sie erwachen, sobald die Verhältnisse wieder günstiger werden. Der Preis für diese enorme Anpassungsfähigkeit ist ein äußerst langsames Wachstum. Wenige Millimeter sind es in jedem Jahr bei den meisten Arten, die sie sich an Ästen oder Steinen ausbreiten. Manchmal sogar noch weniger.

Schwedens höchster Wasserfall

Nicht weniger als 1190 verschiedene Pflanzenarten wurden im Gebiet des Nationalparks kartiert. Ein Paradies für Botaniker – nicht nur wegen der Flechten – mit dem Hang für das Besondere, denn 75 gefährdete Arten sind darunter. So unspektakulär das Aussehen der Hochebene ist, so jäh ist ihr Abbruch am Rand – besonders am Wasserfall Njupeskär. Der ist der höchste Schwedens und stürzt 123 Meter in die Tiefe, knapp die Hälfte sogar im freien Fall. Rund um den Wasserfall steigt das Gefühl auf, im Nieselregen zu stehen, da der Wind die Tropfen in das Land hineinträgt. Die Vegetation zu Füßen des Plateaus unterscheidet sich komplett von der weiter oben auf der Hochebene. Hier wachsen dünne Fichten und knorrige Kiefern an den Seen, Farne und Moose an den glucksenden Bächen. Große Kontraste auf kleinstem Raum!

EIN HAUCH VON LAPPLAND

In deutlichem Gegensatz zum Fulufjäll steht das 200 Quadratkilometer große Naturreservat Städjan-Nipfjället nordöstlich von Idre. Keine flachen, fast schon zu übersehende Gipfel sind das Kennzeichen dieses Naturreservats, sondern steile Hänge – gerade so, als sei nie der Eiszeit-Hobel über das Land gegangen. Die höchsten Berge sind der Molnet mit 1191 Metern und der Städjan mit 1131 Metern. Lohn für die Mühe, auf einfachen Wanderwegen den Gipfel zu besteigen, ist ein famoser 360-Grad-Blick auf die mittelschwedische Gebirgswelt. Zu Fuß ist auch die Landschaft rund um den See Grövelsjön an der Grenze zur Nachbarprovinz Härjedalen zu entdecken. Das Fjäll in dem beliebten Wandergebiet, in dem ein schönes Fjällhotel die Naturfreunde beherbergt, gibt einen Vorgeschmack auf das, was weiter im Norden kommt: die scheinbar unendliche Weite Nordschwedens.

In den Bergen des Skäckerfjälls ist der nahende Herbst schon zu spüren (oben). Schnee bedeckt die Gipfel des Åreskutan, einem populären Skigebiet an der Grenze zu Norwegen (unten).

65 Im Land der rauschenden Wasser – Jämtland

Auf dem Karolinerweg ins Grenzgebirge

Spätestens in Jämtland ist es vorbei mit schwedischer Lieblichkeit. Rund um den See Storsjön gibt es eine Unabhängigkeitsbewegung, in seiner Mitte möglicherweise ein Seeungeheuer. Hier beginnt aber auch der Norden mit seinen weiten Fjällgebieten, den klaren Seen und rauschenden Wasserfällen. Der Mensch spielt ab sofort nur noch eine Nebenrolle, der Star ist die großartige Natur.

Pass oder Visum benötigt man nicht, um nach Jämtland zu reisen. Gleichwohl gibt es seit den 1960er-Jahren eine Freiheitsbewegung, welche die Provinz von Schweden loslösen will. Im Jahr 1963 rief sich ein gewisser Yngve Gamlin während des Musikfestivals »Storsjöyran« in Östersund zum »Präsidenten von Jämtland« aus. Vier Jahre später durfte der selbst ernannte Präsident zusammen mit dem schwedischen Premierminister Tage Erlander (1901–1985) und weiteren Staatschefs zusammen in einem Ruderboot sitzen, was er als Anerkennung der Republik betrachtete. Jämtland besitzt sogar eine eigene Armee, wie mit einem Augenzwinkern bemerkt wird. Während

der regelmäßigen dreiwöchigen Manöver schieße man auf alles, was sich bewegt, nenne dies aber Elchjagd. Sogar eine Luftwaffe unterhält man – in Form eines Segelflugzeugs. Wichtigste Waffe ist nach eigenen Aussagen neben der Flinte die Heugabel. Doch noch ist Jämtland mit seinen großen Seen, breiten Strömen, weiten Wäldern und kahlen Fjälls ein Teil von Schweden. Und man kann ungehindert in das Zentrum am Storsjön, dem »großen See«, reisen.

Nessies Schwester?

Das Tier ist ungemein schüchtern. Vielleicht ist das die Erklärung, warum es in den vergangenen vier Jahrhunderten gerade einmal 200 Sichtungen gegeben haben soll. Vielleicht gibt es das Storsjön-Ungeheuer aber auch nur in der Fantasie der Menschen? Denn gefangen wurde es noch nicht – aber immerhin gefilmt. Auf den im Jahr 2008 gemachten Aufnahmen ist ein schlangenähnliches Etwas zu sehen, das sich im trüben Wasser des Sees windet. War das »Storsie«, die Schwester der schottischen Nessie? Platz genug zum Leben hätte sie im Storsjön, dem fünftgrößten See Schwedens. Und mit seinen 74 Metern ist er zudem recht tief. Auch schwimmen genügend Fische in seinem Wasser, sodass die Ernährungsfrage des Untiers auch kein Problem sein sollte. Im östlichen Teil des Sees, vis-à-vis von Östersund, liegt die Insel Frösön, die über Brücken mit dem Festland verbunden ist. Bis hinein ins Mittelalter war das Eiland Thing- und Marktplatz für die gesamte Gegend und damit das Zentrum der Region. Hier steht zudem Schwedens nördlichster Runenstein, der an die Christianisierung im 11. Jahrhundert erinnert. Auch an »Storsie« wird mit einem Denkmal am Ufer des Storsjöns in Östersund gedacht, auf dem sie als Drache zu sehen ist. Das rechtwinklige Straßensystem von Öster-

Östersund am Storsjön ist ein Verkehrsknotenpunkt in der Mitte Schwedens (oben links). Die Stabkirche von Mattmar überrascht mit einer ungewöhnlichen Bauweise (oben rechts). In der kalten Luft bildet sich über dem warmen Wasser des Juvuln-Sees Nebel (unten).

Wie so viele andere kleinere Seen verlandet auch der Innsvatnet (unten). Rentiere finden in den Feuchtgebieten am Bodsjöedet (rechte Seite unten) oder am Blåhammarfjäll genügend Nahrung (ganz unten). Über viele Meter stürzt sich das Wasser am Ristafall in die Tiefe (rechte Seite oben).

sund zeigt, dass die Gründung der Stadt nach Plan verlief. Gustav III. (1746–1792) ließ 1786 an diesem schönen Platz am Storsjön die ersten Häuser bauen. Doch die Stadtentwicklung verlief anfangs zäh. Erst die Holzindustrie und der Anschluss an die Inlandsbahn, eine Eisenbahnlinie, die mitten im Land von Süd nach Nord verläuft, brachten den Aufschwung.

Das tragische Ende des Karolinerheeres

Von Östersund aus führt der Karolinerleden am Seeufer entlang in Richtung norwegisches Grenzgebirge. Die Touristenstraße erinnert an ein trauriges Kapitel in der norwegisch-schwedischen Geschichte, dem viele Soldaten zum Opfer fielen. Zu Beginn des 18. Jahrhunderts war Schweden eine Großmacht auf dem absteigenden Ast. König Karl XII. (1682–1718) wollte seine Position verstärken und befahl einen Angriff auf Norwegen.

Ein Teil dieses Karolinerheeres war unter dem Kommando von Carl Armfeld in Jämtland zusammengetrommelt worden. Ihr Auftrag, Trondheim zu besetzen. 1718 marschierten mehr als 10000 Soldaten und rund 6700 Pferde durch das Tal des Indalsälven in Richtung Trondheimsfjord im heutigen Norwegen. Schlechte Wege erschwerten das Vorankommen und der Mangel an schweren Waffen verhinderte, dass die Schweden die Festung von Trondheim einnehmen konnten. So geschlagen machte sich das geschwächte und entmutigte Heer Weihnachten 1718 auf den Rückzug. Im Fjäll wurden die Truppen von eisiger Kälte und schweren Schneestürmen geplagt. Der Feldzug endete in einem Desaster. Mehr als ein Drittel der Soldaten starb – die meisten von ihnen im winterlichen Gebirge.

Gischt am Ristafall

Schon zu Zeiten des Karoliner-Feldzuges stand am Westufer des Storsjöns die Kirche von Mattmar. Teile des mittelalterlichen Gebäudes sind erhalten geblieben. Bekannt geworden ist das Gotteshaus jedoch durch die viele jahrhundertealten Skulpturen, welche die Wirren der Geschichte überdauert haben. Und auch über die Felsen am Wasserfall Ristafallet ganz in der Nähe von Undersåker ist damals schon das Wasser des Flusses Åreälven geflossen. Über 14 Meter stürzen sich die Fluten über die Kante, die von hartem Schiefergestein gebildet wird. Ein Niagarafall en miniature, der von Touristen gern besucht wird, da er direkt an der Straße liegt. Gischt spritzt auf und hüllt den Wasser-

fall in einen Nebel, was in Kombination mit dem kalkhaltigen Gestein dazu geführt hat, dass rund um den Ristafallet eine reichhaltige Flechtenvegetation entstanden ist.

Grandioses Fjäll rund um Åre

Wie ein Keil schiebt sich der Berg Åreskutan zwischen das Tal des Åreälven und den Kallsjön – den »Kalten See«. Im Winter gleiten Skifahrer an den Hängen des Berges hinunter, im Sommer hat er bei Wanderern und vor allem auch Mountainbikern einen hervorragenden Ruf. Halsbrecherisch stürzen sich

die Pedalakrobaten die steilsten Abfahrten hinunter, um kurz darauf mit der Seilbahn wieder nach oben zu fahren. Auch Drachenflieger und Paraglider nutzen die Thermik an dem alles überragenden, 1420 Meter hohen Gipfel für ihre Flüge in das tausend Meter tiefer liegende Tal – eine grandiose Aussicht auf die einsame Gebirgswelt inklusive. Die genießt man auch an den Seen Kallsjön und Juvuln, in deren Wasser sich die Spitzen der Berge spiegeln. Auffällig ist dabei der Gipfel des Sokkertoppen im Naturreservat Skäckerfjäll, der mit seiner eigentümlichen Form an die Zipfelmütze eines geheimnisvollen Wichts erinnert. Oder an einen Troll, der sich über die Grenze von Norwegen nach Schweden verirrt hat? Es ist eine Gegend, die auf einfachen Pfaden erwandert werden will, in der man die Füße in den klaren Seen abkühlen kann und sich – wie mit dem Tännforsen – breite Flüsse Gischt spritzend über Felsriegel ergießen. Und in der kleine Bäche durch grüne Täler glucksen, gespeist von den Schneefeldern, die sich beispielsweise in den Bergen des Blåhammarfjället im Laufe der Wintermonate gebildet haben. Sie sind es, die die vielen Flüsse und Seen von Jämtland versorgen, die aus der Provinz ein Land der rauschenden Wasser machen.

ELCH-LIEBE

Sunne Hägmark ist ein Mann, der mit dem Elch tanzt. Zumindest könnte man sich das vorstellen. Auf seinem Hof in der Nähe von Östersund widmet er sich ganz den bisweilen ein wenig ungelenk wirkenden Vierbeinern. Begonnen hat seine Leidenschaft 1997, als er zwei Elchkälber großzog, deren Mutter bei einem Verkehrsunfall ums Leben gekommen war. Mittlerweile leben acht Elche im »Moose Garden« von Sunne. Der Hof hat sich zu einer Attraktion für Touristen aus dem In- und Ausland entwickelt. Und das nicht nur wegen der Tiere, sondern auch aufgrund ihrer Hinterlassenschaften: Denn aus dem Kot der Elche fabriziert Sunne Geldscheine und Papier – bevorzugt natürlich für die Abbildung von Elchen.

WEITERE INFORMATIONEN

Moose Garden
Orrviken 215
S-832 94 Orrviken
Tel. 070-3636061
Info@moosegarden.com
www.moosegarden.com

66 Weltnaturerbe mit Superlativ – Höga Kusten

Eine Landschaft als Emporkömmling

Seit dem Jahr 2000 steht die Höga Kusten – die Hohe Küste – auf der Liste des Weltnaturerbes. Damit ist eine Landschaft geschützt, bei der nichts so beständig ist wie der Wandel. Das Meer zieht sich zurück und lässt das Land im geologischen Expresstempo aufsteigen.

Berge, Seen und Wälder. Hinter dieser romantischen Fassade verbirgt sich ein Superlativ, der seinesgleichen sucht. Nirgendwo in der Welt ist in der Vergangenheit das Land schneller aus dem Meer emporgestiegen als an der Höga Kusten. Die UNESCO hat den Küstenabschnitt zwischen Harnösand und Örnsköldsvik deshalb unter Schutz gestellt. Vor 20000 Jahren bedeckte noch ein dicker Eispanzer Nordeuropa. Die tonnenschwere Last drückte das Land weit nach unten und die Höga Kusten lag rund 800 Meter unter ihrem heutigen Niveau. Als das Eis schmolz, hob sich das Land, und zwar mit einer für geologische Verhältnisse rasanten Geschwindigkeit.

Eiszeit statt Sintflut

Erbittert haben die frühen Forscher über die Phänomene an der Höga Kusten gestritten. Absurd erschien die Vorstellung, dass sich das Land solchermaßen heben könne. Noch vor etwa 250 Jahren dominierte der biblische Standpunkt, dass die Sintflut für die weiten Felsmeere verantwortlich sein müsse. Erst seit hundert Jahren wird die moderne Theorie der Landhebung allgemein akzeptiert. An den Felsen, die heute den Gipfel des Skulebergs bilden, plätscherten vor rund 8000 Jahren die Wellen der Ostsee – und das 285 Meter über dem heutigen Meeresspiegel. Mit annähernd einem Zentimeter pro Jahr hob sich in der Folge das Land. Erst tauchten kleine Fels-

Vor Jahrtausenden schwappten durch den Wald des Nationalparks Skuleskogen noch die Wellen des Bottnischen Meeres. Nach der Eiszeit hob sich das Land und gab Lebensraum für die Pflanzen frei, die im Wald (rechts), rund um Steine (ganz rechts) oder an Wasserfällen (rechte Seite oben) wachsen.

inseln aus dem Wasser auf, dann die Ebenen. Für die Menschen bedeutete das eine ständige Veränderung ihres Lebensraums. Im Fischerdorf Skeppsmalen, das auf einer Landzunge bei Örnsköldsvik liegt, ist das bestens zu beobachten. Vermutlich wird bald das Hafenbecken aufgrund der Landhebung zu flach für die Kutter der Fischer sein.

Am Drahtseil zum Gipfel

Doch Veränderungen gab und gibt es auch auf dem Festland. Ein Klettersteig führt über die Felsen hinauf auf den Gipfel des Skulebergs – 295 Meter über den Wellen des nördlichen Ostsee-Ablegers, also gerade einmal zehn Meter über dem einstigen Niveau des Meeresspiegels. Der Blick schweift über den umliegenden Wald und die vielen kleinen Inseln, die im Laufe der Jahrhunderte aus dem Meer aufgetaucht sind. An einer der Felswände soll der Sage nach einst ein Räuber in einer Höhle gehaust haben. Er hieß Skule und hat dem Berg seinen Namen gegeben. Dem Skuleberg vorgelagert ist der Nationalpark Skuleskogen – der Skulewald. Gräber aus der Steinzeit zeigen, dass diese Gegend schon seit langer Zeit besiedelt war. Dichter Wald wechselt hier mit einer Landschaft ab, die von glatt geschliffenen Felsen dominiert ist und nur wenig Bewuchs zeigt. Allenfalls einige anspruchslose, verkrüppelte Kiefern finden zwischen dem rundgewaschenen Geröll einen Platz zum Überleben. Klappersteine nennen die Schweden diese Geröllfelder. Und wer einmal über ein solches Feld gelaufen ist, weiß, woher dieser Name kommt. Ziel von Wanderern ist die Slåttdalsskrevan, eine gut 100 Meter lange und bis zu 30 Meter tiefe schmale Spalte im Fels.

Fantastisches Inselreich

Zahlreiche Inseln sind dem Festland vorgelagert. Teilweise sind sie so klein, dass gerade einmal ein Vogel darauf rasten kann, andere jedoch sind bewohnt. Auf dem größten dieser Eilande, der Ulvö, gibt es sogar eine Straße und einige Autos. Regelmäßig macht eine kleine Fähre im Hafen der Insel fest. Früher lebten die Menschen hier vom Fischfang, bauten aber auch Eisenerz ab. Heute finden vor allem Touristen den Weg nach Ulvö, wo sogar eine Akademie ihren Sitz hat: die Surströmmings-Akademie.

GESCHMACKSEXPLOSION

Es ist ein Inferno für den Gaumen. Schon ein kleiner Happen genügt, um sämtliche Geschmacksrezeptoren feuern zu lassen. Die Rede ist vom Surströmming. Böse Zungen werden behaupten, dass es sich dabei lediglich um vergammelten Fisch handelt. Doch Ruben Madsen, der Sprecher der Surströmmings-Akademie auf der Insel Ulvö, ist da ganz anderer Meinung. Für ihn ist der in Salzlake vergorene Hering, der einen vergleichbaren Prozess durchmacht wie Sauerkraut, eine Delikatesse – und ein Stück Tradition. Denn seit Jahrhunderten machen die Menschen auf diese Weise Speisen haltbar. Bis zu zwei Monate dauert es, bis der im späten Frühjahr gefangene Fisch den Ansprüchen der Gourmets genügt. Dann wird er zusammen mit Knäckebrot, Kartoffeln und viel Zwiebel serviert. Im Fischerdorf Skeppsmalen unweit von Örnsköldsvik befindet sich zudem das weltweit einzige Surströmming-Museum.

WEITERE INFORMATIONEN

Ulvö Lilla Salteri, Centrum
893 99 Ulvöhamn
Tel. +46/70 59 24 45 92,
uls@surstromming.se
www.surstromming.se

Die langen Tage rund um Mittsommer werden im ganzen Land ausgelassen gefeiert - auch in der Gammelstad bei Luleå (rechte Seite oben). Dann werden Blumen zu Kränzen geflochten und auf dem Kopf getragen (rechte Seite unten links und rechts). Zu den Klängen von Geige und Akkordeon zieht es Jung und Alt auf den Tanzboden (oben).

67 Historische Kirchstadt in Luleå – Gammelstad

Mittsommer im Weltkulturerbe

Wer im Mittelalter den Gottesdienst besuchen wollte, hatte im Norden Schwedens oft eine lange Anreise vor sich. Daher wurden rund um die Kirchen Unterkünfte errichtet – richtige kleine Kirchenstädte, wie die zum Weltkulturerbe erklärte Gammelstad bei Luleå. In dieser historischen Umgebung wird die traditionelle Mittsommerfeier zum besonderen Erlebnis.

Noch vor tausend Jahren lag das Land, auf dem sich heute die Stadt Luleå erstreckt, zehn Meter unter Wasser. Der Kirchberg der heutigen Gammelstad war nur eine kleine Insel in der Mündung des Flusses Lule älv. Doch schon im 14. Jahrhundert hatte sich die Ostsee so weit zurückgezogen, dass sich das Gebiet zum Handels- und Marktplatz sowie Zentrum einer Kirchengemeinde entwickelte, die sich von der Küste bis hinauf in die Berge zur norwegischen Grenze ausdehnte. Und bereits zu Anfang des 15. Jahrhunderts wurde hier mit dem Bau der ersten Steinkirche begonnen. Die Kirche von Niederluleå mit ihrem prächtig gestalteten Innenraum ist noch heute das größte Gotteshaus in Norrland. Die knapp 500 Jahre alten Holzfiguren am Altar zählen zu den feinsten Arbeiten ihrer Art in Schweden und stellen die Leidensgeschichte Christi dar. Den Chor schmücken spätmittelalterliche Kalkmalereien. Jüngeren Datums ist der Glockenturm, der im Jahr 1851 anstelle eines hölzernen Kirchturmes gebaut wurde.

Hüttendorf als Weltkulturerbe

Mindestens ebenso spannend wie das Gotteshaus, das zeitweise auch als Festung genutzt wurde, ist die Kirchstadt rundherum. Sie war der natürliche Treffpunkt für die Menschen der Region.

Für sie erforderte der Besuch eines Gottesdienstes oder eines Marktes meist lange Reisen auf unbefestigten Wegen. Also wurden rund um die Kirche Häuser gebaut, die den Reisenden eine sichere Unterkunft boten. Insgesamt gab es früher 71 solcher Kirchstädte in Schweden, von denen heute noch 16 erhalten sind. Mit 408 Häuschen ist die Kirchstadt von Luleå jedoch die größte und besterhaltene. Aufgrund ihrer Besonderheit erklärte die UNESCO sie 1996 zum Weltkulturerbe – schließlich kann sie eine sehr lange Geschichte aufweisen. Darauf weist auch ihr Name Gammelstad hin, was einfach nur »Alte Stadt« bedeutet. Vermutlich Mitte des 16. Jahrhunderts wurden die ersten Gebäude rund um das Gotteshaus errichtet. Dabei baute man nicht nach Plan, sondern dort, wo es eben Platz gab. Und so spaziert man heute mal über breite Wege, mal durch enge Gassen – und entdeckt immer wieder neue Details an den aufwendig renovierten Holzhäusern.

Tanz um den Kranz

Ein besonderes Erlebnis ist das Mittsommerfest in den Gassen der alten Kirchstadt. Der schwedische Sommer ist kurz und wird deswegen umso beschwingter gefeiert. Schließlich geht die Sonne so weit nördlich des Polarkreises nicht mehr unter. Der Mittsommertag wird alljährlich an dem Samstag gefeiert, der dem 24. Juni, dem Johannestag, kalendarisch am nächsten liegt. Das eigentliche Fest findet dabei am Mittsommerabend statt, dem Freitag vor dem Mittsommertag. Dann erlebt man eine ganze Nation in Feierlaune. Im Mittelpunkt des Mittsommerfestes steht eine mit Laubblättern und Blumenkränzen geschmückte Stange, die auf einem öffentlichen Platz aufgestellt wird. Um diese herum wird getanzt, gesungen und gespielt. Und wer noch eine Tracht im Kleiderschrank hat, der zieht sie an diesem besonderen Tag natürlich an. Gegessen werden traditionell marinierter Hering, gekochte Dillkartoffeln und Dickmilch mit Rahm und gehackten roten Zwiebeln. Dazu wird gegrillt, gerne Lachs. Zum Nachtisch gibt es dann frische Erdbeeren mit Sahne – und auch Bier und Schnaps, immer von einem Trinklied begleitet. Auch der für Skandinavien obligatorische Kaffee darf nicht fehlen. Doch kaum ist Mittsommer vorbei, wird es ruhig in Schweden. Denn dann scheint es, als habe sich das ganze Land in den Sommerurlaub verabschiedet.

BADEN AM POLARKREIS

Baden an einem Sandstrand im hohen Norden? Das ist zugegebenermaßen nicht unbedingt das, was man in Nordschweden erwarten würde. Doch in der Nähe von Piteå war die Natur großzügig. Keine Steine bilden den harten Untergrund in vielen Buchten, sondern weicher Sand. Und das weit in die flachen Buchten hinein, sodass sich das Wasser während der langen Sommertage schnell erwärmt. Ideale Voraussetzungen also für einen Badeurlaub.
Den Rahmen dafür hat man auf der Halbinsel Piteholmen geschaffen. Das »Pite Havsbad« ist eine Hotelanlage mit einem Camping- und Hüttenareal – ein beliebtes Reiseziel vor allem für Familien aus Schweden und Norwegen. Es lockt der Strand, aber auch ein Freizeitpark im Freien und im Schutz einer Halle. Denn obwohl der Küstenabschnitt als eine der sonnigsten Gegenden Schwedens gilt, kann es einmal kühl und regnerisch sein.

WEITERE INFORMATIONEN

Pite Havsbad
Box 815
941 28 Piteå
Tel. +46/91 13 27 00
info@pite-havsbad.se
www.pite-havsbad.se

68 Land zwischen Berg und See – Arvidsjaur & Arjeplog

Silber, Sami & Autotester

Die Gegend rund um Arvidsjaur und Arjeplog ist das Land der Sámi. Sie pendelten früher mit ihren Herden zwischen den Fjällregionen im Westen und dem Flachland im Osten. Die Seen, auf denen heute im Winter die Autotester unterwegs sind, waren früher die Verbindungswege der Sami.

Silber! Der Fund des Edelmetalls kam den vom Dreißigjährigen Krieg stark gebeutelten Schweden gerade recht, um die Kriegskasse aufzufüllen. Ein Sami machte 1634 am Nasafjäll an der norwegischen Grenze die Entdeckung, die Hoffnung auf neue Einkünfte brachte. Bereits ein Jahr später begann der Bergbau – mit einfachsten Mitteln. Es war nicht leicht, das Silbererz aus dem Berg zu holen. Und mindestens ebenso schwierig war es, das begehrte Edelmetall in die Schmelzhütten der Gegend zu transportieren. Sami übernahmen diese Arbeit, fuhren vor allem im Winter, wenn eine dicke Schneeschicht das Land bedeckte, mit ihren Rentierschlitten. Das wertvolle Metall wurde schließlich bis in das 400 Kilometer entfernte Skellefteå an der schwedischen Ostseeküste transportiert.

Jagdgebiet des Luchses

Heute erinnert der Silvervägen, wie die Silberstraße auf Schwedisch heißt, an diese Zeit. Über 420 Kilometer zieht sich die Touristenroute von Skellefteå bis in die norwegische Küstenstadt Bodø. Und dieser Weg von Küste zu Küste führt zuerst durch tiefe Wälder – die Heimat des Luchses. Fast wäre es um das Pinselohr in Schweden geschehen gewesen. Zu Beginn des 20. Jahrhunderts streunten nur noch wenige Luchse durch die Wälder von Jämtland und Västerbotten. Schuld daran war die Jagd auf das Raubtier. Mittlerweile hat sich der Bestand aber wieder erholt. Zwischen 1500 und 2000 Luchse gibt es heute zwischen Blekinge und Lappland. Lediglich ganz im Süden, in Schonen, wurden die Raubkatzen noch nicht gesichtet. Das Glück, eines dieser Tiere in freier Wildbahn zu sehen, werden aber nur die wenigsten haben. Der Luchs hat ein ausgesprochen feines Gehör, kann über den Waldboden oder das Fjäll laufende Rentiere noch in 500 Metern Entfernung hören! Vor dem Menschen, der für den Luchs die größte Bedrohung ist, wird er in den meisten Fällen rechtzeitig flüchten.

Von den Bergen rund um Arjeplog schweift der Blick über Seen wie den Galtisjaure (rechte Seite oben) und Hornavan (rechte Seite unten).
Den scheuen Luchs (unten links) wird man kaum zu sehen bekommen, während Elche (unten rechts) für Autofahrer eine tödliche Gefahr sein können.

Die Kirche von Arvidsjaur ist nicht nur architektonisch reizvoll gebaut, sondern im Innern auch prachtvoll ausgestaltet (unten und ganz unten). Zweckmäßig dagegen waren die Koten der Sami mit einem Holzgestell als tragendem Gerüst (rechte Seite unten links und rechts).

Angeln am »großzügigen See«

In der Gegend von Arvidsjaur sind von Osten kommend die ersten höheren Berge zu sehen. Für Angler macht der Name des Ortes Hoffnung, denn er weist auf das reiche Vorkommen von Fischen hin. Tatsächlich gibt es rund um die Stadt etliche kleinere und größere Seen, in denen Saiblinge oder Forellen gefangen werden können. Auch im Winter! Dann erlebt man die ohnehin als ruhig geltenden Schweden noch ruhiger. Sie sitzen stundenlang vor einem kleinen, in das dicke Eis eines Sees gebohrten Loch, heben bisweilen die Hand, von der eine Schnur mit Köder hinunter in das eiskalte Wasser hängt. So einfach kann Entspannung sein. Seine Existenz verdankt Arvidsjaur einem Wunsch Königs Karls IX. Dieser wollte Anfang des 17. Jahrhunderts die samische Bevölkerung Lapplands christianisieren und ließ deshalb einen Kirch- und Marktort bauen – vermutlich, um seine Untertanen besser unter Kontrolle zu haben. Diese pendelten mit ihren Rentierherden zwischen den gebirgigen Fjälls im Westen und den Flusstälern im Osten. Die Lappstaden ist heute die wichtigste Sehenswürdigkeit des Ortes. Rund 80 Holzhäuschen und Katen sind erhalten geblieben, die zum Teil bereits über 200 Jahre alt sind. Doch auf Dauer gewohnt hat hier niemand. Hier fanden die Reisenden Unterschlupf, die zu besonderen Ereignissen wie Markt- und Kirchtagen nach Arvidsjaur gekommen waren. Und noch heute wird im August rund um die Lappstaden alljährlich ein Marktfest gefeiert. Da sind dann auch Touristen gern dabei.

Erbe der Sami

Die Entfernungen in Lappland sind groß. Die Fahrt in eine durch unzählige Bäume, Hügel und Seen getrennt liegende Nachbarstadt kann durchaus eine Stunde oder mehr dauern. Und das trifft auch auf Arjeplog zu. Beinahe rundum vom Wasser des sich weit auffächernden Flusses Skellefteån ist das Städtchen umgeben. Fragt man hier nach dem Doktor, so wird man sehr wahrscheinlich nicht in die nächste Arztpraxis geschickt. Die Wegbeschreibung wird vielmehr direkt ins Silbermuseum führen. Einar Wallquist, der »Lappen-Doktor«, kam 1922 als junger Mann in die Abgeschiedenheit Lapplands und blieb. Er war fasziniert von der Landschaft und den hier lebenden Menschen, die ihm Inspiration für Gemälde und Bücher lieferten. Und noch etwas hat er

hinterlassen: eine Sammlung mit Gegenständen der Sami.
Prächtig war der Schmuck, wie in der Ausstellung zu sehen ist. Aus Silber natürlich, das vom nicht sehr weit entfernten Fjäll herangebracht wurde. Es sind Spangen und Ketten, Ringe und Broschen. Manche noch mit schamanischen Symbolen, andere bereits mit den Zeichen der Christenheit. Gezeigt werden außerdem alte Jagdutensilien. Denn die Rentierzucht bekam erst im 17. Jahrhundert eine große Bedeutung. Bis dahin lebten die Menschen in der Region von der Jagd, dem Fischfang und der Landwirtschaft. Und auch, als das Ren die Haupteinkommensquelle der Sami wurde: Auf die Jagd und zum Fischen ging man immer noch. Auch im Winter. Und der ist heute die umtriebigste Zeit in Arjeplog.

Autotester auf dem Hornavan-See

Denn wenn die Kälte hereinbricht und das Eis wächst, dann kommt mit Tausenden Autotestern und Ingenieuren Leben in den 2000-Seelen-Ort. Im Winter verdoppelt sich die Einwohnerzahl von Arvidsjaur, was für die Gegend ein stattliches Zusatzeinkommen bedeutet, für manche sogar den Haupterwerb. Der winterliche Spuk begann 1973, als sich drei Schweden eine Piste auf dem Hornavan-See bei Arjeplog einrichteten, um darauf mit ihren Autos umherzuschlittern. Das sah ein zufällig anwesender Opel-Boss und fuhr selbst ein paar Runden. Was als privates Vergnügen begann, hat inzwischen einen ernsthaften Hintergrund: Nahezu die gesamte Autowelt ist in jedem Winter auf den Seen rund um Arjeplog vertreten, um Reifen zu testen und die Bremssysteme zu verbessern. Die Fahrzeugelektronik wird Temperaturen von 30 Grad unter null ausgesetzt und die Heizungen werden auf Höchstleistung gebracht. Doch nicht nur auf den vom Schnee befreiten Seen, auch auf den normalen Straßen sind die Prototypen unterwegs. Treffpunkt der Auto-Paparazzi ist dann die Tankstelle des Ortes, zu der früher oder später jedes Auto kommen muss. Schließlich kann ein gelungenes Bild eines neuen Modells die Kasse der Fotografen gut füllen. Genau auf den Seen, über die heute die Autotester preschen, herrschte schon früher ein reger Verkehr. Hierüber transportierten die Sami im Winter das im Fjäll abgebaute Erz Richtung Meer.

BLICK NACH NORWEGEN

Ein paar Kilometer außerhalb von Arjeplog erhebt sich der Galtispuoda. Knapp 800 Meter ist der Berg hoch. An klaren Tagen reicht der Blick bis zum legendären Sarek-Nationalpark, ja sogar bis zur norwegischen Grenze. Im Winter ist der Berg das Eldorado der Skiläufer der Umgebung. Immerhin 270 Höhenmeter gilt es auf den Pisten zu bewältigen. Im Sommer führen etliche schöne Wanderwege auf den Gipfel.

WEITERE INFORMATIONEN

Galtis AB
Storgatan 33
S-930 90 Arjeplog
Tel. +46/961 440 26

Die Storforsen-Stromschnellen im schwedischen Teil Lapplands bieten vor allem im Frühjahr ein tosendes Schauspiel.

Birken prägen die Landschaft im Nationalpark Pieljekaise (rechte Seite unten). Der Norden Schwedens ist die Domäne des Polarfuchses, dessen weißer Pelz erst bei Schnee gut tarnt (rechte Seite oben). Die herbstliche Laubfärbung ist auch im Nationalpark Riebneskaise nur von kurzer Dauer (oben).

69 Auf dem Silberweg durch die »Pite lappmark«

Üppige Birkenwälder und karge Berge

Von Arjeplog aus steigt der Silvervägen hinauf in das Fjäll. Hier, beiderseits der Grenze nach Norwegen, war damals das Silber gefunden worden, das dieser Straße ihren Namen gegeben hat. Heute glänzt die Region vor allem mit ihrer eindrucksvollen Natur.

Naujaure, Uddjaure, Aisjaure: Das klingt ungewohnt und auch gar nicht so richtig Schwedisch. Tatsächlich sind das alles samische Namen für Seen. Und so ist auch klar: Die Strecke auf dem Silvervägen von Arjeplog hinauf ins Fjäll zu den Erzgruben an der norwegischen Grenze führt durch das Land der Ureinwohner des Nordens. Auch wenn auf den Straßen im Norden nichts los ist und die Fahrt durch die unendlichen Wälder sogar meditativ werden kann – Vorsicht ist immer angeraten. In der Dämmerung, aber auch tagsüber. Denn es leben Rentiere und Elche in der Gegend. Und diese Tiere halten sich partout nicht an die Verkehrsregeln. Eine Kollision mit den Vierbeinern ist gefährlich und kann für Tier und Mensch tödlich enden!

Birkenwälder unterm Ohrenberg

Sehr karg ist das Fjäll rund um das Dorf Jutis. Die Landschaft: ein Mosaik aus Seen, Felsen und niedrigen Pflanzen, die hier ein hart umkämpftes Auskommen finden. Es sind Pflanzen wie Heidekräuter oder Zwergbirken, die sich kaum über den Boden erheben und so Schutz vor Stürmen finden. Der berühmte Fernwanderweg Kungsleden kommt bei Jäkkvik von den Bergen des Naturreservats Riebneskaise herüber. Er durchquert den Nationalpark Pieljekaise und ist ein idealer Einstieg, um vom Silvervägen in die Tundra Lapplands hinaufzusteigen. Der Nationalpark liegt am östlichen Ende des norwegisch-schwedischen Grenzgebirges. Seinen Namen hat er vom gleichnamigen, 1138 Meter hohen Gipfel, der die gesamte Gegend überragt und von dem aus

man eine prächtige Aussicht auf die ursprüngliche Fjäll-Landschaft genießt. Eigenartig ist seine ohrenartige Form, weshalb ihm die Sami auch den Namen »Ohrenberg« gaben – denn das heißt Pieljekaise. Doch der Weg führt erst einmal durch dichten Birkenwald. Diese Baumart ist typisch für diesen Park, der vor 100 Jahren eingerichtet wurde und damit zu den ältesten Schwedens gehört. Die Birke ist – im Gegensatz zu den Alpen – die Baumart, die in Skandinavien die Baumgrenze bildet. Hier wiegt der Vorteil höher, die Blätter im Winter abzuwerfen, anstatt diese das ganze Jahr über mit Wasser und Nährstoffen versorgen zu müssen. Das frische Grün der Birken prägt das Aussehen der Landschaft im Sommer. Im kurzen Herbst tauchen die sich verfärbenden Blätter die Landschaft in einen Farbrausch. Seltene Tiere wie Bär oder Polarfuchs durchstreifen die Birkenwälder und Wiesen, beäugt vom Königsadler, der am Himmel kreist. Bis auf rund 700 Meter Höhe klettern die Birken in dieser Region des Nationalparks. Darüber stört allerdings kein Baum mehr die prächtige Aussicht auf die weite Fjäll-Landschaft. Auf dem kargen Boden wachsen noch kältetolerante Pflanzen wie die Alpen-Pechnelke oder die Krautige Weide, die wie eine Schlange über den Boden kriecht und somit den langen Winter gut geschützt unter einer Schneedecke übersteht.

Hinunter nach Adolfström

Am westlichen Rand des Nationalparks steigt man auf dem Kungsleden hinab nach Adolfström, einem kleinen Ort im Lais-Tal. In der Nähe befindet sich das Yraft-Delta, das ein reiches Vogelleben beherbergt. Im Dorf selbst gibt es sogar noch Gebäudereste aus der Zeit, als im weiter nordwestlich gelegenen Nasafjäll an der Grenze zu Norwegen Silber abgebaut wurde. Doch das ist lange vorbei. Das Silber Adolfströms schwimmt nun behände durch die Seen und Flüsse der Gegend. Es sind Saiblinge und Forellen, die das Lais-Tal zu einem populären Angelgewässer machen.

SHOPPEN IN ADOLFSTRÖM

In Adolfström hört zwar nicht die Welt auf, aber die Straße. Vom Wendeplatz geht es im Sommer nur noch mit dem Boot oder zu Fuß weiter. Im Winter nimmt man das Schneemobil, um in das weite und einsame Fjäll zu kommen. Vorher sollte man sich aber im »Handelsbod« von Adolfström mit dem Nötigsten eindecken. Wer den Laden betritt, wird eine große Überraschung erleben: Denn hier gibt es einfach alles! Milch und Mehl, Rentierwurst und Schneehuhnfleisch, Angelrouten und Wanderausrüstung. Und jede Menge Dinge, die man mitten im Fjäll nicht erwarten würde. Alte Metallschilder und Quietschenten für die Badewanne zum Beispiel.
Es ist ein Ausflug in die Zeit anno dazumal, für den man länger braucht als für den Einkauf im Supermarkt zu Hause.

WEITERE INFORMATIONEN

Adolfströms Handelsbod
Adolfström 168
S-930 93 Laisvall
Tel.: +46/706 17 30 41
info@adolfstrom.com
www.adolfstrom.com

70 Treffpunkt der Sami – Jokkmokk

Faszination Nordlicht: Mythen & Legenden

Der Faszination Nordlicht mit seinen grünen und roten, über den Himmel tanzenden Lichtern kann sich niemand entziehen. Sehen kann man es jedoch nur in den kalten Winternächten Lapplands. Und wenn Väterchen Frost seine Klauen löst, trifft man sich in Jokkmokk zum Wintermarkt.

Kunstvolle Geschmeide aus Gold und Silber haben bei den Sami einen hohen Stellenwert (rechte Seite oben). In klaren Winternächten tanzt in Nordschweden oft das Nordlicht über den Himmel (unten).

Die Tage, an denen die Sonne nicht aufging und lediglich das mystische blaue Licht der Polarnacht die Landschaft erleuchtete, sind nun vorbei. Es ist Februar und die Sonne klettert in Jokkmokk wieder über die schneebedeckten Hügel. Das Leben kehrt trotz frostiger Temperaturen zurück in die kleine Stadt nördlich des Polarkreises. Ein Grund zum Feiern! Und das seit vielen Hundert Jahren.

Markt als Treffpunkt

Der Wintermarkt in Jokkmokk hat eine lange Tradition. Auf Beschluss von König Karl IX. (1550–1611) wurden zu Beginn des 17. Jahrhunderts in ganz Nordschweden feste Kirch- und Marktorte eingerichtet. Für die nomadisch lebende Urbevölkerung des Nordens, die Sami, war Jokkmokk schon damals ein wichtiges Quartier, in dem sie den langen

Winter Lapplands verbrachten. Im Jahr 1605 wurde zum ersten Mal der Wintermarkt veranstaltet, der zu einer regelmäßigen Veranstaltung wurde. Man verkaufte und kaufte Waren, tauschte, feierte, erzählte sich den neuesten Klatsch. Aber man hielt auch Gericht, schlichtete Streitigkeiten oder sprach Strafen aus. Und für die Vertreter des Staates ging es auch darum, Steuern einzutreiben. Vieles hat sich heute geändert. Doch immer noch ist der Wintermarkt in Jokkmokk eine Veranstaltung, zu der Sami aus der Region, aber auch aus Norwegen, Finnland und Russland anreisen. Zudem haben Touristen das Fest für sich entdeckt, das vor wenigen Jahren um einen historischen Markt erweitert wurde. Rund 40 000 Besucher sind es, die an den frostigen Wintertagen durch die Gassen des Ortes schlendern und feiern.

Faszination Nordlicht

Nur wenige Kilometer außerhalb von Jokkmokk ist von diesem ganzen Rummel nichts mehr zu merken. Hier findet man die Einsamkeit, die für diese dünn besiedelte Gegend so typisch ist. Keine Straßenlampen stören den magischen blauen Schein, der sich wie ein Mantel über die schneebedeckte Landschaft legt. Und mit etwas Glück sieht man abseits der Orte auch grüne oder rote Lichter über das Firmament tanzen. Man kann das Himmelsphänomen Nordlicht – oder auch Aurora borealis – ganz nüchtern erklären. Es entsteht, wenn die geladenen Teilchen des Sonnenwindes in 100 bis 200 Kilometern Höhe auf die Erdatmosphäre treffen und deren Atome zum Leuchten anregen. Das Magnetfeld der Erde leitet den Teilchenstrom an die Pole, weshalb das Polarlicht nur in höheren Breitengraden jenseits von 60 Grad auftritt.

Walküren und glückliche Kinder

Auch wenn sich dieses Phänomen wissenschaftlich erklären lässt, wirklich fassen kann man es damit nicht. Die Faszination Nordlicht spielt sich vor allem in der Fantasie ab. Und das seit Jahrhunderten. In Mitteleuropa wurde das Polarlicht oft als Unglücksboote gesehen.

Die Wikinger fassten es als Hinweis auf eine Schlacht auf, die irgendwo in der Welt geschlagen wurde. Das Licht sollte von der Rüstung der Walküren stammen. Die Sami verbanden den Lichtertanz mit Tönen, weshalb Nordlicht-Symbole auf den Trommeln ihrer Schamanen zu finden sind. Für andere war es der feurige Atem eins Drachens. Und die Fischer, ganz Zweckoptimisten, sahen darin die Reflexionen des Herings in der Nordsee.

Wenn sich Japaner in Nordlicht-Nächten dezent zurückziehen, hat dies nichts mit Desinteresse an der Natur zu tun.

Vielmehr bedeutet es einer japanischen Legende zufolge besonderes Glück, unter der Aurora borealis ein Kind zu zeugen.

EISIGE NÄCHTE

In jedem Winter, wenn das Eis des Flusses Torneälv dicker wird, entsteht an seinem Ufer bei Jukkasjärvi ein fantastisches, wenngleich vergängliches Bauwerk: das »Icehotel«. Die Idee dazu entstand eher aus Zufall. Aus purer Platznot übernachteten 1992 die ersten Gäste in einem einfachen, aus Schnee und Eis gebauten Raum – und berichteten am Morgen danach von einer großartigen Erfahrung. Mittlerweile entstehen aus Tonnen von Schnee und Eis alljährlich um die 60 Räume. Diese werden von Künstlern aus der ganzen Welt gestaltet. Kein Zimmer gleicht dem anderen. Und in der Bar werden sogar die Getränke in Gläser aus Eis eingeschenkt. Trotz Temperaturen knapp unter dem Gefrierpunkt muss aber niemand frieren. Gut eingepackt in einen dicken Schlafsack fällt man in der absoluten Stille im Icehotel in einen tiefen Schlummer.

WEITERE INFORMATIONEN

Icehotel
S-981 91 Jukkasjärvi
Tel. 0980-66899
reservations@icehotel.com
www.icehotel.com

Über viele Hundert Meter schäumt der Piteälv am Storforsen ins Tal (rechte Seite unten). Weitaus gemächlicher plätschert der Luleälven bei Niedrigwasser zum Bottnischen Meer (oben).

71 Ungezähmte Ströme & Wasserkraft – Norrland

Flussgeschichten – über die wilden Wasser Nordschwedens

Wie ein Dach fällt die Landschaft Nordschwedens nach Osten hin ab. Jeder Tropfen Wasser, der hier im Sommer fällt, jede Schneeflocke, die sich wieder in Wasser verwandelt, fließt in Richtung Bottnischer Meerbusen. Im Laufe eines Jahres kommt da einiges zusammen.

Es sind gewaltige Ströme wie der Luleälven oder der Piteälven, die neben den weiten Wäldern das Landesinnere des schwedischen Teils von Lappland prägen. Schon früher verliefen die Handelswege zwischen dem Fjäll im Westen und dem Meer im Osten in den Tälern entlang der Flüsse – oder auf ihnen.
Denn die Flößerei war gang und gäbe, zumindest dort, wo das Wasser einigermaßen gemächlich zu Tal strebte. Allzu viel hat sich daran nicht geändert, immer noch sind Autos, Busse und Lastkraftwagen zumeist in genau den Tälern unterwegs, die schon seit Jahrhunderten die Menschen zueinander finden lassen. Die Wasserläufe in Schwedisch-Lappland haben heute aber noch eine andere, äußerst wichtige Bedeutung: Sie versorgen das Land mit Strom. Nahezu die Hälfte der Elektrizität, die die Schweden verbrauchen, wird in den Wasserkraftwerken des Landes erzeugt – vor allem in den Kraftwerken im Norden. Dafür mussten an den meisten Flüssen natürlich Staustufen gebaut werden – was zu heftigen Diskussionen geführt hat. Doch trotz der Eingriffe durch den Menschen üben diese mächtigen Ströme immer noch eine gewaltige Faszination aus.

Sie sind zusammen mit den Seen die Fixpunkte in einer ansonsten weitgehend homogenen Landschaft, die es zu bereisen lohnt.

Treppab am Ångermanälven

Der Ångermanälven ist einer der wasserreichsten Flüsse Schwedens. Um einmal eine Vorstellung davon zu bekommen: An seiner Mündung bei Härnösand an der Höga Kusten fließen im Schnitt knapp 500 Kubikmeter Wasser pro Sekunde in den Bottnischen Meerbusen! Das Gewässer entspringt im Fjäll des südlichen Lapplands und treibt auf seinem Weg in Richtung Tal die Turbinen etlicher großer Wasserkraftwerke an. Eine der interessantesten Sehenswürdigkeiten des Flusses ist ein Wasserfall an seinem Oberlauf, wo er das Gebirge hinter sich lässt. Der Name Trappstegforsen – zu Deutsch Treppenstufenwasserfall – ist Programm, denn das Wasser, das vom See Kultsjön bei Saxnäs hinunter in den See Bijelite fließt, fällt nicht über die Felsen. Es steigt vielmehr auf einer Strecke von mehreren Hundert Metern über viele Stufen hinab.

Zwei Ströme, ein Delta

Der Fluss Umeälven entspringt aus dem See Överuman an der schwedisch-norwegischen Grenze, passiert das Gebirge um das Norra Storfjället und breitet sich im See Storuman zu enormer Größe aus. Eher unspektakulär setzt er danach seinen Weg in Richtung Ostsee fort, fließt an dichten Wäldern und grünen Wiesen vorbei, streift kleine Ortschaften und einsame Höfe. Auf insgesamt 470 Kilometern durchströmt er 17 Kraftwerke und ist damit der drittgrößte schwedische Stromproduzent. In seinem Unterlauf vereinigt er sich mit dem etwa gleich langen Vindelälven. Dieser am Nasafjäll entspringende Fluss ist eine der wenigen Wasseradern Schwedens, die noch ungezähmt sind und deren Lauf durch keine Staumauer gebremst wird. Zu Zeiten der Schneeschmelze im Frühsommer kann seine Wasserfracht auf das Zehnfache ansteigen! Der Vindelälven erschafft sich in dieser Zeit immer wieder neu, flutet Auen, fräst Uferböschungen an. Die Dynamik führt dazu, dass sich in seinem Tal eine reichhaltige Tier- und Pflanzenwelt entwickeln und auch halten konnte.

Am Storforsen hat sich das Wasser einen tiefen Canyon geschaffen (oben).
Tau bedeckt die Blätter eines Frauenmantels (oben links).

Der Elch, der König des Waldes, trottet alles andere als majestätisch durch den Norden (oben). Buschwindröschen künden auch im Fjäll vom nahenden Frühling (Mitte). Tautropfen benetzen Moospolster (unten). Der Name des Trappstegforsen bedarf keiner weiteren Erklärung (rechts).

Häufig wird man in den Auwäldern an seinem Ufer in der Dämmerung Elche antreffen, die die jungen weichen Triebe der Bäume anknabbern. Auch Luchse wurden schon gesichtet. Die Kehrseite dieser ungezähmten Wildheit: Die Bewohner des Tales müssen immer wieder mit Überschwemmungen rechnen. Gemeinsam münden Umeälven und Vindelälven bei Umeå in die Ostsee. Dabei haben sie so viel Sand und Geröll im »Gepäck«, dass ein großartiges Delta mit vielen Mündungsarmen und immer wieder unter Wasser gesetzten Brachflächen entstanden ist, das in Schweden seinesgleichen sucht.

Rauschende Wasserfälle

Zwei Quellflüsse sind es, die den Piteälven zu Wege bringen. Beide entspringen in großen Gebirgsseen im Fjäll an der norwegischen Grenze. Und diese Gegend ist an sich schon sehenswert, denn einerseits wachsen auf kalkreichem Grund sehenswerte Pflanzen wie

Fjäll-Arnika, und anderseits gedeihen auf hartem Schiefergestein interessante und farbenprächtige Flechten. Auf seinem Weg Richtung Ostsee zwängt sich der Piteälven durch enge Schluchten, strömt über Felsen, dann wieder durch Seen mit einsamen Stränden, an deren Ufer Vögel brüten. Und erreicht schließlich den Trollforsen, eine der größten Stromschnellen Europas. Auf einer Strecke von 800 Metern quetscht sich der Piteälven zwischen Felsen hindurch und rauscht über Klippen hinweg. Für Kajakfahrer ist dieser Abschnitt eine gern versuchte Herausforderung, die bisweilen mit einem unfreiwilligen Bad endet. Der umgebende Naturwald ist durchzogen von Flussläufen und Altwässern, kleineren Seen und Sümpfen und stellt ein Paradies für Tiere und Pflanzen dar, welche die Nähe zum Wasser suchen. Doch damit nicht genug! Der Piteälven muss sich auf seinem Lauf zum Meer über einen weiteren Wasserfall stürzen, der einer der schönsten und der gewaltigste ganz Skandinaviens ist. Es rauscht schon aus einiger Entfernung, wird lauter. Gischt stäubt durch die Luft. Der Storforsen – »Großer Wasserfall«: Der Name kommt nicht von ungefähr. Denn was sich hier über die Felsen im Flussgrund bei Bredsel wälzt, das ist enorm. Ganze 250 Kubikmeter Wasser pro Sekunde sind es im Durchschnitt, rund 1200 Kubikmeter als Rekord während der Schneeschmelze, wenn der Fluss seinen höchsten Wasserstand erreicht. Unterhaltungen an seinem Ufer sind zu dieser Zeit unmöglich. Weitgehend ruhig fließt der Piteälven nach diesen Stromschnellen weiter, bildet bei Piteå einen See und mündet dann in die Schärenwelt des Bottnischen Meerbusens.

Luleälven und Kalixälven

Der Luleälven und der Kalixälven sind, abgesehen vom Torneälven, die nördlichsten der großen Flüsse Lapplands. Sie entwässern die großen Fjällgebiete rund um Sarek und Kebnekaise. Damit enden aber schon die Gemeinsamkeiten. Entlang des Luleälven stehen die größten Wasserkraftwerke des Landes. Ein Fünftel des in Schweden aus Wasserkraft erzeugten Stroms stammt aus dem Lauf des Luleälven. Im Gegensatz dazu hat man an den Kalixälven niemals Hand angelegt. Manchmal aufbrausend, dann wieder gemächlich strömt er dem Schärengarten im Norden des Bottnischen Meerbusens zu, durchfließt Seen und durchströmt enge Täler, versorgt geheimnisvolle Moore mit Wasser. Ein Eldorado für Angler und Naturfreunde.

HÄLLINGSÅFALLET – REGENBÖGEN IM WASSERDUNST

Auch wer nicht so weit in den Norden Lapplands reist, muss nicht auf spektakuläre Wasserfälle verzichten. Schon in Jämtland in der Nähe von Frostviken beeindruckt der Hällingsåfallet mit seinen 42 Metern Fallhöhe. Ergänzt wird das einzigartige Bild durch einen 800 Meter langen, engen und hohen Canyon, durch den sich die Wassermassen drücken müssen – der längste im ganzen Land. Er entstand vermutlich im Zusammenspiel zwischen Wasser und Eis während der letzten Kaltzeit sowie einer vor 9000 Jahren bereits vorhandenen Schwachstelle im Gestein. Der Hällingsåfallet liegt in der Nähe des Sees Hetögeln bei Strömsund und Gäddede. Die Zufahrt ist ausgeschildert.

72 Aus zwei mach eins – Eurostadt Tornio Haparanda

Schwedisch-finnische Nachbarschaft ohne Grenzen

Haparanda kann nicht mit vielen schönen Sehenswürdigkeiten aufwarten. Doch was die Stadt interessant macht, ist die Verknüpfung mit der finnischen Stadt Tornio jenseits des Grenzflusses und der damit verbundenen Geschichte.

Tornio war einst einer der wichtigsten schwedischen Handessplätze. Schwedisch? Richtig! Denn die Stadt gehörte lange Jahre zum schwedischen Reich. »Fantastisch gelegen, kein Handelsposten behindert den Warenverkehr«, notierte der spätere Erzbischof Olaus Magnus (1490–1557) vor rund 500 Jahren. Zwei Jahrhunderte später war es allerdings vorbei mit der schwedischen Regentschaft. 1809 musste Schweden Teile von Lappland und Västerbotten an Russland abtreten, das daraufhin das autonome Großfürstentum Finnland gründete. Auf der schwedischen Seite des Grenzflusses Torneälv blieb lediglich ein kleines Dorf mit sieben Bauernhöfen übrig – Haparanda. Die Regenten statteten das Grenzdorf jedoch mit Marktrechten aus. Und so wuchs Haparanda

Über das Aussehen der Kirche von Haparanda ist man auch in der nordschwedischen Stadt geteilter Meinung (rechte Seite oben links). Brücken (unten) verbinden nicht nur die Städte Haparanda und Tornio, sondern auch zwei Länder: Schweden und Finnland. Kirche von Alatornio am Grenzfluss Torneälven (rechte Seite oben rechts).

inzwischen zu einer Stadt mit heute rund 10 000 Einwohnern heran.

Eisenbahnbrücke mit Geschichte

Es gibt Städte, die sind ohne Zweifel pittoresker. Sogar über das Aussehen der in den 1960er-Jahren erbauten Kirche wurde und wird nach wie vor diskutiert, da der Kupferbau eher an ein Industriegebäude denn an ein Gotteshaus erinnert. Doch was Haparanda auf schwedischer und Tornio auf finnischer Seite spannend macht, ist die jüngere Geschichte. Die Position an der Schnittstelle zwischen Ost und West – besonders im Ersten Weltkrieg. Tag und Nacht fuhren Züge mit Flüchtlingen und Waren, Spionen und Schmugglern über die weithin sichtbare Eisenbahnbrücke, die den Grenzfluss Torneälv überspannt. Lenin nahm 1917 die Verbindung über diese Brücke auf dem Weg nach Russland und damit zur Machtergreifung. Über sie verlief außerdem vor dem Zweiten Weltkrieg die einzige Zugverbindung zwischen Russland und Deutschland. Was den Zugverkehr nach wie vor erschwert: Finnische und schwedische Eisenbahnen haben unterschiedliche Spurweiten, und so verlaufen über diese Brücke zwei unterschiedliche Gleise. Reisende fahren nicht mehr auf dieser Strecke, nur einige Güterzüge passieren den im Jugendstil gebauten Bahnhof, der so viel Geschichte miterlebt hat und in dem heute ein Jugendhaus untergebracht ist.

Möbelhaus verursacht Boom

Was einst zusammengehörte und dann getrennt wurde, das wächst heute wieder zusammen. Und das im wahren Wortsinn. Der Grenzstreifen, den früher die Zöllner und Grenzbeamten überwachten, wird bebaut. Hier entstehen neue Straßen und Geschäfte. Ausgelöst hat diesen Boom ein auch in Deutschland bekanntes schwedisches Einrichtungshaus: Nachdem im Sommer 2005 angekündigt worden war, dass der Möbelgigant Ikea in Haparanda eine Filiale eröffnen will, wurden binnen weniger Tage Erschließungsflächen für viele Millionen Euro verkauft. Haparanda und Tornio entwickeln sich seitdem zu wichtigen Handelsplätzen und erlangen damit wieder eine Bedeutung, die sie bereits vor Jahrhunderten schon einmal gehabt haben. Die Grenze spielt kaum noch eine Rolle. Die Pläne der beiden Städte gehen sogar so weit, dass eine gemeinsame Kommunalpolitik der »Euro-City« mit einem einzigen Stadtparlament angedacht ist. Für die Menschen ist die Grenze ohnehin kein Hindernis mehr. Feuerwehren und Rettungsdienste arbeiten bereits zusammen, Eltern können ihre Kinder diesseits oder jenseits der Grenze zur Schule schicken. Ins Nachtleben stürzen sich Finnen und Schweden in Tornio, weil das Angebot hier größer ist. Und eingekauft wird da, wo der Währungskurs gerade günstig ist.

ARTENREICHTUM IM SCHÄRENGARTEN

Für die Natur spielen Grenzen ohnehin keine Rolle. So ist das Meer vor der Küste ein wichtiger Lebensraum mit regem Austausch. Seit 1995 ist der Schärengarten südlich von Haparanda auf der Liste der schwedischen Nationalparks zu finden. Unzählige kleine und größere Inseln ragen am nördlichen Ende des Bottnischen Meerbusens aus den Wellen. Kennzeichnend für diese Schären sind lange Sandstrände. In der Dünenlandschaft haben viele Tier- und Pflanzenarten ein Zuhause gefunden, darunter auch seltene.
Ornithologen kamen bei Zählungen in dem Gebiet auf rund 200 verschiedene Vogelarten. Die Entstehung dieser Landschaft geht auf das Spiel von Wind, Wellen und der Landhebung zurück.
Immer noch steigen die Inseln als Folge der Eiszeit um jährlich 8,5 Millimeter nach oben. So ist der Schärengarten eine Landschaft im Wechsel, die ihr Antlitz im Verlaufe weniger Generationen ändert. Und das zum Leidwesen der Schifffahrt. Die Untiefen haben schon manches Boot leckschlagen lassen.

WEITERE INFORMATIONEN

HaparandaTornio turistbyrå
Tel. +46-92 22 62 00
info@haparandatornio.com
www.haparandatornio.com

Auf diesen wackeligen Bretterstegen am Kukkolaforsen lauern die Fischer auf ihre Beute (oben). In den Stromschnellen bei Pajala strömt der Torneälv über zahllose Felsstufen (rechte Seite oben). Flussläufe, Sandbänke und Wollgras sind ein ideales Brutrevier für Wasservögel (rechte Seite unten).

73 Unendliche Weiten voller Abgeschiedenheit – Leben am Torneälv

Stromaufwärts Richtung Eismeer

Von Haparanda am Bottnischen Meerbusen bis hinauf nach Karesuando mitten in Schwedisch-Lappland führt der Ishavsleden, der Eismeerweg. Er führt entlang des Flusses Torneälv und der finnischen Grenze durch die schwedische Einsamkeit. Um zum Eismeer zu gelangen, ist ein Wechsel auf die östliche, zu Finnland gehörende Seite des Torneälv notwendig.

Schon seit langer Zeit besteht die Verbindung durch das Tal des Torneälv vom Bottnischen Meerbusen nach Norden. Vom 18. Jahrhundert an gibt es sogar einen zu großen Teilen durchgängig befahrbaren Weg. Der Torneälv ist mit 520 Kilometern der längste Fluss der schwedischen Provinz Norrbotten. Er war aufgrund seines enormen Fischreichtums und der vergleichsweise guten Ackerböden an seinem Ufer die Speisekammer der hier lebenden Menschen. Über viele Kilometer bildete er erst die Grenze nach Russland, später die nach Finnland. Der Ishavsleden nach Norden ist eine Route in die Abgeschiedenheit der schwedischen Taiga mit ihren schier unendlichen Wäldern, Seen und Mooren.

Wildes Wasser am Kukkolaforsen

Der gemächlich dahinfließende Torneälv zeigt bei Kukkola, welche Kraft in ihm steckt. Auf einer Strecke von 3,5 Kilometern verliert er 14 Meter Höhe. Nach der Schneeschmelze im Frühjahr rauscht das Wasser über die Felsen, bildet Walzen und Strudel. Auch im Winter, wenn das Thermometer über viele Tage hin-

In solchen Hütten wurde die Heuernte eingelagert (rechte Seite unten). Weiße Rentiere sind etwas Besonderes und leicht zu entdecken (rechte Seite oben). Weiden-Zwergsträucher sind typisch für Nordschweden (rechts). Weidenröschen (unten) als auch das Wollgras wachsen bevorzugt an feuchten Stellen (ganz unten).

weg Temperaturen von 20 Grad unter null und weniger anzeigt, erstarrt der Fluss nicht. Ein ganzes Stück flussaufwärts spaltet sich der Torneälv bei Hietaniemiselet in mehrere Arme auf. Nach der Eiszeit wurde an dieser Stelle im Tal Sand abgelagert, durch den sich – je nach Wasserstand – der Fluss heute seinen Weg bahnt oder einfach über die Inseln hinwegfließt. Das Ergebnis ist ein einzigartiges,

sich immer wieder veränderndes Flussdelta mit vielen kleinen Inselchen, die früher von den Bauern genutzt wurden. Hietaniemiselet ist ein wichtiges Brutrevier für Vögel.

Orgel aus Stockholm

Schon seit vielen Jahrhunderten leben Menschen im Tal des Torneälv. Damit ist die Senke rund um den Strom erheblich länger besiedelt als vergleichbare Flusstäler in Nordeuropa. In der Nähe von Övertorneå gab es bereits 1482 eine Kapelle. Das heutige Gotteshaus stammt aus den 1730er-Jahren und weist mit seinen vielen Ecken die für weitere Kirchen in Lappland typische Form auf. Die Orgel hat eine weite Reise hinter sich: Sie wurde im Jahr 1609 für die Deutsche Kirchengemeinde in Stockholm gebaut und 1788 an die Gemeinde in Övertorneå verkauft. Vom Gipfel des nur spärlich mit Bäumen bewachsenen, knapp 200 Meter hohen Luppioberget ein paar Kilometer südlich von Övertorneå genießt man einen herrlichen Blick über das Tal und die angrenzenden Wälder. Geröllfelder mit rund gewaschenen Steinen zeugen von der Eiszeit und der darauffolgenden Schmelze.
An vereinzelten Höfen vorbei führt der Ishavsleden durch die Einsamkeit immer weiter nach Norden. Pajala, die nächste größere

Siedlung, dürfte einer der wenigen Orte in Schweden sein, auf die sowjetische Bomben gefallen sind – allerdings nur aus Versehen. Glücklicherweise gab es dabei nur zwei Leichtverletzte und einige niedergebrannte Häuser, für die später sogar Schadensersatz bezahlt wurde. Und in Karesuando, noch einmal mehr als 150 Kilometer weiter nördlich gelegen, gibt es auf schwedischer Seite keine Straße mehr nach Norden. Hier muss man bei der Fahrt in den Norden auf die finnische Seite hinüberwechseln.

Reich der Rentiere

Möglicherweise hat man auf der Fahrt durch das Tal des Torneälv mehr Rentiere als Menschen gesehen. Denn die Wälder Nordeuropas sind das Revier dieser Tiere, die den langen und meist schneereichen Winter im Norden sehr gut verkraften. Was jedoch rechts und links der Straße trottet, sind keine Wildtiere. Jedes Rentier hat einen samischen Besitzer und kann an den Ohrmarken identifiziert werden. Aber das ist eine Wissenschaft für sich.

FISCHFANG AM KUKKOLAFORSEN

Früher wie heute werden am Kukkolaforsen Fische mit dem Käscher gefangen. Dazu wurden lange, hölzerne Stege, die sogenannten Pator, in den reißenden Strom hineingebaut. Unter professioneller Anleitung können Touristen diese Fangtechnik erlernen. Den Fisch – meistens Felchen – kann man sich dann am Abend auf dem eigenen Grill selbst zubereiten oder im benachbarten Restaurant genießen. Über den Fischfang sowie das frühere Leben am Torneälv kann man sich im Fischereimuseum des Touristenzentrums informieren. Wem das zu beschaulich ist, der kann die Stromschnellen des Flusses auch im Raftingboot überwinden.

WEITERE INFORMATIONEN

Kukkolaforsen Turist & Konferens
Kukkolaforsen 184
S-953 91 Haparanda
Tel. 0922-31000
Fax: 0922-31030
info@kukkolaforsen.se
www.kukkolaforsen.se

74 Wilde Landschaften – Sarek & Co.

Naturerlebnisse in den nordschwedischen Nationalparks

Grüne Täler und weiße Gletscherkappen. Die Kontraste in den nördlichen Fjällgebieten könnten kaum größer sein. Der Gegend rund um den bekannten Sarek-Nationalpark wurde von der UNESCO der Status eines Weltnaturerbes gegeben. Um diese abgeschiedene Landschaft zu entdecken, steigt man am besten in die Wanderstiefel.

Schon wenige kalte Nächte genügen, um das Grün aus den Blättern zu treiben (unten links). Abgelegene Orte wie der Akkajaure sind oft nur auf Schotterpisten zu erreichen (unten rechts). Felsen stellen für das Wasser des Njatsosjakka kein Hindernis dar (rechte Seite oben). Bei Kvikkjokk schweift der Blick in die Wildnis des Sarek-Nationalparks (rechte Seite unten).

Sarek! Bei diesem Wort wird die Fantasie des Nordland-Enthusiasten angeregt. Kaum einer Region in Skandinavien hat man das Attribut »letzte Wildnis Europas« so oft verliehen wie diesem Nationalpark in Schwedisch-Lappland. Tatsächlich liegt der Sarek weit ab vom Schuss. In den Park fährt man nicht, man läuft. Und genau das macht für viele den Reiz aus. Zahlen veranschaulichen, was es im Sarek zu entdecken gibt: sechs der 13 höchsten Gipfel Schwedens. Rund hundert Gletscher. Sich ständig wandelnde Flusstäler. Und das alles auf 1970 Quadratkilometern. Ein gewaltiges Stück unberührte Natur – was auch die Raubtiere zu schätzen wissen, die hier leben.

Heimat der Raubtiere

Der Sarek ist das Zuhause der großen Raubtiere Schwedens. Bären durchstreifen das Gebiet. Zeigen wird sich Meister Petz aber höchstwahrscheinlich nicht, da seine feinen Sinnesorgane ihn frühzeitig vor der Anwesenheit von Menschen warnen. Gleichwohl kann man hin und wieder Fußabdrücke der Bären sehen oder auch ihre charakteristischen Kratzspuren an den Bäumen. Neben dem Luchs streicht auch der Vielfraß durch den Park. Bei den Sami ist das bis zu einen Meter große Tier gefürchtet, weil es Rentiere vor allem im Winter als willkommene Beute betrachtet. Sein Vorteil: Der Vielfraß sinkt kaum in die Schneedecke ein und kann sich im Vergleich zu den

Elche knabbern gern an den jungen Trieben von Bäumen (unten). Wanderer können mit Booten über die Bergseen wie den Akkajaure übersetzen (ganz unten). Bald wird dieser See im Nationalpark Stora Sjöfallet mit Eis bedeckt sein (rechte Seite oben).

größeren Vierbeinern recht flink bewegen. Wanderer werden das scheue, eher nachtaktive Tier jedoch kaum sehen. Schon eher zeigt sich der Elch. Eine gute Chance, die bisweilen etwas trottelig durch die Landschaft stolzierenden Tiere zu sehen, hat man in den Flusstälern. Hier grünt und blüht es im Sommer und die Tiere finden reiche Nahrung. Ganz anders ist das an den steilen Hängen, wo lediglich ein paar Kräuter und Birken wachsen. Weiter oben gibt es dann sogar nur noch äußerst genügsame Moose, Flechten und ein paar an die Höhe besonders angepasste Pflanzen wie den Gletscher-Hahnenfuß.

Wasser-Wirrwarr

Das bekannteste Ziel im Sarek ist das Rapadalen. Dieses nach Osten verlaufende Tal fasziniert mit einem Wirrwarr aus gewundenen Kanälen und Lagunen. Üppig ist die Ufervegetation, die in den unterschiedlichsten Grüntönen erstrahlt und überwiegend von Weiden gebildet wird. Im Delta am See Laitaure sammeln sich im Frühling und Herbst die Singschwäne für ihren gemeinsamen Flug. Die anderen Täler des Sarek sind bei Weitem nicht so grün wie das Rapadalen. Das gilt natürlich noch viel mehr für die Gipfel, die ihr Haupt mit einer weißen Kappe aus Schnee und Eis schützen. Der südlich des Sarek am See Saggat gelegene Parkplatz von Kvikkjokk, den man auf der Straße von Jokkmokk her erreicht, ist für viele der Ausgangspunkt für eine Tour in den Nationalpark. Im Norden kann man sich mit dem Boot von Ritsem über den Stausee Akkajaure bringen lassen. In jedem Fall aber gilt: Eine Tour durch den Nationalpark ist kein Spaziergang und nur erfahrenen Wanderern vorbehalten. Während eines Tages kann man im Extremfall alle vier Jahreszeiten erleben. Und das heißt, dass Schneefall auch im Sommer möglich ist. Schutzhütten gibt es nur am Rand des Parks, sodass ein Zelt mit in den Rucksack gehört. Etliche Flüsse durchziehen das Gebiet, aber nur an wenigen Stellen sind Brücken, sodass des Öfteren durch das eiskalte Wasser gewatet werden muss. Markierte Wege sucht man ohnehin vergebens, findet allerdings Trampelpfade an den Hauptrouten. Trotzdem: Wer in der Hauptsaison die Einsamkeit sucht, sollte sich ein anderes Wandergebiet mit weniger imposantem Namen aussuchen. Der Mythos Sarek zieht die Menschen an! Und das zu Recht.

Göttin der Schönheit

Eine gute, ganz in der Nähe liegende Alternative ist ein weiterer Nationalpark: Stora Sjöfallet. Der »große See-Fall« liegt unmittelbar nördlich des Sarek und wird durch zwei Dinge dominiert. Da ist zum einen der lang gestreckte Akkajaure und zum anderen der Berg Akka – und der gilt als »Lapplands Königin«, eine steinerne Majestät, die sich bei ruhigem Wetter im Wasser des Akkajaure spiegelt. Genau 2016 Meter erhebt sich der Hauptgipfel über das Meer und 1563 Meter über den Wasserspiegel des Sees. Der Name Akka ist samischer Herkunft, bedeutet »alte Frau« und verweist auf die Göttin der Klugheit und Schönheit. Borgtoppen heißt der zweithöchste Gipfel des Massivs. Er erinnert an den Fjällfotografen Borg Emil Ragnar Mesch (1869–1956), der sich mit Bildern über Mensch und Natur in Schwedisch-Lappland einen Namen gemacht hat. Seit 1910 ist Stora Sjöfallet ein Nationalpark. Wobei nach wie vor diskutiert wird, wie es um diesen Schutz steht. Denn 1919 wurde am östlichen Ende des Sees ein Staudamm errichtet, sodass aus dem einst zu den schönsten Wasserfällen Europas gehörenden gewaltigen »Sjöfallet« ein Rinnsal wurde, das nur während der Schneeschmelze das einstige Naturschauspiel erahnen lässt. Daher wurde der See mit seinem Ufer aus dem Schutzgebiet herausgenommen. Dennoch bekommen Wanderer im Stora Sjöfallet eine ungeheure Vielfalt zu sehen, die den Sarek sogar noch übertrifft. Bei Vietas läuft man zwischen alten Kiefern hindurch, am Nordrand des Parks im Tal Teusadalen wachsen leuchtend grüne Fjällbirken, der Boden ist bedeckt von Stauden wie Eisenhut. Sogar der seltene Arktische Mohn mit seinen gelben Blüten wächst hier. Am Himmel ziehen gelegentlich Stein- und Seeadler ihre Kreise. Mit Glück kann auch der Gerfalke bei der Jagd beobachtet werden. Zudem ist Stora Sjöfallet wesentlich leichter zugänglich als der Sarek, da entlang des Sees eine Straße verläuft. Daher sind auch Tagestouren möglich.

Seen und Moore

Ebenso wie Sarek und Stora Sjöfallet gehören der Nationalpark Padjelanta an der Grenze zu Norwegen sowie das Naturreservat Sjaunja zum Weltnaturerbe Laponia. Ersterer zählt mit seiner reichen Blumenpracht und den großen Seen zu den schönsten Fjällgebieten Schwedens, und die Gipfel sind hier längst nicht so schroff wie im östlich gelegenen Sarek. Das Naturreservat Sjaunja östlich des Akkajaure ist wesentlich unbekannter als Sarek & Co. Und das zu Unrecht. In Schweden gibt es kaum eine Region mit einer reicheren Fauna. Hier brüten mehr als 150 verschiedene Vogelarten, 25 Säugetierarten durchstreifen die Wälder und das Fjäll. Zudem ist Sjaunja das größte zusammenhängende Moorgebiet Nordeuropas. Besucht wird das Naturreservat jedoch eher mit dem Kanu, denn Wege gibt es in dieser Gegend kaum.

MYTHOS KUNGSLEDEN

Der Kungsleden – zu Deutsch der Königs-Weg – ist das Traumziel eines jeden Nordland-Wanderers. Die faszinierende und abwechslungsreiche Landschaft mit grünen Tälern, kargen Pässen und schneebedeckten Gipfeln lässt keinen Wunsch offen. Rentiere sieht man mit einiger Sicherheit, mit viel Glück sogar einen Bären oder einen Luchs. Der 350 Kilometer lange Südteil führt von Sälen nach Storlien. Der erheblich populärere Nordteil verläuft auf einer Strecke von 440 Kilometern von Abisko nach Hemavan. Übernachtet werden kann in Hütten oder Fjällhotels, die sich zumeist im Abstand einer Tagesetappe an der Strecke befinden. Gleichwohl sind eine gute Ausrüstung und Wandererfahrung nötig, schließlich ist man in einer abgelegenen, wilden Landschaft unterwegs. Auskünfte für Wanderer erteilt die:

WEITERE INFORMATIONEN

Svenska Turistföreningen
Box 17251
S-104 62 Stockholm
Tel. 08-4632100
www.svenskaturistforeningen.se

Fels und Eis formen die Gipfelregion des höchsten schwedischen Berges, des 2104 Meter hohen Kebnekaise (oben). Sobald im Fjäll in den Nächten die Temperaturen unter den Gefrierpunkt sinken, kühlen die Seen schnell ab (rechte Seite oben links). Auch das Birkenlaub zeigt für wenige Wochen seine goldene Herbstfärbung (rechte Seite unten links).

75 Bergmassiv mit magischer Anziehungskraft – Kebnekaise

Wandern zwischen Schwedens höchsten Gipfeln

Nirgendwo ist die schwedische Gebirgswelt höher als am Kebnekaise. Genau 2104 Meter hoch war im Jahr 2008 sein Südgipfel, den man sogar ohne Kletterausrüstung erreicht. Wer sich diesen Anstieg nicht zutraut, findet auch rund um die Kebnekaise-Fjällstation lohnende Wanderziele.

Ein Dreieck aus Tälern, in dessen Zentrum sich die Berge bis auf 2104 Meter erheben. Das ist das Kebnekaise-Massiv im Norden Schwedens. Giebnegáisi, Kesselkamm heißt der Berg bei den Sami. Und damit wird die Form der Gipfel genau getroffen. Wie ein auf dem Kopf stehendes U sieht der Kebnekaise aus. Das Bergmassiv ist durch das Wirken der Gletscher geprägt. Schon allein die Täler sind mit ihrer typischen U-Form ein Zeichen dafür, dass das Eis seine enormen Kräfte hat wirken lassen. Die Steinwälle der End- und Seitenmoränen an den Hängen und in den Ebenen lassen erkennen, bis wohin einst die Gletscherzungen reichten. Eines ist dabei eindeutig: Das Eis zieht sich wie in den Alpen auch am Kebnekaise zurück. Nirgendwo in Schweden gibt es so viele Gletscher wie hier am Kebnekaise-Massiv. Rund 50 sind es, die auch im Sommer manchmal funkelnd und blendend, manchmal schmutzig-braun an den Hängen und in den Trögen liegen. Und nicht zu vergessen: Auch der Südgipfel des Berges ist vergletschert. Noch vor hundert Jahren maß er 2121 Meter. Dass er jetzt ganze 17 Meter niedriger ist, liegt daran, dass ein großer Teil seiner Eishaube ins Tal geflossen ist. Und wer weiß, vielleicht wird er in einigen Jahren auf das Niveau des nicht vergletscherten Nordgipfels abgeschmolzen sein. Der ist 2097 Meter hoch. Berühmt sind die hängenden Gletscher des Massivs, die vor allem die Gipfelflanken bedecken. Das Wechselspiel aus Regen und Wind, aus Sonne und Schnee, aus Bewegung und Stocken schafft eine ungeheure Formenvielfalt, die

die Fantasie anregt. Doch sollte man den Eistürmen nicht zu nahe kommen – sie können ohne Vorwarnung zerbrechen. Aber nicht nur das Eis schafft am Kebnekaise fantastische Gebilde. Auch so manche Felsformation gaukelt dem geistigen Auge des Betrachters unwirkliche Eindrücke vor – der Drakryggen zum Beispiel, ein Bergkamm nördlich des Hauptgipfels. Er verdankt den Namen »Drachenrücken« seinem langen Zackengrat und den zerfurchten Bergflanken.

Rund 90 Prozent des gesamten Gebiets sind Kahlfjäll. Doch das bedeutet nicht, am Kebnekaise durch eine unbelebte Landschaft zu wandern. Nur sind Tiere und Pflanzen schwieriger zu entdecken. Klar, eine vorbeilaufende Rentierherde ist trotz der guten Tarnung der Tiere kaum übersehbar. Aber viele Pflanzen ziehen sich in den Schutz von Steinen und Felsen zurück. Der Gletscher-Hahnenfuß zum Beispiel – eine Pflanze, die noch dort zu finden ist, wo die Konkurrenz schon längst nicht mehr wachsen kann. Er erträgt nicht nur extreme Kälte, indem er Zucker als Gefrierschutz in seinen Zellen speichert, sondern kommt auch mit der extremen Trockenheit zurecht. Denn wie soll eine Pflanze Wasser bekommen, wenn die Umgebung über viele Wochen und sogar Monate tiefgefroren ist?

Der Berg ruft!

Man muss kein Bergsteiger sein, um dieser fantastischen Gebirgswelt näherzukommen. Von Nikkaluokta, einer kleinen Sámi-Siedlung am Ende der von Kiruna ins Fjäll führenden Straße, führt ein Wanderweg bis zur Kebnekaise-Fjällstation. Allerdings: Der Pfad ist zwar technisch nicht anspruchsvoll, fordert aber eine gute Kondition, um die 20 Kilometer lange Strecke zu bewältigen. Wer die bequemere Variante bevor-

Im Spätsommer gibt es an den Seen (oben, Paittasjärvi) weniger Mücken, dafür in den Wäldern mehr Blaubeeren (Mitte). Spezialisten wie der Steinbrech blühen auch im Fjäll (unten).

Die steilen Felswände des Kebnekaise-Massivs (rechte Seite unten) sind genauso beeindruckend wie die rauschenden Gebirgsflüsse (unten). Krustenflechten sind schöne Farbtupfer auf den Felsen (ganz unten). Die Zunge des Kebnepakte-Gletschers reicht bis zum Tarfala-See (rechte Seite oben).

zugt, kann sich mit einem Boot über den Gletschersee Láddjujavrí bringen lassen und dabei einige Kilometer sparen. Die Kebnekaise-Fjällstation ist ein idealer Ausgangspunkt für Bergtouren in der Umgebung. Das Berghotel bietet allen Luxus, den man in dieser Abgeschiedenheit erhoffen kann: Gutes Essen, ein prasselndes Kaminfeuer, eine Sauna und weiche Betten. Wanderer brechen von hier aus in Richtung Singi auf, einer Hüttensiedlung an einem Bach im Nachbartal, der von den Sami den nahezu unaussprechlichen Namen Tjäktjajåkka bekommen hat. Hier verläuft auch der berühmte Kungsleden in Richtung Abisko.

Oder Sie nehmen sich den Kebnekaise-Gipfel vor. Zwei Möglichkeiten gibt es dafür. Die leichtere Variante ist der Westweg (Västra Leden), der ausschließlich über steinige Hänge und über den Vorgipfel Vieranvarri zur vergletscherten Gipfelpyramide führt. Je nach Kondition werden dafür fünf bis sieben Stunden benötigt. Auf dem Ostweg (Östra Leden) ist an einigen Stellen Klettern angesagt, weshalb dieser Aufstieg nur erfahrenen und schwindelfreien Bergsteigern zu empfehlen ist. Wer ein solches Abenteuer sucht, kann sich auch an der Kebnekaise-Fjällstation einem Bergführer anschließen. Auf dem Gipfel wird man bei gutem Wetter mit einer fantastischen Aussicht belohnt. Fast ein Zehntel der schwedischen Fläche liegt einem hier zu Füßen!

In den Tarfala-Kessel

Eine gute Alternative ist die Tour zur Tarfala-Hütte. Keine luftigen Passagen gilt es dabei zu überwinden. Allerdings sollte man trittsicher sein, da der Weg an einigen Stellen über grobe Steinblöcke führt. Erst am Hang entlang, dann durch ein tiefes Tal verläuft der Weg. Ein Bach führt das Werk der Gletscher fort, die sich während der Eiszeit tief in das Gestein gefräst haben. Das Tal weitet sich, noch eine Wegbiegung, dann wird der Blick frei auf die Gipfel des Kebnekaise. Atemberaubend. Felsen und Gletscher bauen eine Landschaft auf, die begeistert. Mit etwas Glück sind auch noch Königsadler am Himmel zu sehen. Noch ein paar Kilometer sind es nun an den Häusern der glaziologischen Forschungsstation vorbei bis zur Tarfala-Hütte. Die steht inmitten einer Steinwüste auf einem Felsplateau. Vor ihr breitet sich der smaragdgrüne See Tarfalajaure aus, in den der Kebnepakte-Gletscher seine Nordzunge streckt. Und darüber der Kaskasapakte und der Kaskasatjakka, deren Gipfel die 2000

Meter ebenfalls überschreiten, sowie der Isfall-Gletscher. Ein unvergesslicher Anblick! Aber egal, um welche Route es geht:
An den Aufstieg sollte man sich nur bei sicherem Wetter machen. Wobei das so eine Sache ist. In kaum einer anderen schwedischen Region ist das Wetter so unbeständig wie rund um die Gipfel des Grenzgebirges zu Schweden. Bei Tarfala wurden die höchsten Windgeschwindigkeiten aufgezeichnet, die jemals in Schweden gemessen wurden: 81 Meter pro Sekunde – das sind knapp 300 Stundenkilometer!
Nikkaluokta dagegen ist bekannt als Kälteloch, wo die Quecksilbersäule schon einmal auf unter minus 40 Grad Celsius fallen kann. Das heißt aber auch: Wer seine Tour bei Regen an der Kebnekaise-Fjällstation startet, kann darauf hoffen, im benachbarten Tal Singi im Sonnenschein zu wandern.

ABGEHOBEN

Nikkaluokta ist ein idealer Ausgangspunkt für die Wanderung zum Kebnekaise. Wer sich einen stundenlangen Marsch nicht zutraut oder einen Blick aus der Luft auf das schwedische Fjäll mit seinen höchsten Gipfeln werfen will, kann sich an den Helikopterflugservice in Nikkaluokta wenden. Hier werden regelmäßig Flüge zur Kebnekaise-Fjällstation angeboten, aber auch Rundflüge durch die Täler und über die Gipfel Lapplands.

WEITERE INFORMATIONEN

Nikkaluokta Sarri AB
Nikkaluokta 1104
S-981 99 Kiruna
Tel. 0980-55015
anna@nikkaluokta.com
www.nikkaluokta.com

76 Die nördlichste Stadt Schwedens – Kiruna

Herbstlicher Farbenrausch im Fjäll

Es ist die Natur, die im Norden Schwedens begeistert. Geld wird jedoch nicht nur mit dem Tourismus verdient, sondern vor allem mit dem Bergbau. Und der beeinflusst eine ganze Landschaft.

Wölfe, Luchse und Bären streifen auf der Jagd nach Essbarem durch die Wälder und Moore rund um den Berg Kiirunavaara. Immer beäugt von den Sami, die über ihre Rentierherden wachen. Doch dann, Ende des 19. Jahrhunderts, ändert sich das Bild: Erz wird in dieser nahezu menschenleeren Weite gefunden. Und Eisen ist der Rohstoff, den die fortschreitende Industrialisierung dringend braucht. Also wird eine Stadt aus dem kargen Boden gestampft, eine Eisenbahnlinie durch das unwirtliche Gebirge bis nach Narvik gebaut. Irgendwo muss schließlich das Eisenerz hingebracht werden. Immer tiefer wurde die Tagebau-Grube, in der der wertvolle Rohstoff lagert. In den 50er-Jahren des vergangenen Jahrhunderts begannen die Minenarbeiter, das Erz unterirdisch abzubauen. Mittlerweile holt man den Rohstoff aus einer Tiefe von mehr als 1000 Metern unter der Spitze des Berges hervor.

Eine Stadt zieht um

Doch die erzhaltige Gesteinsschicht fällt in einem Winkel von 60 Grad schräg in die Tiefe ab – und damit unter die damals gegründete Stadt Kiruna. Und genau da liegt das Problem. Zwar füllt man die Hohlräume mit wertlosem Abraum auf, aber Risse gibt es trotzdem – bis hinauf zur Oberfläche. Diese Deformationszone kommt der Stadt und damit den Häusern, Kabeln und Leitungen, den Straßen und der Eisbahnlinie immer näher. Also den Erzbergbau einstellen? Das scheint für niemanden eine Alternative zu sein. Folglich wird die Stadt innerhalb der nächsten Jahrzehnte umziehen. Das neue Zentrum Kirunas, was in der Sami-Sprache Schneehuhn

Die größte und modernste unterirdische Eisenerzmine der Welt prägt Teile des Landschaftsbilds (unten links). Kiruna zur blauen Stunde (unten rechts). Die von Gletschern geschaffene »Lappenpforte« gilt den Sami als heilig (rechte Seite oben). Der Torneträsk gehört zu den größten Seen des Landes (rechte Seite unten).

Bei schönem Wetter glänzen die Tropfen des Silverfallet bei Kopparsen im Sonnenschein (rechte Seite oben links). Wölfe fühlen sich im Fjäll mittlerweile wieder heimisch (unten). Rauschend strömen Bäche wie der Gatterjohka durch die Täler (ganz unten). Im Fjäll wachsen sogar Orchideen (rechte Seite oben rechts).

bedeutet, soll im Nordwesten der heutigen Stadt entstehen. Vielleicht wird auch das Rathaus dort wieder aufgebaut. Die Risse im Boden werden das 1964 zum schönsten Gebäude Schwedens gekürte, heute etwas klotzig wirkende Haus vermutlich um 2020 erreichen. Schon vorher soll das Domizil des ersten Chefs der Mine, Hjalmar Lundbohm, an einen neuen Platz versetzt werden. Denn allzu viele historische Gebäude gibt es in der Stadt nicht, weshalb man diese Teile der Geschichte für die Nachwelt erhalten will. Als Vorbild sollen die über einhundert Jahre alten Ideen Lundbohms dienen. Dieser hatte dafür gesorgt, dass die Stadt am Hang und nicht in der kühleren Ebene gebaut wurde und die Straßen nicht wie damals üblich in einem rechtwinkligen Gitter angelegt wurden, sondern sich an der Windrichtung und anderen natürlichen Faktoren ausrichteten.

Eisenbahnfahrt ins Gebirge

Alles deutet darauf hin, dass auch in den kommenden Jahrzehnten die Erzzüge von Kiruna aus in Richtung Westen fahren. Zuerst über eine flache, von Seen und Bächen durchsetzte Landschaft. Dann am Ufer des Sees Torneträsk hinein ins Fjäll. Seit 1903 gibt es diese Verbindung zwischen Luleå am Bottnischen Meerbusen und dem norwegischen Narvik. Gebaut wurde sie unter schier unendlichen Mühen, um das Erz aus den Gruben von Kiruna in den ganzjährig eisfreien Hafen von Narvik zu bringen. Bevor die Züge den letzten steilen Anstieg nach Riksgränsen hinauffahren, stoppen zumindest die Personenzüge am Bahnhof von Abisko. Ausgeladen werden hier im Winter Skier und Stöcke, im Sommer Rucksäcke und Wanderschuhe. Denn die kleine Siedlung hat bei Naturfreunden einen hervorragenden Ruf.

Farbenrausch in Abisko

Meereswald – das bedeutet der Name Abisko in der Sprache der Sami. Und in der Tat: Birken wiegen sich im Wind am Ufer des Torneträsk. Das ist zwar kein Meer, nichtsdestotrotz aber der immerhin siebtgrößte See des Landes. Wanderer bekommen beim Namen Abisko leuchtende Augen. Annähernd 1200 Meter hoch sind die Berge in diesem bereits 1909 eingerichteten Nationalpark. Bei diesem Breitegrad – Abisko liegt 200 Kilometer nördlich des Polarkreises – sind weite Teile des Gebietes baumfrei. Unten im Tal jedoch,

wo der Abisko-Bach in einem tief eingeschnittenen Tal in Richtung Torneträsk rauscht, da finden Pflanzenfreunde eine überraschend vielfältige Vegetation. Der für Schweden eher seltene kalkhaltige Untergrund versorgt die Gewächse mit wichtigen Nährstoffen. Sogar Orchideen findet man hier. Auch Kiefern mit dicken Stämmen, die sich vor 6000 Jahren während einer Warmzeit hier angesiedelt haben und die aufgrund des nun kälteren Klimas nur noch alle 30 Jahre Samen bilden. Wer genau hinschaut, entdeckt auf dem Berg Nuolja Muster im Boden. Diese sogenannten Polygonböden entstehen, wenn der Erdboden auftaut und immer wieder gefriert, wodurch Steine und Erde umgelagert werden. Weit hinten im Tal liegt der Abiskojaure, ein hübscher Bergsee, auf dessen Wasser sich Birken und die Gipfel des umliegenden Fjälls spiegeln.

Hin und wieder schwimmen Pfeif- oder Reiherenten auf der Suche nach Nahrung über den See. Auch Elche sind am Ufer mit etwas zu Glück sehen.Besonders prachtvoll präsentiert sich das Tal des Torneträsk nach einem kurzen, aber intensiven Sommer im Herbst. Quasi über Nacht verlieren die Birken ihre grüne Färbung und tauchen ein in einen nahezu magischen Farbenrausch. Ruska wird diese Herbstphase hier genannt, die Ende August beginnt. Für einige Tage verwandelt sich dann das Fjäll in ein Meer aus Rot und Gelb, das in der Herbstsonne leuchtet. Die gelben Birkenblätter erscheinen nahezu golden, während die Blaubeersträucher am Boden einen intensiv roten Kontrast setzen. Es scheint, als wolle die Natur noch einmal zum Höhepunkt auflaufen. Doch der Winter kommt früh und schnell. Dann wird Schwedisch-Lappland zu einer grafischen Landschaft, in der das Weiß die Oberhand gewinnt.

Blick zur Lappenpforte

Schaut man von Abisko aus in Richtung Osten, so fällt eine markante Bergformation auf: die Lapporten. Zigmal hat man sie möglicherweise schon auf Fotos gesehen, doch in natura sieht dieser fein herausgearbeitete, glatte U-förmige Einschnitt zwischen dem 1554 Meter hohen Tjuonattjåkka und dem 1738 Meter hohen Nissuntjårro noch beeindruckender aus. Uonjávággi nennen die Sami diese eindrucksvolle Gebirgsformation, was übersetzt Gänsetal heißt. Die Kraft des Eises hat dieses Trogtal geschaffen, das auch für Botaniker interessant ist. Der kalkreiche Untergrund lässt Pflanzen gedeihen, die es im umgebenden Fjäll nicht gibt. Eine zu den Nelkengewächsen gehörende Sternmierenart, der Arktische Mohn oder der Grönländische Porst, ein Zwergstrauch mit schönen weißen Blüten und derben Blättern. Allesamt sind sie Überlebenskünstler, die in einem frostigen Klima ihr Auskommen haben.

GIPFEL IM LICHT DER MITTERNACHTSSONNE

Auf den 1169 Meter hohen Berg Nuolja kann man wandern. Man kann sich aber auch für die bequemere Variante entscheiden und mit dem Sessellift von Abisko aus nach oben schweben. Bei einem Kaffee oder einem Imbiss genießt man im Panoramarestaurant eine atemberaubende Aussicht auf den Torneträsk und das umliegende Fjäll. Ein unvergessliches Erlebnis ist es, im Schein der Mitternachtssonne auf dem Gipfel zu sitzen. Zwischen Mitte Juni und Mitte Juli ist der Sessellift auch nachts in Betrieb. Dann hat sogar das Restaurant geöffnet.

Der Blick fällt immer wieder zu den heiligen Samenbergen (oben). Nordlichter erhellen die lange Winternacht (rechte Seite).

77 Paradies für Skifahrer und Wanderer – Riksgränsen

Erzbahngleise und Wanderpfade in der Grenzregion

Bis in die 1920er-Jahre hinein war die kleine Siedlung Riksgränsen eine der wichtigsten Stationen der Erzbahn, die den wertvollen Rohstoff seit rund hundert Jahren von Kiruna nach Narvik befördert. Heute ist das Gebiet ein beliebtes Touristenziel für Wintersportler und Wanderfreudige.

Die schwer beladenen Züge der Erzbahn kommen auf ihrer Fahrt Richtung Norwegen mächtig ins Schnaufen. Vom Tal des Sees Torneträsk gilt es, die letzte Hürde nach Norwegen zu nehmen. Ganze 200 Höhenmeter müssen sie mit ihrer schweren Last bis hinauf nach Riksgränsen überwinden. Eine Station auf diesem Weg ist Vassijaure, ein alter Bahnhof, der in dieser einsamen Gegend ein wenig zu groß geraten scheint. Doch der Haltepunkt war einst die Grenzstation der Bahn und hatte eine entsprechend wichtige Funktion. Zudem wechselten hier früher die Lokführer die Züge. Auf der beeindruckenden Gefällstrecke vom Scheitelpunkt des Passes an der Landesgrenze hinunter nach Narvik am Atlantik stand norwegisches Personal im Führerstand der Lokomotiven. Gut 515 Meter über dem Meeresspiegel ist man hier hoch. Gefühlt sind diese jedoch mindestens 2000 Meter mehr. Denn allenfalls noch ein paar Birken recken hier ihre Blätter in die frische Luft.

Ehemalige Grenzstation

Vassijaure ist ein guter Ausgangspunkt für Wanderungen. Eine Tagestour führt zum Rissajaure, der Europas klarster Binnensee sein soll. In zu erwandernder Nähe befindet sich zudem die 1150 Meter ü. d. M. gelegene Låktatjåkka, Schwedens höchstgelegene Touristenstation, in der übernachtet und gegessen werden kann. Hinter Vassijaure erreicht die Bahn das

Die Gletscher haben die Fjällspitzen abgehobelt und runde Formen hinterlassen (rechte Seite oben). Am Fluss entlang (unten) geht es durch Weidengesträuch hinauf zum See Katterjaure. Kleine Hütten sind ein ideales Quartier für eine Nacht an einem Gebirgssee (ganz unten).

Hochgebirge. Weite Teile der Strecke sind durch Galerien vor den Schneemassen und Lawinen geschützt. Schon nach wenigen Kilometern wird der nächste Haltepunkt erreicht. Katterjokk ist eine Haltestelle der Erzbahn und war früher ein Lager der Arbeiter, die die Bahnlinie bauten. Anfang des 20. Jahrhunderts war hier am See Vassijaure sogar einmal eine naturwissenschaftliche Forschungsstation untergebracht. Und das in einer Gegend, die erst zwischen 1870 und 1880 kartiert wurde! Die Wetterbeobachtungen der Meteorologen halfen, das Klima im Norden Schwedens besser zu verstehen. Das Haus jedoch brannte schon bald nieder und die Wetterkundler siedelten nach Abisko um. Gleichwohl ist an der Anwesenheit der Wissenschaftler zu erkennen, dass die Natur hier kurz vor der norwegischen Grenze eine interessante sein muss. Ein Grund, um aus der Bahn auszusteigen und die wenigen Kilometer bis hinauf nach Riksgränsen zu laufen. Aber nicht neben der Bahnlinie oder der parallel verlaufenden Europastraße 10, sondern auf Wanderpfaden mit einem Umweg zu den heiligen Samibergen.

Wanderung zu den heiligen Samibergen

An einem der unzähligen, über die Felsen springenden Bäche entlang führt der Pfad gemächlich ansteigend in Richtung eines Taleinschnitts. Ein Vogel fliegt zeternd aus einem der Büsche am Ufer. Noch ein paar Meter, dann steht man am See Katterjaure. Das Rauschen des Gebirgsbachs, das bis hierher ein fester Begleiter war, verstummt, und man hat das Gefühl, an einer fast schon magischen Stelle zu sein. Kein Laut dringt in diesen Kessel, dessen Grund vom Wasser des Bergsees bedeckt wird. Hier sind sie, die heiligen Berge der Sami! Die Ureinwohner Lapplands glaubten, dass bestimmte Tiere und Orte in der Natur ihre besonderen Schutzwesen hatten. So siedelten sich die Götter, die beispielsweise für Wind und Wetter oder Rentiere und Jagdglück zuständig waren, in den diversen Landschaftsformationen an. Und der Katterjaure mit den umgebenden Bergen war eben ein solcher Platz. Immer neue Perspektiven eröffnet die Runde um den See. Es geht über Felsen und Geröllhalden, sumpfige Wiesen mit Wollgras und bunten Blumen, über kleine Bäche, an deren Rand dicke Moospolster wachsen. Und es geht über die Grenze. Denn mitten durch das Gewässer verläuft die Trennlinie zwi-

schen Schweden und Norwegen, die in einer solchen Umgebung völlig ihre Bedeutung verliert – und doch Pate steht für den Namen einer Touristenstation, zu der ein Pfad vom Katterjaure aus führt.

Schuften für die Erzbahn

Der Grenzort Riksgränsen liegt rund 500 Meter über dem Meeresspiegel. Riksgränsen – das bedeutet schlicht und einfach Reichsgrenze. Riksgränsen ist eine kleine Siedlung und annähernd der höchste Punkt an der Eisenbahnlinie zwischen dem schwedischen Kiruna und dem norwegischen Narvik. Unter kaum vorstellbaren Bedingungen wurde vor über einhundert Jahren die Strecke gebaut, um das schwedische Erz zu dem ganzjährig eisfreien Hafen an der norwegischen Küste zu bringen. Der damalige König von Schweden, Oskar II., eröffnete am 14. Juli 1903 das Gleisstück. Gerade einmal fünf Jahre benötigten die Bauarbeiter, um die 128 Kilometer lange Zugverbindung zu bauen. Bis zu 5000 Männer waren damals im Einsatz, um das Gleisbett vorzubereiten und die Schienen zu verlegen. Anfangs waren es Dampfloks, die Waggons mit jeweils 25 Tonnen Erzladung auf den kargen und schroffen Pass hinaufzogen. Später wuchteten Lokomotiven 52 jeweils 100 Tonnen schwere Waggons hinauf nach Riksgränsen. Aktuell werden an 10800-kW-Doppelloks 68 Waggons gehängt, sodass jeder der 700 Meter langen Züge mitsamt Ladung ein Gewicht von über 8000 Tonen auf die Waage bringt.
Einst war Riksgränsen die wichtigste Station für das Zugpersonal und die Maschinen. Doch davon sind nur noch ein paar Reste übrig. In den 20er-Jahren des letzten Jahrhunderts verlor Riks-gränsen seine Bedeutung für die Erzbahn – zu oft lag zu viel Schnee für einen reibungslosen Betrieb.

Ski- und Wanderparadies Riksgränsen

Was den Eisenbahnern missfiel, freut heute die Wintersportler. Besonders bei Freeridern genießen die baumfreien Hänge einen hervorragenden Ruf. Riksgränsen ist der nördlichste Skiort der Welt. Erst im Februar gehen in dem Fjällort die Lifte in Betrieb: Im Dezember und Januar ist es einfach zu kalt und zu dunkel. Doch dafür ist die Saison lang. Oft kann man hier bis Mittsommer durch den Schnee pflügen. Dann kommt es zur Begegnung zwischen den letzten Skifahrern und den ersten Wanderern der Saison.
Ein fantastisches Erlebnis ist es, im Sommer nach einem guten Abendessen im Restaurant von Riksgränsen auf einen der umliegenden Gipfel zu steigen. Die Sonne geht jetzt nicht mehr unter. Sie scheint vielmehr über die Fjällgipfel im Norden zu springen, um dann langsam in einem weiten Bogen wieder nach oben zu steigen. Die skandinavische Sommernacht ist eben eine besondere Zeit! Schlafen kann man zu Hause.

METEOROLOGEN MIT STIL

»Meteorologen« ist das älteste Gebäude von Riksgränsen. Vor gut einhundert Jahren wachten dort die Zöllner mit scharfem Blick über die Grenze nach Norwegen. Später zogen die Wetterfrösche des schwedischen Wetterdienstes ein – woher das Gebäude seinen Namen hat. Heute ist das »Meteorologen« ein kleines, sehr feines Hotel mit viel Stil und dem Charme von früher und auch einem großen Weinkeller. Es gehört zum Hotell Riksgränsen.

WEITERE INFORMATIONEN

Hotell Riksgränsen
Riksgränsenvägen 15
S-981 94 Riksgränsen
Tel. +46/980-641 00
bjorkliden@laplandresorts.se
https://riksgransen.se

Finnland
Land der 100 000 Seen

Für den Wasserreichtum Finnlands sind die Eiszeiten verantwortlich (ganz oben). Eine Wanderung durch den Nationalpark Pallas Yllästunturi belohnt mit grandiosen Ausblicken (oben). Rot blühende Weidenröschen sorgen für Farbtupfer in der Wald- und Seenlandschaft Finnlands (links).

78 Die junge finnische Hauptstadt – Helsinki

Die weiße Tochter der Ostsee

Dom und Hafen, die Esplanade und dann noch Suomenlinna: Diese vier Punkte sind Bestandteil fast jeden Helsinki-Besuchs. Doch viele architektonische Schönheiten der 600 000-Einwohnerstadt liegen im Verborgenen und sind erst auf den zweiten Blick zu erkennen. Das gilt auch für den Design District, in dem sich die junge und umtriebige Stadt von einer ganz modernen Seite zeigt.

Es ist ein beeindruckender Anblick: Eine breite Treppenfront führt in die Höhe, leitet den Blick zu sechs strahlend weißen Säulen und dann weiter, vorbei an einem ebenso blendend weißen Turm zu einer grünen Kuppe, die von einem goldenen Kreuz gekrönt wird. Man steht vor dem Dom, der wichtigsten Sehenswürdigkeit Helsinkis auf dem Senatsplatz, der auch als »Wohnzimmer der Stadt« bezeichnet und von Dom, Universität und Senatsgebäude eingerahmt wird.

Die neue Hauptstadt

Kurios ist, dass das Wohnzimmer der Stadt zur Zeit der russischen Herrschaft von einem Baumeister aus Deutschland eingerichtet wurde. Denn der als finnlandfreundlich geltende Zar Alexander II. holte sich Anfang des 19. Jahrhunderts Carl Ludwig Engel, den Sohn eines Berliner Maurermeisters und studierten Architekten, an den Hof. Und der prägte nicht nur das Gesicht Helsinkis, sondern war im ganzen Land tätig. Für den Zar wurde vor dem Dom ein Denkmal errichtet, das Antlitz Engels prangt etwas versteckt an einer Mauer am Rand des Senatsplatzes. An die lange schwedische Zeit erinnert nur noch das Sederholm-Haus gegenüber. Das gilt aber immerhin als das älteste Steingebäude im Zentrum.

Helsinki ist eine vergleichsweise junge Stadt. Sie wurde 1550 von Gustav Vasa gegründet und befand sich ursprünglich dort, wo der Vantaa-Fluss in den Finnischen Meerbusen

Detailreiche Häuserfronten zieren die Esplanade in Helsinki (unten links). Ausflugsboote verbinden Helsinkis Hafen mit der Festungsinsel Suomenlinna (unten rechts). Der Dom von Helsinki (rechte Seite oben) gehört zu den Wahrzeichen der Stadt wie der Bahnhof mit den Steinfiguren von Emil Wikström (rechte Seite unten).

Die Uspenski-Kathedrale steht für das russische Erbe von Helsinki (oben). Die Esplanade ist die Promeniermeile der Helsinkier (unten rechts). Schwert als Symbol für die kriegerischen Auseinandersetzungen auf Suomenlinna (rechte Seite unten links). Die Temppeliaukio-Felsenkirche wurde in den Berg gesprengt (rechte Seite unten rechts).

mündet. 1640 aber wurde sie an die heutige Stelle verlegt. Nach dem Großbrand 1807 baute man die Stadt wieder auf. 1812 löste Helsinki (mit damals 4000 Einwohnern) Turku als Hauptstadt ab, 1828 wurde auch die Universität hierher verlegt. Helsinkis Aufstieg verlief rasant. 1890 zählte die Stadt 61 000 Einwohner, 25 Jahre später schon 210 000. Und Menschen brauchen Häuser, reiche Menschen repräsentative Wohnungen und Geschäftsräume, und das gern im Stil der aufkeimenden Nationalromantik, die Anfang des 20. Jahrhunderts die Suche nach eigener Identität in dem jungen Staat eine Blüte erlebte. Dabei hat das finnische Nationalepos *Kalevala* eine Rolle gespielt. Dessen Motive mischen sich mit Elementen des Jugendstils, was an zahlreichen Gebäuden im Zentrum der Stadt deutlich wird. Nur wenige dieser Gebäude sind öffentlich zugänglich. Bewundert werden kann diese Architektur jedoch beispielsweise im Aschan Café Jugend an der Esplanade. Auch das mondäne Hotel Kämp – das in den 1960er-Jahren beinahe abgerissen wurde – steht für diesen Baustil, ebenso viele weitere prächtige Gebäude an der Esplanade. An dieser mit Bodenheizung ausgerüsteten Flaniermeile sind viele Grünanlagen und Geschäfte zu finden. Und letztlich gehört auch der Hauptbahnhof ein paar Straßen weiter zu diesem kulturellen und architektonischen Erbe.

Kirchen, Design und Strände

Zur Geschichte Finnlands im Spannungsfeld zwischen Ost und West zählt die auf einem grünen Hügel in Hafennähe thronende prächtige russisch-orthodoxe Uspenski-Kathedrale (1868) mit ihren goldenen Zwiebeltürmen. Auf dem Marktplatz (Kauppatori) am Südhafen kann man an kunterbunten Marktständen einkaufen.

Sehenswert sind auch das Stadthaus und der Präsidentenpalast sowie die schöne Markthalle am Kai mit diversen Spezialitäten. Einen Besuch lohnen außerdem das einige Straßenzüge entfernte Kiasma, das Museum für Gegenwartskunst, sowie der im neoklassizistischen Stil gebaute Reichstag an der Töölöbucht, um die sich ein schöner, gern genutzter Parkstreifen zieht. In der Nähe kann man auch die in den Felsen gesprengte Felsenkirche (Temppeliaukio-Kirche) besuchen. Zunehmend auf Interesse stößt der Design District mit rund 200 Läden, in dessen Mitte, in der Korkeavuorenkatu, das Finnische Design-Museum steht. Hier findet man von ausgefallenen Schuhmodellen bis zu extravaganten Hüten so ziemlich alles, was den Erben Alvar Aaltos – des Vaters des modernen finnischen Designs – in den Sinn kam.

Neben all diesen Sehenswürdigkeiten bietet das Zentrum von Helsinki viele Möglichkeiten zum Entspannen. Da sind Parks wie der Kaivo-

puisto oder Badestrände wie die von Hietaniemi und Munkkiniemi. Und Sonnenanbeter schätzen besonders die Felseninsel Pihlajasaari.

Mit dem Boot zur Schwedenburg

Finnland gab es im 18. Jahrhundert in seiner heutigen Form noch nicht. Das Sagen im Land hatten die Schweden. König Frederik I. beschloss 1747, auf einer Insel vor Helsinki eine Festung zu bauen und so sein Land vor einem möglichen russischen Angriff zu schützen. Bis zu 7000 Arbeiter schufteten, um das gewaltige Bollwerk gegen die Invasoren zu bauen. Auf den Festungsinseln lebten mehr Menschen als in dem kleinen Ort auf dem Festland – der späteren Hauptstadt. Rund 50 Jahre nach dem Baubeschluss war die als uneinnehmbar geltende Festung fertiggestellt. Ihre Bewährungsprobe hatte sie 1808, als russische Truppen Helsinki einnahmen und Suomenlinna beschossen. Tagelang flogen den etwa 5000 Soldaten die Kanonenkugeln um die Ohren. Die Verluste an Menschen sowie die Schäden an den Gebäuden waren jedoch vergleichsweise gering. Der Kommandant der Festung, Carl Olof Cronstedt, kapitulierte und übergab Suomenlinna mitsamt der schwedischen Schärenflotte an die Besatzer: ein Trauma für die Schweden. Die finnischen Gebiete gingen für rund ein Jahrhundert an die Russen. Erst von 1918 an wehte nach dem Abzug der Russen über Viapori – oder wie man nun sagt: Suomenlinna – die finnische Flagge.

Suomenlinna hat im Laufe der Jahrhunderte jedoch nicht nur eine wichtige militärische Rolle gespielt, sondern das Leben der Menschen auf dem Festland nachhaltig beeinflusst. Kaffee und Schokolade beispielsweise kamen über die Festungsinseln nach Finnland. Auch für Kunst und Kultur waren die Tore Suomenlinnas gleichzeitig Einfallstor nach Helsinki und das Hinterland. Suomenlinna gilt heute als eine der wichtigsten Sehenswürdigkeiten der finnischen Hauptstadt. Sieben Museen und die renovierte Festungsanlage haben die sechs Inseln auf die Liste des Weltkulturerbes gebracht. Gleichzeitig ist Suomenlinna ein gewöhnlicher, wenn auch sehr exklusiver Stadtteil der finnischen Hauptstadt mit Kirche, Laden und Schule, der bestens mit Fähren zu erreichen ist. Rund 900 Menschen leben hier – auf überaus geschichtsträchtigem Boden. Ihr Blick geht aufs Meer und zu den vielen Schiffen, die den Hafen der »Tochter der Ostsee« anlaufen.

Lokale Spezialitäten bekommt man zudem in der direkt am Hafen gelegenen Markthalle, die aufgrund ihrer tollen Atmosphäre immer einen Abstecher wert ist.

KLEINSTADTIDYLLE AM MEER

Eine knappe Autostunde östlich von Helsinki liegt das kleine Städtchen Porvoo. Die zweitälteste Stadt Finnlands war bereits im 13. Jahrhundert ein bedeutendes Handelszentrum und blickt auf eine wechselvolle Geschichte zurück, in der Russland eine große Rolle spielte. Berühmt ist der idyllisch am Fluss Porvoonjoki gelegene Ort für seine bunten Holzhäuser und Kopfsteinpflastergassen in der unter Denkmalschutz stehenden malerischen Altstadt. Sie sind größtenteils nach einem großen Brand im Jahr 1760 entstanden und bilden ein für Finnland seltenes Ensemble historischer Gebäude. Oben auf dem Hügel thront der mächtige Dom, das Wahrzeichen der Stadt. Er wurde Mitte des 15. Jahrhunderts fertiggestellt und ist Sitz des Bischofs. Porvoo ist aufgrund seines malerischen Stadtbilds heute ein beliebter Touristenort mit zahlreichen Restaurants und Geschäften.

WEITERE INFORMATIONEN

Porvoo:
Porvoo Tourist Office
Läntinen Aleksanterinkatu 1
06100 Porvoo
Tel. +358 (0)40 489 9801
www.visitporvoo.fi

Kotka (oben) ist eine Industriestadt im Wandel und lockt mit schönen Parks und interessanten Museen. Das rund eine Autostunde von Helsinki entfernte Porvoo (rechte Seite unten) gehört zu den sehenswertesten Orten in Finnland.

79 Unterwegs am Finnischen Meerbusen

Sommertage an der Sonnenküste

Hübsche Städtchen, ein Mosaik aus kleinen und größeren Inseln, lauschige Birkenwäldchen und ein Stück Industriekultur. Die Südküste Finnlands ist ein ideales Ziel für Sommerfrischler, die sich auch für Kultur und Geschichte interessieren. Hier prallen seit Jahrhunderten West und Ost aufeinander, was auch am Baustil zu sehen ist. Einer der Höhepunkte ist der Besuch auf der Leuchtturminsel Bengtskär.

Schon der russische Adel verbrachte in der Schärenlandschaft rund um das hübsche Städtchen Hanko seine Ferien. Und das nicht nur wegen der herrlichen Küste mit kleinen Buchten und einsamen Sandstränden, sondern auch wegen des angenehmen Klimas.

Der Königsweg, eine uralte Handelsstraße, führt von hier entlang der Küste weiter nach Osten, streift den Ort Tammisaari, der von der hier überwiegend Schwedisch sprechenden Bevölkerung Ekenäs (»Eichenkap«) genannt wird und wegen der Holzhäuschen in der Altstadt Barkens udde Besucher auf die Halbinsel lockt. Ganz in der Nähe liegt der Ort Fiskars, der durch die hier gefertigten hochwertigen Werkzeuge international bekannt ist und stolz seine Industriegeschichte im Museum präsentiert.

Die prächtige Küstenlandschaft setzt sich östlich der finnischen Hauptstadt Helsinki fort. Eine Stunde braucht man mit dem Auto, um von der trubeligen Großstadt in die nicht minder lebhafte Kleinstadtidylle von Porvoo zu kommen. Auf Kopfsteinpflaster läuft man an kleinen Cafés und hübschen Boutiquen vorbei und steigt schließlich zum imposanten Dom hinauf. In der strahlend weißen Kirche wurde der Grundstein für die Unabhängigkeit Finnlands gelegt, als Zar Alexander I. 1809 den ersten Landtag einberief. Steil geht es dann wieder hinunter zum Porvoo-Fluss, an dessen Ufer

die berühmten roten Speicherhäuser stehen. Ganz in der Nähe steht auch das Haus des finnischen Nationaldichters Johan Ludvig Runeberg, nach dem eine mit Punsch verfeinerte Torte benannt ist – die sollte man unbedingt in einem der vielen Cafés probieren!
Die weiter östlich gelegene Stadt Kotka wirkt auf den ersten Blick wenig einladend. Natürlich hat sich rund um einen der größten Häfen Finnlands Industrie mit entsprechender Architektur angesiedelt. Und doch lohnt sich der Abstecher von der E18, denn in den Parks der Stadt kann man wunderbar flanieren. Hauptattraktion sind jedoch das Aquarium Maretarium und das Küstenmuseum Vellamo: Beide verdeutlichen die enge Verbundenheit der Stadt mit dem Meer.

An der Grenze zu Russland

Vom Nachbarort Hamina bis zur russischen Grenze sind es noch ein paar Kilometer. Und doch hat man bisweilen das Gefühl, schon im östlichen Nachbarland zu sein. Denn die Architektur in dem pittoresken Städtchen ist eine Mischung aus östlicher und westlicher Bautradition – und steht damit wie ein Symbol für das Tauziehen von Ost und West. Denn eigentlich war der Ort Mitte des 17. Jahrhunderts als typische Renaissancestadt unter dem Namen Vehkalahden Uusikaupunki gegründet und nach dem Großen Nordischen Krieg als Bollwerk gegen Russland ausgebaut worden – dann Frederikshamn benannt und später vereinfacht Hamina. 100 Jahre später eroberten die Russen das Städtchen und setzten Akzente, bevor Hamina 1809 mit dem übrigen Finnland vereint wurde. Das wird auch im Stadtbild deutlich, wo es eine ehemalige russische Kaserne und eine orthodoxe Kirche gibt. Aber eigentlich dreht sich alles um das pittoreske Rathaus im Ortszentrum, von dem aus sternförmig die Straßen abgehen.

Ein Stück Industriegeschichte

Rund 60 Kilometer nördlich von Hamina liegt der kleine Ort Verla mit seiner ehemaligen Papiermühle. Die gesamte Fabrik mit ihren schönen roten Ziegelgebäuden gehört seit 1996 zum Weltkulturerbe. Die 1872 gegründete und nach einem Feuer 1882 wieder aufgebaute Anlage sieht noch genauso aus, wie sie die letzten Arbeiter 1964 verlassen haben. Bekannt war die Fabrik für hochwertigen weißen Karton, der nach Russland, Mitteleuropa und Südamerika exportiert wurde. Die Anlage kann man heute besichtigen und sich im Museum über die finnische Papierindustrie informieren.

LICHT IM DUNKEL

Rund 25 Kilometer südlich der Stadt Hanko liegt die kleine Leuchtturminsel Bengtskär. Der mehr als 100 Jahre alte Leuchtturm selbst ist 46 Meter hoch und damit der höchste in Nordeuropa. Sein Licht erstrahlt 52 Meter über dem Meeresspiegel. Wie notwendig der Orientierungspunkt in dem Schären-Wirrwarr war, zeigt die Karte, auf der die gesunkenen Schiffe eingezeichnet sind. Aufgrund der strategischen Lage wurde Bengtskär im Zweiten Weltkrieg sogar von russischen Truppen angegriffen, konnte von den finnischen Soldaten jedoch gehalten werden. Allerdings wurden der Turm und die Betriebsgebäude bei einem Bombenangriff beschädigt. In den 1950er-Jahren wurde der Leuchtturm wieder saniert und steht seit 1995 Besuchern offen. In den Sommermonaten ist er ein beliebtes Touristenziel, das mit Linienschiffen von Kasnäs, Hanko und Turku aus erreicht werden kann. Wem ein Tagesausflug zu kurz ist, der kann auch auf der Leuchtturminsel übernachten und so das »Ausgesetztsein« noch intensiver spüren.

WEITERE INFORMATIONEN

www.bengtskar.fi
www.verla.fi

80 Die ehemalige Hauptstadt – Turku

Reich der abertausend Inseln

Ganz im Südwesten von Finnland direkt am Meer liegt Turku, die einstige Hauptstadt des Landes. Erst im Jahr 1812 verlor der historische Ort an der Mündung des Flusses Aurajoki diese Funktion. Direkt vor der Küstenstadt erstreckt sich ein reizvolles Inselreich, das in den Sommermonaten ein beliebtes Ziel von Touristen ist. Hier haben auch die skurrilen Mumin-Trolle der Autorin Tove Jansson ihr Zuhause.

Helsinki? Noch bis zum Anfang des 19. Jahrhunderts zuckte man in Turku gleichgültig mit den Schultern, wenn die Rede auf die heutige Metropole kam. Schließlich hatte man hier ganz im Südwesten des Landes die Ehre, Hauptstadt zu sein. Und nicht nur das: Nachdem 1525 der schwedische König Gustav Vasa dem Ort die Stadtrechte verliehen hatte, war Turku die älteste und bedeutendste Stadt im Land mit einem noch heute großen Hafen und Werften. In Turku wurde 1640 sogar die erste Universität des Landes gegründet. Finnland war damals noch Teil von Schweden, die Stadt hieß Åbo und die Universität folgerichtig Åbo Akademi. 1812 wurde dann Helsinki von Zar Alexander I. zur finnischen Hauptstadt erklärt. Der Sieger im Finnisch-Russischen Krieg wollte das Machtzentrum im Großfürstentum Finnland näher an St. Petersburg legen.

Dom als Nationalheiligtum

Von der einstigen Bedeutung der Stadt kündet die Burg Turun linna am Hafen, mit deren Bau man 1280 begann. Das Bauwerk wurde mehrfach verwüstet und brannte teilweise nieder, und doch sind noch Überreste aus dem Mittelalter und dem 16. Jahrhundert erhalten. 13 Könige haben hier residiert. Der Fluss Aurajoki, an dessen Mündung die Burg steht, ist die Lebensader der Stadt. Auf der langen Uferpromenade flaniert man an zahlreichen Pubs und Restaurants vorbei, blickt auf einige prächtige Gebäude aus dem 19. Jahrhundert, kann das Seefahrtsmuseum Forum Marinum besuchen und gelangt schließlich zum Dom, dem Nationalheiligtum Finnlands. Er wurde zwischen 1229 und 1300 erbaut. Im Innern befinden sich zahlreiche Grabmäler von für Finnlands Geschichte

Sommerstimmung am Hafen von Naantali (unten links). In Turku gibt es noch einige hübsche alte Holzhäuser, die regelmäßig in leuchtenden Farben gestrichen werden (unten rechts). Die Abendsonne taucht die Häuser am Aurajoki bei Turku in ein warmes rotes Licht (rechte Seite oben). Mumins Welt in Lebensgröße (rechte Seite unten).

bedeutenden Männern. Vom mittelalterlichen Turku ist im Bereich des Doms nicht mehr viel erhalten. Ganz in der Nähe stehen am Alten Markt schöne Gebäude im neoklassizistischen Stil. An Heiligabend wird hier traditionell um 12 Uhr vom Balkon des Brinkalahauses der Weihnachtsfrieden verkündet. Sehenswert ist das Freilicht-Handwerksmuseum Luostarinmäki: Hier kann man einen ganzen Stadtteil mit Handwerker- und Arbeiterhäusern aus dem 18. Jahrhundert besichtigen. Das auf dem Klosterhügel außerhalb der Stadt gelegene Viertel überstand den großen Brand von 1827. Interessant ist auch Ruissalo, eine Insel mit eleganten Holzhäusern aus der Zeit der Jahrhundertwende.

Fantastisches Inselreich

Vor den Toren Turkus erstreckt sich mit dem Schärengarten eine der fantastischsten Landschaften Skandinaviens. 20000 Eilande bilden hier ein Inselreich, in dem Wasser und Land ineinander überzugehen scheinen. Manche der Inseln bestehen gerade einmal aus einem knapp über die Wellen ragenden Felsen, andere sind von Wiesen und Wäldern bedeckt und schon seit Jahrhunderten von Menschen bewohnt. Der südliche Teil des Schärengürtels wurde 1983 zum Nationalpark erklärt, um die einzigartige Natur und Kultur zu schützen. Kam man hier früher fast ausschließlich mit dem Boot voran, so gibt es heute Straßen, die mitten durch das Inselreich führen. Die bekannteste und schönste Strecke ist die Ringstraße, die von Turku via Korpo, Houtskär, Iniö und Taivassalo wieder zurück nach Turku führt – einige Fährpassagen eingeschlossen.

Einen Besuch wert ist das kleine Städtchen Naantali. Im Schatten der hübschen Kirche reihen sich bunte Holzhäuser aneinander, an der Uferpromenade kann man Eis schlecken oder in einem der vielen Restaurants essen – ein prächtiger Platz für Sommerfrischler. Empfehlenswert ist ein Abstecher auf die Mumin-Insel direkt am Ortsrand. Dort tummeln sich in einem Vergnügungspark die skurrilen Wesen der Schriftstellerin Tove Jansson.

BESUCH BEI DEN TROLLEN

Vielleicht können Wesen wie die Mumintrolle nur in einem Land wie Finnland entstehen, wo die Menschen einen sympathischen Hang zu kleinen und größeren Verrücktheiten haben. Die 2001 in Helsinki gestorbene Schriftstellerin Tove Jansson hat in ihren Büchern so skurrile Figuren wie die Nilpferden gleichende Muminfamilie geschaffen, aber auch spargelähnliche Wesen wie die Hatifnatten, die überall auftauchen, wo Unheil droht, den Schnupferich oder die gewissenhaften Hemulen. Im Vordergrund der vielfach verfilmten und auf die Bühne gebrachten Geschichten stehen der Humor und der respektvolle Umgang miteinander. Die ersten Mumin-Bände waren noch als reine Kinderbücher angelegt, während die späteren Werke Janssons sich vor allem an Erwachsene richteten. In der Muminwelt bei Naantali kann man all diesen Figuren begegnen – ein großer Spaß für Kinder und Erwachsene.

WEITERE INFORMATIONEN

Muminwelt Naantali
Kaivokatu 5
21101 Naantali
Tel. +358-(02) 511 11 11
www.muumimaailma.fi

Heute ist die 1832 erbaute russische Festung am Bomarsund nur noch eine malerische Ruine (oben links). Sonnenstrahlen bringen den Hafen der Föglö zum Leuchten (oben rechts). Felsen wie hier auf Föglö sind typisch für die Åland-Inseln (rechte Seite unten). Am mittelalterlichen Schloss Kastelholm führt diese Paddeltour vorbei (rechte Seite oben).

81 Mosaik aus Land und Wasser – Åland-Inseln

Archipel im Bottnischen Meerbusen

Zwischen Turku an der finnischen Westküste und Stockholm an der schwedischen Ostküste erstreckt sich das Inselreich der Ålands. Bekannt ist der zu Finnland gehörende, aber weitgehend autonome Archipel für seine roten, von Wind und Wellen freigespülten Felsen. Erkunden kann man die Åland-Inseln am besten auf Touren mit dem Fahrrad oder dem Seekajak.

Wie hingewürfelt liegen die unzähligen Inseln und Inselchen des Åland-Archipels mitten im Bottnischen Meerbusen zwischen Turku und Stockholm. Wer nachzählt, kommt auf ziemlich genau 6500 Eilande und eine Landfläche von rund 1527 Quadratkilometern.

Spuren der Wikinger

Heute leben auf dem Archipel 26 500 Einwohner – man hat also viel Platz. Das war einmal anders. Noch im 7. Jahrhundert gehörten die Åland-Inseln aufgrund ihrer günstigen Lage und dem vergleichsweise milden Klima zu den am dichtesten besiedelten Gebieten in Nordeuropa. Die lange Geschichte wird durch viele Gräber und Funde aus der Wikingerzeit sowie Kirchen aus dem 13. Jahrhundert deutlich, die zu den ältesten Finnlands gehören. Die Åland-Inseln sind etwas Besonderes. Der Archipel, der seit 1921 zu Finnland gehört, genießt eine große Autonomie. Hier wird Schwedisch gesprochen. Außerdem besitzt man eine eigene Flagge und seit 1984 eigene Briefmarken. Das sind die äußeren Anzeichen der Unabhängigkeit der demilitarisierten Inseln von Finnland. Lediglich in zentralen Fragen der Außen- und Sicherheitspolitik sind die Åländer an Vorgaben aus Helsinki gebunden.

Heimat der Windjammer

Hauptort der Åland-Inseln ist Mariehamn, die »Stadt der tausend Linden«. Die Stadt wurde gegründet, als Åland noch zum russischen Zarenreich gehörte, und nach Maria, der Gattin des Zaren Alexander II., benannt. Das Meer ist hier allgegenwärtig. Mariehamn war einst Heimathafen einer großen Windjammerflotte, zu

der unter anderem die »Pamir« und die »Passat« gehörten. Heute erinnern das Seefahrtsmuseum mit Galionsfiguren und Schiffsmodellen sowie die Viermastbark »Pommern« im Hafen an diese Zeit.
Ein weiterer wichtiger Ort auf den Ålands ist Eckerö im Westen des Archipels. Hier legen Fährschiffe aus Schweden an und setzen damit eine langjährige Tradition fort. Vom Mittelalter an bis 1920 wurde die Post zwischen Grisslehamn in Schweden und Eckerö per Ruderboot befördert. Die gefährliche 40 Kilometer lange Ruderstrecke forderte insgesamt 200 Menschenleben. Entsprechend ihrer Bedeutung ist die ehemalige Post- und Zollstation in einem pompösen Gebäude untergebracht.
An längst vergangene Zeiten erinnern die Festung Bomarsund in Sund, die in den 1830er-Jahren zum »Gibraltar des Nordens« werden sollte und gut zwei Jahrzehnte später von Kriegsschiffen der englisch-französischen Flotte zerstört wurde. Nicht weit davon entfernt liegt das schön restaurierte Schloss Kastelholm aus dem 14. Jahrhundert.

Rote Felsen und alter Champagner

Und dann ist da noch die Landschaft der Ålands. An der Küste findet man karge Felsklippen aus dem typischen roten Granit, freigeblasen von den Herbststürmen und freigeschwemmt von den Wellen, die seit Jahrtausenden an die Küste prallen. Dazu kommen Felder und Wiesen, Obstbaumhaine sowie üppiger Nadelwald. Landschaftlich und kulturell besonders reizvolle Abstecher lohnen sich auf die Inseln Föglö, Kökar mit der Kirche St. Anna und der Ortschaft Karlby sowie auf Källskär mit dem Anwesen des Grafen Göran Åkerhielm.
Auch kulinarisch haben die Ålands einiges zu bieten. Natürlich stehen vor allem Fischgerichte auf den Speisekarten ganz oben. Dazu kann man ein Bier aus der kleinen einheimischen Brauerei Stallhagen trinken und das Essen mit Hochprozentigem vom Weingut Tjudö abschließen, wo aus Äpfeln und anderen Früchten köstliche Säfte, Liköre und Schnäpse produziert werden.
Ein ganz besonderes Getränk hatte vor wenigen Jahren das Interesse der Genießer auf die Ålands gelenkt: 2010 fanden Taucher in einem Schiffswrack vor den Åland-Inseln unversehrte Flaschen mit Champagner, der vermutlich in der ersten Hälfte des 19. Jahrhunderts abgefüllt worden war und noch heute trinkbar ist.

RADELN UND PADDELN

Star auf den Åland-Inseln ist die Natur. Und die lässt sich hervorragend mit dem Fahrrad erfahren. Es gibt zahlreiche wenig befahrene Straßen, und das flache Terrain birgt keine Schwierigkeiten. Auf Fähren kann man sein Zweirad auch auf die entlegenen Inseln mitnehmen. Allenfalls Gegenwind oder herrliches Sommerwetter können Radfahrer zum Schwitzen bringen. Aber die Abkühlung im Meer ist nahezu überall möglich.
Zweifellos am besten erleben kann man das vielfältige Inselreich jedoch vom eigenen Boot aus. Im Schutz der unzähligen Inseln kommt man mit dem Seekajak auch bei Wind sehr gut voran. Man durchquert ein Labyrinth kleiner und größerer Eilande, erreicht ansonsten unzugängliche Stellen und kann entweder in Pensionen und Hotels, auf Zeltplätzen oder in der freien Natur übernachten – auf den Felsen direkt am Meer. Eine fantastische Erfahrung!

WEITERE INFORMATIONEN

Anbieter solcher Reisen ist
Club aktiv
Donnerschweerstraße 33
26123 Oldenburg
Tel. +49(0)441-98 49 812
www.club-aktiv.de

82 Paradies für Mensch und Tier – Seenland

Nah am Wasser gebaut

Das Seengebiet in der südlichen Landeshälfte ist für viele die finnische Landschaft schlechthin. Das nächste Gewässer mit einsamen Buchten, schönen Stränden und verträumten Inseln ist immer irgendwo um die Ecke zu finden. Für Wassersportler ein wahres Paradies! Vor allem im Sommer geht es in den Städten im Seengebiet sehr lebendig zu. Der Besuch eines der vielen Kultur-Festivals ist da fast ein Muss.

Boote gehören im Seengebiet zum Landschaftsbild, hier am Saimaa-See, dem größten See Finnlands (unten links). Mökki nennen die Finnen ihr Ferienhaus (unten rechts). Birken, Kiefern und Fichten prägen die Landschaft im Süden Finnlands (rechte Seite oben). In Imatra rauschte bis zur Nutzung der Wasserkraft ein Wasserfall durch diese Schlucht (rechte Seite unten).

Das Land der tausend Seen: Diese Bezeichnung verdient sich Finnland nirgends so sehr wie hier im Süden des Landes. 42 200 Gewässer sind es sogar, wenn man eine Mindestgröße von 0,05 Hektar zugrunde legt. Wobei es in diesem Fall auch wirklich schwierig ist zu definieren, was ein eigener See ist und was nur als Bucht zu einem anderen Gewässer gehört. Das ist aber eigentlich auch egal – schließlich zählt für Besucher nur eins: die Schönheit der Landschaft.

Natürliche Idyllen

Dieser Schönheit begegnet man vielerorts. Da sind malerische Buchten mit Sandstrand, Schilfgürtel, in denen sich das Gras im Rhythmus der Wellen und des Windes wiegt, Klippen, die senkrecht zum Wasser abfallen. Man läuft über sanfte, baumbestandene Hügel oder durchquert geheimnisvolle Moore, in denen einzelne verkrüppelte Kiefern wachsen und fleischfressende Pflanzen auf Beute – glücklicherweise nur Insekten – warten.
Mit etwas Glück kann man im Seenland einen Elch beobachten, der in der Dämmerung auf der Suche nach frischem Gras und Knospen ist. Oder einen Biber, der mit lautem Schwanzklatschen unter der Wasseroberfläche verschwindet. Natürlich gibt es im Seengebiet viele Vogelarten, die auf entlegenen Inseln oder in einsamen Buchten ungestört brüten. Zahllose große und kleine Straßen durchziehen die Landschaft und erlauben entspannte Entdeckungstouren mit dem Auto, Motorrad oder Fahrrad. Die beste Art, die Seenlandschaft zu entdecken, bietet sich aber von einem Boot aus. Vielleicht auf einem der Passagierschiffe, die im Sommer von See zu See fahren und dabei auch Kanäle passieren. Vielleicht aber auch mit einem Kajak oder Kanu, mit dem man langsam von Bucht zu Bucht, von Insel zu Insel paddelt und dabei die Landschaft hautnah erleben kann.

Drei Seensysteme

Die größte Wasserfläche weist mit rund 4370 Quadratkilometern das Saimaa-Seensystem auf, das sich aus mehreren miteinander verbundenen Einzelseen rund um die Städte

Mikkeli und Savonlinna zusammensetzt. Die Küstenlinie ist rund 15 000 Kilometer lang, aus der Wasseroberfläche ragen Zehntausende kleiner und großer Inseln auf. Das gesamte Gebiet entwässert bei Imatra in Richtung Ladogasee. An diesem im Schnitt nur sieben Meter tiefen Gewässer findet man vielfältigste Flora und Fauna. Dank des Saimaakanals kann man mit dem Boot vom Finnischen Meerbusen bis hinein ins finnische Seenland schippern – sicherlich eine gute Möglichkeit, um die finnischen Seen zu entdecken. Eine Besonderheit im und an diesem Gewässer ist die Saimaa-Ringelrobbe. Da von dieser Tierart vermutlich nur noch 260 Exemplare leben, kann man nur mit viel Glück einen Blick auf diese extrem bedrohten Säger werfen. Am größten ist die Chance in den beiden Nationalparks Linnansaari und Kolovesi.

Weniger groß, wenngleich tiefer ist das lang gezogene Päijänne-Seensystem zwischen Lahti und Jyväskylä im Süden des Landes. Der zweitgrößte See Finnlands gilt aufgrund seiner grandiosen Landschaft vielen als das Herz des finnischen Seenlandes und bietet beste Möglichkeiten für Outdoor-Sportler und Freizeitkapitäne. Auch auf diesen Gewässern verkehren Ausflugsdampfer. Besonders sehenswert ist hier der Höhenrücken Pulkkilanharju, der kilometerlang mitten durchs Wasser führt.

Rund um Tampere und Hämeenlinna im Südwesten Finnlands erstreckt sich mit dem Näsijärvi das dritte große Seensystem des Landes. Im Vergleich zu den beiden anderen Seenlandschaften ist diese Gegend vergleichsweise dicht besiedelt, gibt aber einen ersten Eindruck von dem, was man sich unter der finnischen Seenplatte vorstellt.

Fröhliche Sommerstädte

Doch es ist nicht nur die Natur, die den Reiz der finnischen Seenplatte ausmacht. Es sind auch die Städte, in denen Sommertage eine besondere Leichtigkeit bekommen, wie man

Der Bootshafen von Lappeenranta (oben rechts). Künstlicher Wasserfall in Imatra (unten rechts). Die Tammerkoski-Stromschnellen brachten die Industrie nach Tampere (unten links). Das Wasser der finnischen Seen hat oftmals Trinkwasserqualität (rechte Seite oben). Schloss Olavinlinna ist eine der am besten erhaltenen mittelalterlichen Burgen Europas (rechte Seite unten).

sie so weit im Norden kaum erwarten würde. Kaum eine Stadt, kaum ein Ort, der nicht im Sommer ein Festival mit Musik oder Tanz veranstalten würde. Da nimmt man dann auch in Kauf, dass man auf pittoreske Altstadt-Ensembles verzichten muss. Kuopio ist ein Beispiel dafür. Die Stadt am Nordende des Seelandes wurde 1775 gegründet und wartet mit einem Dom, aber vor allem mit einer herrlichen Lage direkt am Wasser auf.

Einen ersten Überblick verschafft man sich am besten vom Puijo-Aussichtsturm mit einem in luftiger Höhe rotierenden Restaurant. Eine Vielzahl von Museen steht für den kulturellen Reichtum der Stadt, und in der Markthalle und auf dem Marktplatz kann man lokale Spezialitäten kaufen, unter anderem das Kalakukko, ein traditionelles dunkles Brot. Vom Hafen aus verkehren die Passagierschiffe in alle Richtungen des Seensystems. Kuopio ist in Finnland berühmt für sein Nachtleben und viele Kneipen – den Studenten sei es gedankt.

Charme alter Industriebauten

Inmitten der Seenplatte liegt die vom russischen Zar Nikolaus I. gegründete Universitätsstadt Jyväskylä. Untrennbar mit dieser Stadt ist der Name Alvar Aalto verbunden, der hier über 30 Gebäude entworfen hat, etwa Universität, Stadttheater und das Zentralfinnische Museum. Über den Designer und Architekten informiert das Alvar Aalto Museum. Die äußerst lebendige Fußgängerzone gilt als eine der schönsten Finnlands.

Lappeenranta ist ein zentrales Tor zum weitverzweigten Saimaa-Seengebiet. Die Innenstadt selbst besteht aus vielen Läden, aber wenig Sehenswertem. Lohnend ist allerdings der Gang zum Hafen, über dem die Überreste der alten Festung thronen. Im für finnische Verhältnisse unmittelbar benachbarten Ort Imatra strömten bis zur Regulierung die Wassermassen des Flusses Vuoksi durch einen engen Canyon. Dies waren die größten Stromschnellen Europas, die regelmäßig wiederbelebt werden – ein grandioser Anblick, den man beim Gang durch die hübschen Parkanlagen rund um die Felsschlucht ganz sicher nicht vergessen wird.

An den Tammerkoski-Stromschnellen zwischen dem Näsijärvi und dem Pyhäjärvi wurde 1779 die Stadt Tampere gegründet. Diese Stromschnellen wurden zur Keimzelle diverser Industriebetriebe, die die Wasserkraft nutzten. Hier entstand nur vier Jahre später die erste finnische Papierfabrik, später siedelten sich Betriebe für die Textilproduktion an. Viele dieser Gebäude am Flussufer stehen noch, werden heute aber anderweitig genutzt, nachdem die letzten Stofffabriken von 1970 an nach und nach stillgelegt und durch andere Wirtschaftszweige ersetzt wurden. Der Stadt selbst verleihen diese Backstein-Industriedenkmäler einen ganz eigenen Charme, den man an den langen Sommerabenden in den Kneipen und Restaurants spüren kann.

ARIEN IM SCHLOSSHOF

Am Ortsrand von Savonlinna steht wunderbar an einem See das Schloss Olavinlinna (Olofsburg). Das Bauwerk gilt als das am besten erhaltene mittelalterliche Schloss in Nordeuropa. Hierher kommt man nicht nur wegen der Architektur, sondern auch wegen der Musik. An Sommerabenden lauschen im Hof gebannt viele Hundert Zuhörer bei den Savonlinna-Opernfestspielen der hohen Kunst des klassischen Gesangs. Gegründet wurde die Veranstaltung 1912 von der bekannten Sopranistin Aino Ackté unter dem Namen Olavinlinna-Opernfestspiele. Aufgeführt wurden anfangs ausschließlich finnische Werke, 1916 erstmals eine ausländische Oper. Wegen des Zweiten Weltkriegs kam es zu einer langen Pause. Im Jahr 1967 wurden die Savonlinna-Opernfestspiele wiederbelebt, seither finden sie jedes Jahr im Juli statt. Neben zahlreichen Weltpremieren finnischer Opern werden auch immer bekannte internationale Opern aufgeführt.

WEITERE INFORMATIONEN

www.operafestival.fi
https://visitsavonlinna.fi/de/

Jedes Jahr im Juli wird Seinäjoki zum Treffpunkt von Tango-Tänzern aus dem ganzen Land. Und die schweben nicht nur über das Parkett der Festhalle, sondern auch über den Asphalt der Hauptstraße.

83 Tango-Rausch in Seinäjoki

Saanko luvan – darf ich bitten?

Seinäjoki ist ein kleines, eigentlich unscheinbares Städtchen am Rande des Seenreiches. Doch während einer Woche im Juli pocht hier das finnische Herz: Dann werden Bühnen und Straßen des Ortes zum Parkett für Tangotänzer – schon seit mehr als 30 Jahren.

Langsam, langsam, schnell, schnell«: So lautet die Schrittfolge des Tango. Was das mit einem Buchkapitel über Finnland zu tun hat? Sehr viel, denn der Tango ist einer der beliebtesten Tänze in dem ohnehin schon tanzfreudigen Land. Nicht ganz so feurig wie die südamerikanische Variante, sondern melancholisch und gleichwohl kraftvoll – passend zu den ruhigen Wäldern und Seen.

Die Straße ist der Tanzboden

Das »Buenos Aires von Finnland« heißt Seinäjoki, das im Westen zwischen Küste und Seenreich liegt. Parkett für die Schritte ist nicht nur edles Holz, sondern vor allem der harte, graue Asphalt der Hauptstraße der 60000-Einwohner-Stadt. Dort, wo sonst Autos fahren, drehen sich alljährlich im Juli die Paare im Tangorhythmus. Eine Kleiderordnung gibt es hier nicht. Klar, man sieht das figurbetonte Kleid und den stilvollen Anzug mit Rüschenhemd, aber auch das geblümte Sonntagskleid oder die Jeans. Und wenn es regnet, schlüpft man schon einmal in die Gummistiefel. Es ist erstaunlich, wie die als so kühl geltenden Finnen aus einem Julinachmittag ein prickelndes Tangofestival machen, wo Hunderte, Tausende Paare zur Musik kreisen.

In Perfektion können das seit 1984 – der Tango stand damals vor dem Aus und wurde von zwei euphorischen Finnen wiederbelebt – die Teilnehmer bei den Tango-Meisterschaften. Die fröhliche Ungezwungenheit der Hauptstraße ist hier den strengen Regeln des Gesangs- und Tanzwettbewerbs gewichen. Einen Titel in Seinäjoki zu erringen, das ist der Ritterschlag in der finnischen Tangowelt.

WEITERE INFORMATIONEN

www.tangomarkkinat.fi
www.seinajoki.fi

84 Zwei Naturrefugien: Linnansaari und Kolovesi

Die Saimaa-Ringelrobbe ist eine stark gefährdete und dabei ganz besondere Tierart der Finnischen Seenplatte. Sie braucht den Schnee zur Aufzucht der Jungen.

Selten, scheu, gefährdet: die Saimaa-Ringelrobbe

Besucher werden die Saimaa-Ringelrobbe nur mit ganz viel Glück zu sehen bekommen. Das scheue Tier ist eine Besonderheit des weitläufigen Seensystems, aber extrem gefährdet. Nur noch rund 300 Exemplare dieses Säugetiers sollen in den Gewässern im Südosten Finnlands leben.

Die finnische Seenplatte ist schon wegen ihrer landschaftlichen Schönheit eine Reise wert. Hinzu kommt eine Kuriosität: die Saimaa-Ringelrobbe. Diese vergleichsweise dunkel gefärbte und nur im Süßwasser vorkommende Unterart der Ringelrobben ist stark vom Aussterben bedroht. Sie hat sich gebildet, als das Seengebiet durch die Landhebung nach der Eiszeit von der Ostsee abgetrennt, die Verbindung zum Meer somit gekappt wurde. Mitte der Achtzigerjahre soll es nur noch 120 bis 150 dieser seltenen Individuen gegeben haben. Mittlerweile tummeln sich wieder etwas mehr als 300 Tiere in den Seen des Saimaa-Gebietes. Schwerpunkt ihrer Verbreitung sind die beiden Nationalparks Linnansaari und Kolovesi, die vor allem zum Schutz dieser seltenen Säugetierart eingerichtet worden sind.

Die größte Bedrohung für die Tiere ist die Netzfischerei. Zudem muss darauf geachtet werden, dass die Tiere genügend Ruhezonen haben. Und das vor allem in der Zeit, in der sie ihre Jungen bekommen. Warme Winter mit wenig Schnee – die Jungtiere werden in Schneehöhlen aufgezogen – und Eis machen den Robben genauso zu schaffen wie ein niedriger Wasserstand. Wenn es gelingen sollte, den Bestand auf mehr als 400 Tiere zu bringen, könnte diese seltene Tierart eine Überlebenschance haben. Denn Nahrung steht dem Fischjäger im sauberen Wasser der finnischen Seen genügend zur Verfügung. Nach Ansicht der Wissenschaftler könnten hier 6000 dieser Tiere leben. Die Chance, sie zu beobachten, wird jedoch auch bei einer größeren Zahl gering bleiben.

WEITERE INFORMATIONEN

www.visitsaimaa.fi/de/saimaa-robben-in-finnland-ringelrobbe

85 Russisches Erbe – Karelien

Treffpunkt von Ost und West

Der östlichste Teil von Finnland unterscheidet sich landschaftlich nicht sehr von dem im Westen angrenzenden Wald- und Seengebiet. Und doch ist er etwas ganz Besonderes. Hier erhebt sich mit dem Koli der Nationalberg Finnlands. Und hier gibt es Traditionen, die sowohl westliche als auch östliche Einflüsse in sich vereinen. Beweise dafür sind in der Landschaft und in Restaurants zu finden.

Die Kreuze auf einigen Kirchen sind keine einfachen Holzkreuze, sondern haben zwei zusätzliche Balken, von denen einer sogar schief befestigt ist. Sie gehören zu den orthodoxen Kirchen, die den Einfluss der russischen Kirche im östlichen Teil Finnlands widerspiegeln. Und dann sind da die Piroggen, kleine, gefüllte Teigtaschen aus hauchdünnem Roggenteig, die traditionell mit Gerstenbrei gefüllt werden, der heute jedoch zunehmend von Reis und anderen Zutaten ersetzt wird. Auch sie stehen symbolisch für den Einfluss östlicher Kultur in diesem Teil Finnlands.

Lebendige orthodoxe Kultur

Als Hauptstadt des finnischen Teils von Karelien gilt Joensuu an der Mündung des Pielisjoki. Der Fluss ist das Herz der 1848 gegründeten Stadt, die lange Zeit von der Holzverarbeitung lebte. Schließlich konnten die Baumstämme aus der Umgebung ganz einfach auf den zahlreichen Gewässern transportiert werden. Heute setzt man in Joensuu vor allem auf Wissenschaft und Kultur. Sehenswert sind das Kunstmuseum und das Nordkarelische Museum im Kultur- und Tourismuszentrum Carelicum. Es präsentiert auf spannende Art die wechselvolle Geschichte des Landstrichs, der heute zu großen Teilen jenseits der russischen Grenze liegt.

Der nicht weit entfernte Ort Ilomantsi ist das Zentrum der griechisch-orthodoxen Kultur in Nordkarelien. Im Runendorf Parppeinvaara werden Eigenheiten der karelischen Kultur präsentiert, wozu nicht nur Religion und Esstraditionen gehören, sondern auch das Handwerk und die Kantele. Das ist ein vor allem im Osten

Sommermorgen am Haukivesi-See, der im Süden des Saimaa-Seensystems liegt (unten links). Die Kirche des orthodoxen Klosters von Neu-Valamo (unten rechts). Joensuu ist eine bekannte Universitätsstadt in Karelien (rechte Seite oben). Gipfelblick im Koli-Nationalpark (rechte Seite unten).

gespieltes Saiteninstrument, das einer ganzen Musikrichtung ihren Namen gegeben hat. Bei Heinävesi im südlichen Teil von Finnisch-Karelien steht das einzige orthodoxe Mönchskloster Finnlands. Seine Existenz verdankt es den Folgen des Winterkriegs 1939/40, als die Mönche des damals zu Finnland gehörenden Kloster Alt-Valamo im Ladogasee vor den anrückenden russischen Truppen nach Westen flüchteten und hier im Kloster Neu-Valamo eine neue Heimat fanden. Ein guter Platz, um sich über die orthodoxe Religion in Finnland zu informieren.

Nationallandschaft am Koli-Berg

Das Herz des finnischen Teils von Karelien schlägt rund um den Pielinen-See. Er ist der fünftgrößte See des Landes, und aus dem Wasser ragen rund 2000 Inseln. Am Ufer findet man feine Sandstrände genauso wie große Felsblöcke, auf denen knorrige Kiefern wachsen. Daneben gibt es Moore und Heideflächen und natürlich auch ausgedehnte Wälder. Der Mensch spielt in diesem dünn besiedelten Gebiet nur eine Nebenrolle. Nurmes am Nordende des Pielinen ist einer der schönsten Orte Finnlands mit Holzhäusern im karelischen Stil. Prägend ist die neugotische Ziegelkirche von 1896. Ein paar Kilometer nördlich der Stadt steht das Bomba, ein prächtiges karelisches Haus in traditioneller Bautechnik. Im Restaurant bekommt man karelische Spezialitäten. Einen Besuch wert sind aber auch das orthodoxe Gebetshaus Tsasouna und das Landwirtschaftsmuseum.

Höhepunkt – und das im wahren Sinne – am Pielinen ist der Koli-Nationalpark am Westufer des Sees. Die Bergkette ist nicht nur ein hervorragendes Wandergebiet, sondern diente namhaften finnischen Malern wie Eero Järnefelt und Pekka Halonen, Schriftstellern wie Juhani Aho und Komponisten wie Jean Sibelius als Inspiration. Eine wunderschöne Aussicht bietet sich vom 347 Meter hohen Ukko-Koli (Alter Koli), der höchsten Erhebung Nordkareliens. Im Nationalpark hat man hervorragende Wandermöglichkeiten.

DEM GOTT AUFS HAUPT GESTIEGEN

Der Ausblick ist atemberaubend. Und das, obwohl der Gipfel des Koli gerade einmal 347 Meter hoch ist. Das genügt aber vollauf, um über die 250 Meter tiefer gelegene, flache Landschaft zu blicken. Und die wird dominiert von einem riesigen See, der von zahlreichen langen und schmalen Inseln durchzogen wird. Die Gletscher der Eiszeit bissen sich am harten Quarzitgestein des Berges gewissermaßen ihre Zähne aus, weshalb er sich heute so markant über die Umgebung erhebt. Der mit einer Fläche von 30 Quadratkilometern recht kleine Nationalpark Koli ist ein Paradies für Naturfreunde. Etliche Wanderwege durchziehen das Gebiet. Höhepunkt ist natürlich die Wanderung auf den Gipfel des heidnischen Gottes Ukko, der dem Gipfel seinen Namen gegeben hat. Das Gebiet, das so viele Künstler angezogen hat, ist natürlich auch bei Touristen sehr beliebt. Das Hotel Sokos Koli ist eine gute Unterkunft und idealer Ausgangspunkt für Touren in die Umgebung.

WEITERE INFORMATIONEN

Nationalparkzentrum Koli
Ylä-Kolintie 39
FIN-83960 Koli (Lieksa)
Tel. +358-206-39 56 54
www.nationalparks.fi

Mit kleinen Booten wurde früher Post zwischen Finnland und Schweden transportiert (rechte Seite unten). Rauma gehört wegen seiner pittoresken Holzhausviertel zum Weltkulturerbe (oben rechts). Skipper im Hafen von Vaasa (oben links). Im Polarmuseum Nanoq (rechte Seite oben).

86 An der finnischen Westküste

Historische Städte mit schwedischem Erbe

Ganz anders als die übrigen Landesteile präsentiert sich die finnische Westküste. Statt Wälder und Seen dominieren an dem flachen Küstenstreifen Felder und Wiesen. Sehenswert sind vor allem die hübschen Städtchen, in denen nicht nur Finnisch, sondern auch Schwedisch gesprochen wird – schließlich gehörte das Land einmal zum Machtbereich des westlichen Nachbarn.

Landschaftlich gehört die finnische Westküste zu den weniger spektakulären Teilen des Landes. Der Küstenstreifen ist flach und wird vielerorts für die Landwirtschaft genutzt. Allerdings findet man hier pittoreske kleine Städtchen, wie man sie im restlichen Land meist vergeblich sucht.

Holzhäuser als Weltkulturerbe

Rauma gehört nicht nur zu den schönsten Ortschaften an der Westküste, sondern des ganzen Landes. Viele Holzhausstädte wurden im Lauf der Jahrhunderte immer wieder von Großbränden verwüstet – in Rauma ist der letzte aber bereits über 300 Jahre her. Und der Modernisierungswahn in den 1960er-Jahren ging glücklicherweise spurlos an dem Ort vorbei. Den Charme des 1442 gegründeten Städtchens machen die deshalb bestens erhaltenen historischen Gebäude aus. Der Stadtkern ist die größte Holzstadt Nordeuropas und wurde in die Liste des UNESCO-Weltkulturerbes aufgenommen. An den Kopfsteinpflasterstraßen reihen sich gelbe, grüne und rote Holzhäuschen aneinander. Die meisten haben weiße Fensterrahmen, an denen ein Spiegel – auch »Spion« genannt – den verborgenen Blick nach draußen vor die Haustür zulässt. Berühmt ist Rauma als einstiger Heimathafen einer bedeutenden Schiffsflotte sowie für die vielen Handwerksbetriebe, vor allem das Spitzenklöppeln hat hier eine lange Tradition.

Aufsteigendes Land

Ein Stück nördlich von Pori, wo alljährlich ein berühmtes Jazzfestival stattfindet, kann man

durch die idyllischen Gassen von Kristiinankaupunki (schwedisch: Kristinestad) flanieren. In dem 1649 gegründeten Ort beeindrucken die malerischen Häuserzeilen mit niedrigen roten und gelben Holzgebäuden aus dem 18. und 19. Jahrhundert. Hübsch anzusehen ist zudem die rund 300 Jahre alte Holzkirche Ulrika Eleonora. Ganz in der Nähe liegt außerdem Kaskinen (schwedisch: Kaskö), die westlichste und mit 1400 Einwohnern kleinste Stadt Finnlands mit idyllischen Holzstädtchen und Fischerhütten sowie einer Windmühle. Das Zentrum der Region Österbotten ist Vaasa (schwedisch: Vasa). Der Ort wurde 1606 gegründet und war während des Bürgerkrieges 1918 für kurze Zeit sogar einmal die provisorische Hauptstadt Finnlands. Direkt vor der Küste liegt der Schärengarten Kvarken. Das Gebiet wurde zusammen mit der Höga Kusten auf schwedischer Seite von der UNESCO zum Weltkulturerbe erklärt. Grund dafür ist die Landhebung: Seit dem Rückzug der Gletscher tauchen immer wieder neue Inseln aus dem Meer auf und verändern in geologisch kürzester Zeit die Landschaft.

Kaufmänner und Reeder

Pietarsaari (schwedisch: Jakobstad) ist ein alter Fischer- und Seefahrerort. Heute verdienen jedoch nur noch wenige Menschen ihren Lebensunterhalt auf dem Meer. Lange Jahre fanden viele Einwohner Arbeit in der ältesten Tabakfabrik Europas, die mittlerweile jedoch geschlossen wurde. Geblieben ist das architektonisch sehr ansprechende Gebäude mit einer großen kugelförmigen Uhr, die zum Symbol für die Stadt wurde. Hinter der ehemaligen Fabrik reihen sich die bunten Holzhäuschen der früheren Arbeiter aneinander. Ähnlich pittoresk ist der alte Stadtkern von Kokkola (schwedisch: Karleby). Direkt neben dem neuen Stadtzentrum stehen an schmalen Sträßchen grüne, gelbe, rote und blassblaue Häuschen, die liebevoll mit Blumen verziert sind, die Hausnummern sind auf Blechschilder gedruckt. Hier kann man sich recht gut das Stadtbild des 18. und 19. Jahrhunderts vorstellen. Viele der heimelig eingerichteten Gebäude haben schon einiges erlebt. In Kokkola befindet sich auch eines der ältesten Holzgebäude Finnlands aus dem Jahr 1696.

LEBENDIGE ARKTIS

In Fäboda bei Pietarsaari, ein paar Kilometer westlich von Jakobstad, versteckt sich der »Eisbär« unter einem Erdhügel. Nanoq, Grönländisch für Eisbär, hat Pentti Kronqvist sein Museum genannt. Ein menschlicher Eisbär ist der Polarfahrer vielleicht selbst. Die Arktis ist seine Passion, sein Lebensinhalt. Unzählige Gegenstände von Entdeckern wie Amundsen oder Nansen hat er zusammengetragen, und ebenso viele Geschichten kann er dazu erzählen. Und das, obwohl es keine eigentliche finnische Polarforschertradition gibt. Pentti war immer wieder selbst in den eisigen Breiten, nachdem ihn das »Virus der Kälte in Grönland erwischt hat«. Draußen im Wald verstecken sich einige Hütten hinter den Kiefern, Goldgräberhäuschen und Unterkünfte von Forschern. Alle diese Gebäude sind bewohnt, denn gute Freunde von Pentti dürfen hier im einzigen Polarmuseum Finnlands übernachten.

WEITERE INFORMATIONEN

Nanoq
Pörkenäsintie 60
68620 Pietarsaari
Tel. +358 45 640 1312
info@nanoq.fi
www.nanoq.fi

87 Reich der Samen und Rentiere – Lappland

Natur pur am Polarkreis

Finnisch-Lappland ist eine Region ganz im Norden Finnlands mit Wäldern und Mooren, Seen und Flüssen, kargen, *tunturi* genannten Kuppen sowie kleineren Städten und abgelegenen Siedlungen. Hier hat die Natur ganz klar die Oberhand. Im Durchschnitt leben lediglich zwei Menschen auf einem Quadratkilometer. Ein Teil der Bevölkerung – etwa 10 000 Menschen – ist samischer Herkunft.

Finnisch-Lappland? Wo genau liegt denn das Land der Lappen, die im heutigen Sprachgebrauch Sami (Samen) genannt werden? Gemeinhin wird damit das Gebiet nördlich einer Linie, die mit einigem Zickzack von Simo am Bottnischen Meerbusen bis hinüber zur russischen Grenze bei Hautajärvi verläuft, bezeichnet. Vereinfacht könnte man auch sagen: Lappland ist die Landschaft nördlich des Polarkreises.

Heimat des Weihnachtsmanns

Lappland ist neben der politischen vor allem eine geografische Region, die sich über Norwegen, Schweden, Finnland und Russland erstreckt und das Land definiert, in dem die heute rund 100 000 Samen leben. Wobei nach Jahrhunderten der Durchmischung bisweilen schwierig zu sagen ist, inwieweit man sich überhaupt noch zu diesem Volk zählen kann – und will. Die Angaben schwanken nicht zuletzt aus diesem Grund sehr stark. In Finnland beziehen sich immerhin rund 10 000 Menschen auf ihre samische Herkunft. Der Versuch, die samische Kultur auszumerzen, ist in Skandinavien glücklicherweise gescheitert.

Einige der samischen Sprachen, obwohl mancherorts verboten, leben weiter. Genauso wie ihre Musik und Kultur, wie zahlreiche Beispiele zeigen. Die Tradition wird seit einigen Jahren wieder hochgehalten – natürlich auch mithilfe des Tourismus.

Die Rentierzucht ist so etwas wie ein Symbol für die Samen. Die sicherte früher vielen Samen im Binnenland das Überleben und wird noch von etwa 15 Prozent betrieben. Allerdings wird es immer schwieriger, von den halb domestizierten Tieren zu leben, weshalb sich viele Samen inzwischen dem Tourismus geöffnet haben. So haben Besucher eine hervorragende Möglichkeit, etwas mehr über das Leben und die Kultur der Ureinwohner Nordeuropas zu erfahren. Der Alltag der Rentierzüchter hat jedoch längst nichts mehr von der – ohnehin zweifelhaften – Romantik vergangener Zeiten. Man ist heute mit dem Hubschrauber oder dem Quad, im Winter mit dem Schneemobil unterwegs, um nach seinen Tieren zu schauen. Man lebt in ganz normalen Häusern und nutzt die Vor- und auch die Nachteile moderner Technik.

Rentiere sind in Lappland allgegenwärtig (unten rechts). Die Tracht der Sami verrät die Herkunft (unten limks). Im Langboot auf dem Lemmenjoki durch den Lemmenjoki-Nationalpark, den größten Nationalpark von Finnland (rechte Seite).

Hundeschlittentouren sind bei Touristen sehr beliebt (unten). Rauschender Bach bei Inari (ganz unten). Blick auf das Inselgewirr des Inari-Sees: Über 3000 Inseln verteilen sich auf den drittgrößten See Finnlands (rechte Seite oben).

Hauptstadt von Finnisch-Lappland ist Rovaniemi. Niemand Geringerer als der bekannte finnische Architekt Alvar Aalto ist für die heutige Stadtansicht und das Lappiahaus (1975) verantwortlich. Sehenswert ist das Arktikum, ein Museum über Leben und Kultur indigener Völker des Nordens. Auf einem Hügel bei Rovaniemi ist auch – zumindest nach Ansicht der geschäftstüchtigen Finnen – der Weihnachtsmann zu Hause. Er kann im Santapark ein paar Kilometer außerhalb der Stadt das ganze Jahr über besucht werden. Geduldig hört er im Sessel sitzend den Kindern zu und notiert sich deren Wünsche. Die kann man übrigens auch per Post äußern, was in jedem Jahr vieltausendfach genutzt wird. Zu dieser Touristenattraktion gehören auch das Werkstattdorf des Weihnachtsmanns sowie der Tierpark Ranua mit Tieren der Arktis.

Werk der Gletscher

Lappland ist der Überrest eines alten Gebirges, das sich vor rund 300 Millionen Jahren gebildet hat. Während der jüngsten Eiszeit, die erst vor einigen Tausend Jahren endete, lag ein bis zu 2000 Meter mächtiger Eispanzer auf dem Land. Und dieses Eis hat die Landschaft geformt, aus schroffen Gipfeln runde Kuppen gemacht, beim Auftauen entstanden aus kleinen Bächen breite Täler und aus Niederungen weite Seen und große Moore.
Genau diese Eiszeitlandschaft ist es, weswegen sich eine Fahrt zum nördlichsten Zipfel Finnlands lohnt. Der Inarisee ganz im Norden Lapplands steht wie ein Symbol für die Hinterlassenschaften der Eiszeit. Er ist mit 1084 Quadratkilometern der drittgrößte See Finnlands und bis zu 92 Meter tief. Prägend sind für ihn die rund 3000 Inseln, die dem See bisweilen den Charakter eines Labyrinths verleihen. Fantastisch ist der Ausblick von der Insel Ukko, die man mit dem Boot von Inari aus erreicht und für die Samen ein wichtiges Heiligtum ist. Inari ist ohnehin ein guter Platz, um die Region zu erkunden. Weiter im Norden hat sich der Tana-Fluss tief in das Gestein eingegraben, die Landschaft erinnert stellenweise an einen Canyon. Bekannt ist der Grenzfluss vor allem für seinen Lachsreichtum.

Nationalparks als Wandergebiete

Rund um den Fluss Lemmenjoki südöstlich des Inarisees erstreckt sich ein grandioser Nationalpark – der mit 2850 Quadratkilometern Fläche der größte des Landes. Hier tummeln sich Braunbären und Elche, und Steinadler kreisen

am Himmel. Seit rund 200 Jahren schürfen Goldsucher im Lemmenjoki und in seinen Nebenflüssen nach dem glänzenden Edelmetall. Wanderer finden hier ein weitverzweigtes Wegenetz mit einer guten Infrastruktur. Das gilt auch für den Nationalpark Pallas-Yllästunturi ein Stück weiter im Norden. Wie an einer Perlenkette aufgereiht erheben sich die kahlen Kuppen im Park über die Wälder der Umgebung. Der höchste Gipfel im Park, der Taivaskero, liegt immerhin 807 Meter über dem Meeresspiegel. Im Park leben neben diversen Vogelarten und kleinen Säugetieren auch Bären, Vielfraße und Wölfe. Als Wanderer wird man jedoch kaum das Glück haben, eines dieser scheuen Tiere zu beobachten. Häufig stößt man hingegen auf Schutzhütten, die in regelmäßigen Abständen an den gut markierten Wegen stehen und ein Obdach für die Nacht bieten – einige wenige sogar mit Sauna am See!

Edelsteine zum Selberklopfen

Bei Touristen sehr beliebt ist der Ferienort Saariselkä, etwas südlich von Ivalo. Das Dorf schließt sich direkt an den Nationalpark Urho-Kekkonen an und ist ein idealer Ausgangspunkt für Wanderungen in das einsame, riesige Nationalparkgebiet. Vom Hausberg Kaunispää, von dessen Gipfel im Winter zahlreiche Pisten ins Tal führen, genießt man eine prächtige Aussicht auf die hügelige Landschaft mit ihren dichten Wäldern, klaren Seen und weiten Mooren. Etwas südlich von Saariselkä liegt das Goldsucherzentrum Tankavaara, in dem man ein wenig Westernatmosphäre schnuppern und selbst Gold waschen kann. Die Goldgräbergeschichte der Region – und der ganzen Welt – wird im interessanten Museum erläutert.

Mit etwas ganz Besonderem wartet der Nationalpark Pyhä-Luosto weiter im Süden auf. Hier gibt es auf einem der Tunturis eine Amethystmine, in der man sich selbst mit einem Hammer bewaffnet auf die Suche nach den edlen Steinen machen kann. Der Nationalpark Pyhä-Luosto bietet außerdem beste Möglichkeiten zum Wandern und für andere Freiluftaktivitäten – im Sommer, aber auch im Herbst, wenn sich Birken und Blaubeersträucher bunt färben. Im Winter und Frühling scheint die Sonne auf den meterhohen Schnee, und nachts gibt das Nordlicht am Firmament seine Vorstellung.

DIE WELT DER SAMI

Zu den zweifellos schönsten Museen in Finnland gehört das Siida in Inari, das als finnisches Nationalmuseum der Samen gilt. Überaus anschaulich wird hier das frühere und heutige Leben der samischen Bevölkerung dargestellt. Sprache, Religion und Kultur, aber auch der Alltag der Menschen werden thematisiert. Auf spannende Art und Weise wird zudem der Gang der Natur im Lauf der acht samischen Jahreszeiten erläutert. Es gibt vieles zu erfahren über Tiere und Pflanzen und die Kunst, unter den extremen Bedingungen so weit im Norden zu überleben. Im großzügigen Freigelände des Museums sind alte Gebäude zu sehen, und es werden die verschiedenen Fischfang- und Jagdmethoden der Samen gezeigt. Hinzu kommen immer wieder wechselnde Ausstellungen zu verschiedenen Themen. Im Museumsshop kann man Literatur und Souvenirs kaufen. Auch ein Restaurant gibt es.

WEITERE INFORMATIONEN

Siida
Inarintie 46
FIN-99870 Inari
Tel. +358 (0)400 898 212
www.siida.fi

Ein namenloser See im finnischen Lappland bei Muonio. Traditionsbewusste Samen haben einen bunten Fetisch aufgestellt.

Mit Langbooten fährt man zu den besten Angelplätzen auf dem berühmten Lachsfluss Tenojoki (oben). Für viele Wochen im Sommer geht die Sonne im Norden Finnlands nicht mehr unter. Dann kann man rund um die Uhr angeln - wenn man will (rechte Seite oben).

88 Ein toller Fang am Tenojoki

Angeln im Schein der Mitternachtssonne

Wenn die Sonne nicht mehr untergeht und der Schnee geschmolzen ist, kommen die Lachse. Aus dem Nordmeer kommend ziehen sie gegen die Strömung des Tenojoki in Richtung Landesinneres. Der Fluss gilt bei Anglern als bestes Lachsgewässer Europas. Mit der Fliegenrute oder Schleppleinen gehen sie auf Beutezug und hoffen auf mindestens zehn Kilogramm schwere Exemplare.

Ganz im Norden Finnlands, wo sich Norwegen wie eine Kappe über Finnland legt, strömt der Tenojoki Richtung Nordmeer. Er entsteht beim Zusammenfluss von Karasjokka und Inarijoki in der Nähe des Städtchens Karigasniemi, bahnt sich seinen Weg durch die karge Landschaft Nordskandinaviens und mündet in den Tanafjord – die nördlichste Flussmündung Europas. Bäume findet man hier nur noch im Tal des Tenojoki, darüber erheben sich kahle Kuppen. Zu kurz ist der Sommer, zu tief sind die Temperaturen über weite Teile des Jahres, um eine üppige Vegetation sprießen zu lassen.

Doch es ist nicht nur diese Landschaft, die die Besucher in den äußersten Norden Finnlands lockt. Denn beim Namen Tenojoki – der auf norwegischer Seite Tanaelv heißt – hören erfahrene Fliegenfischer schon die Angelschnur durch die Luft sirren. An keinem anderen Angelplatz der Welt soll es so viel atlantischen Lachs geben wie auf der Strecke von Tana bru flussaufwärts bis zum Storfossen. In jedem Jahr passieren rund 50 000 Exemplare dieser geschätzten Speisefischart die Tana-Brücke. Der größte Lachs, der hier aus dem Wasser gezogen wurde, hatte das stattliche Gewicht von knapp 36 Kilogramm und wurde 1928 von Henrik Henriksen gefangen. Auch wenn dieser Superlativ für Angler kaum zu erreichen ist, stehen die Chancen, mit einem über zehn Kilogramm schweren Lachs am Haken zu kämpfen, nicht schlecht.

Auf Beutezug

Das wissen natürlich auch die Menschen hier. Schon seit vielen Jahrhunderten wird der große Fischreichtum des Gewässers von den am Flussufer lebenden Samen geschätzt. Zum Fangen der Fische wurden und werden gern Reusen genutzt. Zum Angeln sind die Einheimischen mit langen und sehr schmalen Booten auf dem Wasser unterwegs. Man fährt einige Kilometer flussaufwärts und lässt sich dann mit der Strömung treiben – immer die Schleppangel mit Fliegen, Wobblern oder Blinkern im Wasser. Die größte Chance auf einen Fang bietet sich hinter Steinen und umgestürzten Bäumen, außerdem auf dem Grund des Flusses über Löchern und Gumpen. Von Land aus darf man mit der Fliegenrute – natürlich nur mit gültigen Papieren – auf Beutezug gehen. Es ist immer die gleiche Bewegung, die die Angler vor der sich im Tenojoki spiegelnden Abendsonne ausführen. Schnur geben, die Rute kontrolliert durch die Luft schwenken und dann mit einem gezielten Wurf die Fliege dort platzieren, wo man auf fette Lachse hofft. Ein Männerballett – meistens sind es wirklich Männer – der anderen Art bis in den Morgen hinein …

Nach der Schneeschmelze

Die beste Zeit, um Lachse zu fangen, beginnt Mitte Juni. Dann ist der Schnee in den Bergen geschmolzen und bereits ins Nordmeer geflossen, der Wasserstand in den Flüssen sinkt. Die Lachse schwimmen nun in großer Zahl gegen die geringer gewordene Strömung stromaufwärts. Suchen Schutz und Nahrung hinter Steinen und in Gumpen im Flussbett. Aber auch wenn der Tenojoki der beste Lachsfluss in Europa ist und in jedem Jahr rund 200 Tonnen dieser Delikatesse gefangen werden, bedeutet das nicht zwangsläufig allabendlich Fisch auf dem Teller und eine bis oben hin gefüllte Gefriertruhe. Denn stimmen die Verhältnisse nicht oder sind die Fische ganz allgemein beißunlustig, dann geht so mancher Angler schon einmal leer aus. Aber vielleicht genügt zum Trost die eine oder andere Äsche, die ebenfalls hier vorkommt. Weniger reglementiert und auch günstiger sind die Nebenflüsse des Tenojoki wie der Utsjoki. Hier darf man zwar nicht so große Lachse wie im Teno erwarten, dafür kann man hier sowohl mit Kunstködern als auch mit der Fliege angeln.

WANDERN IM KEVO-CANYON

Der Canyon rund 25 Kilometer südlich von Utsjoki ist ein reizvolles Ziel für Wanderer. Vom Parkplatz an der Straße 4 aus wandert man leicht ansteigend durch Birkenwald auf ein Plateau mit Mooren und Seen. Nach rund sechs Kilometern führt der Weg bisweilen recht steil und über Treppen in den Kevo-Canyon hinab, wo er der Fluss- und Seenkette folgt. Eine Wanderung durch die gesamte Schlucht dauert mehrere Tage. Der Canyon ist 40 Kilometer lang, die gesamte Wanderung 65 Kilometer. Durch die bisweilen steilen Anstiege ist der Weg an einigen Stellen durchaus anspruchsvoll, zumal einige Male der Fluss durchwatet werden muss. Übernachtet werden kann im Zelt an markierten Plätzen. Es gibt keine Hütten, sondern nur Unterstände, die nicht zum Übernachten geeignet sind und nur Schutz vor schlechtem Wetter bieten. Allein schon die Tagestour zur Schlucht und wieder zurück zum Parkplatz an der E75 (Kenesjärvi) ist ein Erlebnis.

WEITERE INFORMATIONEN

Utsjoki Nature Information Hut
Miessipolku 2, Utsjoki 99981
Tel. +358-(0)206/39 77 92
E-Mail: utsjoki@metsa.fi

89 Unterwegs in der Wildnis – im Nationalpark Pallas-Yllästunturi

Höhenweg im Norden Finnlands

Der Nationalpark Pallas-Yllästunturi ganz im Norden Skandinaviens gehört zu den ältesten seiner Art in Finnland. Die Wanderung über die Kuppen dieses eigentümlichen Gebirgszuges ist ein Trekking-Klassiker und für jeden Wanderer mit einigermaßen guter Kondition machbar. Belohnt wird man mit großartigen Ausblicken auf die Weite Lapplands und tollen Hütten zum Übernachten.

Es ist eine Grenzregion. Nicht nur, weil es vom finnischen Hetta nach Norwegen oder Schweden ein – für lappländische Verhältnisse – Katzensprung ist. Auch Fichten schaffen es nur mit großer Mühe in diese Breitengrade, und der Kiefer friert ein paar Kilometer nördlich des Ortes der Lebenssaft ein. Sogar im Sommer kann es hier ab und an schneien.

Von Hetta, dem Hauptort der Gemeinde Enontekiö, gelangt man mit dem Boot zum Ausgangspunkt der Wanderung. Anfangs geht es über Moränenrücken durch ein Kiefernwäldchen, dessen knorrigen Bäumen das hohe Alter anzusehen ist. Die Infrastruktur für Wanderer ist hervorragend. In Abständen von nicht einmal einer Tagesetappe stehen Hütten, in denen man übernachten kann. Dazu gehört auch die Hüttenansammlung Pyhäkero im Norden des Parks, wo man sich in das Hüttenbuch mit Namen und Ziel eintragen sollte. Denn sollte man verloren gehen, wäre das immerhin ein Anhaltspunkt. Draußen vor der Hütte baut sich ein Wegweiser auf. »Pallas 48« steht darauf. Pallas, das Ziel vieler Wanderer, ist in drei Tagen gut zu erreichen. Pyhäkero heißt der Gipfel, an dem beim 400 Höhenmeter zählenden Aufstieg die

Die Wanderung durch den Nationalpark Pallas-Yllästunturi gehört zu den Klassikern in Finnisch-Lappland. Dafür sind Kondition und auch Erfahrung nötig (unten). Mit etwas Glück trifft man dabei auch auf so seltene Vögel wie den Goldregenpfeifer (rechte Seite oben).

ersten Schweißtropfen vergossen werden. Die Bäume werden immer kleiner, Zwergbirken kriechen zusammen mit Wacholder über den Boden. Auf dem 711 Meter hohen Berg wird die Weite Lapplands deutlich. Der Weg ist weithin sichtbar, führt vom Gipfel hinunter, verläuft dann über einen Höhenrücken und verliert sich erst in weiter Ferne hinter einer Kuppe – wo bereits die nächste Hütte wartet.

Faszinierende Fauna

Auf der Wanderung bekommt man ziemlich sicher Schneehühner zu sehen. Das Wappentier des Parks lebt in den baumlosen Gipfelregionen. Im Winter legt es sein weißes Federkleid an und ist auf dem Schnee nahezu unsichtbar. Im Sommer dagegen zieht es braune Tarnkleidung an und ist oft erst dann zu bemerken, wenn es wenige Meter neben einem etwas behäbig in die Luft flüchtet. Insgesamt 150 Vogelarten werden im Sommer im Nationalpark gezählt. Dazu kommen die für Nordskandinavien typischen Raubtiere wie Bär, Vielfraß, Luchs und Wolf. Erblicken wird man sie kaum. Dafür sehr wahrscheinlich Rentiere, die den Samen gehören. Die Pahakuru-Hütte ist eine der Übernachtungsmöglichkeiten, die von der Finnischen Forstverwaltung kostenlos zur Verfügung gestellt werden. Hier findet man Gaskocher, Tische und Stühle. Trinkwasser gibt es aus dem See, in dem man zudem herrlich baden kann. Von hier aus läuft man gut ausgeruht weiter in Richtung Süden. Die Landschaft besteht auf den Höhen aus kargem Land, und in den Senken aus grünen Wiesen, Wäldchen und Bächen, an denen Sumpfdotterblumen wachsen. Das Schöne im Sommer ist, dass Zeit keine Rolle spielt. Denn dunkel wird es nicht mehr, die Tage verschmelzen miteinander. Am schönsten ist es am Abend und am Morgen, wenn die rötlichen Sonnenstrahlen die Kuppen von Ylläs-Pallastunturi streifen.

Auf Schusters Rappen

Der Weg durch den Nationalpark Pallas-Yllästunturi ist bestens ausgeschildert, eine Wanderkarte (vor Ort erhältlich) sollte aber im Gepäck sein. Die Strecke führt auf guten Wegen über meist flaches Terrain, nur selten sind steile Anstiege zu bewältigen. Wegen der Etappenlänge und dem Gewicht des Rucksacks sollte man jedoch eine gute Kondition haben. Für die 55 Kilometer lange Route sind drei Wandertage einzuplanen. Für die Strecke von Hetta nach Ylläs, 130 Kilometer, sollte man fünf bis sieben Tage rechnen. Die für Wanderer eingerichteten Hütten können von jedermann genutzt werden. Während der Hauptsaison kann es aber eng werden, dann sollte ein Zelt dabei sein, oder man reserviert sich eine Schlafstelle.

BESTENS AUSGERÜSTET

Für Wanderungen in Nordskandinavien sind knöchelhohe Wanderstiefel ideal. Sie geben auch dann genügend Halt, wenn man mit einem schweren Rucksack unterwegs ist. Unbedingt ins Gepäck gehören eine wind- und wasserdichte Jacke sowie Hose. Angenehm als »zweite Schicht« ist eine Jacke, die winddurchlässig ist und den Schweiß abdampfen lässt. Außerdem ein Fleecepulli, falls es kalt wird. Wolle oder Kunstfaser bzw. Mischgewebe sind als Funktionsunterwäsche ideal, da sie schnell trocknen. Für die Übernachtung in den Selbstversorgerhütten benötigt man Schlafsack und Isomatte. Kochgeschirr und Gaskocher/Holzofen sind meistens vorhanden. Lebensmittel können unterwegs keine hinzugekauft werden, Wasser gibt es in Bächen und Seen. Mit in den Rucksack gehören Mückenschutzmittel. Kappen mit Mückennetz sind empfehlenswert. Eine Karte ist ein Muss, ein GPS-Gerät empfehlenswert, um den eigenen Standort zu bestimmen.

WEITERE INFORMATIONEN

Region Enontekiö: www.tosilappi.fi
Nationalpark-Infozentrum Pallas: www.nationalparks.fi

Dänemark
Land der zwei Meere

Bei besonderen Feierlichkeiten, wie etwa zu einem runden Geburtstag der Königin, kann man die königliche Garde bei einer Parade hoch zu Ross bewundern (oben). Ob dieses grönländische Mädchen weiß, dass Margrethe II. ihre Königin ist? (ganz oben) Der Strand von Lønstrup in der Jammerbucht in Jütland (links).

90 Geschichte trifft Moderne – Kopenhagen

Eine Stadt, die in sich ruht

Kopenhagen erlebt man am besten zu Fuß oder mit dem sogenannten Bycykel, dem City-Fahrrad, das man sich überall in der Stadt leihen kann. Alles Sehenswerte liegt nah beieinander und ist durch ein perfekt ausgebautes Radwegenetz bestens zu erreichen. Man sollte sich treiben lassen und das Gefühl genießen, dass hier alles ein wenig langsamer geht – in dänischer Gelassenheit eben.

In Schloss Christiansborg befinden sich neben dem Parlament, dem Folketing, auch das Oberste Gericht und der Sitz des Ministerpräsidenten (unten links). Wachablösung vor Schloss Amalienborg (unten rechts). Eine echte Skyline hat Kopenhagen nicht zu bieten, in den Straßen und auf dem Wasser erlebt man die typische dänische Gelassenheit (rechte Seite).

Kopenhagen (dänisch København) nimmt mit seiner Randlage auf der Ostseeinsel Seeland eine ziemliche Außenstellung ein – das könnte man jedenfalls meinen. Aber tatsächlich ist in Dänemark alles auf die Hauptstadt zugeschnitten: Hier ist neben der Monarchie die Exekutive zu Hause. 1,2 Millionen Menschen im Großraum Kopenhagen vermitteln fast das Flair einer Weltstadt, und mit der Øresundregion im Rücken lebt es sich gut im wirtschaftsstarken Kopenhagen.

Stadt des Handels

Schon der Name ist Programm. »Hafen der Kaufleute« heißt Kopenhagen übersetzt, und dies belegt, dass der Handel hier immer schon eine wichtige Rolle spielte. Kein Wunder, schließlich verfügt die Stadt über einen florierenden und raumgreifenden Hafen, und sie liegt strategisch günstig an der Schnittstelle zwischen europäischem Festland und skandinavischer Halbinsel. Bis 2000 waren es die Fähren, die zwischen dem dänischen Helsingør und dem schwedischen Helsingborg die nur fünf Kilometer breite Verbindung übers Wasser zwischen Nord- und »Süd«-Europa aufrechterhielten. Die 16 Kilometer lange Øresundbrücke ist längst zum Symbol einer neuen Zeitrechnung avanciert, die im Jahr 2000 begann und seither Menschen und Märkte zusammenbringt. Kopenhagen hier, Malmö und Lund dort. Die Meerenge zwischen Dänemark und Schweden ist das »Tor zur Ostsee«, das Menschen anlockt; hüben wie drüben wachsen Wohnhäuser, und Unternehmen profitieren vom nahen Flughafen. Lange mussten die Kopenhagener auf

Metroverbindungen warten, die sich nun schöner und moderner als irgendwo anders auf der Welt präsentieren. Gläserne Dächer bringen Tageslicht in die U-Bahnhöfe, und durch hell erleuchtete Tunnel fahren – wie von Geisterhand gesteuert – führerlos die Züge. So modern die Metro auch sein mag, auf sein Fahrrad mag der Kopenhagener dennoch nicht verzichten; jeder zweite Einwohner radelt täglich zur Arbeit oder zur Schule. Kopenhagen ist zurecht stolz auf den Titel »Fahrrad-Hauptstadt« und ganz auf Zukunft ausgerichtet: Mit dem ökonomischen Zusammenschluss zur sogenannten Øresundregion haben Dänemark und Schweden eine der wichtigsten Wirtschaftsregionen im gesamten Ostseeraum geschaffen.

Kongens Nytorv liegt mitten in Kopenhagen und wird von historischen Gebäuden eingerahmt (oben). Die kleine Meerjungfrau, das Wahrzeichen der Stadt, ist nur 125 cm groß (rechts oben). Nyhavn zieht tags und nachts Touristen an (unten). Der Stroget ist Europas längste Fußgängerpassage (rechte Seite unten). Der Besuch des Tivoli ist ein Muss (rechte Seite oben).

Lebendige Geschichte

Kaufleute, Seefahrer und Fischer erkannten diese vielversprechende und wirtschaftlich aussichtsreiche Lage an dem schmalen Ostseesund schon im 12. Jahrhundert. Bald darauf erhielt die Siedlung Stadtrechte, und noch einmal 100 Jahre später wurde sie zur Königsresidenz. Wie so viele strategisch wichtige Orte wurde auch Kopenhagen mal von den Schweden, mal von Engländern und dann von den Deutschen angegriffen und schwer beschädigt. Die ältesten Häuser in der hübschen Altstadt stammen aus der Zeit des ausgehenden und frühen 19. Jahrhunderts. Wirkliche Geschichte atmet die Stadt rund um ihre Schlösser, allen voran im Schloss Amalienborg, das im Rokokostil gebaut wurde. Es ist der Wohnsitz der Königsfamilie, aber auf dem ehrwürdigen Gemäuer weht die dänische Flagge nur, wenn die allseits beliebte Königin Margrethe II. zu Hause weilt. Und nur dann gibt es ein sehenswertes Ritual, das um 12 Uhr viele Kopenhagen-Besucher anlockt: die königliche Wachablösung. Aber auch ohne dieses Schauspiel lohnt sich ein Spaziergang durch den wunderschön angelegten Garten Ameliehavn zwischen dem Schloss und dem Hafen. Dies ist einer der vielen Parks, die zusammen mit den Seen, die von den einstigen Wallanlagen übrig geblieben sind, die grüne Lunge der Stadt bilden. Und dann sind da noch die Ostseewellen, die sanft an die Kaimauern schwappen und so sauber sind, dass man auf der Islands Brygge im südlichen Ha-

fengebiet ein Freiluftbad gebaut hat. In diesem maritimen Ambiente einer Hafenstadt ist die Luft irgendwie frischer und anregender.

Vom Leben in den Quartieren

Nyhavn, Kopenhagens malerische Flaniermeile rechts und links eines Hafenbeckens, ist ein wunderbarer Ort, um in diese besondere Stimmung einzutauchen. Cafés, Galerien und Kunsthandlungen reihen sich in den alten Häusern aneinander. Und wer die aufstrebende und variantenreiche Gastronomie der Stadt erforschen will, der hat in einem der vielen Restaurants zu Land und auch in den Gourmetbooten auf dem Wasser beste Gelegenheit. Nyhavn ist das Schmuckstück der Stadt, immer belebt, und doch unaufdringlich, ein Kleinod, das sich über die Jahre kaum verändert hat. Ganz im Gegenteil zu anderen typischen Quartieren Kopenhagens, wie Vesterbro, Nørrebro und Østerbro, den sogenannten Brückenvierteln. Sie sind Mitte des 19. Jahrhunderts entstanden, als die Stadt nach einer Cholera-Epidemie über die Wallanlagen hinauswachsen musste, und galten bis weit ins vergangene Jahrhundert als wenig attraktive, problembeladene multikulturelle Arbeiterviertel. Sie haben jedoch die Wende geschafft: Aus Rotlicht- wurden Szeneviertel, aus verfallenden Wohnhäusern bezahlbare Unterkünfte auch für Studenten, und aus leer stehenden Läden alternative Kunstgalerien. Ein toleranter Geist ist geblieben. Davon zeugt auch Christiania, seit 1971 das »soziale Experiment« im Hafen. Damals verwirklichten einige junge Leute ihren Traum vom freien Leben mitten in einer Großstadt. Der Freistaat Christiana war geboren. Glaubt man einer Erhebung von Kopenhagens Tourismusbüro, so liegt Christiania nach dem Tivoli und der kleinen Meerjungfrau an dritter Stelle der beliebtesten Sehenswürdigkeiten der Stadt. Gleich danach dürfte der Strøget folgen, die weitläufige Shoppingmeile. Auf dem lebendigen Amagertorv, dem Platz mit dem ehemaligen Fischmarkt, sollte man einen Kaffee trinken, dann die Domkirche mit den Skulpturen des Bildhauers Berthel Thorvaldsen besuchen und schließlich auf dem königlichen Platz Kongens Nytorv beeindruckende alte Gemäuer wie das Theater, das Tott'ske Palæ und das bekannte Hotel d'Angleterre bewundern, bevor man eintaucht in eines der Wahrzeichen der Stadt, den Vergnügungspark Tivoli.

VERGNÜGEN FÜR GROSS UND KLEIN

Es ist fast so etwas wie eine dänische Tradition: Im Sommer laden Großeltern ihre Enkelkinder zu einem Erlebnistag in den Tivoli ein. Auch wenn der Park sich ständig wandelt und neue Attraktionen hervorbringt, lebt er auch von der Nostalgie, denn er hält die Erinnerungen der Großeltern wach, wie sie als Kinder hier herumtollten. Dann mögen sie sich an die unzähligen Lichter an langen Abenden erinnern oder an die rasante Fahrt auf dem 80 Meter hohen Kettenkarussell, einem von vielen Fahrgeschäften. 1843 als kleiner Erholungspark zwischen dem Rathausplatz und dem Hauptbahnhof eröffnet, zählt der Tivoli heute fast vier Millionen Besucher jährlich. Ob internationale Musikstars auf der Open-Air Bühne, klassische Musik in der Konzerthalle oder ein Besuch im Pantomimen- oder Glaspalasttheater – der Tivoli ist längst eine Institution der Stadt, wo jeder nach seiner Gemütslage einige glückliche Stunden verbringen kann.

WEITERE INFORMATIONEN

Vergnügunspark Tivoli
www.tivoligardens.com
www.visitdenmark.de/daenemark/highlights/kopenhagen/tivoli

Blick über den Hafen von Rønne auf die St. Nicolai-Kirche (oben links). Die Østerlars-Kirche in Gudhjem ist die größte von insgesamt vier Rundkirchen auf Bornholm (oben rechts). Die Leuchttürme auf Bornholm weisen nicht nur den Seefahrern den Weg, hier der Svaneke Fyr (rechte Seite unten). Typische Schornsteine der Räucheröfen von Rønne (rechte Seite oben).

91 Die Sonnenscheininsel – Bornholm

Inselidylle aus dem Bilderbuch

Auf Bornholm kennt man sich. Die 40 000 Einwohner gelten als eingeschworene Gemeinschaft, und viele Urlauber kommen immer wieder: wegen der Sonnengarantie, wegen der feinen Sandstrände und weil es Spaß macht, mit den Bornholmern »Bornholmer« zu essen. Nicht von ungefähr gilt die Insel als die »Perle der Ostsee«.

Sonne, nichts als Sonne. Festlandeuropa mag im Sommerregen versinken – auf Bornholm ist das kein Thema. Feigen- und Maulbeerbäume wachsen hier genauso wie Mandeln, und Weinbauern kelterten bis vor wenigen Jahren den geografisch nördlichsten Wein; jetzt sind es die Schweden. Tatsächlich weist die Statistik für die »Sonnenscheininsel« mehr Sonnenstunden aus als für das rund 80 Kilometer südlich gelegene Rügen. Und weil es hier auch wärmer als an der Nordsee ist, wissen auch die Jütland-Dänen ihre Ostseeinsel zu schätzen.
Neben den Deutschen bilden die dänischen Mitbürger die größte Urlaubergruppe auf der Insel, die eigentlich nichts mehr als ein gewaltiger Felsen in der Ostsee ist.

Südseeflair in der Ostsee

Die 158 Kilometer lange Küste umgrenzt eine Inselfläche, die in etwa so groß ist wie Hamburg. Die nordwest- und nordöstlichen Küstenlinien sind geprägt von Klipp- und Steilufern, in die sich viele Badebuchten einbetten. Auf der Südseite gibt es zwischen Dueodde und der Arnager-Bucht Südsee-Feeling: Hier ist der Sand so fein, dass er früher für Sanduhren verwendet wurde, und 2006 wurden der zehn Kilometer lange Strand und die Dünen bei Dueodde zum besten Strand Dänemarks gekürt. Die sanft hügelige Landschaft im Inselinneren hat ihren wahren Höhepunkt im größten zusammenhängenden Waldgebiet Dänemarks, Amindingen genannt: Es ist der 162 Meter hohe Rytterknægten, den man kaum »Berg« nennen mag, der aber in dieser traumhaften Landschaft, die wie geschaffen ist für Radfahrer, herausragt. Mit ausreichend Kondition lassen sich auch noch zwei weitere Superlative Bornholms besuchen: Der mehr als 20 Meter hohe Wasserfall Døndalen im Nordosten ist Dänemarks höchster Wasserfall, und Hammershus gilt als größte Burgruine Nordeuropas. Über Jahrhunderte hinweg galt das mittelalterliche Gemäuer als Machtzentrum der Insel, auf der abwechselnd Dänen, Schweden und Deutsche regierten.

Die Kunstinsel

Bornholm ist ein beliebtes Domizil für Kunstschaffende und -liebhaber aus aller Welt, und die meisten der Maler, Glasbläser und Keramikkünstler haben sich auf einsamen Höfen niedergelassen, die immer einen Besuch wert sind. Kunst aus Glas und vor allem Keramik wurde hier schon im frühen 19. Jahrhundert kreiert, denn die Lehmerde der Insel gilt als besonders gutes Ausgangsprodukt. Und was dabei herauskommt, lässt sich am besten während einer Tour mit dem »Kunsthandwerksbus« erleben, mit dem man im Sommer die Werkstätten und Galerien auf der Insel besuchen kann. Da findet man leicht Urlaubsandenken, vor allem in Rønne, dem Hauptort, aber auch in den Touristenzentren Allinge und Svaneke, Nexø und Gudhjem, wo man unbedingt die »Sonne über Gudhjem« genießen sollte, ein traditionelles Heringsgericht (siehe rechts).

Ein Muss: die Rundkirchen

Als Verdauungsspaziergang bietet sich der Besuch von Østerlars an, einige Kilometer südlich von Gudhjem gelegen und die größte der vier Rundkirchen der Insel. Es lässt sich trefflich darüber streiten, welche denn wohl die schönste der Insel sei, denn die Rundkirche Nylars bei Rønne belegt bei Touristen ebenfalls einen Spitzenplatz. Unstrittig ist dagegen, dass sie alle aus dem 12. Jahrhundert stammen und als Schutz vor Piraten dienten, die auf ihren Beutezügen auch vor Bornholm nicht haltmachten. So erklären sich die festungsartig verstärkten Außenmauern aus echtem Bornholmer Granit, der auch vermutlich die kommenden Jahrhunderte unbeschadet überstehen wird.

SONNE ÜBER GUDHJEM

Da läuft einem das Wasser im Mund zusammen: frisch geräucherter Hering, Dorsch und Heilbutt und dazu der Duft von kokelndem Buchen- und Erlenholz. »Bornholmer« heißt der besonders fette Hering, der zur »Sonne über Gudhjem« wird, serviert man ihn mit kräftigem Brot, Zwiebeln und Ei. Entlang der 140 Kilometer langen Inselküste wird überall kalt oder warm geräuchert. Der »Bornholmer« bekommt sein einzigartiges Aroma nur durch eine besondere Kombination der beiden Räuchermethoden. Prinzipiell ist das kalte Räuchern bei Temperaturen zwischen 20 und 30 Grad schonender als das Warmräuchern bei bis zu 80 Grad. Dafür dauert es kalt auch rund 15 und warm nur ca. zwei Stunden. Einen Einblick in die Kunst des Räucherns gibt die Museumsräucherei in Hasle, natürlich darf man hier auch probieren.

WEITERE INFORMATIONEN

www.bornholm.info
www.visitdenmark.de

An der Westküste Bornholms nahe Jons Kapel kann das Meer im Frühjahr auch rauer sein.

92 Fjorde, Wind und Meer – Jütlands Westküste

Wasser, wohin das Auge blickt

Windzerzauste Dünen, weite Heide- und Marschlandschaften und endlose Strände am Westmeer, wie die Dänen die Nordsee nennen: In Jütland, der nördlichen Halbinsel des europäischen Festlands, ist kein Ort weiter als 50 Kilometer vom Wasser entfernt – ob raue Nordseewellen oder sanftes Ostseewasser.

Der Leuchtturm Rubjerg Knude steht auf der gleichnamigen Wanderdüne (unten links). Der dänische Bildhauer Sven W. Hansen schuf die ca. neun Meter hohen Betonstatuen im Hafen von Esbjerg (unten rechts). Auch im Hochsommer findet man noch Plätze: Henne Strand an der Nordseeküste (rechte Seite oben). Der Besuch von Legoland ist ein lohnender Tagesausflug (rechte Seite unten).

Wer Dänen eine Freude machen will, der sollte das Wort *hyggelig* in den Mund nehmen. Es bedeutet »gemütlich« und steht für den dänischen Lebensstil: persönliche Ruhe gepaart mit der Freude an schöner Landschaft und der Muße häuslicher Atmosphäre. Vermutlich ist es genau dieses Flair, das Jahr für Jahr die Ferienhäuser an Jütlands Küsten füllt, vorwiegend mit deutschen Urlaubern.

Wandern im Watt

Auch wer sein Urlaubsziel weiter im Norden ausgesucht hat, sollte dem dänischen Teil des Nationalparks Wattenmeer einen Besuch abstatten. Er liegt zwischen den Inseln Romø, dem winzigen Eiland Mandø und Fanø. Allerdings benötigt man für den ersten Meereskontakt in Romø Geduld, zumal, wenn man zu Fuß unterwegs ist. Denn der Strand ist fast so breit wie lang, und so wundert es nicht, dass man hier mit dem Auto bis ans Wasser fahren darf – so mancher nutzt die räumliche Freiheit und die fehlenden Ge- und Verbote für rasante Testfahrten. Ribe gehört zu den ältesten Städten Dänemarks, davon zeugen die mehr als 100 denkmalgeschützten Häuser und das Kopfsteinpflaster. Nicht nur für Kinder ist eine Wattwanderung, bei der man alles über diesen außergewöhnlichen und schützenswerten Lebensraum erfährt, ein echtes Erlebnis. Der Nationalpark reicht fast bis zur Hafenstadt Esbjerg, wo die Fähren nach England und Island ablegen. Sehenswert ist hier das Fischerei- und Seefahrtsmuseum, in dem man durch eine Panoramascheibe bei der Fütterung heimischer Tiere zuschauen darf. Bei Esbjerg beginnt jenes Westjütland, das süchtig machen kann: endlose Strände hinter grasbewachsenen Dünen.

Strand- und Aktivurlaub

Mit dem Ort Henne Strand beginnt das Ferienparadies, der erste Eindruck von weiten Stränden. Man sollte sich Zeit lassen und die Anfahrt genießen, z.B. auf den knapp 40 Kilometern, die die Landstraße 181 zwischen Nymindegab und Søndervig am Wasser entlangführt. Diese Straße gehört zur Margeritenroute, einer Rundreise durch das Königreich, die nach der Lieblingsblume der dänischen Königin Margrethe II. benannt wurde. Man folgt dazu einfach den schwarz-weiß-gelben Schildern. Links sieht man die weißen Schaumkronen der Nordsee und rechts den ruhigen Ringkøbing-Fjord, eigentlich eine Lagune, ein breiter, seichter Binnensee. Der Ort Hvide Sande entstand, als die Schleuse zwischen Meer und Fjord gebaut wurde. Jeden Sonntag in der Ferienzeit werden in der Markthalle frischer Fisch und Schalentiere versteigert. Hier ist auch der Topspot für Windsurfer, denen Windstärke zehn auf dem Meer gerade recht ist, und all die anderen, die es bei sanfteren Bedingungen auf dem Fjord lernen wollen. Wer es sportlich, doch weniger nass mag, der sollte sich in Lemvig ein Rad mieten und den »Planetenweg« erkunden. Er beginnt mit einer bronzenen Sonne am nördlichen Rand des Stadtzentrums und führt dann maßstabsgetreu in den entsprechenden Abständen zu Modellen unseres Planetensystems. Herning ist der Ausgangspunkt für Aktivitäten auf dem Wasser: Der Storå ist ein ideales Kanurevier für einen Ausflug auf dem See Vandkraftsøen oder zu einer mehrtägigen Tour.

Muscheln vom Limfjord

Der Sund Limfjord verbindet die Nordsee mit dem Kattegat und trennt die Insel Vendsyssel-Thy vom FestlandDänemark. Das Fjordwasser ist bekannt für seine außergewöhnlich schmackhaften Muscheln. Rund zehn Minuten benötigt die Autofähre, um den Nissum Bredning, ein Teil des Limfjordes, bei Thyborøn zu überqueren. Mit dem Örtchen Agger auf der Insel beginnt Nordwestjütland – und damit die Jammerbucht, ein wahres Strandleben-Highlight der dänischen Küste am Westmeer.

DIE WELT IM KLEINEN

Wo steht die amerikanische Freiheitsstatue neben Schloss Amalienborg, der Eiffelturm in Nachbarschaft zum Weißen Haus, und wo fängt gleich hinter der Berliner Gedächtniskirche der Wilde Westen an? In Billund im Legoland, und das seit 1968. Mit rund 65 Millionen Lego-Steinen wurde hier die Welt in einem kindgerechten Maßstab nachgebaut. Im Hafen ankern Feuerlöschboote, Fährschiffe und ein Dreimaster; das Mini-Wunderland zeigt den Alltag einer Stadt en miniature, und auf der Lego-Safari begegnet man vielen wilden Tieren – aus Lego-Steinen, versteht sich. Im Legoland sind die Kleinen ganz groß, und die Großen dürfen sich endlich mal wieder für einen genussvollen Moment wie die Kleinen fühlen. Keine andere Touristenattraktion auf Jütland lockt mehr Menschen an, in jedem Jahr rund anderthalb Millionen.

WEITERE INFORMATIONEN

Legoland
www.legoland.dk/de

Kopfsteine und Blumenschmuck – Straßen wie diese findet man in Odense häufig (oben links). Hans Christian Andersens Statue in Odense (oben rechts). Møns Klint, die Kreideklippe im Osten der Insel, ist mit bis zu 128 Metern die höchste Steilküste in Dänemark (rechte Seite unten). Liselund ist weniger ein Schloss als vielmehr ein klassizistisches Herrenhaus (rechte Seite oben).

93 Keine gleicht der anderen – Ostseeinseln

Paradiesisches Herz des Königreichs

Die »dänische Südsee«, eine Ansammlung kleiner Eilande südlich von Fünen, ist ein echtes Paradies für Segler. Die rund 400 Inseln des Königreichs befinden sich fast alle in der Ostsee. Seeland und Møn, Falster und Lolland mag man ja noch kennen, aber Eilande wie Lyø und Stryne, Drejø und Birkholm sind menschenleere Geheimtipps.

Es soll Urlauber geben, die ihr eigentliches Ziel in Schweden ein, zwei Tage später erreichen, weil sie hier hängen bleiben. Die Route über Puttgarden ist nach wie vor die beliebteste Autoverbindung gen Norden, und wer den Fehmarnbelt per Fähre überquert hat und dann auf der Europastraße 47 unterwegs ist, der erkennt schnell, wie schön es auch in Lolland, Falster und auf Seeland sein könnte. Und Møn nicht zu vergessen, das östlichste Eiland der dänischen Ostseeinseln, wenn man Bornholm einmal außen vor lässt. Diese Inselwelt ist das Herzstück Dänemarks, nicht zuletzt weil auf Seeland die Hauptstadt liegt. So wundert es nicht, dass die Dänen die treibende Kraft bei der Planung für die feste Beltquerung waren, eines rund 19 Kilometer langen Tunnels, der nicht vor 2029 fertig sein wird. Sie wird Dänemark und Skandinavien weiter an Festlandeuropa heranführen und noch mehr Urlauber an die dänischen Ostseestrände bringen.

Grüner Inselurlaub

Lolland und Falster haben sich dem »grünen Urlaub« verschrieben. Viele Landwirte arbeiten biologisch und vermieten Unterkünfte. So auch das Gut Knuthenlund in Stokkemarke auf Lolland, das vor einigen Jahren für seinen Schafsbrie mit der Silbermedaille im Wettbewerb skandinavischer Käsesorten ausgezeichnet wurde. Die Höfe öffnen gern ihre Tore für wissenshungrige Urlauber, genauso wie die Parks und Ausstellungen, die sich mit den Klimaveränderungen und den Herausforderungen bei der Schaffung neuer Energiequellen beschäftigen, wie z.B. der interaktive Erlebnispark »H2 Interaction« in Vestenskov. Wer beim Urlaub

auf dem Land Sehnsucht nach einer Stadt verspürt, der muss sich mit Nykøbing Falster auf Falster (17 000 Einwohner) begnügen. Sehenswert sind vor allem die Fachwerkhäuser und das »Zarenhaus« aus der Zeit, als Zar Peter der Große hier seine Ferien verbrachte.
Landschaftlich unterscheidet sich die Insel Møn kaum von anderen Inseln. Stege, der Hauptort der Insel, profitiert von den zahlreichen Touristen auf der Fahrt zu einem Natur-Highlight der dänischen Ostseeinseln: die Kreidefelsen Møns Klint. Auch Seeland, die größte dänische Insel, hat eine Kreideattraktion zu bieten: den Stevns Klingt im Südosten, der allerdings mit rund 40 Metern Höhe deutlich weniger beeindruckt. Natürlich profitiert die Insel von Kopenhagen und den wirtschaftlichen Entwicklungen in der gesamten Øresundregion, einer der am stärksten wachsenden Regionen in der Europäischen Union.
Wer einsame Ostseestrände sucht, wird sie hier finden, und im Gegensatz zu den kleineren Schwesterinseln gibt es auf Seeland auch einige sehenswerte Städtchen, wie z.B. Næstved mit seinen Herrenhäusern und Schlössern. Sie lassen erahnen, dass Næstved eine ruhmreiche Vergangenheit hat. Der Ort profitierte von der günstigen Lage zwischen den schwedischen und deutschen Hansestädten. Wer Sinn für Romantik hat, sollte Køge an der Westküste einen Besuch abstatten: Die kopfsteingepflasterten Straßen und die Fachwerkhäuser bilden ein gemütliches Ensemble.

Auf den Spuren des Märchendichters

Wer Fünen sagt, meint auch Hans Christian Andersen. Überall begegnet man dem Märchendichter, nicht nur in seiner Geburtsstadt Odense, mit rund 140 000 Einwohnern das wirtschaftliche und kulturelle Zentrum der Insel; dort gibt es auch gleich zwei Andersen-Museen. Wer dem berühmten Dichter und seinem Werk noch näherkommen möchte, kann auf einer Fahrradtour die märchenhaften Orte besuchen; einige der rund 120 Herrenhäuser und Schlösser tauchen in Andersens Dichtungen auf.
Der Süden Fünens ist der Ausgangspunkt für ein Inselhopping der ganz besonderen Art – durch die dänische Südsee. Fähren verkehren nur zwischen den bewohnten Eilanden, von denen einige als Geheimtipps gelten.

FRAGILE WEISSE RIESEN

Die Kreidefelsen Møns Klint auf Møn erstrecken sich auf einer Länge von rund acht Kilometern und sind bis zu 128 Meter hoch. Eine fürwahr fragile Steilküste aus weißer Schreibkreide, die während der letzten Eiszeit unter enormem Druck an die Oberfläche gepresst wurde. Die Kreide stammt von den Kalkschalen mikroskopisch kleiner Tiere und Pflanzen, die sich auf dem Boden eines tropischen Meeres abgelagert hatten. Wer sucht, findet schnell versteinerte Kalkschalen von Tintenfischen, Seeigeln und Muscheln. Unter gleichen Bedingungen sind auch die Kreidefelsen auf dem 60 Kilometer südlich gelegenen Rügen entstanden. Einen Besuch wert sind auch das nah an den Kreidefelsen liegende reetgedeckte Mini-Schloss Liselund und der Park von Gut Klintholm, dessen Wald direkt bis an die Felsen heranreicht.

WEITERE INFORMATIONEN

Tourismuscenter Møn
www.daenemark-moen.de

94 Nichts (mehr) zu jammern in der Jammerbucht

Hinauf zur »Zipfelmütze«

Vendsyssel ist Dänemarks nördlichster Landstrich, der durch den Limfjord vom Festland getrennt ist; die Dänen nennen ihn »Zipfelmütze«. Die Spitze bei Skagen trennt Skagerrak und Kattegat, die Nord- von der Ostsee. Nirgendwo sonst gebe es ein solches Licht, sagen die Maler, und die Strände in der Jammerbucht gelten als die schönsten im Land.

Auf dem Weg hinauf zur zipfelmützenartigen Insel sollte man die E 45 für ein wenig Sightseeing verlassen und z.B. nach Århus abfahren, der »kleinsten Großstadt der Welt«, wie sie sich selbst bezeichnet. Sie profitiert vom florierenden Hafen und den Industrieansiedlungen rundherum, und die vielen Studenten geben dem altehrwürdigen Pflaster frisches Flair. Wer erfahren möchte, wie sich das Leben hier früher abgespielt hat, der sollte den Gamle By besuchen, die Alte Stadt, ein lebendiges Museum. Im Osten der Halbinsel Djursland steht Schloss Clausholm. Es wurde Ende des 17. Jahrhunderts streng symmetrisch gebaut und gilt als eines der ersten und größten Barockbauwerke Dänemarks. Die letzte Station, bevor man fast unbemerkt auf die Insel Vendsyssel fährt, heißt Aalborg, über die Landesgrenzen hinweg bekannt für den gleichnamigen Kümmelschnaps. Dänemarks viertgrößte Stadt vereint Vergangenheit und Gegenwart auf sympathische Weise: Man findet Wikingergräber und sehenswerte Kirchen neben dem Tivoli-Friheden-Erlebnispark, der mit seinem Kopenhagener Vorbild nicht wirklich konkurrieren kann.

Bucht des Strandguts

Wer von Vendsyssel, also der »Zipfelmütze« spricht, meint zumeist die Jammerbucht. Ihr Name kommt vom dänischen *jammern*, was Strandung bedeutet, und bezieht sich darauf, dass an der rund 100 Kilometer langen Küste ständig Strandgut angespült wird. Einen eindrucksvollen Überblick bietet der knapp 50 Meter hohe Bulbjerg im Westen der Bucht, der einzige Vogelfelsen Dänemarks, der von unzähligen Dreizehenmöwen in Beschlag genommen wird. Die Jammerbucht ist die Touristenhoch-

Der Gamle By in Aarhus ist ein wunderschönes Freilichtmuseum (unten rechts). Schloss Clausholm bei Randers gilt als das besterhaltene Schloss Dänemarks aus der Barockzeit (unten links). Die St.-Laurentii-Kirche in den Dünen von Skagen ist ein beliebtes Ausflugsziel (rechte Seite oben). Skagens Küste ist wegen der besonderen Lichtverhältnisse bekannt (rechte Seite unten).

burg des Landes, aber selbst an den Strandabschnitten zwischen Blokhus und Løkken, wo sich Zeltplatz an Zeltplatz und im Sommer Auto an Auto reihen, lässt sich irgendwo immer ein *hyggelig*, also gemütliches Plätzchen finden. In der Nähe von Løkken lohnen das Børglum-Kloster aus dem 11. Jahrhundert und die Kirche mit einem zwölf Meter hohen Altar den Besuch. Auch Hjørring hat Kunstliebhabern Monumentales zu bieten: Künstler aus der Region haben im Auftrag der Stadt insgesamt 140 Skulpturen geschaffen und sie überall im Ort verteilt. Sie stehen damit in gewisser Konkurrenz zu den drei Kirchen aus romanischer Zeit, die das Bild der Kleinstadt prägen und offiziell als Aushängeschild gelten.

Fotomotive im blauen Licht

Hirtshals ist das nördliche Ende der Europastraße 39 und für viele der Beginn des Skandinavienurlaubs, denn von hier verkehren Fähren nach Kristiansand und Moss in Südnorwegen und zur norwegischen Hauptstadt Oslo. Kulturinteressierte sollten unbedingt das Nordseemuseum besuchen, das einen umfassenden Einblick ins maritime Leben zwischen den beiden Meeren bietet. Dies ist die theoretische Vorbereitung für den Anschauungsunterricht in der Praxis, am nördlichsten Punkt des dänischen Festlandes in Skagen, zwischen Skagerrak und Kattegat: Mit einem Bein in der Nordsee, mit dem anderen in der Ostsee – das ist das Fotomotiv schlechthin. Und wenn dann auch noch das sagenhafte Licht zur blauen Stunde die Szenerie beleuchtet, dann wird klar, warum sich hier so viele Maler niedergelassen haben. Eines ihrer Lieblingsmotive ist der Leuchtturm Rubjerg Knude Fyr, der von der Wanderdüne Rubjerg Knude einst verschluckt wurde und nun langsam wieder freigegeben wird. Frederikshavn lebt wie Hirtshals vom Fährverkehr nach Norwegen, allerdings besteigen hier auch viele Schwedenreisende die Fähre nach Göteborg. Attraktionen der Stadt sind der einzige Palmenstrand Dänemarks, der alte Stadtteil Fiskerklyngen mit seinen bunten Fischerhäuschen und die Shoppingmeile, die als eine der längsten im Land gilt.

DIE SKAGENMALER

War es das Licht, oder war es eher dieser außergewöhnliche Ort, am nördlichen Ende des Festlandeuropas, am Scheitelpunkt zwischen Nord- und Ostsee gelegen, der Schriftsteller und Maler in den 1880er- und 1890er-Jahren nach Skagen lockte? Vermutlich beides, denn sowohl die landschaftlich reizvolle Jammerbucht als auch dieses unglaubliche klare und reine Licht faszinieren heute wie damals. Es war eine Gruppe von skandinavischen Künstlern um Peter Severin Kroyer und Anna Ancher, die damals hier zusammenkam und ihre Werke in einem Museum ausstellte. Mehr als 1000 vorwiegend naturalistische und impressionistische Werke sind im Skagensmuseum ausgestellt. Auch heute haben viele Maler ihren Lebensmittelpunkt nach Skagen verlagert und öffnen, vor allem im Sommer, nur allzu gern ihre Ateliers für kunstschätzende Besucher.

WEITERE INFORMATIONEN

Skagensmuseum
www.skagensmuseum.dk

Bohrinseln vor der Kulisse der Stadt im Hafen von Fredikshavn (oben). Die Geschütze am Bangsbo-Fort oberhalb der Stadt wachten einst über die Zufahrt in die Ostsee (rechte Seite oben). Am Hafen von Sæby steht die Fruen fra Havet - Die Frau vom Meer der norwegischen Künstlerin Marit Benthe Norheim für viele Legenden vom Meer und vom Land (rechte Seite unten).

95 Hafenstadt am Kattegatt – Frederikshavn

Das Tor zur Ostsee

Frederikshavn an der Ostküste Jütlands ist eine ebenso moderne wie traditionsreiche Hafenstadt. Seit jeher wachen die Menschen, die dort leben, darüber, wer sich über das Meer auf den Weg in Richtung der Hauptstadt Kopenhagen macht. Neben der Fischerei haben auch die Fährverbindungen und der Handel mit Norwegen eine lange Tradition.

Jedes Jahr im Juni hallt Kanonendonner über die Stadt, wenn mehr als 1000 Schauspieler und Statisten den Tordenskioldsdag begehen. Das traditionelle und aufwendige Spektakel feiert die Siege des Nationalhelden und Marineoffiziers Peter Jansen Wessel (1690–1720). Den Beinamen Tordenskiold (Donnerschild) erhielt der gebürtige Norweger, als er für seine Verdienste während der Seeschlachten mit den Schweden im Großen Nordischen Krieg (1700–1721) geadelt wurde. Da kann man es schon mal krachen lassen. Die ganze Stadt ist an diesem Tag auf den Beinen. Rund um den Pulverturm am Hafen, wo einst die Festung Fladstrand stand, tummeln sich Soldaten, Handwerker und Marktfrauen. Sie spielen auf zu zackigen Märschen, zeigen ihre Fertigkeiten oder bieten ihre Waren feil. Die Kostüme sind liebevoll nach den historischen Vorbildern gestaltet, die Speisen deftig, und der Rum fließt in Strömen. Draußen im Hafen und auf dem Meer kreuzen historische Segler und üben sich im Gefecht mit Kanonen und Musketen, deren Rauch sich mit dem Geruch von Tauwerk und Teer mischt – eine Kulisse, die alle Sinne anspricht.

Kutterkapitäne und stramme Jungs

Im Fischereihafen lockt eine Vielzahl von Restaurants und Geschäften mit fangfrischem Fisch, dessen Entladung direkt vor der Tür geschieht. Neben dem kulinarischen Genuss ist es eine Freude, den Kutterkapitänen beim Manövrieren im Hafen und der Crew beim Entladen, Netzeflicken und was noch an Arbeiten anfällt, zu beobachten. Im Anschluss an den Fischereihafen liegen die Eisbrecher und Fregatten des dänischen Nordseeflottengeschwaders, die jeder auf ihre Weise die Schifffahrtsroute durch das Kattegat zwischen Jütland in Dänemark und Schweden frei halten sollen. Der Marine fällt zudem die Aufgabe zu, neben dem Festland und den zahlreichen Inseln die dänischen Enklaven Grönland und die Färöer-Inseln zu schützen. Gleich nebenan befinden sich der Fährhafen und ein großes Werftgelände, das man auf dem Molenrundgang erkunden kann.

Gute Aussichten

Im Süden der Stadt befindet sich der Pikkerbakken, ein 71 Meter hoher Aussichtspunkt. Er garantiert einen herrlichen Ausblick auf den Hafen, die auslaufenden Fähren, vorbeiziehende Frachter auf dem Weg von der Ost in die Nordsee und Fischerboote auf Schollenfang. Im Bangsbo-Park – Namensgeber ist ein Bach, der ihn durchfließt – befinden sich auch das kulturhistorisch interessante Bangsbo-Museum, das in einem alten Gutshof untergebracht ist und das obendrein das besterhaltene Wikingerschiff Jütlands sein Eigen nennen darf. Außerdem laden dort ein botanischer Garten, ein Kräuter- und ein Steingarten, der Boolsens-Stenhave, mit mehr als 1000 ausgestellten Steinwerkzeugen aus fünf Jahrhunderten zum Besuch ein. Von der Küstenstraße aus sind bereits die Geschützrohre der Bunkeranlagen des Bangso Fort Bunkermuseums zu erkennen. Die Befestigungsanlagen wurden im Zweiten Weltkrieg von den Deutschen errichtet und dienten noch lange nach Kriegsende dem dänischen Militär als Stützpunkt zur Überwachung des Kategatt. Das kleine Museum mit angeschlossenem Café ist ein wunderschönes Plätzchen für ein Picknick auf der grünen Wiese, die man sich allerdings mit Weideschafen teilen muss. Wer den Schafen an heißen Sommertagen nicht beim Schwitzen zuschauen möchte, wechselt an den Palmenstrand. Dieser trägt seinen Namen aus gutem Grund: Dänemarks einziger Palmenstrand bietet 70 Hanf- und Dattelpalmen, die neben Strandliegen, Beachvolleyballplätzen und einer Strandbar für Karibikfeeling im hohen Norden sorgen.

FISCH FÜR ANFÄNGER

Während eines Aufenthalts an der dänischen Küste darf der Besuch eines Fischrestaurants nicht fehlen. Ist man selbst kein großer Fan von Meeresfrüchten, möchte aber gern mal einen Versuch wagen, dem sei das Fischbuffet des Katfizk im Jachthafen ans Herz gelegt. Alle anderen finden in der Innenstadt kulinarische Genüsse vom Rindersteak über Burger bis zum Pølser. Den Restaurantbesuch kann man natürlich auch mit einem Ausflug in die Region verbinden. In Sæby, 30 Autominuten südlich von Frederikshavn, warten Frank's Restaurant oder Jacobs Fiskerestaurant im Hafen mit Gerichten auf, die Bestnoten verdienen. Der Verdauungsspaziergang erfolgt dann entlang des Strandes unterhalb der Promenade, der übersät ist mit kleinen Muscheln und Schnecken. Im Vorfeld lohnt sich auf jeden Fall ein Besuch der Bernsteinschleiferei Ravsliberen. Hier kann man seine eigenen Fundstücke zu einem Schmuckstück verarbeiten lassen oder an einem Lehrgang teilnehmen.

WEITERE INFORMATIONEN

www.restaurantfrank.dk
www.jacobsfiskerestaurant.dk
www.ravsliberen.dk

96 Bunkerromantik an der Westküste

Überreste des Atlantikwalls

Kolosse aus Stahl und Beton sind üblicherweise nicht das, was bei Menschen romantische Gefühle auslöst. Wer allerdings einmal einen warmen Tag dösend auf dem Dach eines Bunkers am Strand verbracht hat, in der Abenddämmerung ein weißes Laken ausgebreitet und einen der Betonklötze zur Abendtafel umfunktioniert oder dort Schutz vor Wind und Wetter gefunden hat, denkt vielleicht anders darüber.

Im Bangsbo-Fort sind die Geschütze so gut erhalten, dass man einige noch ausrichten kann (unten). Scharf geschossen wird hier nicht mehr. Nur die Schafe hinterlassen Tretminen der ganz eigenen Art (rechte Seite unten). Wo das Meer an den Küsten nagt, versinken selbst die massiven Bunker im Sand (rechte Seite oben).

Die Schönheit der Landschaft dürfte nicht die höchste Priorität bei den Erbauern besessen haben. Ursprünglich waren diese Relikte monumentalen Größenwahns des faschistischen Deutschlands Teil des Atlantikwalls, eines knapp 2700 Kilometer langen Verteidigungsgürtels, der die gesamte Küste von Südfrankreich bis in den hohen Norden Norwegens vor einer Invasion der Alliierten schützen sollte. Es liegt also in der Natur der Sache, dass diese Bollwerke an den schönsten Stränden Europas liegen. So wundert es kaum, dass in den 1930er-Jahren das gesteigerte Interesse von vermeintlichen Landschaftsmalern die Dänen zunächst nichts Böses ahnen ließ. Tatsächlich hingen deren Skizzen später nicht als Ölgemälde an deutschen Wohnzimmerwänden, sondern an den Pinnwänden von Architekten und Ingenieuren und dienten der Standortwahl für Geschütze und Radaranlagen. Urlauber wie Einheimische arrangieren sich inzwischen sehr gut mit diesen Ungetümen. Allerdings stehen besonders ältere Menschen, die den Krieg, Besatzung und Zwangsarbeit noch miterlebt haben, den Bunkern verständlicherweise weniger vorbehaltlos gegenüber als

Urlauber oder junge Menschen. Manchen Alten wird es mit Befriedigung erfüllen, dass die Natur bereits vor langer Zeit mit den Abrissarbeiten begonnen hat. Mit der gleichen Vehemenz, mit der das Meer bei jedem Wintersturm ein Stück von Dänemarks Festland im Westen Jütlands abknabbert, unterspült es viele der Bauwerke im Laufe der Jahrzehnte und zieht sie scheinbar ins Meer hinaus. Doch weit gefehlt. Einst standen die Bunker auf festem Grund und in den Klippen. So lange, bis Neptun seinen Dreizack gegen eine Schaufel getauscht und den Bauwerken das Land unter den Fundamenten weggegraben hat.

Vielfältige Nutzungsformen

Das Museum in Hanstholm ist eingebettet in eine der wohl am besten erhaltenen Bunkerareale an der Westküste und informiert umfassend über deren Entstehung. 190000 Kubikmeter Beton haben die deutschen Besatzer verbaut, um mehr als 600 einzelne Bauwerke zu errichten. Verlässt man das Museumsgebäude, gelangt man durch einen Kiefernwald in den Nationalpark Thy. Die Heidelandschaft und die darin eingebetteten Seen sind ein Eldorado für Vogelbeobachter. Die erhöhte Position der Bunkerdächer dient dabei als Aussichtsplattform. Im Sommer schätzen Wanderer und Besucher der Strände etwas südlich, in Vigsø, deren Schatten. Da kann es auf der Suche nach einem Schutz vor zu viel ultravioletter Strahlung schon mal eng werden. Mit bunten Farben gesprühte oder mit Muscheln in den Beton geritzte Herzen mit den Initialen der Liebenden zeugen vom ersten, schüchternen und heimlichen Kuss des Urlaubsflirts. Anderenorts finden sich wahre Kunstwerke an den Wänden, oder die Außenhülle der Bunker wurde zu Kletterwänden umfunktioniert.

Abenteuerspielplatz für Träumer

An den endlos scheinenden Stränden bilden die Bunker hilfreiche Landmarken, die es einfacher machen, den richtigen Übergang durch die Dünen zurück zum Ferienhaus zu finden. Mit einer Taschenlampe winkend, helfen beim Nachwuchs manchmal die Worte »Nur noch bis zum Bunker. Wir schauen mal, was da drin ist«, so viel Neugier und Abenteuerlust zu wecken, dass dieser tatsächlich den Blick vom Smartphone abwendet. Ein besonderes Schauspiel bietet sich bei hohem Wellengang und Sturm, wenn die Wogen in einen Bunkerzugang hineinrollen und dann gleich der Fontäne eines Wals aus einem der Entlüftungsschächte wieder hinausschießen. Dann sind die Bauten dort, wo der Strand schmaler wird, oft die einzige Möglichkeit, die Engstelle trockenen Fußes zu durchqueren.

WRACKS VOR DER KÜSTE

So unbarmherzig, wie deutsche Truppen Invasoren zurückschlagen wollten, so gnadenlos und gleichzeitig faszinierend ist das Meer bei Sturm. Im Zuge der Jahrhunderte sind von der tückischen Küstenströmung in den Gewässern vor Westjütland unzählige Schiffe und Seeleute in die Tiefe der Nordsee gerissen worden. Es ist diese ungezähmte Naturgewalt, die die Menschen bei Wind aus Südwest magisch an die Küste zieht. Das Strandingmuseum St. George in Thorsminde widmet sich dem Schicksal der unzähligen Wracks vor der Küste. Im Zentrum der Ausstellung steht eine Vielzahl von Wrackteilen, Uniformen, Gebrauchsgegenständen und Waffen, die von dem Taucher Gert Normann und seinen Kollegen von dem gleichnamigen Segelkriegsschiff geborgen wurden. Das englische Schlachtschiff sank am Heiligen Abend 1811 vor Thorsminde. Nur zwölf der 850 Besatzungsmitglieder überlebten. Nach einem Besuch der Räumlichkeiten schaut mancher mit ganz anderen Augen auf das Meer vor seinem Urlaubsbungalow.

WEITERE INFORMATIONEN

www.seawarmuseum.dk
www.vragmus.dk
www.strandingsmuseet.dk

Wenn Stürme über das Land fegen und das Meer aufwühlen, ist die beste Zeit zum Bernsteinsammeln (oben). Bernstein, das Gold der Wikinger, kommt in vielen Farbvariationen und Formen vor (rechte Seite oben). In einigen Orten an der Küste kann man Bernstein schleifen lernen und aus Fundstücken Schmuckstücke machen (rechte Seite unten).

97 Schatzsuche zwischen Lønstrup und Hjørring

Wikingergold an der dänischen Bernsteinküste

Wenn im Frühjahr Stürme das Meer aufpeitschen und den Sand über den Strand treiben, ist das richtige Wetter, um sich auf die Suche nach Bernstein zu machen. Eine Zutat fehlt allerdings noch. Kälte. Es sind die Winter- und Frühjahrstürme, welche die Wellen sich so weit auftürmen lassen, dass Sie den Meeresgrund aufwühlen und das kostbare Wikingergold zutage fördern.

Jahrmillionen ist es her, als vielleicht ein Vogel auf der Suche nach seinem Frühstück die Rinde eines Baumes aufgepickt oder ein Dinosaurier sich seinen Weg durch den Urwald bahnte, ohne Rücksicht auf brechendes Geäst. Die Folge: Der Baum beginnt zu »bluten«, Baumharz fließt den Stamm herab und härtet aus. Im günstigsten Fall, das gilt allerdings nicht für das Opfer, hat sich auf dem Saftstrom eine Mücke niedergelassen und wurde einer Fliegenfalle gleich in Gewahrsam genommen, in dem Baumharz eingeschlossen und entzückt heute den gemeinen Bernsteinsammler.

Geborgen aus Winterstürmen

Bei den Bäumen handelt es sich vermutlich um Kiefernarten, die von ihren Dimensionen den Urwaldmammutbäumen in Kalifornien ähneln dürften. Die Flüsse trugen sie weiter, so wurden zum Teil riesige Stücke ins Meer verfrachtet und in Tonsedimenten für die Nachwelt konserviert. Unter dem Einfluss von Sauerstoff zerfällt der Bernstein relativ schnell. Doch niemand muss Angst haben, dass sich der wertvolle Schmuck in Luft auflöst. Wir sprechen hier von geologischen Zeiträumen, also mehreren Tausend Jahren. Mit der letzten Eiszeit schoben die sich von Skandinavien her ausdehnenden Gletscher den Meeresgrund der Ostsee durch ganz Nordeuropa und somit auch in die Gefilde, die heute die Westküste Dänemarks bilden. Ein Grund dafür, dass sich Bernstein mitunter sogar auf Äckern finden lässt.

Die Qual der Wahl

Wer in den hohen Norden aufbricht, steht zunächst vor der Entscheidung, ob das Reiseziel die Nordsee- oder Ostseeküste sein soll. Die Landschaften dort sind sehr unterschiedlich. An der Ostsee wirken Gegend und Orte für viele Menschen ein wenig beschaulicher und kuscheliger als an der rauen Nordsee. Der Westen gibt sich unbändiger. Während der Herbst-, Winter- und Frühjahrsstürme – also der besten Zeit, um auf Bernsteinsuche zu gehen – zehren die heranrollenden Wogen derart am Land, dass die Küste einem ständigen Wandel unterzogen ist. Dort, wo im letzten Jahr noch ein Ferienhaus am Klippenrand stand, ragen nur noch die Reste einer Wasserleitung heraus. Wer allerdings im Januar beschließt, mit Anglerhose, Handschuhen und Pudelmütze durch eisige Fluten zu waten, der dürfte sich davon nicht abschrecken lassen.

Die besten Fundorte

Glaubt man den Profis, so konzentrieren sich die ertragreichsten Fundorte an der Westküste im Wattenmeer, auf den Inseln Rømø und Fanø, von Blavand bis Hvide Sande am Ringkøbingfjord, bei Klitmøller, nördlich und südlich des Hafens von Hanstholm, bei Løkken, am Hafen von Hirtshals, Tversted und dem Nordstrand von Skagen. Eine gute Ausgangsbasis für die ersten »Gehversuche« ist das kleine Bernsteinmuseum mit Werkstatt Ravgården zwischen Lønstrup und Hjørring. In urig-gemütlicher Atmosphäre kann man das Objekt der Begierde in Ruhe studieren, bevor man sich auf die Suche nach dem Wikingergold macht. Ist man fündig geworden, verarbeiten sie hier das fossile Harz zu ganz individuellen Einzelstücken, eingefasst in Gold und Silber, als Ring, Kette oder Brosche.

Tipps und Tricks

Jeder (semi-)professionelle Sammler hat seine eigene Theorie darüber, wann und wo man Bernstein an Jütlands Küsten findet. Gute Voraussetzungen herrschen nach einem Sturm aus Südwesten, bei ablandigem Wind und Niedrigwasser. Ein deutliches Indiz für optimale Bedingungen sind die sogenannten Bernsteinstöckchen, die sich am Spülsaum ablagern, dort wo das Wasser mit niedriger Geschwindigkeit auf- und abläuft. Seetang wirkt wie ein Netz, in dem sich der Bernstein verfängt. Vorsicht ist im Wattenmeer geboten und eine genaue Kenntnis des Tidenplans lebenswichtig.

FASZINATION TREIBGUT

Die Suche nach Bernstein ist selbst dann nicht vergebens, wenn man keinen findet. Das Meer spült weit mehr interessante Dinge an. Kleine und große Treibholzstücke, vom Sand rundgeschliffen und mit einer Salzkruste versehen, üben für manchen eine ähnliche Faszination aus. Woher mögen sie stammen? Wo ist der Baum ins Meer gestürzt, um schließlich bis an die Küste Dänemarks getrieben worden zu sein? Besonders Stücke mit Farbresten daran sind geeignet, die Fantasie auf Reisen zu schicken. Stammen Sie von einem gesunkenen Schiff? All diese Fragen beflügeln die Fantasie des Betrachters. Die gefundenen »Schätze« – Muscheln, Steine und anderes Strandgut – lassen sich gut zu Schmuckstücken oder Deko-Artikeln jeder Größe und Form zusammenstellen. Die Suche nach immer neuen, passenden Teilchen kann dabei ebenso spannend sein wie die Suche nach dem Wikingergold. Denn wer weiß, ob nicht eine der angespülten Planken von einem ihrer Kaperschiffe stammt.

WEITERE INFORMATIONEN

www.westjuetland.info/
www.visitnordjylland.de
www.daenemark.de/bernstein-erkennen

Auf dem Stadtplatz von Esbjerg findet von Mai bis September montags der Krämermarkt statt (unten). Im Fiskeri-og Søfartsmuset, dem Seefahrtsmuseum, können kleine Kapitäne einen Fischkutter befehligen, ohne sich nasse Füße zu holen (rechte Seite unten). Nicht weit weg von der Stadt findet man weite Strände für erholsame Spaziergänge (rechte Seite oben).

98 Diskreter Charme – Esbjerg

Die junge Seestadt

Mit Esbjerg verhält es sich wie mit einer Auster. Blickt man von außen auf die raue, graue Schale, weckt das nicht gleich bei jedem den Appetit auf eine Stadt mit garantiertem Salzgeschmack. Wer es allerdings wagt, einen Blick unter die äußere Hülle zu werfen, wird reich belohnt und findet so manche Perle in der drittgrößten Stadt Jütlands im äußersten Westen Dänemarks.

Das »Gateway Skandinavia«, wie man sich stolz nennt, ist eine junge Stadt. Nachdem im Deutsch-Dänischen Krieg 1864 die Herzogtümer Holstein und Schleswig und damit der Zugang zu leistungsfähigen Nordseehäfen verloren ging, stampfte man dort, wo zuvor lediglich zwei Bauernhöfe gestanden hatten, einen Hochseehafen aus dem Boden. In den vergangenen 150 Jahren entwickelte sich daraus die fünftgrößte Stadt Dänemarks und laut eigener Aussage das kulturelle Zentrum des Westens. Die Backsteingotik wurde punktuell durch anspruchsvolle Architektur ergänzt. So entstammt der Entwurf des Musikhauses der Feder von Jørn Utzon, dem Kopenhagener Architekten des Opernhauses in Sydney, oder die 1969 eingeweihte Skt. Nikolaj Kirke von Johan Otto von Spreckelsen, der den modernen Triumphbogen Grande Arche im Pariser Vorort La Défense entwarf. Das wohl bekannteste Monument dürfte der »Mensch am Meer« sein, die vier »reinen und unverdorbenen Menschen in der Begegnung mit der Natur«, die alle von See her anreisenden Besucher in Empfang nehmen.

Eine Stadt im Wandel

Noch bis vor wenigen Jahren war die Fisch verarbeitende Industrie der wichtigste Wirt-

schaftsfaktor der Stadt. Zuweilen schwebt bei auflandigem Wind auch heute noch ein Hauch von Fischmehl über Esbjerg. Mit der Suche nach Öl und der Errichtung von Windparks in der Nordsee legen im Hafen nicht nur die Fähren nach England oder Island ab, sondern auch die Versorger der Ölplattformen und Windräder. Einen großzügigen Einblick in die Geschichte und den Wandel der Fischerei und Seefahrt in der Region sowie über Land und Leute bietet das Fiskeri- og Søfartsmuset (Fischerei- und Seefahrtsmuseum). Im Robbarium ziehen Robben mit eleganten Schwimmbewegungen ihre Kreise und bestaunen durch die Glaswände die Besucher. Das könnte man zumindest meinen, wenn man den Tieren von Angesicht zu Angesicht in die kugelrunden Augen blickt. Einen umfassenden Einblick in das Leben und Treiben in der Nordsee und dem Wattenmeer bieten das Aquarium und die Ausstellung im Gebäudeinneren. Wasserbecken, in denen man über einen Seestern streichen kann, Walskelette, Schiffsausrüstungen und ein Laboratorium sorgen für Abwechslung. Richtig spannend wird es für den Nachwuchs im Innenhof. Dort können die Kleinen auf dem Spielplatz ein hölzernes Piratenschiff entern, Kapitän eines originalen Fischerbootes sein oder einen deutschen Bunker stürmen. Die Großen werden wohl eher Gefallen an dem Hafen und der Werft finden, die mit ihren Vorführungen einen Einblick in das traditionelle Handwerk der Schiffbauer gibt.

Sternenwanderer und Traumtänzer

Auch außerhalb des Museums und des Hafens hat die Stadt einiges zu bieten. Besonders stolz ist man auf die vielen Konzerte und Veranstaltungen im Musikhuset Esbjerg und im Syddansk Musikkonservatorium. Oder auf die Live musik in Bars wie dem Underground Pub, Dronning Louise oder dem Industrien, das zudem mit wechselnden Kunstausstellungen aufwartet. Zeitgenössische und moderne Kunst ist der Schwerpunkt des Esbjerg Kunstmuseums. Ein Highlight im wahrsten Sinne des Wortes ist der Stjernedrys. In das Pflaster der Torvegade sind knapp 300 Lichter eingelassen, die den Sternenhimmel über Esbjerg abbilden. In einer Stadt mit über 70 000 Einwohnern kommt natürlich auch das Shoppingvergnügen nicht zu kurz. In der Fußgängerzone warten mehr als 200 Geschäfte auf Kundschaft, und am Stadtplatz findet jeden Montag der Krämermarket (Flohmarkt) statt. Wer sich die Füße heiß gelaufen hat, kühlt sie am besten am Hjerting Strand bei einem erfrischenden Fußbad in der Nordsee ab.

EINER FISCHAUKTION BEIWOHNEN

Traditionelle Fischauktionen finden im Hafen tatsächlich schon lange nicht mehr statt. Ersatz bieten im Juli und August die Fischauktionen für Touristen am Mittwoch zwischen 11 und 11.30 Uhr in den einstigen Aktionshallen. Ein ehemaliger Auktionator versteigert hier in althergebrachter Weise lautstark und mit schnellen – wenn man der dänischen Sprache nicht zu 100 Prozent mächtig ist – völlig unverständlichen Worten immerhin noch mehrere 100 Kilogramm Fisch jeden Tag. Wer Esbjerg vom Meer aus erkunden möchte, sollte eine Rundfahrt des Hafens, der Lebensader der Stadt, unternehmen. Und einen Ausflug zur Insel Fanø mit Robbensafari buchen. Näher dran an der Realität des Fischerdaseins und je nach Wetterlage ein guter Test der eigenen Seetauglichkeit, ist ein Ausflug mit dem Fischkutter »Claus Sørensen«. Mit dem Schleppnetz wird an Bord geholt, vorgestellt und erklärt, was sich in der Nordsee tummelt.

WEITERE INFORMATIONEN

www.visitdenmark.de/de/daenemark/
www.vadehavskysten.de

Die Dänen sind stolz auf ihr Land und hissen gern ihre Flaggen, sobald sie in ihr Ferienhaus einziehen (oben). Besonders mit Kindern ist es an der Nordsee ratsam, in den von Rettungsschwimmern überwachten Strandabschnitten ins Wasser zu gehen (rechte Seite unten). Kite-Buggies: Geschwindigkeitsrausch mit alternativem Antrieb (rechte Seite oben).

99 Wie Perlen im Wattenmeer – Rømø, Fanø und Mandø

Die dänischen Nordseeinseln

Das Gefühl, wie Robinson Crusoe auf einem paradiesischen Eiland gestrandet zu sein, ist für viele Menschen der Antrieb, einen Inselurlaub zu machen. Ob man nun seine innere Mitte sucht oder die eigene Rastlosigkeit bekämpfen will, ob Yoga am Strand, Joggen in der Brandung oder ein Spaziergang im heulenden Wind, wenn sich die Wellen mit lautem Tosen brechen – die Inseln sind dafür ideal.

Die drei Kleinode unter dänischer Flagge – Rømø, Fanø und Mandø – liegen inmitten des von der UNESCO zum Weltnaturerbe erklärten Wattenmeers. Ebbe und Flut bilden den Lebensraum aus Watt, Prielen, Dünen und Salzwiesen – mit einer Gesamtfläche von 10000 Quadratkilometern das größte Wattenmeer der Erde. Die ersten Siedler kamen vermutlich im 13. Jahrhundert auf die Inseln, um Viehwirtschaft zu betreiben. Neben Sturmfluten machten Sandverwehungen den armen Bauern zu schaffen. Im 16. und 17. Jahrhundert stellten die Bewohner dann viele Offiziere auf Walfängern im Eismeer. Das brachte den Inseln einen bescheidenen Wohlstand. Davon zeugt der Kapitänshof in Toftum auf Rømø, der heute das Nationalmuseum Kommandørgården beherbergt.

Rømø – nicht ganz so fein wie Sylt

Rømø, die größte der drei Inseln, ist als Einzige über den 9,2 Kilometer langen Rømø-Damm mit dem Festland verbunden. Die Anzahl der Bewohner ist mit knapp 600, verteilt auf 130 Quadratkilometer, überschaubar. Hunderte Ferienhäuser ducken sich hinter Dünen, Salzwiesen und Heideflächen. Aus der Perspektive der Vögel, die auf der Insel besonderen Schutz genießen, erinnert der Anblick an sauber geordnete Vorstadtsiedlungen – fehlt nur die Stadt!

Der historisch gewachsene Ort Havneby ist mit circa 280 Einwohnern der größte Ort. 1,2 Millionen und mehr als 100000 Tagesbesucher zu Spitzenzeiten verzeichnet die Insel jedes Jahr. Trotzdem bleibt sie ein Refugium für Menschen weit abseits von Strandpromenaden, Kurtaxe und Parkplatzwächtern; ein Kurbad, das nur von den Wolken am Himmel und den Wellen am Horizont begrenzt wird. Es ist in erster Linie dem bis zu vier Kilometer breiten Strand zu verdanken, dass man sich nicht auf die Füße tritt. Eigentlich ungewöhnlich für Dänemark, ist die saubere Unterteilung in Bade-, Buggy-, FKK-, Windsurfer- und Autostrand. Ja, Autofahren am Strand ist hier erlaubt. Allerdings nicht bis zum Wassersaum. Das hat seine Gründe: Erstens nervt es die Spaziergänger, ständig den im Sand festgefahrenen Benzinkutschenlenkern beim Ausbuddeln des Vehikels zu helfen, und zweitens verträgt es sich nicht mit den Vorschriften eines Nationalparks, wenn bei Flut die von ihren in der Sonne dösenden Fahrern vergessenen Wagen einer Motorwäsche unterzogen werden.

Fanø – einst ein prominenter Badeort

Die Überfahrt dauert zwar nur knapp 15 Minuten von Esbjerg aus, ist dafür aber standesgemäß. Von dem mondänen Glanz, den hochgestellte Besucher wie der dänische König und andere blaublütige Zeitgenossen um die Jahrhundertwende dem Fanø Bad verliehen, ist heute nicht viel geblieben. Wie auf Rømø suchen die mehr als 1,5 Millionen Besucher jährlich nicht nach Edelsteinen für ihre Kronen, sondern nach Bernstein, der in den Schleifereien vor Ort zu hübschen Schmuckstücken verarbeitet wird. Für die meisten Besucher wie auch die rund 3000 Bewohner macht den besonderen Reiz die Nähe zur Einkaufsstadt Esbjerg und das nur 1,5 Stunden entfernte Ribe oder Legoland in Billund aus.

Mandø – Ruhe hat hier oberste Priorität

Wem das zu viel Trubel ist, fährt nach Mandø. Vor zu großen Touristenströmen schützen sich die Einheimischen, indem sie sich standhaft gegen eine tidenunabhängige Verbindung zum Festland wehren. Besucher kommen mit den Mandø-Bussen, einem Trecker mit Personenanhänger, der auch Schüler und Post durch das Watt befördert. Neben viel Wasser, Watt und jeder Menge Seeluft gibt es hier eine Windmühle, das kleine Museum im alten Skipper-Haus und das Mandø Center mit seiner Ausstellung zur Natur und dem Wattenmeer. Mehr Ruhe hatte dann wohl tatsächlich nur Robinson Crusoe auf seinem Eiland.

PARAGLIDING AN DER KÜSTE

Eine besondere Form, die Kraft der Elemente zu spüren, bietet das Paragliding entlang der Küsten. Auge in Auge mit den Möwen die Küste entlangzugleiten und sich mit dem Wind forttragen zu lassen, erklärt, warum die das jeden Tag machen. Einen Überblick über die besten Spots in Jütland verschafft eine Paragliding-Website (siehe unten). Mehr Bodenhaftung versprechen Kitebuggys und Strandsegler. Die Konzentration darauf, das Segel oder den Powerkite (Drachen) am Wind zu halten, lassen einen die Sorgen des Alltags rasch vergessen. Wer sich dem Wasser verbundener fühlt, verlegt sich auf das Kitesurfen. Auf Rømø, Fanø und entlang der Küste gibt es etliche Schulen und Verleihstationen. Um die schönsten, buntesten und originellsten Drachen dreht sich alljährlich im Juni alles auf dem »Kite Fliers Meeting« auf Fanø und dem »Drachenfestival« im September am Strand von Rømø. Tausende Drachen »beflügeln« dann den Himmel über den Inseln.

WEITERE INFORMATIONEN

www.paraglidingearth.com
www.kitefliersmeetingfanoe.de
www.romo.dk

100 Land der Menschen – Grönland

Von Gletschern und Menschen

Eisige Insel der Superlative: Grönland ist mit 2166086 Quadratkilometern die größte Insel der Welt. Der Eisschild, der 81 Prozent der Inselfläche bedeckt, ist bis zu 3400 Meter mächtig und die größte zusammenhängende Eismasse der nördlichen Hemisphäre. Hier wird das 3,8 Milliarden Jahre alte Mineral Grönlandit gefunden, eines der ältesten Gesteine der Welt. Bei Ilulissat mündet der aktivste Gletscher der Welt in die Disko-Bucht, und im Nordosten Grönlands befindet sich der größte Nationalpark der Welt.

Skandinavien besteht nur aus der skandinavischen Halbinsel mit den Staaten Norwegen und Schweden. Aus historischen, kulturellen und politischen Gründen wird jedoch auch Dänemark zu Skandinavien gezählt. Damit wird auch klar, warum das zu Dänemark gehörende Grönland ebenfalls Skandinavien zugeschlagen wird, obwohl das europäische Festland mehr als 1500 Kilometer entfernt ist. Ein Blick in die Zeit vor 420 bis 380 Millionen Jahren zeigt, dass auch geologische Verbindungen bestehen.

An der Ostküste Grönlands befinden sich Gesteine, die während der sogenannten Kaledonischen Gebirgsbildung entstanden sind. Dieses Gebirge ist später durch tektonische Vorgänge regelrecht auseinandergerissen worden. Die Reste sind auf der skandinavischen Halbinsel, in Schottland, Grönland und den Appalachen in den USA zu finden.

Grönland erstreckt sich über 2650 Kilometer vom Kap Farvel auf 59°46' N im Süden bis zur Insel »Kaffeklubben Ø«, weit jenseits des nördlichen Polarkreises bei 83° 40′ N, nur noch knapp 706 Kilometer vom Nordpol entfernt. Entgegen verbreiteter Meinung ist Grönland keineswegs eine durchgehend kalte und vereiste Insel. Da ist der zu Wikingerzeiten und nach der vom 15. bis 19. Jahrhundert währenden kleinen Eiszeit heute wieder grüne Süden (dem die Insel ihren Namen »Grünes Land« verdankt), der bis zu 150 Kilometer breite,

Ammassalik wurde 1894 als zentrale Siedlung für Ostgrönland gegründet (unten rechts). Die Grönländer haben sich dem europäischen Lebensstil weitgehend angepasst (unten links). Bis weit in den Sommer hinein können die Bewohner von Ittoqqortoormiit mit ihren Schlittengespannen auf das See-Eis zur Robbenjagd fahren (rechte Seite).

In Ammassalik, gut 200 km nördlich des Polarkreises, geht im Sommer die Sonne mehrere Wochen lang nicht unter (unten). Dreizehenmöwen sind die häufigsten Möwen Grönlands (oben links). In Brattahlid wurde das Wikinger-Langhaus von Erik dem Roten rekonstruiert (oben rechts). Riesige Eisberge auf dem Weg in die Disko-Bucht (rechte Seite oben und unten).

dank eines Ausläufers des Golfstroms eisfreie Küstenstreifen an der Westküste, die bis weit in den Süden auch im Sommer oft vereiste Ostküste, der hocharktische Norden und natürlich das Inlandeis, auf dem im Winter schon Temperaturen bis zu minus 70 Grad Celsius gemessen wurden.

Von der Saqqaq-Kultur zum modernen Grönland

Während der letzten Eiszeit, die vor etwa 10000 Jahren endete, war ganz Grönland von einem mächtigen Eisschild bedeckt. Erst vor etwa 4400 Jahren waren an der Westküste Grönlands die ersten Küstenstreifen eisfrei geworden. Inuit der Saqqaq-Kultur siedelten als Erste im Bereich der Disko-Bucht. Fische, Robben und Seevögel bildeten ihre Nahrungsgrundlage. Nach rund 1500 Jahren verschwanden sie plötzlich, und an ihre Stelle traten Inuit der Dorset-Kultur, die bis in das Jahr 1000 n.Chr. nachweisbar sind. Sie wiederum wurden von der Thule-Kultur abgelöst, aus der dann in direkter Entwicklung die Inugsuq-Kultur hervorging, deren Nachfahren die heutigen Grönländer sind. Sie blieben jedoch nicht allein. Im Jahr 986 gründete der Wikinger »Erik der Rote« die erste dauerhafte Nordmännersiedlung Brattahlid im Süden Grönlands. Bis 1550 lebten die Nachfahren Eriks dort. Aus bisher ungeklärten Gründen wurden alle Siedlungen verlassen, und voübergehend waren die Angehörigen der Thule-Kultur wieder allein auf der Insel. Erst zu Beginn des 18. Jahrhunderts kamen dänische Walfänger nach Grönland, ohne jedoch dauerhafte Siedlungen anzulegen. Das war protestantischen Missionaren vorbehalten, allen voran Hans Egede, der »Apostel der Grönländer«.

Aber auch Angehörige der aus Böhmen stammenden Herrnhuter Brüdergemeine gründeten mehrere Missionsstationen. 1814 wurde Grönland dänische Kolonie. Inzwischen besitzt Grönland den Status einer »Nation im Königreich Dänemark« mit eigenem Parlament und eigener Verwaltung in der Hauptstadt Nuuk. Amtssprache ist Grönländisch, Dänisch ist eine rechtlich anerkannte Verkehrssprache. Auf Grönländisch heißt die Insel »Kalaallit Nunaat« – »Land der Menschen«.

Der Norden und Osten im Griff des Eises

An der Nordküste verschwimmen die Grenzen des Inlandeises mit dem Eis des Nordpolarmeeres. Hier im Nordost-Grönland-Nationalpark, dem größten Nationalpark der Welt, ist das Reich der Moschusochsen, Rentiere und Lemminge, die in der kargen, im Sommer aber wunderbar bunt blühenden Tundra leben. Auf dem

Eis und im Wasser leben Eisbären, Walrosse, Bartrobben, Narwale, Schwertwale und Grönlandwale. An den Klippen brüten Dickschnabellummen, Gryllteisten und Dreizehenmöwen. Polarfüchse leben während des Sommers an Land, im Winter jedoch folgen sie den Eisbären oft weit hinaus aufs Eis und vertilgen die Reste der Eisbärenmahlzeiten. Mit dem aus dem Polarmeer nach Süden strömenden Ostgrönlandstrom gelangen Eisbären und Robben auch im Sommer gelegentlich weit nach Süden, wo sie jedoch selten überleben. Bis weit in den Sommer sind die Jäger mit ihren Hundeschlittengespannen auf dem Eis, denn auch heute noch sind Felle, Klauen und Zähne begehrte Trophäen. Im rauen Klima der Ostküste leben allerdings nur wenige Menschen. Ittoqqorttoormiit und Ammassalik sind die beiden größten Orte, ansonsten gibt es nur wenige Siedlungen, in denen jeweils eine Handvoll Menschen lebt.

Der grüne Süden und Westen

Ganz anders im Süden und Westen. Hier liegen mehrere Städte und Dörfer wie Perlen an der Schnur aufgereiht an der Küste. Schafe und Rinder finden auf den Weiden ihr Auskommen. In manchen Regionen wird wieder Gemüse angebaut und in Zeiten des Klimawandels wird auch wieder über den Anbau von Getreide nachgedacht, das jetzt schon in geringen Mengen als Winterfutter für das Vieh gedeiht. Den Haupterwerbszweig bildet aber traditionell die Fischerei. Schwarzer Heilbutt, Seewolf, Kabeljau, Seesaibling und Grönlandkrabben bilden den Großteil der Fänge, der auch in den Export geht. Es sind tatsächlich die einheimischen Fischer, die mit kleinen Schiffen in den Küstengewässern fischen. Die großen schwimmenden Fischfabriken sieht man hier nicht. Für den Eigenbedarf werden Robben gejagt, ebenso einige von der Internationalen Walfangkommission freigegebene Wale.

Wirtschaftszweig Tourismus

Neben dem Fischfang hat der Tourismus in den letzten Jahren enorm an Bedeutung gewonnen. Im Sommer sind etliche Kreuzfahrtschiffe vor allem entlang der Westküste unterwegs. Eines der bevorzugten Ziele ist die Stadt Nuuk. Sie wurde von den dänischen Missionaren »Gothåb«, »Gute Hoffnung«, genannt. Nuuk ist nicht nur Hauptstadt und Regierungssitz, sondern auch Universitätsstadt, Fischereizentrum und touristischer Mittelpunkt. Ein weiteres Ziel ist die nördlich gelegene Disko-Bucht, in der riesige Eisberge schwimmen, die vom Gletscher Sermeq Kujalleq abbrechen. Gelegentlich fährt auch eines der Schiffe weit in den Norden bis nach Thule, immer mit der atemberaubenden Kulisse Grönlands auf der Steuerbordseite. Die Ostküste ist nicht weniger reizvoll, wird jedoch wegen der auch im Sommer unsicheren Eisverhältnisse nur selten besucht.

EISBERGE UND WIKINGER

Der Höhepunkt jeder Grönlandreise ist ein Besuch in der Disko-Bucht. Dort lohnt sich ein Besuch des Dorfes Qeqertarsuaq auf der Disko-Insel. Mit Hubschraubern werden Touristen auf den Inselgletscher geflogen und können dort mit Hundeschlitten übers Eis fahren. Südlich der Disko-Bucht liegt der Ort Aasiaat, bekannt für die Kunstwerke, die von Bildhauern aus den Felsen herausgearbeitet wurden. Walbeobachter kommen in der Bucht vor Aasiaat auf ihre Kosten. Auf den Spuren der Wikinger ist ein Besuch von Brattahlid unverzichtbar. Neben den Fundamenten der alten Siedlung wurde ein Nachbau des historischen Langhauses errichtet. In Nuuk steht das Nationalmuseum mit den Mumien aus der Thule-Kultur auf dem Programm.

WEITERE INFORMATIONEN

www.visitgreenland.com: Offizielle Tourismus-Website von Grönland (englisch)
www.guidetogreenland.com: Übergreifende Darstellung der Programme grönländischer Reiseanbieter (auch deutsch)

Das Tal von Narsarsuaq, das »Blumental«, im Süden Grönlands ist im Sommer, wenn das Eis sich zurückgezogen hat, besonders reizvoll.

Register

v.l.n.r.: Herbstbunt in der Hedmark; typischer Blumenschmuck in Tvedestrand; Sonnenspiegel erhellen die norwegische Stadt Rjukan; das Blekinge Museum in schwedischen Karlskrona; Kap Lindesnes; im finnischen Städtchen Porvoo.

An der Uferpromenade von Bergen

Register

v.l.n.r.: Angeln an finnischen Flüssen; unterwegs mit der dänischen Fähre von Frederikshavn nach Göteborg; Wandern im finnischen Nationalpark Pallas Yllästunturi; Bernsteinfunde an der dänischen Küste; Weitblick auf der Hardangervidda; Kinderfreuden an der dänischen Nordseeküste.

Waldwildnis in der Hedmark nordöstlich von Oslo

Impressum

Die Autoren
Thomas Krämer (Texte zu Schweden und Finnland) ist dem Norden seit seiner ersten Skandinavienreise 1983 eng verbunden und Chefredakteur des Skandinavien-Magazins Nordis.

Carsten Dohme (Texte zu Dänemark) ist seit vielen Jahren Autor und Redakteur von Reiseführern. Dänemark ist von allen Ländern Nordeuropas sein bevorzugtes Reiseziel.

Hans Günther Meurer (Texte zu Dänemark) lebt als freier Reisejournalist bei Hamburg. Als Skandinavienexperte hat er bereits einige Bücher zum Thema veröffentlicht.

Hans Joachim Spitzenberger (Texte zu Norwegen und Grönland) ist promovierter Biologe und bereist Norwegen und die Polarinsinseln Grönland und Spitzbergen seit vielen Jahren.

Petra Woebke (Bilder) veröffentlichte bereits zahlreiche Bücher und Kalender, vorwiegend über die Länder Nordeuropas.

Verantwortlich: Dr. Birgit Kneip, Susanne Kaufmann
Lektorat: Linde Wiesner, Rosemarie Elsner
Korrektorat: Anke Höhne
Layout: Rudi Stix
Kartografie: Huber-Kartographie, Heike Block
Repro: LUDWIG:media
Umschlaggestaltung: Frank Duffek
Herstellung: Bettina Schippel/Alexander Knoll
Printed in Slowakia by Neografia Martin

★★★★★

Sind Sie mit diesem Titel zufrieden? Dann würden wir uns über Ihre Weiterempfehlung freuen.
Erzählen Sie es im Freundeskreis, berichten Sie Ihrem Buchhändler oder bewerten Sie bei Onlinekauf. Und wenn Sie Kritik, Korrekturen Aktualisierungen haben, freuen wir uns über Ihre Nachricht an:
Bruckmann Verlag, Postfach 40 02 09, D-80702 München,
oder per E-Mail an lektorat@verlagshaus.de

Unser komplettes Programm finden Sie unter

www.bruckmann.de

Alle Angaben dieses Werkes wurden von den Autoren sorgfältig recherchiert und auf den aktuellen Stand gebracht sowie vom Verlag geprüft. Für die Richtigkeit der Angaben kann jedoch keine Haftung übernommen werden.

Die Deutsche Nationalbibliothek verzeichnet diese Publikation in der Deutschen Nationalbibliografie; detaillierte bibliografische Daten sind über http://dnb.d-nb.de abrufbar.

Textnachweis:
Thomas Krämer: S. 10-17, 135-281; Carsten Dohme: S. 298-308;
Hans Günther Meuer: S. 283-297; Hans-Joachim Spitzenberger: S. 19-133

Bildnachweis
Alle Bilder stammen von Petra Woebke bis auf:
Carsten Dohme: 299 o., 301 u., 303 o. und u., 305 u., 307 o. und u., 316 u.M, 317 u.l. und u.r.; Fotolia: 21 (Loson, T.); Huber-images: Umschlag oben (Römmelt), und Mitte (Gräfenhain); Thomas Krämer: 7 u. M., 161 u., 165 u., 185 u., 190 l., 201 o., 202 l., 213 o., 221 o. r., 223 u., 228, 229 (2), 252 (2), 253 (2), 254 (2), 255 u. (2), 256 o., 258 l., 259 u., 260 (2), 261 (2), 263 u., 264 u. (2), 265 u., 266, 270 (2), 271 (2), 273, 274 u., 275 (2), 278, 279 o., 279 u., 280, 281 o., 281 u., 315 u.r., 316 u.l. und u.r.; LOOK-Fotos: 242 r. (ClickAlps), 268 l., 282; mauritius images: Umschlag unten (alamy), 27 o. (John Bentley), 90 (Rupert Hansen), 91 o. (Radek Detinsky), 267 (Andrey Nekrasov), 298 (Ton van Zeijl), 299 u. (Alamy), 304 (Prisma); picture alliance: 211 u., 257 u. (Lehtikuva Hannu Vallas), 257 o. (Chromorange/Günter Fischer); 293 o. (Bildagentur Huber), 314 u.l.; Shutterstock: 199 u. (BMJ), 199 o. (Milosz_M), 242 l. (Tommy Alven), 258 r. (Robert Adrian Hillmann), 259 o. (Estea), 262 l. (Eugene Sergeev), 262 r. (Markku Vitikainen), 263 o. (PeJo), 265 o. (Mmartin), 268 r. (Igor Grochev), 269 u. (Stocksnapper), 269 o. (TV), 284 l. (SergiyN), 284 r. (Fedor Selivanov), 285 (anshar), 286 o.l. (0399778584), 286 u. (Yargin), 286 o.r. (Andrei Nekrassov), 287 u. (Sergey Groryachev), 287 o. (gary718), 288 r. (Elizabeth C. Doerner), 148 l. (Jacek Kadaj), 289 o. (ImageTraveller), 289 u. (Jacek Kadaj), 292 r. (Frank Bach), 293 u. (jean schweitzer), 294 (2) (Rom Zmiri), 295 u. (Rom Zmiri), 295 o. (Fulcanelli), 296 r. (Steffen Holiager), 296 l. (Arne Bramsen), 297 o. (BMJ), 297 u. (Alan Kraft), 300 (donvictorio), 301 o. (Arne Bramsen), 302 (Martin D. Vonka), 305 o. (Frank Bach), 306 (Frank Bach); Hans-Joachim Spitzenberger: 4 u.r., 67 u., 104 o., 123 u., 310 o.r., 311 u.

Umschlag: Vorderseite oben: Polarlicht über den Lofoten; Mitte: Ausblick auf der Insel Moskenesöy in Norwegen; unten: Leineperin Ruukki in Finnland.

Rückseite: großes Bild: Blick auf Ålesund; kleine Bilder oben: norwegischer Elch; Herbst in der Hedmark; zwei junge Grönländerinnen: Klappen: Kreuzfahrt zum Nordkapp; Vaxön, eine Insel im Stockholmer Schärengarten.

Innentitel: Holsfjorden in Nordnorwegen

2. Auflage 2021

ISBN 978-3-7343-0652-5

EBENFALLS ERSCHIENEN

ISBN 978-3-7343-1608-1

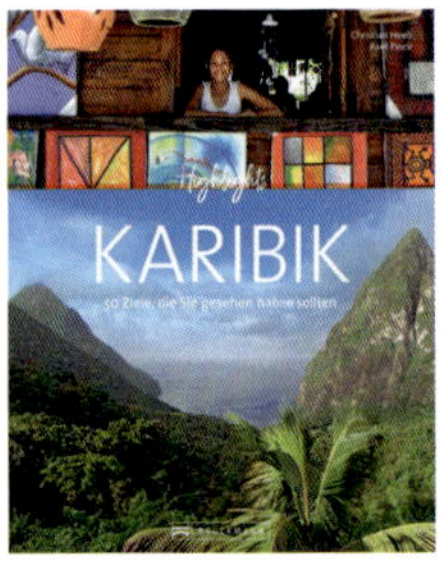

ISBN 978-3-7654-4869-0

ISBN 978-3-7343-0871-0

ISBN 978-3-7343-0332-6

ISBN 978-3-7343-1869-6

ISBN 978-3-7343-1868-9

ISBN 978-3-7343-1028-7

ISBN 978-3-7343-1867-2

100 Highlights Afrikas Süden
978-3-7343-1033-1

100 Highlights Alpen
978-3-7343-1031-7

100 Highlights Australien
978-3-7343-2391-1

100 Highlights Deutschland
978-3-73433-0147-6

100 Highlights Englands Süden
978-3-7343-0650-1

100 Highlights Europa
978-3-73433-0146-9

100 Highlights Israel
978-3-7343-1656-2

100 Highlights Kanada
978-3-7654-8780-4

100 Highlights Neuseeland
978-3-7343-2394-2

100 Highlights New York
978-3-7343-0797-3

100 Highlights Skandinavien
978-3-7343-0652-5

100 Highlights Südamerika
978-3-7343-0651-8

100 Highlights Südostasien
978-3-7343-0659-4

100 Highlights USA
978-3-7654-8227-4

100 Highlights Wildes Europa
978-3-7343-1318-9

Deutschlands Welterbe
978-3-7343-1175-8

Highlights Antarktis
978-3-7343-0857-4

Highlights Bali
978-3-7343-2393-5

Highlights Bretagne u. Atlantikküste
978-3-7343-1032 4

Highlights Chile · Argentinien
978-3-7654-6031-9

Highlights Costa Rica
978-3-7343-0858-1

Highlights Gardasee
978-3-7654-6772-1

Highlights Iran
978-3-7343-0663-1

Highlights Island
978-3-7654-6497-3

Highlights Japan
978-3-7654-6495-9

Highlights Kreta
978-3-7654-8374-5

Highlights Kuba
978-3-7654-5596-4

Highlights Madeira
978-3-7343-0927-4

Highlights Marokko
978-3-7654-8783-5

Highlights Namibia
978-3-7654-5143-0

Highlights Norwegen
978-3-7654-4827-0

Highlights Oman m. Dubai u. Abu Dhabi
978-3-7343-1672-2

Highlights Peru
978-3-7654-5436-3

Highlights Portugal
978-3-7654-5533-9

Highlights Provence
978-3-7343-1030-0

Highlights Sri Lanka
978-3-7343-0859-8

Highlights Tibet
978-3-7343-2392-8

Highlights USA Der Westen
978-3-7654-5758-6

Highlights Vietnam
978-3-7654-5144-7

ISBN 978-3-7343-1089-8

BRUCKMANN

www.bruckmann.de